U0475282

国家社会科学基金重大项目结项成果（15ZDB092）

·俄罗斯文学与文化研究丛书·

张杰　主编

陀思妥耶夫斯基主义引论
——东正教与陀思妥耶夫斯基创作研究

万海松　著

中国华侨出版社

·北京·

图书在版编目（CIP）数据

陀思妥耶夫斯基主义引论：东正教与陀思妥耶夫斯基创作研究 / 万海松著. —北京：中国华侨出版社，2022.3

（俄罗斯文学与文化研究丛书 / 张杰主编）

ISBN 978-7-5113-8734-9

Ⅰ.①陀… Ⅱ.①万… Ⅲ.①东正教—研究—俄罗斯 ②陀思妥耶夫斯基（Dostoyevsky, Fyodor Mikhailovich 1821-1881）—文学研究 Ⅳ.①B976.2 ②I512.064

中国版本图书馆CIP数据核字（2021）第 265695 号

● 陀思妥耶夫斯基主义引论——东正教与陀思妥耶夫斯基创作研究

著　　者 / 万海松
丛书主编 / 张　杰
出 版 人 / 杨伯勋
责任编辑 / 高文喆　桑梦娟
封面设计 / 毛　增
经　　销 / 新华书店
开　　本 / 710毫米×1000毫米　1/16　印张/27　字数/331千字
印　　刷 / 北京天正元印务有限公司
版　　次 / 2022年3月第1版
印　　次 / 2022年3月第1次印刷
书　　号 / ISBN 978-7-5113-8734-9
定　　价 / 125.00元

中国华侨出版社　北京市朝阳区西坝河东里77号楼底商5号　邮编：100028
发行部：（010）64443051　传　真：（010）64439708
网　址：www.oveaschin.com　E-mail：oveaschin@sina.com

如发现印装质量问题，影响阅读，请与印刷厂联系调换。

总 序

民族精神的铸造：东正教与俄罗斯文学

　　文学以其独特的艺术审美形式承载着厚重的历史文化积淀和深邃的民族精神，经典的文学创作和批评为国家构型，为民族铸魂。俄罗斯文学，特别是19世纪俄罗斯文学，在东正教的深刻影响下，在俄罗斯的国家和民族形象构建过程中，使得西方知识界对俄罗斯的认知发生了转变，由怀疑到叹服，由鄙视到欣赏。俄罗斯不仅以地大物博跻身于世界大国之列，更是以其灿烂的文化，尤其是文学艺术，让世界为之惊叹。

　　沿着俄罗斯东正教文化批评理论家和俄罗斯经典作家的探索轨迹，我们不难发现他们均经历了由实在生活走向虚幻精神的殊途同归。只不过前者是由研究自然科学、经济学、法学等实在科学向宗教、神学的转向，后者则是把对现实生活的体验转化为虚构的文学作品。而恰恰是以"救赎"和"博爱"为本质特征的东正教精神将他们连接在一起，共同构筑俄罗斯民族的精神大厦。

　　在20世纪的两头，即19世纪末至20世纪初和20世纪末至21世纪初,当俄罗斯社会发生剧烈动荡和社会变革的转折时期,俄罗斯的东正教文化均处于极其活跃的时期。探索民族的出路,重构民族的价值观,已经成为思想家和作家的共同追求。

"俄罗斯文学与文化研究丛书"是国家社会科学基金重大项目(15ZDB092)研究的最终成果,于2021年5月24日通过国家哲学社会科学工作办公室组织的评审(证书号:2021&J078),等级为良好。该丛书由五部专著组成,每个子项目为一部分,独立成书,具体如下:《"万物统一"的美学探索:东正教与俄罗斯文论》《保守主义、东正教与俄罗斯国家形象构建》《"聚和性"与俄罗斯文学经典》《东正教与俄罗斯民族语言研究》《陀思妥耶夫斯基主义引论——东正教与陀思妥耶夫斯基创作研究》。

本丛书重点探究,19世纪以来,在东正教的积极影响下,俄罗斯文学中的民族精神的建构问题以及这一构建所导致的俄罗斯文学艺术形式的变化,同时揭示俄罗斯文学如何以独特的艺术形象对东正教的"弥赛亚"意识、"聚和性"意识等核心思想的丰富,以期为当今我们崇尚个性发展,注重个体自身价值的社会,特别是我国的文艺创作和批评,提供值得借鉴的参考。

一、国外与国内:研究现状的回溯

俄罗斯研究现状

在俄罗斯,东正教与俄罗斯文学的研究热潮,复苏于20世纪末苏联解体前,这显然与当时苏联意识形态环境的剧变和庆祝罗斯受洗(公元988年)一千年密切相关,后来热潮有所降温。许多研究成果不只是见诸

总序

于大学学报、科学院刊物和文学杂志，而且更多发表在解体后蓬勃发展的教会刊物中。1992年，在俄罗斯科学院高尔基世界文学研究所举办了"普希金与基督教文化"的学术研讨会，这是苏联解体以后首次举办的此类研讨会。1994年，论文集《论普希金传统阅读资料》出版。该文集将普希金（Пушкин А.С.）的创作还原到东正教的文化背景中来研究，带动了普希金和其他俄国诗人、作家的东正教思想研究。1993年，彼得罗扎沃茨克大学主办了"18—20世纪俄国文学中的福音书文本"国际学术研讨会。此后，该研讨会每三年举行一次，而且会议的时间被特意定在了6月份的宗教节日——圣灵节期间。从第八届研讨会（2014年6月）起，会议更名为"俄国文学中的福音书文本"全俄学术研讨会，第九届研讨会于2017年6月举办。不少与会者认为，俄国传统文化的灵魂根基是东正教，俄国文学文本的创作中心之一是福音书。因此，他们依托普希金、莱蒙托夫（Лермонтов М.Ю.）、果戈理（Гоголь Н.В.）、陀思妥耶夫斯基、布宁（Бунин И.А.）、勃洛克（Блок А.А.）、布尔加科夫（Булгаков М.А.）、帕斯捷尔纳克（Пастернак Б.Л.）、普拉东诺夫（Платонов А.П.）等人的创作文本，从宗教文化的传统与习俗、文学对宗教文本的直接引用及间接联想、艺术题材、情节、体裁等角度入手，就俄罗斯艺术创作的宗教特征、俄国文艺文本与基督教的相互关系等命题展开了深入的研讨。每一届大会都收到了众多高质量的论文，比如：扎哈罗夫（Захаров В.Н.）的《俄罗斯文学中的基督教现实主义》、叶萨乌洛夫（Есаулов И.А.）的《基督教传统与艺术创作》与《勃洛克后期的神秘主义与苏联文学的开端》、多罗菲耶娃（Дорофеева Л.Г.）的《〈伊戈尔远征记〉与普希金的〈上尉的女儿〉中的救赎思想》、嘉里切娃（Гаричева Е.А.）的《陀思妥耶夫斯基的〈卡拉马佐夫兄弟〉中的福音书词汇和古罗斯文学传统》、沃罗巴耶

003

夫（Воропаев В.А.）的《"没有另外一扇门"——果戈理生命中的福音书》、斯皮里多诺娃（Спиридонова И. А.）的《普拉东诺夫战争小说中的圣像画》等。会后，这些论文都被收录在相关论文集中，主编由首届研讨会的组织者扎哈罗夫教授担任。目前，该论文集丛刊已经出版至第13期（2017年）。本应于2020年6月圣灵节举行的第十届研讨会，因新冠疫情被推迟至9月，此届研讨会依然以俄罗斯经典作家创作与陀思妥耶夫斯基文学遗产为讨论主题。

此外，俄罗斯近年还举办过一系列其他具有影响力的相关研讨会。2014年5月，高尔基世界文学研究所与《东正教的莫斯科》（Православная Москва）报社共同举办了"俄罗斯文学中的福音形象"研讨会，莫斯科大学等众多俄罗斯高校学者共聚一堂，讨论俄罗斯经典作品中的基督思想和文学创作中的道德标准。2003—2019年间，在下诺夫哥罗德大学阿尔扎玛分校已举办过六届"东正教与俄罗斯文学：大学和中学的研究"国际研讨会，并出版了一系列权威学术成果。

当今，最为突出的成果是莫斯科神学院教师杜纳耶夫（Дунаев М.М.）所著的六卷本《东正教与俄罗斯文学》（1996—1999）。该书不再仅仅从社会学、历史学的批评视角，而是主要从东正教视角来考察整个俄罗斯文学，并且深入分析了具体的作家创作，把俄罗斯文学的根本属性归结为"宗教性"。杜纳耶夫认为，很多研究者在过去研究俄罗斯文学时，没有抓住俄罗斯文学的宗教本质特征，因此对俄罗斯文学的研究是片面的、浅层次的。"俄罗斯文学反映现实的一个极其重要的特征，是她对现实世界的宗教的、东正教的理解。""伟大的俄罗斯文学的重要特征，首先这是东正教文学。""俄罗斯文学在其最高表现形式中成为不仅仅是语言的艺术，而是形象中的神学。"尽管杜纳耶夫的观点难免有所偏激，但是其

总序

研究成果的价值是毋庸置疑的。杜纳耶夫在完成了六卷本的《东正教与俄罗斯文学》之后,又在深入思考近几个世纪以来东正教与俄罗斯文学之间关系形成的缘由,他认为,俄罗斯民族在东正教信仰方面所经受的历史磨难,即从信仰—迷茫—缺失—诋毁—信仰,这一过程在近几个世纪俄罗斯文学创作中得到了充分的反映。杜纳耶夫在2003年发表的另一部学术专著《信仰在迷茫的磨砺中:17—20世纪的东正教与俄罗斯文学》就是这一思索的结果。

叶萨乌洛夫的专著《俄罗斯文学中的聚和性范畴》(1995)是一本很有影响力的专题研究著作,该书主要是以东正教的核心范畴"聚和性"为中心,揭示其在部分俄罗斯文学经典创作中的作用。叶萨乌洛夫不仅把古罗斯文学文本《法与神赐说》和《伊戈尔远征记》置于东正教语境来解析,而且论述了普希金的小说《上尉的女儿》中的"聚和性"因素、果戈理的长篇小说《死魂灵》和中篇小说集《密尔格拉得》中的两种典型塑造、托尔斯泰(Толстой Л.Н.)长篇小说《战争与和平》中的"聚和性"思想、陀思妥耶夫斯基的《卡拉马佐夫兄弟》中"神赐和权力"思想、谢德林(Щедрин Р.К.)的《戈洛夫廖夫老爷们》中的基督中心主义和"聚和性"以及契诃夫创作中的东正教传统与艺术空间构造等。叶萨乌洛夫还探讨了苏联文学中的宗教因素,重点研究了巴别尔(Бабель И.Э.)诗学中的民族和审美观、阿斯塔菲耶夫(Астафьев В.П.)的小说《被诅咒和被杀害的》等,也把侨民作家什梅廖夫(Шмелёв И.С.)和纳博科夫(Набоков В.В.)的诗学特征纳入了自己的研究视野。这部专著深刻地揭示了俄罗斯文学中的东正教精神特征,为当今的俄罗斯文学史研究提供了非常有价值的参考。

在学界影响力较大的专题研究著作还主要有戈里切娃(Горичева Т.

М.）的专著《东正教与后现代主义》（1991）、莫丘利斯基（Мочульский К.В.）的专著《果戈理，索洛维约夫，陀思妥耶夫斯基》（1995）、盖坚科（Гайденко П.П.）的专著《弗拉基米尔·索洛维约夫与白银时代哲学》（2001）等。第一部著作主要揭示了东正教文化对当今后现代主义文艺思潮的影响；第二部著作则把东正教神学思想家索洛维约夫（Соловьев В.С.）与19世纪俄罗斯经典作家果戈理、陀思妥耶夫斯基的创作放在一起研究，从而深入展示东正教与俄罗斯文学之间的密切关系；第三部著作似乎是研究哲学问题的，但却对研究"东正教与俄罗斯文学"问题有着十分重要的关系，该书深入探析了索洛维约夫与陀思妥耶夫斯基创作中的"千禧年说"主题，揭示了索洛维约夫与白银时代俄罗斯文学批评家之间的关系。

塔尔图－莫斯科符号学派的宗教文化批评理论家托波罗夫（Топоров В.Н.）的两卷集学术专著《俄罗斯精神文化中的神性与圣徒》（1995—1998）（第1卷《基督教在罗斯的最初岁月》和第2卷《基督教在罗斯的三个世纪（12—14世纪）》），是研究基督教在俄罗斯最初传播状况的分量最重的研究著作。这两卷近1700页（大32开）的论著在一开始就深入发掘了古希腊语中关于宇宙结构表述的词的内在含义，并指出了其对古罗斯的影响，从历史的源头探讨了基督教，特别是东正教在俄罗斯精神文化中的神圣作用，为研究东正教与俄罗斯文学之间的历史关系，尤其是古罗斯文学，提供了不少宝贵的、极有价值的参考资料。

莫斯科大学教授库列绍夫（Кулешов В.И.）主编的《19世纪俄罗斯文学与基督教》（1997）是一部学术影响非常广泛的论文集。该文集所收录的论文主要源于1994年在莫斯科大学召开的"19世纪俄罗斯文学与基督教"国际学术研讨会。论文集的作者队伍非常宏大，不但包括俄罗斯

总 序

各高校及科研院所的研究人员，也有世界其他国家的斯拉夫学研究者。他们研究了基督教对19世纪俄罗斯文学发展的影响，具体分析了作家创作中所表现出的基督教意识，揭示了俄罗斯文学创作对基督教艺术方法的借鉴。不过，库列绍夫为代表的一批学者与杜纳耶夫、叶萨乌洛夫等不同，并没有将俄罗斯文学完全基督教化。该书内容主要包含三个方面：其一，对19世纪俄罗斯文学与基督教之间关系的总体研究，如马尔其扬诺娃的《俄罗斯古典作品的人物和基督教人类学》、利班的《俄罗斯文学和俄国生活中的基督教危机》、阿尔辛其耶娃的《俄罗斯文学里的基督教道德理想和空想意识的问题》等；其二，对作家创作与基督教关系的专题研究，如米涅耶娃的《论卡拉姆津对使徒传文献资料的使用》、帕乌特金的《茹科夫斯基与基里列夫斯基通信里表现的基督教思想和情绪》、库列绍夫的《普希金与基督教》、塔马尔琴柯的《俄国小说里的神正论和传统的情节结构》、谢米勃拉托娃的《作家的遗嘱是其尘世生活的一种总结：果戈理与奥多耶夫斯基公爵》、卡达耶夫的《契诃夫世界里的演变和奇迹》等；其三，外国学者对"19世纪俄罗斯文学与基督教"问题的研究，如意大利学者维多利奥·斯特拉达的《19世纪俄罗斯文学和文化里的世俗化问题》、日本学者横田和村上的《列·托尔斯泰对性问题的宗教看法》、德国学者米罗拉多维奇的《丘特切夫诗歌里的多神教和基督教的要素》、美国学者叶费莫娃的《在陀思妥耶夫斯基的小说〈卡拉马佐夫兄弟〉的主人公们的神界意境里的旧约全书》等。

在20世纪末至21世纪，俄罗斯学界还编辑和出版了一些与"东正教与俄罗斯文学"问题密切相关的系列丛书，如"俄罗斯思想丛书"（1994—1995）、"20世纪思想家丛书"（1994）、"杰出人物评传丛书"（1990—2015）等以及索洛维约夫等一批思想家的文集；编撰了《俄罗斯东正教圣徒和苦行者：历史百科全书》(2010)等工具书。由于在俄罗斯不少东正教思想家本身就是作家和批评家，这些丛书就具有十分重要的参考价值，如其中的丛书收入了20世纪俄罗斯著名文论家和文学史学家、批评家洛谢夫（Лосев А.Ф.）的重要论文集《哲学、神话与文化》(1991)和关于他的传记（1997）；同时洛谢夫本人又作为作者，执笔撰写了关于索洛维约夫的传记（1990）。

近年来，关于东正教与俄罗斯文学研究的新作屡有出现。亚历山德罗娃-奥索金娜（Александрова-Осокина О.Н.）在2015年出版的专著《1800—1860年朝圣散文诗：圣所、历史和人》(2015)中，首次对鲜有关注的朝圣散文进行了系统研究，揭示了俄罗斯文学中的东正教精神与民族文化的统一；乌柳宾（Урюпин И.С.）于2020年出版专著《时代民族文化背景下的布尔加科夫创作》，探讨了俄罗斯独特的哲学和宗教文化对布尔加科夫创作的影响。除了学术专著，近年俄罗斯还相继出版了一些供语文学、历史学、宗教学、艺术学等专业学生使用的俄罗斯宗教与文学相关的大学教材，如杰姆琴科夫（Демченков С.А.）编写的《古罗斯文学与文化中的基督教》(2016)、乌米诺娃（Н.В. Уминова）主编的《基督教与文学》(2019)等。无疑，"东正教与俄罗斯文学"在俄罗斯学界愈来愈成为一个学科跨度广、研究者逐增的热门研究课题。

当前，俄罗斯学界研究"东正教与俄罗斯文学"这一问题的核心重镇之一是位于圣彼得堡的俄罗斯科学院俄国文学研究所（普希金之家）。该所自1994年起开始出版《基督教与俄罗斯文学》系列论文集，由科杰里尼科夫（Котельников В.А.）等人主编，圣彼得堡科学出版社出版，从1994年至2017年，总共已出版了八本，文章内容可以在普希金之家的官网上浏览下载。论文集的作者主要是俄罗斯科学院俄国文学研究所（普希

总序

金之家）及圣彼得堡俄罗斯国立师范大学的学者们，还有来自俄国及国外其他科研中心、高校的研究者们。普希金之家是苏联意识形态解禁之后的首批着力于基督教与文化研究的科研机构之一。在1994年至2003年这十年之间，这里每年都会举行名为"东正教与俄罗斯文化"的研讨会。有众多知名学者如科杰里尼科夫、叶萨乌洛夫、布哈尔金（Бухаркин П.Е.）、柳勃穆德罗夫（Любомудров А.М.）等参加会议。学者们重新开始了基督教与俄罗斯文学相互关系这一重要主题的探索，其研究核心为基督教的本体论、认识论、道德论等与新时期俄罗斯文学的关系。研究所涉及的问题范围非常广泛，比如俄国文学的东正教特性，东正教的历史特征和俄国宗教性的一般特质，这些特点如何在不同作家如茹科夫斯基（Жуковский В.А.）、霍米亚科夫（Хомяков А.С.）、陀思妥耶夫斯基、果戈理等人不同时期的创作中通过文学表达出来，不同的基督教主题和联想如何在具体艺术文本中加以体现，等等。这些系列文集中收录了很多从宗教视角阐释文学作品的优质论文，比如科杰里尼科夫的《布宁的旧约》、布哈尔金的《新时期的东正教教会和世俗文学》、柳勃穆德罗夫的《作为文化准则的教会性》、摩多林（Моторин А.В.）的《俄国浪漫主义的耶路撒冷形象》、弗拉斯金（Власкин А.П.）的《陀思妥耶夫斯基创作中的民族宗教文化》等。这显然是我们需要加以关注的一个重要研究窗口。

欧美研究现状

在欧美，东正教与俄罗斯文学的关系研究也一直是学界关注的重要问题之一。1995年由英国格拉斯哥大学文学与神学研究中心专门主办了题为"罪、罚与基督：从宗教的角度阅读陀思妥耶夫斯基"的学术研讨会，会议重点探讨了俄罗斯经典作家陀思妥耶夫斯基创作与东正教之间的关系问题，不少学者从东正教文化的视角解读了长篇小说《卡拉马佐夫兄弟》和《罪与罚》等，这些研究为文学经典的宗教解读提供了极有价值的路径。

由美国斯拉夫和东欧语言教师联合会出版的《斯拉夫和东欧杂志》是欧美学界研究斯拉夫文化的前沿阵地。进入21世纪以来，俄罗斯文学与基督教尤其是东正教的关系越来越受到欧美学者的关注，比如该刊在2002年发表的维克多·泰拉斯（Victor Terras）的《俄罗斯文学评论的基督教革命》就是其中极具代表性的研究成果。在荷兰发行的A&HCI索引期刊《俄罗斯文学》中，也常有欧洲学者关注到俄罗斯文学中的宗教问题，如聂达·安德瑞克（Neda Andrić）2016年发表的《德米特里·梅列日科夫斯基的小说〈达芬奇的浪漫〉的宗教哲学方面》，戈德伯格（S.Goldberg）2008年发表的《丘特切夫〈佩萨斯特·埃斯特和莫尔斯基奇·沃尔纳赫〉中的基督教和浪漫主义》等。此外，由英国牛津大学出版社出版的《文学与神学》杂志长期以来一直密切关注着俄罗斯文学与东正教问题的研究，在2015年6月的29（2）期上（第183—198页）就刊登了约瑟芬·冯·齐特赛威兹（Josephine von Zitzewitz）的论文《奥尔加·谢达科娃的旅行诗：形式的神性》，揭示了诗歌形式的东正教性。

欧美学界相关的英文研究成果主要有约瑟夫·弗兰克（Joseph Frank）的《宗教与理性之间：俄罗斯文学与文化随笔》（2010），乔治·帕提森、戴安·汤普森（George Pattison & Diane Thompson）的《陀思妥耶夫斯基与基督教传统》（2008），伊芙蕾姆·斯切尔（Efraim Sicher）的《十月革命后俄国文学中的犹太人：在希望与背教之间的作家与艺术家》（2006），露丝·寇茨（Ruth Coates）的《巴赫金身上的基督教：上帝与被流放的作家》（2005），戴维·M.贝特亚（David M. Bethea）的《现代俄国小说中的末世之形》（1989），斯图尔特·R.苏特兰（Stewart R.

Sutherland)的《无神论与拒绝上帝：当代哲学与〈卡拉马佐夫兄弟〉》（1977），赞科夫斯基（Serge A. Zenkovsky）的《中世纪俄国的史诗、历代记与故事》（1974），考克斯（Roger L. Cox）的《地与天之间：莎士比亚、陀思妥耶夫斯基与基督教悲剧的意义》（1973），等等。

2010年，东正教文学专家马太·拉斐尔·约翰逊（Matthew Raphael Johnson）的专著《俄罗斯文学中的东正教古老传统》出版，作者旨在激发西方读者关注俄国宗教文化，认为文学翻译与批评必须重视俄国文学的历史及宗教内涵。这部学术著作可以说是最近欧美学者研究东正教与俄罗斯文学关系最为重要的学术成果之一。

我国研究现状

在我国俄罗斯文学研究界，任光宣、金亚娜、王志耕、梁坤、刘锟教授等均对此问题进行过较为深入的研究。任光宣等的《俄罗斯文学的神性传统：20世纪俄罗斯文学与基督教》（2009）和《俄国文学与宗教：基辅罗斯——十九世纪俄国文学》（1995）、金亚娜等的《充盈的虚无：俄罗斯文学中的宗教意识》（2003）、王志耕的《圣愚之维：俄罗斯文学经典的一种文化阐释》（2013）和《宗教文化语境下的陀思妥耶夫斯基诗学》（2003）、梁坤的《末世与救赎：20世纪俄罗斯文学主题的宗教文化阐释》（2007）、刘锟的《东正教精神与俄罗斯文学》（2009）以及他们和林精华的系列论文等多是这一方面研究的标志性成果。

任光宣教授在专著《俄国文学与宗教：基辅罗斯—十九世纪俄国文学》和《当前俄罗斯对俄罗斯文学与宗教关系研究一瞥》、《俄国后现代主义文学，宗教新热潮及其它》等论文中，较为全面地概括了当前俄罗斯学界对"俄罗斯文学与东正教"问题的研究现状，从文化史的视角，探讨了东正教对俄罗斯文学创作的影响以及俄罗斯文学创作所反映出的东正教特征。在专著中，任光宣教授沿着基辅罗斯一直到19世纪俄罗斯社会的发展轨迹，揭示了19世纪俄罗斯文学中蕴含的东正教精神。这是在我国学界较早的一部关于"俄罗斯文学与东正教"问题研究的学术成果，具有非常重要的开拓性的奠基作用，很有参考价值。

金亚娜教授等著的《充盈的虚无：俄罗斯文学中的宗教意识》一书，以探究俄罗斯宗教文化的本质特征及其对民族文化心理的深层影响为目的，从宗教文化的视角重新解读了部分俄罗斯经典作家的创作，如果戈理的神秘宗教世界，陀思妥耶夫斯基与无辜受难者的灵魂磨砺，梅列日科夫斯基（Мережковский Д.С.）的《基督与反基督》的宗教思想，高尔基（Горький М.）作品中的民众宗教意识和人类中心宗教宇宙观、象征主义诗歌与宗教，布尔加科夫的《大师与玛格丽特》中的宗教神话主题，帕斯捷尔纳克的《日瓦戈医生》的宗教情结，顺季克（Шутько Н.А.）的《白萨满》中的萨满教观念，艾特玛托夫（Айтматов Ч.Т.）的《断头台》中的现代基督观，等等。这一成果把我国的俄罗斯文学创作的宗教解读引向了深入。

王志耕教授的专著《圣愚之维：俄罗斯文学经典的一种文化阐释》也许是最近几年来对此问题研究的分量最重、较为深入的一部专著。作者认为，要理解俄罗斯经典文学的独特性，必须对其做文化诗学的考察，也就是将其还原至它赖以生成的历史文化语境，通过对制约其存在的文化结构进行模型重构与解读，然后寻找它对文学文本的结构性渗透，从而最终说明俄罗斯文学特性的生成机制，因此，考察俄罗斯"圣愚"文化与俄罗斯文学经典之间的这种结构关系，便成了这部书的主要任务。全书共分四编，主要把"圣愚"作为一种文化，深入探讨"圣愚"与俄罗斯文学的精神品格、形式品格和生命品格之间的关系。该书对俄罗斯文学经典文本的文化解读，确实有许多精妙之处。

梁坤教授的专著《末世与救赎：20世纪俄罗斯文学主题的宗教文化阐释》(2007)，从宗教文化视角研究20世纪俄罗斯文学的基督、索菲亚、恶魔、生态等几个重要主题，通过对欧洲与俄罗斯文化传统的溯源和对文学文本的分析，探讨其中共同蕴含的末世与救赎的精神结构，在宗教、哲学与文学的关联处发现俄罗斯民族自我意识的特征，考察其民族性格与文化心理，探讨了俄罗斯文学作品中主人公形象与东正教的关系。

刘锟教授的著作《东正教精神与俄罗斯文学》，从东正教文化的视点出发，从具体的文学经典文本分析入手，从俄罗斯文学中的东正教观念、圣徒传统、魔鬼观念几个方面阐述俄罗斯文学的总体特征，努力从宗教文化的视角揭示俄罗斯文学思想内涵的本质和它独特的文化价值。从整体上看，此书在研究方法上与金亚娜等著的《充盈的虚无：俄罗斯文学中的宗教意识》一书有点相似，其实刘锟本人也参与了金亚娜教授负责之作的撰写。

上述研究确实已经为我们的研究奠定了坚实的基础并且已经取得较为丰硕的研究成果。然而，任何研究又是可以进一步推进的。总体来说，以上研究多数是从东正教或其他宗教的视角来解读俄罗斯文学创作，需要深入推进东正教与俄罗斯文学之间的互动关系的研究，进一步揭示俄罗斯文学对东正教文化的形象阐释和空间拓展，在具体探究东正教如何对俄罗斯文学经典体裁结构和审美形式的影响方面，还有大量的工作需要去做。同时，需要特别说明的是，对某些关键性的学术术语翻译，学界还存在着不同的译法。例如王志耕教授发表的论文《"聚合性"与陀思妥耶夫斯基的复调艺术》、学术专著《圣愚之维：俄罗斯文学经典的一种文化阐释》和金亚娜教授的专著《充盈的虚无：俄罗斯文学中的宗教意识》中，均把

"соборность"翻译成"聚合性",任光宣教授则译成"集结性",也有学者译为"团契"。我们采用张百春教授的译法,即"聚和性",因为该词的核心意义包含了"和而不同"的意思。

其实,从东正教文化与俄罗斯文学的相互关系来看,它们之间的影响应该是双向的。一方面,东正教精神影响着俄罗斯文学的形成和发展,对文学的主题、形式以及作家的思维方式和精神探索起着重要作用;另一方面,俄罗斯作家和大量的文学作品为东正教哲学提供了具有一定深度和广度的阐释可能性,以其艺术创作丰富和发展了宗教道德思想体系,深化和拓展了东正教的精神价值,体现了独特的宗教道德理想。而目前我国学界的研究更多探讨的是前一种影响,即东正教对俄罗斯文学的影响,而对俄罗斯文学对东正教文化的丰富与拓展的研究,则尚欠深入。此外,我国从事此方面研究的学者大都来自俄罗斯文学研究界,往往囿于文学的范围内来探索,结合具体的作家创作,从俄罗斯文学中的东正教观念、"圣愚"传统、魔鬼观念、"聚和性"、圣徒传等方面入手,揭示俄罗斯文学的特征。实际上,俄罗斯文学的使命始终与国家和民族的命运息息相关,宗教特征也是与此紧密相连的。俄罗斯知识分子以宗教的态度对待自己的创作,认为它负有一种救赎的使命,具有超越个人本身的精神价值。

如果走出与文学的关系来看东正教,张百春先生的专著《当代东正教神学思想》(国家社会科学基金"九五"规划重大项目)是值得特别关注的学术研究成果。虽然此书不是专门研究"东正教与俄罗斯文学"问题的,但是对于了解当代东正教神学思想具有十分重要的意义,更何况不少当代东正教神学思想家梅列日科夫斯基、舍斯托夫(Шестов Л.И.)、伊凡诺夫(Иванов В.И.)、洛斯基(Лосский Н.О.)、布尔加科夫、别尔嘉耶夫(Бердяев Н.А.)等就是文学批评家和理论家。该书对当代东正教神学思想的奠基人索洛维约夫、"聚和性"概念的提出者霍米亚科夫等均进行了一定的论述，有助于我们对当代东正教神学思想与俄罗斯文学及其批评理论之间关系的研究。

二、意义与方法：研究内容的设计

研究的价值与意义

俄罗斯诗人叶夫图申科（Евтушенко Е.А.）曾写过这样一句诗："诗人在俄国大于诗人。"换句话说，"文学在俄国大于文学"。本项目研究东正教与俄罗斯文学的关系，已不再局限于纯文学问题，将探讨这种关系对俄罗斯国家形象构建和民族精神塑造等问题的作用。其实，俄罗斯国家和民族精神的形象，不只是凭借国外政治家、经济学家和旅行家等的"他者化"解读，而更主要取决于俄罗斯人的自我塑造，其中很重要的部分就是俄罗斯文学的创作。一个伟大的民族必然能造就伟大的文学，伟大的文学又能构建伟大的国家和民族之形象，而这一切在俄罗斯又是与东正教有着天然的内在联系的。文学的艺术追求只有融入在民族、国家的发展洪流中，才具有不朽的生命力。本丛书的学术价值和社会意义之一就是重点研究"东正教与俄罗斯文学中的国家形象构建"，以期为我国文艺创作和理论探索在国家形象的构建上，提供有价值的参考。

在东正教与俄罗斯文学的相互影响研究中，本丛书注重影响的双向性，一是侧重研究东正教的精神价值与俄罗斯文学创作和批评之间的相互作用、相互拓展，进行双向性的阐释；二是探究"东正教与俄罗斯民族语言"之间的双向影响，一方面探讨作为文学载体的俄罗斯民族语言与东正教之间的渊源关系，另一方面也努力揭示俄罗斯民族语言的发展对于东正教文化的反作用。这些研究可以弥补我国学界在此方面的某些不足，也是本丛书研究的又一学术价值和社会意义。如果将语言研究成果运用于我国的俄语教学，也会具有较大的应用价值和推广意义。

在具体的作家创作和文本分析中，本项目不仅深入考察东正教文化在创作主题和思想内容方面的影响，揭示作品的深刻内涵，而且进一步分析文学文本在文学体裁、诗学结构、创作形式、语言表述等方面与东正教文化的渊源关系。例如，巴赫金（Бахтин М.М.）在分析陀思妥耶夫斯基小说创作的诗学构造时，敏锐地揭示了该作家小说创作中的复调结构，然而他并没有深入发掘这一结构与东正教文化之间的关系，其实这与东正教的核心概念"聚和性"关系密切。这也是本丛书中《"聚和性"与俄罗斯文学经典》《陀思妥耶夫斯基主义引论——东正教与陀思妥耶夫斯基创作研究》等的学术价值和意义之所在，努力为我国文学批评和理论的建设，提供值得借鉴的参考。

"东正教与俄罗斯文论"的关系研究显然是具有引领意义的，该研究在理论阐释的基础上，将尝试对受东正教影响的各种文学批评理论及其方法的实际运用，也就是努力运用各种批评方法来分析具体的俄罗斯文学作品，以力求为我国的文学批评开辟新的途径。这无疑具有重要的学术价值和应用价值。

研究对象和主要内容

本丛书努力通过对"东正教与俄罗斯文学"之间双向互动关系的研究，探究东正教对俄罗斯文学的创作思想、艺术形式和批评理论的积极影响，同时也深入研究俄罗斯文学创作与批评对东正教文化的拓展与丰富，从而探索超越个体的精神价值，即民族精神和国家形象的文学塑造，揭示俄罗斯文学对国家形象的构建和民族精神的铸造过程。主要研究涉及三个方面，即"东正教""俄罗斯文学"以及两者之间的关系。其中，两者之间的关系是最为重要的，我们将深入探究反映这种关系的"与"字，选择东正教对俄罗斯文学产生积极影响的部分进行研究，同时也把受东正教影响较有代表性的俄罗斯文学的经典作家、批评家及其创作和理论，作为研究的主要对象。具体研究的主要内容如下：

在"俄罗斯文学"研究方面，将选择那些与东正教关系极为密切的作家和批评家的创作，作为研究对象，并主要从文学创作和批评两个方面展开研究。在作家创作方面，侧重研究以果戈理、陀思妥耶夫斯基、托尔斯泰等为代表的经典作家的创作；在文学批评方面，重点研究以卡特科夫（Катков М.Н.）、波别多诺斯采夫（Победоносцев К.П.）等为代表的文学批评家及其思想，重点揭示俄罗斯文学经典创作、批评与东正教的互动影响，特别是俄罗斯文学对东正教文化阐释空间的拓展和对东正教思想的发展。我们以"东正教与陀思妥耶夫斯基创作"为个案，立足于作家创作文本，重在分析传统的东正教意识与陀思妥耶夫斯基创作之间的互动。

在"东正教"神学研究方面，将侧重把与俄罗斯文学发展产生互动影响最为积极的"聚和性"和"弥赛亚意识"，作为主要研究对象，深入研究它们对俄罗斯文学的民族精神铸造和艺术形式构建的积极影响。"聚和性"是霍米亚科夫提出的一个概念，与"собор（大教堂，大礼拜堂）"同根同源。它作为俄罗斯民族东正教文化的本质特征之一，具有独特的含义。在霍米亚科夫看来，天主教会的统一没有自由，新教的自由缺少统一，"聚和性"则是自由与统一的融合。"聚"是指靠着信仰为了一个焦点而结合的意思,"和"是"和而不同"的"和"。①"弥赛亚意识"源自宗教词汇"弥赛亚"(Messiah),意指某个群体或民族认为自己赋有拯救世界的使命。俄罗斯民族长期信奉东正教,"弥赛亚意识"非常强烈,并且俄罗斯的"弥赛亚意识"融合了俄罗斯民族的传统文化与东正教文明,又经过俄罗斯学者数百年的补充和完善,衍生出一整套的理论和观念,早已经超出了宗教范畴而融入了俄罗斯民族的灵魂,成为俄罗斯民族的核心价值观之一。

在这两者的融合关系上,重点研究白银时代的俄罗斯宗教文化批评的思想家及其理论,揭示他们与俄罗斯文学批评理论之间的关系,如索洛维约夫的"完整知识体系"与宗教文学批评基础、特鲁别茨科伊(Трубецкий С.Н.)的"聚和性意识"与对话批评、梅列日科夫斯基的"新宗教意识"与象征主义、舍斯托夫的"悲剧哲学"与存在主义、伊凡诺夫的"合唱原则"与现实主义的象征主义、洛斯基的"直觉主义"与具体的理想现实主义、布尔加科夫的"宗教唯物主义"与"三位一体"文学批评、别尔嘉耶夫的"东正教人本主义"与救世的宗教文化批评等。这些理论家既是东正教神学思想的继承和发展者,也是俄罗斯宗教文学批评理论的拓展者。

其实,无论是东正教,还是俄罗斯文学,均是通过俄罗斯民族语言的表征而存在起来的。俄罗斯民族语言在承载着东正教和俄罗斯文学的同时,也成为它们之间联系的纽带。因此,研究东正教与俄罗斯民族语言形成与发展中的双向共变关系,揭示以东正教为主导特征的俄罗斯精神文化影响下的俄语语言世界图景,也成为了本丛书研究的主要内容之一。

---

① 张百春:《当代东正教神学思想:俄罗斯东正教神学》,上海:上海三联书店,2000年,第55页。

总体框架与逻辑关系

本丛书的总体研究框架是，努力对"东正教与俄罗斯文学"问题进行系统性、互动性研究，侧重探讨两者双向互动的关系，从而揭示俄罗斯文学对国家形象和民族精神的铸造以及东正教所起到的作用。参见下图：

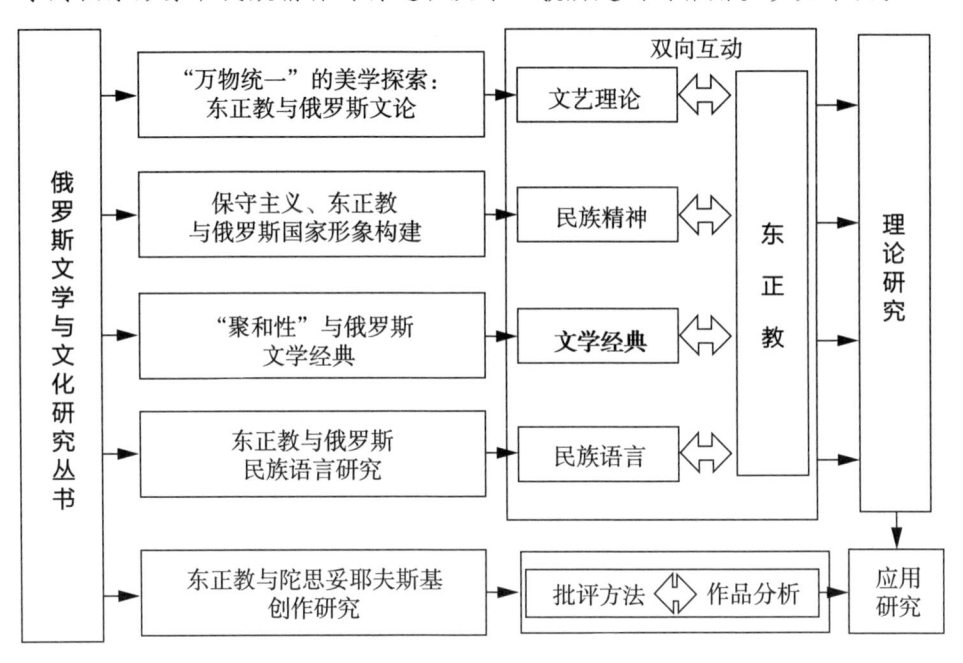

```
                                    双向互动
          ┌─ "万物统一"的美学探索：  ─→ 文艺理论 ⇔ ┐         ┌─→
          │   东正教与俄罗斯文论                  │         │
          │                                      │         │
俄        ├─ 保守主义、东正教        ─→ 民族精神 ⇔ │  东    │      理论
罗        │   与俄罗斯国家形象构建                │   正   ├─→    研究
斯        │                                      │   教    │
文        ├─ "聚和性"与俄罗斯        ─→ 文学经典 ⇔ │        │
学        │   文学经典                            │         │
与        │                                      │         │
文        ├─ 东正教与俄罗斯          ─→ 民族语言 ⇔ ┘         └─→
化        │   民族语言研究
研        │
究        └─ 东正教与陀思妥耶夫斯基  ─→ 批评方法 ⇔ 作品分析 ────→ 应用
丛           创作研究                                              研究
书
```

在研究的系统性上，本丛书注重创作与理论、思想与形式、群体与个案、整体与专题、内容与载体之间的系统研究，即在研究东正教对俄罗斯文学的影响方面，既重视对文学创作，特别是文学经典作品的分析，也深入对文学批评及其理论的探讨；既关注其对文学创作思想内容的影响，更努力发掘其与文学艺术形式的渊源关系；既有对经典作家和批评家的群体研究，也有对陀思妥耶夫斯基创作的个案分析；既注重其对俄罗斯文学整体影响的考察，也专门就俄罗斯国家形象构建的专题展开研究。本项目甚

至还对东正教与俄罗斯文学之间的纽带和载体——俄罗斯民族语言，列出专门的子项目研究。

在研究的互动性上，本丛书主要从纵、横两个维度上展开互动探索。首先，从历时的纵向关系来看，本丛书在深入探讨东正教对俄罗斯文学、俄罗斯民族语言的历史渊源影响时，也竭力考察俄罗斯文学、俄罗斯民族语言对东正教发展的反作用，特别重视研究双向互动的影响。从共时的横向关系来看，为了达到双向互动的研究目的，本丛书的各部论著之间也是互动甚至相互渗透的，比如，对俄罗斯国家形象构建的研究就不仅是《保守主义、东正教与俄罗斯国家形象构建》的任务，同时也渗透在其他四部论著之中；有关陀思妥耶夫斯基的创作除了《陀思妥耶夫斯基主义引论——东正教与陀思妥耶夫斯基创作研究》进行专题的深入研究之外，在《"聚和性"与俄罗斯文学经典》等论著中也会有所涉及等。

这种系统性与互动性的研究方式就是试图使得整个研究成为一个有机、互动的整体，而贯穿这一整体的精神就是在东正教的文化语境中俄罗斯文学对国家形象和民族精神的塑造。

在本丛书中，《"万物统一"的美学探索：东正教与俄罗斯文论》是一个引领性的理论专题研究，揭示东正教与俄罗斯文学批评理论之间的关系，这正好与《"聚和性"与俄罗斯文学经典》一起，构成研究"东正教与俄罗斯文学"的主体。本丛书力图通过此项研究表明，宗教思想与科学理论之间并非迥然对立，同样可以是"你"中有"我"，"我"中有"你"，均是探索真理的途径。

《保守主义、东正教与俄罗斯国家形象构建》是一部重点揭示俄罗斯国家形象构建的论著，主要探讨19世纪俄罗斯文学中国家形象的建构以及保守主义、东正教在此所起到的重要作用，其目的除了问题本身的研究

总 序

以外，就在于努力进一步表明本丛书研究的核心问题是俄罗斯国家形象的构建和民族精神的铸造问题，这就使得本丛书的意义超越了研究本身。

《"聚和性"与俄罗斯文学经典》是一个以创作影响为主体的研究，主要通过历史渊源研究和具体文学经典文本分析，深入探讨东正教的"聚和性"与俄罗斯文学经典之间的相互关系，这是研究"东正教与俄罗斯文学"必不可少的一个核心问题。

《东正教与俄罗斯民族语言研究》以载体与纽带的研究为主要任务。俄罗斯民族语言既是文学和宗教的载体，又是它们的内涵表述的拓展者，这一研究其实既在语言文学的范围之内，又超越了这一界限，有利于我们更清晰、更深入地认识东正教与俄罗斯文学的关系。

《陀思妥耶夫斯基主义引论——东正教与陀思妥耶夫斯基创作研究》是一个个案研究，专门针对东正教与陀思妥耶夫斯基创作之间的关系，进行深入细致的剖析，这样有利于较为深入具体地揭示东正教与具体经典作家创作之间的相互影响。该论著对以往研究的突破在于，既考察宗教因素在推动陀思妥耶夫斯基思想观念形成过程中所起的影响，又探求陀思妥耶夫斯基及其创作如何提升民族认同感、发扬光大东正教文化的机制。

本丛书由批评理论和思想引领、民族精神和国家形象构建贯穿、东正教与文学经典互动考察、作为文学载体的俄罗斯民族语言研究、重点作家个案分析五个部分组成。

总体思路与研究方法

从总体思路上来说，本丛书认为，"东正教与俄罗斯文学"的研究并不等于"东正教+俄罗斯文学"，也就是说，并非"1+1=2"，而是"1+1>2"。本丛书关注两者之间的关系研究，将研究提升至民族精神铸造和国家形象构建的高度,使之产生"1+1>2"的研究效果。本研究采用"二元"或"多元"融合、重点与一般兼顾、静态与动态结合、创作与批评交叉的研究思路。从总体上来说,着眼于东正教与俄罗斯文学的相互融合,这里不仅把东正教文化作为研究的背景,而且重点分析作为载体的俄罗斯民族语言、作为形象艺术的俄罗斯文学对东正教文化的丰富。在我们看来,在东正教与俄罗斯文学中,往往是"你"中有"我","我"中有"你",而这就是本丛书关注的主要部分。在重点与一般的兼顾上,本丛书在解析陀思妥耶夫斯基的创作的同时,也兼顾到俄罗斯文学史上的一批经典作家,在重点探讨东正教文化精神如何影响俄罗斯文学对国家形象和民族精神的铸造的同时,也兼及一般文学创作、批评及其理论与东正教互动中产生的其他问题。在静态与动态的结合中,本丛书既对"弥赛亚意识""聚和性"等代表东正教本质特征的范畴,作为相对确定的意义进行研究,同时也注意它们的时代特征,在历史的变化中,在作家创作的动态阐释过程中来考察。在创作与批评交叉的研究中,我们既注重分析作家的创作文本,也研究卡特科夫、波别多诺斯采夫等的文学批评思想。

就研究视角和研究路径而言,本丛书采取多维度的视角、正反双向的研究路径。在研究视角上,既有宏观考察的整体把握,也有微观的具体文本分析和个案研究;既有思想内涵和民族精神的深入挖掘,也有创作体裁、文学形式以及语言表述的艺术分析;既有就"聚和性"对创作的影响探究,也有文学创作对"聚和性"形象阐释的评析。在研究路径上,既追溯东正教对俄罗斯文学发展的正向渊源影响,也探讨俄罗斯文学对东正教文化的反向阐释拓展与形象构建,既揭示俄罗斯民族语言作为载体和表现手段,对以东正教精神与传统为核心的俄语语言意识形象体系的构建,也反向探索在俄语的语言世界图景中东正教文化、俄罗斯文学的积极作用,从而更深刻地认识"东正教与俄罗斯文学"的关系。

从学理角度,如果把巫术和民间口头创作分别看作是宗教活动和文学创作的起源,那么在俄罗斯,其宗教与文学几乎是一对孪生姐妹,它们之间存在着天然的内在联系。东正教与俄罗斯文学的关系也不例外,彼此往往交融在一起,有时甚至很难分辨。例如,梅列日科夫斯基、舍斯托夫、伊凡诺夫、洛斯基、布尔加科夫、别尔嘉耶夫等就既是宗教哲学家,又是文学批评及理论家;陀思妥耶夫斯基的创作是文学经典,也是对东正教精神的形象阐释与丰富;"聚和性"既是导致陀思妥耶夫斯基小说复调结构的文化根源,其内涵又在该作家创作中得到了新的丰富和拓展。因此,本丛书在学理上,针对这一特点,主要从关系着手,进行双向互动与多维的考察研究。

在研究方法上,本丛书采用文本细读、考证和跨学科相结合的研究方法,一方面深入研究"东正教与俄罗斯文学"的问题本身,细读各类文本,包括东正教基本文献资料和文学经典文本,立足文本分析,对东正教与民族语言、作家创作之间的关系等问题进行考证式研究,努力做到言之有据;另一方面做到文史哲结合,综合运用文艺学、宗教和思想史的研究方法,立足于一手材料,除了第一手的俄文(含古俄语材料)、中文资料以外,还尽可能运用第一手的英文等资料,来考察西方学者的观点,尽力发掘俄罗斯文学史、东正教文化史中被忽略的一面,争取能够走出问题看问题,从跨学科的视野来考察问题,深化问题的研究。

三、使命与救赎:民族精神的铸造

文学是历史的文化记忆与艺术重构,俄罗斯文学显然是俄罗斯社会发展的艺术构建。也许正因为如此，我国俄罗斯文学研究界常常把文学创作与社会现实生活密切地联系在一起，特别是在探讨19世纪以来的俄罗斯文学发展时，总是习惯于把这一进程与民族解放斗争和历史变革相关联，甚至以十二月党人起义、农奴制废除和十月革命等重大历史事件为依据来划分文学发展阶段。其实，文学的历史重构也许更主要是超越历史事件的精神重构、国家形象的塑造和民族灵魂的铸造。就俄罗斯文学而言，这里自然离不开东正教思想的影响。东正教之所以能够被俄罗斯民族所接受，主要因为东正教的思想与俄罗斯民族自身的宗教虔诚性是相吻合的，因此，俄罗斯宗教文化批评理论家别尔嘉耶夫曾经明确指出："俄罗斯人的灵魂是由东正教会铸成的，它具有纯粹的宗教结构。"[1]

回眸19世纪欧洲文学史，以批判现实主义为代表的文学主潮，往往通过对典型环境中的典型人物悲剧性命运的描写，来达到对社会现实的揭露与批判，这也是批判现实主义的力量之所在。然而，19世纪的俄罗斯文学则又呈现出自己的独特性。别尔嘉耶夫在提及俄罗斯文学的特征时这样写道："从果戈理开始的俄国文学成为一种训诫的文学。它探索真理，并教示实现真理。俄罗斯文学不是产生于个人和人民的痛苦和多灾多难的命运，而是产生于对拯救全人类的探索。这就意味着，俄国文学的基本主题是宗教的。"[2]

在我国和苏联的俄罗斯文学研究中，凡是提及19世纪俄罗斯文学中的奥涅金、毕巧林、罗亭、奥勃洛莫夫等"多余人"（лишний человек）和巴施马奇金、杰武什金等"小人物"（маленький человек）系列形象时，往往把这些优秀个性和"小人物"的毁灭归结于19世纪俄罗斯社会

---

[1] 尼·亚·别尔嘉耶夫：《俄罗斯共产主义的起源与意义》，莫斯科：科学出版社，1990年，第8页。
[2] 同上，第63页。

总序

的恶劣环境。其实，俄罗斯作家笔下的"多余人"和"小人物"与同时期欧洲文学中的同类人物相比较，有着迥然不同的性格特征。虽然他们都处于恶劣的社会环境中，无法摆脱自己悲剧性的命运。然而，俄罗斯文学中的"多余人"更具有使命感、救赎意识，也就是他们在不断探索拯救自己和他人的出路。俄罗斯文学中的"小人物"也更多地在为自我的尊严而抗争，甚至自我救赎。显然，在"多余人"和"小人物"身上，体现着俄罗斯民族的"救赎"精神，而这一精神无疑来自于东正教的"弥赛亚意识"。

19世纪初的俄罗斯与西欧先进国家相比较，显得十分落后，仍然处于农奴制之中。随着1812年抗击拿破仑的入侵，俄军一度远征西欧。不少优秀的贵族军官亲身感受到了俄国的腐败落后，改革和救赎的使命感与日俱增。俄罗斯学者马斯林（Маслин М.А.）就曾经指出："毋庸置疑，从中世纪开始，宗教救世主学说正是俄罗斯自我意识的特征，"俄罗斯的思想界体现着"对俄罗斯民族乃至整个正教世界的整体的宗教和历史的救赎意志。"[①]十二月党人诗人雷列耶夫（Рылеев К.Ф.）、丘赫尔别克尔（Кюхельбекер В.К.）、奥多耶夫斯基（Одоевский В.Ф.）、拉耶夫斯基（Раевский В.Ф.）等，在自己的创作中就表现出鲜明的民族救赎意识，表达了追求自由、积极向上的浪漫主义精神。俄罗斯诗人普希金更是在《致西伯利亚的囚徒》等诗歌中激励为民族救赎而献身的十二月党人，甚至预言俄罗斯民族将从睡梦中醒来。在现实主义的文学创作中，著名作家果戈理在《钦差大臣》《死魂灵》等创作中，出色地塑造了形形色色的小官吏、地主、骗子等形象，竭力探索宗教的自我救赎之路。寓言家克雷洛夫（Крылов И.А.）的创作在形象地反映社会现实的同时，不仅批判了

[①] 马斯林：《对俄罗斯的非常无知》，载《哲学译丛》1997年第2期，第23页。

统治阶级的种种丑恶本性，而且弘扬了强烈的爱国主义精神。无论是屠格涅夫（Тургенев И.С.）的长篇小说、涅克拉索夫（Некрасов Н.А.）的诗歌、奥斯特洛夫斯基（Островский А.Н.）和契诃夫（Чехов А.П.）的戏剧，还是陀思妥耶夫斯基和托尔斯泰的小说等，均是通过不同的艺术表现途径，探索着自我救赎的艺术表现途径。在俄罗斯文学史上的"多余人"系列形象塑造中，如果说在普希金笔下的奥涅金还主要体现的是自我救赎，那么到了莱蒙托夫那里，毕巧林已经开始试图拯救他人，而屠格涅夫同名小说中罗亭则死于了巴黎革命的巷战中。当然，冈察洛夫（Гончаров И.А.）的奥勃罗莫夫又表现出"救赎"的无奈，只寻求自我心灵的纯洁。

在东正教中，"上帝"是存在于"自我"之中的，也就是说，"我"就是"上帝"。因此，俄罗斯民族的"救赎"并不依赖于外部世界，而是根植于自身的。在俄罗斯文学中，我们不难发现，各种不同类型人物的"救赎"探索。果戈理的短篇小说《外套》是继普希金的《驿站长》之后又一部描写小人物的杰作。然而，小公务员巴施马奇金不仅是黑暗社会的牺牲品，更是一个维护自我尊严、追求"自我救赎"、反对弱肉强食社会的抗争者。在《外套》里，作家创作了一个荒诞的结尾，巴施马奇金死后一反生前的怯懦，抓住那个曾骂过他的大人物，剥下他的外套，为自己报了仇。陀思妥耶夫斯基的小说《穷人》中的主人公、年老公务员杰武什金和几乎沦落为妓女的陀勃罗谢洛娃，虽然生活艰难，地位卑微，但是他们依然在执着于精神和道德上的平等。

在优秀贵族人物性格的塑造上，托尔斯泰的创作无疑是最具有代表性的。在长篇小说《战争与和平》中，安德烈·包尔康斯基、彼恰·罗斯托夫、彼埃尔·别祖霍夫等身上蕴藏着的爱国主义激情，维护民族自尊的决心，均令人赞叹。他们与民众的坚强意志显示出俄罗斯民族精神的强大与

总　序

不可战胜。《安娜·卡列尼娜》中的主人公安娜是一位追求爱情幸福的新女性，不过托尔斯泰的描写是很具有俄罗斯特色的。尼·亚·别尔嘉耶夫就曾经指出，爱情本身在俄罗斯与西欧的存在方式与内涵是迥然不同的，在俄罗斯，"爱情不是一种自我价值，没有自己的形象，它仅仅是人的悲剧道路的展示，仅仅是对人的自由的考验"。[①] 因此，当安娜深感渥伦斯基不再爱自己以后，就只有以生命为代价完成了"自我救赎"的心理历程。《复活》中的主人公聂赫留朵夫则更是在"救赎"他人的过程中实现了"自我"和"他人"的精神"复活"。

当然，在别尔嘉耶夫看来，俄罗斯救世的宗教文学主要始于果戈理，但是果戈理创作的悲剧在于，他揭示的仅仅是人的"魔性"，而无法描绘出人的"神性"，无法表现神人合一的创作形象。在极度矛盾和痛苦中，果戈理烧毁了《死魂灵》的第二部手稿。只有到了陀思妥耶夫斯基，他的创作才深刻地揭示了俄罗斯民族的"神性"，同时也极大地丰富了对俄罗斯东正教救世精神的阐释和形象展现。他的创作主要围绕着人与人的命运展开，并由此产生善与恶、爱与恨、罪与罚等一系列问题。他较西方更早触及到人的双重性格、意识与无意识、磨难与自由。陀思妥耶夫斯基发现了俄罗斯人的独特精神建构并以自己的创作反映了俄罗斯民族的宗教精神。别尔嘉耶夫明确表明"我们是陀思妥耶夫斯基的精神之子"[②]。

东正教与俄罗斯文学在相互影响中，不仅重构了俄罗斯民族的精神世界，也拓展了俄罗斯文学的艺术表现形式。同时，俄罗斯文学又以其独特

[①] 尼·亚·别尔嘉耶夫：《陀思妥耶夫斯基的世界观》，载《创作·文化·艺术哲学》，莫斯科：艺术出版社，1994年，第2卷，第74页。
[②] 尼·亚·别尔嘉耶夫：《悲剧与寻常》，载《创作·文化·艺术哲学》，莫斯科：艺术出版社，1994年，第2卷，第144页。

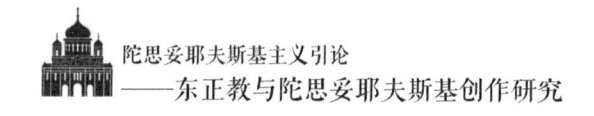

的艺术形象和审美形式，展示和丰富着东正教精神，传承了东正教文明。

四、重构与聚和：审美形式的拓展

翻开19世纪俄罗斯文学史，批评界在关注东正教与俄罗斯文学的相互影响时，往往更加侧重东正教思想对俄罗斯文学创作的精神注入，从而揭示前者对后者的积极影响。其实，俄罗斯文学经典作品的独特艺术表现魅力也渊源于东正教，并且推动着东正教精神在更广范围内的形象化接受。

俄罗斯著名思想家、文学批评家巴赫金曾经在《陀思妥耶夫斯基诗学问题》一书中，明确揭示了陀思妥耶夫斯基小说创作形式的复调结构，强调了在陀氏创作中"作者与主人公平等对话"的艺术特征。然而，巴赫金却有意回避了"复调结构"和"对话"产生的思想根源，他写道："我们在分析中将撇开陀思妥耶夫斯基所表现的思想的内容方面，此处我们看重的是它们在作品中的艺术功能。"[1] 显然，巴赫金回避了一个不应该回避的问题。

陀思妥耶夫斯基是一位虔诚的东正教徒，其小说创作的"复调结构"和"对话"特征，是东正教文化又一本质特征"聚和性"意识的艺术表现。

在陀思妥耶夫斯基的小说创作中，这种"聚和性"意识的"复调结构"特征非常明显地展现在读者面前。这种不同观点和思想的"复调"或曰"多声部"，在长篇小说《罪与罚》中，表现为大学生拉斯柯尔尼科夫与妓女索尼娅之间的"对话"，前者坚持要以暴力抗恶，杀死了放高利贷

---

[1] 巴赫金：《陀思妥耶夫斯基诗学问题》，莫斯科：苏维埃俄罗斯出版社，1979年，第89页。

总序

的老太婆，后者则以善对恶，反对暴力，犯罪就要忏悔和接受惩罚，以达到自我救赎、净化心灵的目的。到了长篇小说《卡拉马佐夫兄弟》，这种"复调"已经不再是两种声音，而是真正的"多声部"。卡拉马佐夫一家父子之间、兄弟之间，他们不仅思想感情上迥然对立，甚至相互敌视，以至弑父。小说中，恶毒与善良、无神与有神、虚伪与真诚、软弱与暴力等各种话语和行为交织在一起，形成了一部独特的"交响曲"。

在陀思妥耶夫斯基的小说中，"和而不同"所产生的"复调"，又不仅仅是同一空间上不同声音的"聚和"，而且也是不同空间层面的"对话"和"多声部"。小说《白痴》是由作家有意识独特设计的双重层次结构所构成，把世俗的日常生活与崇高的情感悲剧相交织，主人公梅什金、罗戈任、纳斯塔西娅·菲利波芙娜、阿格拉娅、伊波利特均生活其中，作家并没有让小说中的任何一种声音成为主旋律，而是不同的声部并存。这种不同层面的空间交织对话，形成了"黑暗"与"光明"、"平凡"与"崇高"之间对峙的"复调"结构，呈现出"现实"与"浪漫"、"理智"与"情感"相结合的独特艺术形式。

可以说，陀思妥耶夫斯基很少直接客观地描述社会生活场景和刻画人物性格，而主要是描绘人物的意识，让人物直抒自己对社会的不满和对人生的看法。《穷人》中的男女主人公用书信来直抒自己对现实的抱怨，《死屋手记》和《地下室手记》中的主人公们明显地表现出自己心灵的扭曲、变态和卑劣。《卡拉马佐夫兄弟》中的父与子们针锋相对的思想交锋，《白痴》主人公梅什金的基督式的"普遍的爱"，《罪与罚》中主人公关于善恶的不同认识等，均是心灵的碰撞和思想的表露。

陀思妥耶夫斯基是一位善于洞察和揭示人物意识的艺术大师。东正教的"聚和性"在他的创作中显现为是一种"意识"的"聚和"，而这种

"聚和"又是三种意识主体的"聚和"。从表层上来看,各个人物的主体意识是具有个性意识的,而部分群体的主体意识是代表集体的,但是从深层着眼,只有代表反映人类普遍意识的主体才能够代表人类整体。可以说,正是普遍的人性、博爱精神才是"聚和"的根本。

特鲁别茨科伊在《论人类意识的本质》中,就把意识的主体分为局部与整体两类。局部的意识主体又分为:个性意识与集体意识,这类意识主体是不可能代表整体的,因此不具备普遍性。其实,意识主体的本质特征是它的普遍性,也就是能够反映整个人类特性的普遍意识。特鲁别茨科伊虽然强调个性意识、集体意识与普遍意识的"三位一体",但是他把普遍意识称为"聚和性"意识。他指出:"意识既不可能是无个性的,也不可能是单独的、个性化的,因为意识要比个性宽广得多,它是聚和性的。真善美可以客观地被认识,能够渐渐地被实现,就是因为人类的这种活生生的聚和性意识。"①

东正教的"聚和性"成为了陀思妥耶夫斯基创作的内在文化基因,同时陀氏的创作又不断丰富和形象地阐释了东正教的本质特征"聚和性"。在霍米亚科夫那里,不同思想和观点是"聚和"共存的,而在陀思妥耶夫斯基的创作中,这种"和而不同"又是相互"融合"的,即各种不同思想和观点是相互渗透的。这显然更加形象,艺术地拓展了东正教的思想,例如《卡拉马佐夫兄弟》中的阿辽沙是代表"善"和"博爱"思想的理想人物,但是在小说现实中的形象又是软弱无力的。"宗教大法官"的传说是长篇小说《卡拉马佐夫兄弟》中的伊万对其弟阿辽沙讲述的一个很长的故事。陀思妥耶夫斯基匠心独具地让这位反基督的宗教大法官恰恰以维护宗

---

① 俄罗斯科学院哲学研究所编:《谢·尼·特鲁别茨科伊选集》,莫斯科:思想出版社,1994年,第44页。

总 序

教的绝对权威的面貌出现，甚至还揭示出宗教大法官的某些思想与19世纪俄罗斯的虚无主义、激进主义思潮之间的联系，从而使得这一形象具有多重意义的内涵。陀思妥耶夫斯基有意识地将不同的思想融合在同一个人物身上，这不是简单的人物思想复杂性导致的，而是作家独特的艺术构建，是对"聚和性"有意识的"内在"呈现，为了达到读者心灵自我对话的独特效应。

俄罗斯著名宗教文化批评理论家罗赞诺夫（Розанов В.В.）指出："陀思妥耶夫斯基的本质在于其无限的隐蔽性。……陀思妥耶夫斯基是一位最隐秘、最内在的作家，因此阅读他，仿佛并不是在阅读别人，而像是在倾听自己的灵魂，不过比通常的倾听更深入……"因此，就读者而言，"陀思妥耶夫斯基并不是'他'，像列夫·托尔斯泰和其他所有作家那样；陀思妥耶夫斯基是'我'，是罪过的、愚笨的、懦弱的、堕落的和正在崛起的'我'"。[1] 陀思妥耶夫斯基以"自我"为中心的创作，恰恰艺术地折射出东正教的"上帝在我心中"的思想。

陀思妥耶夫斯基的文学创作深刻地揭示了不少宗教哲学的辩证思想：堕落与复兴、生与死等互相依存、互为前提的关系。《卡拉马佐夫兄弟》一书的卷首引用了《约翰福音》中的一段话："我实实在在地告诉你们：若一粒麦子落在地里上，不死，仍旧是一粒；若是死了，就会结出许多子粒来。"陀思妥耶夫斯基以这部长篇小说表明了一个深刻的宗教思想：生与死是不可分离的，只有死的必然，才使得生变得可能。罗赞诺夫把陀思妥耶夫斯基称为"辩证法的天才，在他那里几乎所有正题都转化为反

---

[1] 瓦·瓦·罗赞诺夫：《为什么陀思妥耶夫斯基对于我们是珍贵的？》，载《论作家与写作》，莫斯科：共和国出版社，1995年，第533，535—536页。

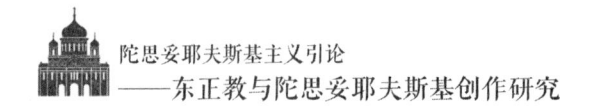

题"。① 其实，陀思妥耶夫斯基创作中蕴含着的深刻矛盾性、辩证性是"聚和性"意识的使然。罗赞诺夫曾指出，陀思妥耶夫斯基的文学创作遗产是"表层略有些被毁损的思想、形象、猜想和期盼的矿场，但俄罗斯社会却还不得不依赖它，或者至少，一切真正的俄罗斯灵魂都将先后向那里回归"。② 这里说的俄罗斯灵魂的回归自然是东正教的，陀思妥耶夫斯基对东正教本质特征的艺术显现和形象拓展是显而易见的。

其实，在19世纪俄罗斯经典作家的文学创作中，这种与东正教之间互动影响的艺术创作的"形式因"真可谓比比皆是。莱蒙托夫代表作《当代英雄》中的宿命论思想，体现在宗教意识与小说创作形式的相互影响之间。该小说五个短篇连接的艺术结构不按时间秩序，而是不断指向内心和宿命，便是这一影响的产物。果戈理创作《死魂灵》第二部的过程，反映出作家在艺术创作与宗教思想探索中的苦恼和艰辛。俄罗斯民族戏剧的奠基人奥斯特洛夫斯基在自己的代表作《大雷雨》中，也将创作形式中融入了浓厚的宗教意识，以艺术形象从正反两个方向展示着东正教的自我救赎思想。列夫·托尔斯泰的长篇小说《复活》的书名就直接来源于宗教，整部小说中均贯穿着救赎和自我完善的宗教思想，也极大地形象阐释和丰富了相关的教义。即便是被誉为现实主义经典作家的高尔基，在其创作中也充满着造神论的思想③，其小说《忏悔》是一部集中体现作家造神论思想的文学作品。高尔基在这部小说中，通过人物、情节以及丰富多彩的生

---

① 转引自阿·尼科留金：《俄罗斯灵魂的画家》，载瓦·瓦·罗赞诺夫：《在艺术家中间》，莫斯科：共和国出版社，1994年，第12页。
② 转引自阿·尼科留金：《俄罗斯灵魂的画家》，载瓦·瓦·罗赞诺夫：《在艺术家中间》，莫斯科：共和国出版社，1994年，第12页。
③ 张羽：《高尔基的造神论观点研究》，载《张羽文集》，南京：河海大学出版社，2014年，第155—212页。

活现象，形象地展示了造神论思想的全貌。当然，高尔基强调的主要是宗教感情，他坚持："宗教感情……应该存在、发展，并且有助于人的完善。""宗教感情是由于意识到把人与宇宙结合在一起的各种纠结的和谐性而产生的那种欢乐与自豪感情。"①高尔基在这里的论述，显然有着明显的东正教"聚和性"意识的烙印，他的小说《忏悔》也在很大程度上艺术地反映出这一点。

五、现实与精神：意义再生的机制

长期以来，我国文学批评界已经习惯于把文学创作视为通过语言文字对现实生活的形象反映。然而，任何一个民族的文学创作在反映社会现实的同时，更是民族精神的弘扬，这一精神自然与该民族的宗教信仰是息息相关的。宗教与艺术是人类两种不同的文化现象和社会意识，它们几乎同时产生，既相互依存，又相互矛盾。艺术主要是以情感形式表现人的生活的丰富性，让人获得现实生活的实在感。不过，艺术时空表现的实在感与宗教的虚幻的处世态度无疑是相互对立的，更何况宗教的禁欲主义压抑着艺术对美的追求，尤其是在长达一千年的中世纪。因此，在20世纪初，几乎所有的文学史家都认为，中世纪的教会势力和教规严重地制约了人类文化艺术的发展，后来的文艺复兴运动才促使以表现人为中心的文化艺术摆脱宗教的羁绊，重新蓬勃发展起来。

其实，如果从"表现""创造"的美学理想出发，中世纪的人类艺术成就不仅可以被重新认识，而且宗教对人类文学艺术发展的贡献是显而易

---

① 张羽：《高尔基的造神论观点研究》，载《张羽文集》，南京：河海大学出版社，2014年，第170页。

见的，至少在艺术表现的假定性手段等方面，为文学艺术的内在表现机制提供了更多的可能。文学创作对社会生活的反映是积极的，它就如同一个意义发生器，拥有一个能够不断再生意义的机制。因此，不同时代的读者或者同一时代的不同读者，均可以从任何文学文本中解读出不同的意义。爱沙尼亚塔尔图大学的已故著名符号学家洛特曼（Лотман Ю.М.）就曾指出，"文本具备三个功能：信息传递功能、信息生成功能、信息记忆功能"。[1] 文学文本的核心构造其实就是意义的再生机制，它可以传递新的信息，创造新的意义。

洛特曼就曾经强调："文本作为意义的发生器是一种思维机制。要使这个机制发生作用，需要一个谈话者。在这里深刻地反映出意识的对话性质。要使机制积极运行，意识需要意识，文本需要文本，文化需要文化。"[2] 在19世纪，与俄罗斯社会现实对话的谈话者，主要是东正教的思想，而俄罗斯文学所承载的正是这两种意识、文本、文化之间的对话。在陀思妥耶夫斯基的创作中，无论是《穷人》中的杰武什金与陀勃罗谢洛娃，还是《罪与罚》中的拉斯柯尔尼科夫与索尼娅，或者是《卡拉马佐夫兄弟》中的伊万与阿辽沙之间，都是以不同人物对话的方式，来展现残酷现实与东正教思想之间的互文。在托尔斯泰的创作中，《安娜·卡列尼娜》的两对主人公安娜、渥伦斯基与列文、吉蒂之间的互文对照，虽然存在于现实之间，但他们之间的迥异是思想和精神层面的。《复活》主人公聂赫留朵夫代表的"自我完善"等宗教思想，以个人与社会之间的对应方式，

---

[1] 康澄：《文化及其生存与发展的空间——洛特曼文化符号学理论研究》，南京：河海大学出版社，2006年，第25页。
[2] 康澄：《文化及其生存与发展的空间——洛特曼文化符号学理论研究》，南京：河海大学出版社，2006年，第114页。

总 序

均不同地艺术呈现了这一交锋。在果戈理的《死魂灵》(第一部)中,反映作者强烈主观精神和东正教思想的抒情插话与社会人性堕落和丑陋现实之间,实现了精神与现实的互动对话。在莱蒙托夫的《当代英雄》中,主人公毕巧林完成了现实的抗争与宿命的无奈之间的心理历程,最终走向了宗教信仰的归宿。在亚·尼·奥斯特洛夫斯基的《大雷雨》中,女主人公卡捷琳娜的理想王国与现实的黑暗王国之间的对峙,以及主人公的悲剧结局,无疑是对观众产生了极大的情感影响,留下了无限的思考空间。

列夫·舍斯托夫把契诃夫的创作视为是这种宿命论的集大成者。他以为,契诃夫一生都在把人类的悲剧性命运与上帝的存在相互文。他写道:"契诃夫是绝望的歌唱家,契诃夫在自己差不多二十五年的文学生涯当中百折不挠、乏味单调地仅仅做了一件事:那就是不惜用任何方式去扼杀人类的希望。"[①]契诃夫是在用自己的创作给人们以启示。也就是,人类只有用自身的磨难、绝望、诅咒,甚至死亡来抗争理性、必然性和规律性,只有当人身陷悲剧的深渊,充满恐惧,陷入绝境,才能感觉到那个用理性无法证明的上帝,向他发出旷野的呼告,重新找回对上帝的信仰。这既是舍斯托夫对契诃夫创作的宗教—文化意义的阐释,更是他对陀思妥耶夫斯基、果戈理、托尔斯泰等俄罗斯伟大作家创作的内在价值的肯定。

显然,宗教的精神是永存不变的,而社会现实则是变化无常的,正是这种"不变"与"变"之间的对话,为读者提供了无限广泛的可阐释空间,文学文本作为艺术的载体才不断创造出新的意义。文学创作的主要作用,也许就在于表现或反映人类的无意识和意识生活以及与此相伴的社会现实。然而,文学又必然会表现出超越这一切现实层面的精神,即人类超

[①] 列夫·舍斯托夫:《开端与终结》,方珊译,昆明:云南人民出版社,1998年,第8页。

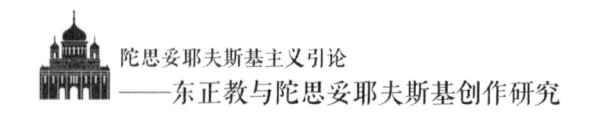

越理性之上的无意识层面，也就是文学素养或曰文学教养，并以此影响读者，实现自身的价值。

文学的本体无疑是文学文本，文学文本创造的意义自然既源于生活，又高于生活，是现实与精神的融合。文学文本是社会现实与民族精神交融的传承，文学批评的任务既要发掘文学文本对现实生活的形象反映，更要揭示深层的宗教信仰和民族精神。俄罗斯文学显然是东正教与俄罗斯社会现实相互对话的产物。"弥赛亚"和"聚和性"等意识，作为俄罗斯民族东正教文化的本质特征，一方面提升了俄罗斯文学经典的思想内涵，另一方面又影响着俄罗斯文学的艺术形式，特别是诗歌、小说等的诗学结构。同时，俄罗斯文学经典的创作，也在很大程度上，以"弥赛亚""聚和性"等为基础，不断丰富着东正教的内涵和表现形式，拓展了东正教文化的阐释空间。文学批评应该努力从这两者的对话与交融之中，去揭示文学文本和艺术形象的意义再生机制，拓展文本的可阐释空间。

19世纪以来的俄罗斯文学，对本民族精神的铸造，为我国的文学创作和批评，为我们探索超越个体价值的民族精神，无疑具有十分重要的意义和启示。

国家社科基金重大项目
"东正教与俄罗斯文学研究"首席专家
南京师范大学外国语学院教授

张 杰

2021年2月14日于南京随园

目录

上编

引 言　作为救赎之道的"陀思妥耶夫斯基主义" …………………… 3
　第一节　"陀思妥耶夫斯基主义"：概念的提出 ………………………… 4
　第二节　"陀思妥耶夫斯基主义"：自由与爱的人学主义 ……………… 10
　第三节　"陀思妥耶夫斯基主义"：知识分子的启示录 ………………… 19

第一章　"最高意义上的现实主义"：文学、哲学、宗教哲学的
　　　　三位一体 ……………………………………………………… 23
　第一节　对陀思妥耶夫斯基现实主义的多元阐释 ……………………… 24
　第二节　文学、哲学、宗教哲学的有机统一 …………………………… 26
　第三节　"最高意义上的现实主义"与"俄罗斯思想" ………………… 31
　第四节　"最高意义上的现实主义"的人道主义和理想主义色彩 …… 39
　第五节　"最高意义上的现实主义"与神秘主义 ……………………… 43

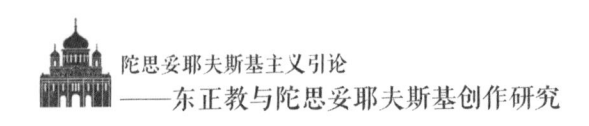

第二章　反/非理性主义 ········· 50

第一节　陀思妥耶夫斯基的根基主义思想········· 51
第二节　陀思妥耶夫斯基根基主义思想的渊源········· 54
第三节　陀思妥耶夫斯基的根基主义思想与东正教文化········· 57
第四节　陀思妥耶夫斯基对俄国现代化的态度········· 63

中　编　69

第三章　从至善的道德到新的宗教意识········· 71

第一节　从道德走向宗教的发生学机制········· 73
第二节　正义、自我牺牲和爱：从道德到宗教的道路········· 77
第三节　神秘主义因素的助推········· 83
第四节　"新宗教意识"和"知识分子宗教"········· 87

第四章　《被侮辱与被损害的》中的浪子回头主题与东正教人道主义思想········· 92

第一节　小说中的浪子形象········· 93
第二节　浪子回头主题的宗教蕴含········· 96
第三节　小说中的东正教人道主义思想········· 101

第五章 《死屋手记》中"不幸的人"与东正教认同感 **110**
第一节 "不幸的人"的宗教内涵 **112**
第二节 "不幸的人"与"聚和性"体验 **115**
第三节 东正教认同感与作家的根基主义思想 **119**
第四节 《死屋手记》受偏爱的原因 **125**

第六章 何为罪、如何罚? **128**
第一节 何为罪、如何罚? **129**
第二节 宗教与法律的二元论 **134**
第三节 《罪与罚》中的救赎和恩典 **141**
第四节 苦难、痛苦和恶的价值 **146**

第七章 从形象到圣容,从"凡人"到"完人" **150**
第一节 从骑士到白痴:基督的非完整性降临 **153**
第二节 梅什金公爵的俄国圣容:从"凡人"到"完人" **158**
第三节 圣愚与义人:发现人身上的人 **164**

第八章 "美拯救世界"还是"美毁灭世界" **173**
第一节 "纳斯塔西娅·菲利波芙娜难题" **175**
第二节 拯救世界的是美吗 **184**
第三节 美的价值与局限 **190**
第四节 悲剧的价值与功效 **193**
第五节 爱的天性与功能 **199**

第九章　末世论与博爱伦理学 · 204

- 第一节　斯塔夫罗金式的"群魔" · 205
- 第二节　末世论：虚无主义的启示录 · 210
- 第三节　涅恰耶夫案件与《革命者教义问答》 · 213
- 第四节　《群魔》中的日内瓦与"日内瓦思想" · 218
- 第五节　积极末世论与博爱伦理学 · 224

第十章　《少年》中父子错位和"偶合家庭"现象的精神内因 · 228

- 第一节　"半部"《父与子》、别样"忏悔录" · 229
- 第二节　"偶合家庭"里的角色与错位 · 233
- 第三节　成长小说的词源学含义 · 239

第十一章　论《少年》中"宗教与人生"书写的思想史意义 · 243

- 第一节　从"多余人"到少年儿童：全体救赎的必要性 · 244
- 第二节　"圣容善心"与"蜘蛛灵魂" · 249
- 第三节　"宗教与人生"的思想史意义 · 255

第十二章　"聚和性"vs"奇迹、神秘和权威" · 260

- 第一节　东正教教义与"奇迹、神秘和权威" · 262
- 第二节　从"三位一体"模式到"聚和性"概念 · 267
- 第三节　伊万·卡拉马佐夫式的提坦主义的宿命 · 274
- 第四节　积极的爱："复活"事业的第一步 · 280

下编

285

第十三章　从"双重人格"到"三/多位一体" ······ **287**

第一节　个性分裂与"双重人格"现象······ 288
第二节　"聚和性":多与一的有机统一······ 294
第三节　"三/多位一体"和"聚和性"的困境······ 300

第十四章　陀思妥耶夫斯基反对"环境决定论"的宗教本体论分析······ **303**

第一节　环境与人的责任和自由······ 304
第二节　"环境决定论"与道德至善的抵牾······ 308
第三节　"环境决定论"与社会达尔文主义的内在契合······ 310
第四节　"环境决定论"与陀思妥耶夫斯基的艺术观······ 316

第十五章　陀思妥耶夫斯基批驳社会达尔文主义的动因研究······ **320**

第一节　作为"假说"的达尔文主义······ 323
第二节　"生存斗争"与俄罗斯使命的龃龉······ 327
第三节　社会达尔文主义与东正教思想的对立······ 332
第四节　社会达尔文主义与"黄金时代"之梦的冲突······ 338

第十六章　信、望、爱：对悲观现实满怀理想主义希冀 …………… **344**

第一节　人道主义、人学、人学主义……………………………… 344
第二节　陀思妥耶夫斯基人道主义思想的发展脉络……………… 348
第三节　陀思妥耶夫斯基人道主义思想的本质…………………… 350
第四节　陀思妥耶夫斯基人道主义思想的悖论…………………… 354
第五节　陀思妥耶夫斯基东正教人道主义的思想史意义………… 359

参考文献 ……………………………………………………………… **363**

后　记 ………………………………………………………………… **385**

上 编

引 言
作为救赎之道的"陀思妥耶夫斯基主义"
——论陀思妥耶夫斯基的东正教思想

俄国作家费奥多尔·米哈伊罗维奇·陀思妥耶夫斯基（1821—1881）历来就被学界认为是思想家或哲学家型的文学家，其深邃的思想和先知般的预言不但对后来的俄国文学乃至世界文学，而且对俄国哲学、欧陆哲学甚至是世界哲学的发展，都有着重要的影响。陀思妥耶夫斯基又被认为是俄国古典文学中宗教情结最浓厚的作家，在其驳杂而精深的思想中，代表着"俄罗斯精神"之精髓的东正教具有不可撼动的绝对地位。研究东正教与陀思妥耶夫斯基的创作，就是既要研究这两者，也要考察两者之间的互动关系，即东正教如何影响着陀思妥耶夫斯基的思想和创作，而陀思妥耶夫斯基的作品和思想又如何演绎和推进着东正教的发展。在陀思妥耶夫斯基逝世将近一个半世纪以来，对东正教和陀思妥耶夫斯基的关系的研究一直是陀学界研究的重点和热点，尽管随着时代的不同呈现出或隐或显、或明或暗的演进脉络，也可以说，只要宗教（或曰东正教）存在一天，那么关于陀思妥耶夫斯基与宗教的关系问题的探讨和研究就会一直延续下去。因此，对东正教与陀思妥耶夫斯基创作的关系的研究之路也就没有终点，一路上既可能有暂时难以征服的坎坷和泥泞，但也会有路边美丽的风景以

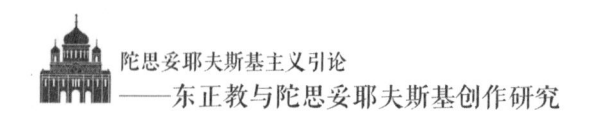

及由思想火花点燃的璀璨烟火。

随着陀学界对东正教与陀思妥耶夫斯基创作的关系的研究进入了相对平坦,但绝不平凡的路段,为了回首和总结此前的旅程,也为了论述和概括的方便,作者不揣浅陋,在前辈学者提出"陀思妥耶夫斯基习气"(достоевщина)的基础上,斗胆提出"陀思妥耶夫斯基主义"(достоевскизм)的概念,将陀思妥耶夫斯基式的文学创作与东正教的互动关系作为它的主要内容。

第一节 "陀思妥耶夫斯基主义":概念的提出

在一篇专门评述陀思妥耶夫斯基的文章《思想家和艺术家陀思妥耶夫斯基》里,苏联政治活动家兼文艺批评家阿纳托利·卢那察尔斯基第一次提出了所谓的"陀思妥耶夫斯基习气"。这是作者从庸俗社会学批评的角度把陀思妥耶夫斯基定性为"小市民小说家"后对其创作特色的一种概括,带有特定的贬义色彩。他说:"陀思妥耶夫斯基是我国文化史上第一个伟大的小市民小说家,他的这些情绪表现了广大小市民知识分子和有知识的小市民的慌乱心理,他是他们的一个非常有力而又为他们所非常需要的组织家,导源于他的'陀思妥耶夫斯基主义(достоевщина)',对于一直到列昂尼德·安德烈夫时代为止的相当广大的小市民阶层来说,甚至对于活到我们这个革命时期的有知识的小市民残余来说,都是最主要的自救之道之一。"[①]

---

① 卢那察尔斯基:《思想家和艺术家陀思妥耶夫斯基》,载《卢那察尔斯基论文学》,蒋路译,北京:人民文学出版社,2016年,第200页。"列昂尼德·安德烈夫"现通译为"列昂尼德·安德烈耶夫"。原文作为"前言"首发于《陀思妥耶夫斯基作品选》(Ф. М. Достоевский. *Сочинения*. М.-Л.: Гослитиздат, 1931)。

上　编

在上面援引的译文中，蒋路先生将"достоевщина"译作"陀思妥耶夫斯基主义"，而在另一个译文里，干永昌先生将该词译为"陀思妥耶夫斯基精神"[①]。综合考虑，我们认为译作"陀思妥耶夫斯基习气"比较合适，原因有二：一是因为卢那察尔斯基的确是在贬大于褒的意义上使用该词的，二是因为俄国文学中有一系列从不同个性的作品人物中引申出来的、带有"某某习气"（-щина）之类的特定名词，这都由一些作家和批评家们总结和概括出来，已经成为俄国文学的核心概念，在世界文学中具有较高的俄国文学的独特辨识度。高尔基曾经就《卡拉马佐夫兄弟》提出过"卡拉马佐夫习气"（карамазовщина）之说（《论卡拉马佐夫习气》《再论卡拉马佐夫习气》），果戈理的《钦差大臣》里有"赫列斯达科夫习气"（хлестаковщина）、冈察洛夫的《奥勃洛摩夫》里也有"奥勃洛摩夫习气"（обломовщина）之说，都带贬斥之意。陀思妥耶夫斯基也曾在1869年2月26日致尼古拉·斯特拉霍夫的书信中，在抱怨杂志作者中有才华的人太少的时候，提到"尽是米纳耶夫习气和萨尔蒂科夫习气"（сплошь минаевщина и салтыковщина）[②]！

与陀思妥耶夫斯基同时期的著名俄国作家米哈伊尔·萨尔蒂科夫－谢德林，也曾创作过一部书名类似"习气"（-щина）的长篇小说《波谢洪尼耶遗风》（Пошехонская старина），它描写的是俄国北方的偏远小县城波谢洪尼耶，它处处表现出闭塞、落后、愚昧、野蛮、残忍等特点，以此影射农奴制统治下的俄国乡村乃至整个国家的封闭隔绝和愚昧保守之

[①] 卢那察尔斯基：《论陀思妥耶夫斯基的"多声部性"——从巴赫金的〈陀思妥耶夫斯基创作诸问题〉一书说起》，干永昌译，载《外国文学评论》1987年第1期，第54页。
[②] Ф. М. Достоевский. *Полное собрание сочинений в 30 томах. Т. 29, к. 1*. Л.: Наука, Ленинградское отделение, 1986, с. 18.

风；跟作家其他的长篇小说，如《外省散记》《戈罗夫略夫老爷们》《一个城市的历史》等一样，它们在抨击俄国的落后习气方面都有异曲同工之妙。该书书名中的"遗风"（старина）一词，既有古老传统和世袭风俗之意，也带有愚昧不开化的保守僵化之味，与"习气"（-щина）一词几乎不分伯仲，可以并驾齐驱。从以上这些颇具俄国特色的带后缀名词大略可以看出，"习气"（-щина）是跟在人名后面的、表达特定性格特征的专有名词，而"遗风"（старина）之类基本是对具有某地地域性特征的生活方式的概括，着眼于其"古"和"旧"的含义，兼具"古老时代"和"旧人们、老人们"之意，凸显"时代与人"的互塑互构关系。

仔细分析卢那察尔斯基所说的"陀思妥耶夫斯基习气"，可以归纳出其中蕴含的几层主要意思：其一，在被资本主义包围的大城市里，俄国小市民"面临着激烈的竞争和谋取功名显达的搏斗"，同时，都市主义又无时无刻不在诱惑他们，"小市民向往甘美的人生之杯，可是他们的希望差不多从来没有实现过。他们多半成了弃物和失败者，注定要过灰色的、暗淡的生活，甚至弄得一贫如洗；对于强烈地渴望享受的人，贫穷格外难于忍受"。[1] 其二，在资本主义的进攻下，陀思妥耶夫斯基及其笔下的人物都具有"为了抢到一个糖馅饼，不惜张牙舞爪，拳打脚踢"的小市民习气——"攫取和虐他狂"[2]。其三，小市民也寻找过摆脱小市民习气的出路。有些无耻的小市民在"被人推倒和掉进地下室"后，无耻的论调不但没有改变，反而带有了虚无主义的特点；有些小市民如车尔尼雪夫斯基，经历了空想社会主义的失败，但因此"在道德上拯救了自己，成为后来人类谋

---

[1] 卢那察尔斯基：《思想家和艺术家陀思妥耶夫斯基》，《卢那察尔斯基论文学》，蒋路译，北京：人民文学出版社，2016年，第183—184页。
[2] 同上，第184—185页。

上 编

取合理的幸福的道路上一群光辉的先驱";而陀思妥耶夫斯基走的是"第三条道路",亦即卢那察尔斯基认为的宗教之路,这些庸俗的小市民是不进修道院却满怀希望的信徒:"他们把祭坛设在虚伪的人生和喧扰的市场的深处,通过祈祷、礼拜、香烛、忏悔和圣餐去接近另一个世界——他们认为到处是宁静和光明的美好世界。"[①] 所以卢那察尔斯基断言,"陀思妥耶夫斯基难得注重正教的表面形式"[②]。其四,陀思妥耶夫斯基的宗教之路其实也是一条前途未明的探索之路,但他本人对此寄予殷切的希望。因为在卢那察尔斯基看来,"专制政府给予他的打击使他陷于那样的境地,他不得不颇为真诚地进行一项复杂细致的工作,用迁就阴暗的现实的办法,以挽救自己和自己的才能"[③]。其五,陀思妥耶夫斯基的病态的天才所创造的著作,将在相当长的历史时期仍旧具有意义。"他所创造的文学巨著,极其有力地反映了中、小市民在资本主义蜕化的风暴中的慌乱心理。作为历史文献看,这些著作不会很快失去意义。"[④] 卢那察尔斯基还指出,从陀思妥耶夫斯基在德国的接受和影响来看,陀思妥耶夫斯基的时代并未过时,其世界性的指导意义并未消失,而且,随着时代的发展,"我们甚至也不能肯定说,我们自己,即使自觉地和忘我地从事建设的人们,已经完全摆脱了陀思妥耶夫斯基主义",只要身上仍有小市民习气,就"都是和陀思妥耶夫斯基主义(достоевщина)血肉相连着的"。卢那察尔斯基借此呼吁,以研究陀思妥耶夫斯基的著作为契机,了解现实中的尚有弱点的人们。"因此我们又认为陀思妥耶夫斯基生动鲜明地表现了人们意识和行

---

① 卢那察尔斯基:《思想家和艺术家陀思妥耶夫斯基》,《卢那察尔斯基论文学》,蒋路译,北京:人民文学出版社,2016年,第185页。
② 同上,第188页。
③ 同上,第200页。
④ 同上,第201页。

为中的消极力量，为了我们本身的实践，我们必须根据他的著作去研究它们，因为从这些尚未消除的弱点中了解人们，对今天的每个组织者、每个建设者来说，都是一项相当重大的任务。"①

卢那察尔斯基作为苏联文化事业的开创者和领导者，高瞻远瞩地提出了通过学习和研究陀思妥耶夫斯基作品来根除小市民习气的问题。将近百年时间过去了，资本主义、帝国主义、资本操控轮番登场，可陀思妥耶夫斯基所说的那些人性弱点依旧普遍存在、问题依旧未能得到彻底解决，因此，我们很有必要将卢那察尔斯基所抨击的"陀思妥耶夫斯基主义（достоевщина）"反其道而用之，把作为"第三条道路"的陀思妥耶夫斯基的诉诸宗教的方式，看作可以根除国民劣根性（小市民习气）和人性弱点，乃至拯救道德即将堕落之社会的一种救赎之道，固其本、张其目，充分挖掘陀思妥耶夫斯基的宗教思想，再次彰显深藏其中的作为一种拯救和自救之道的积极意义。因此，我们暂时搁置卢那察尔斯基论述中的贬义层面，而是提升其寻求救赎、促人向善的合理性和可行性，将处于特定的社会转型时期、以宗教进行救赎和个人自救之道为目的、陀思妥耶夫斯基式的文学写作方式和思考内容统称为"陀思妥耶夫斯基主义"（достоевскизм）。

"陀思妥耶夫斯基主义"（достоевскизм）一词最早可能来自俄国思想家、著名的俄国宗教哲学家尼古拉·别尔嘉耶夫。他在《陀思妥耶夫斯基的世界观》这本书里多次提到"陀思妥耶夫斯基主义"，但未对此进行集中的准确的界定。比如，他认为陀思妥耶夫斯基开启了一个他所提出的主题的时代："陀思妥耶夫斯基首先发现了具有新精神的人，发现了一个

---

① 卢那察尔斯基：《思想家和艺术家陀思妥耶夫斯基》，《卢那察尔斯基论文学》，蒋路译，北京：人民文学出版社，2016年，第202页。

上 编

对前辈们来说被遮蔽的、巨大的新世界。在俄罗斯思想和俄罗斯文学中开始了一个'陀思妥耶夫斯基主义（достоевскизм）'的时代。"[1] 他还认为，陀思妥耶夫斯基引领人们穿越黑暗，其创作给人的印象并非无出路的悲观主义，所以，即使"陀思妥耶夫斯基不能够担当精神训练和精神道路的导师，即使'陀思妥耶夫斯基主义'，就像我们的心理主义那样，应当在我们身上被克服的话，那么有一点他仍然是导师，即他教导经由基督发现黑暗之中的光明，发现最堕落的人身上的上帝的形象；教导爱人，并尊重人的自由"[2]。

况且，既然可以将列夫·托尔斯泰宣扬道德自我完善、非暴力抗恶和博爱的学说称为"托尔斯泰主义"，那么，包括且不限于上述思想，而宗教性和哲学性更浓厚的陀思妥耶夫斯基的创作及其所体现出来的思想学说，其总体特色为何不能以"陀思妥耶夫斯基主义"来命名呢？这样，既能统摄性地将学术史上把陀思妥耶夫斯基和列夫·托尔斯泰的系列对照比较称为"陀思妥耶夫斯基主义"和"托尔斯泰主义"的对比研究，又能将陀思妥耶夫斯基兼具宗教和哲学意义的文学创作的作用不再仅仅局限于文学研究的范畴之中，从而跳出文学文本的界限，走向更宏大的思想史和文化史研究的格局，实际上，将近二百年以来，陀思妥耶夫斯基的创作和思想早已不受文学研究领域的拘囿，其作品和思想的影响几乎遍及整个人文领域（humanities）。

---

[1] 别尔嘉耶夫：《陀思妥耶夫斯基的世界观》，耿海英译，桂林：广西师范大学出版社，2008年，第136页。

[2] 同上，第142—143页。译文略有改动。

第二节 "陀思妥耶夫斯基主义"：自由与爱的人学主义

"陀思妥耶夫斯基主义"首先也最直观地体现为一种独特的人道主义（humanitarianism）思想，它既包含启蒙运动以来欧洲人道主义和人文主义或曰人本主义（humanism）传统的因素，也有俄国东正教的影响和他自己赋予人道主义思想的新内容。其人道主义思想究其实质还是一种独特的人学（hominology）或人学主义（anthropologism；антропологизм），亦即对待处于神性和兽性之中间状态的人和人性的态度。陀思妥耶夫斯基的人道主义思想经历了从推崇小人物到批判人神再到辩证看待凡人的过程，但对人和人类社会的信、望、爱始终是其民族主义情绪和普世主义情结的内在本质和原始动力。陀思妥耶夫斯基东正教人道主义思想所凸显出的若干悖论，既反映出他渴望用宗教来解决道德问题的理想，也彰显了其无法单独克服的人道主义的危机。

关注人的命运就是关注人的自由的问题。别尔嘉耶夫认为，陀思妥耶夫斯基的作品注重考察处于自由之中的人的命运，自由是陀思妥耶夫斯基思想的核心。我们赞同别尔嘉耶夫的看法，尤其是他对陀思妥耶夫斯基的人学主义和人学辩证法的解释，我们认为，围绕人的一切都是我们所提出的"陀思妥耶夫斯基主义"的出发点和归宿。"人及其命运的主题，对于陀思妥耶夫斯基来说，首先是自由的主题。人的自由决定了人的命运，决定了他饱受苦难的流浪。自由位于陀思妥耶夫斯基世界观的核心。……陀思妥耶夫斯基具有真正天才的关于自由的思想。需要发掘它们。自由对于他来说，既是人正论，也是神正论，应该在自由中既找到为人的辩护，也要找到为神的辩护。整个世界进程就是完成自由主题之使命，是一场为完成这一主题而产生的悲剧。"①

自由是有等级的。别尔嘉耶夫受奥古斯丁将自由划分为"低级的自由"(libertas minor)和"高级的自由"(libertas major)的启发,也将陀思妥耶夫斯基那里的自由观念分为两种——最初的自由和最终的自由。"最初的——原始的自由和最后的——终结的自由。在两者之间,是人的道路——充满了痛苦和磨难的道路,是分裂的道路。"②跟奥古斯丁一样,低级的或最初的自由,代表着选择善恶的自由,——"它是选择善的自由,与恶的可能性联系着";而高级的或最终的自由,意味着"在上帝之中的自由,在善之中的自由"。最初的自由是非理性的,而最终的自由则是理性的。"当人们说,人应当从低级的自然本性中,从欲望的控制下解放出来,应当不再是自己和周围世界的奴隶,我们指的是第二种自由。精神自由的最高成就就是第二种自由。第一个亚当的自由与第二个亚当——基督之中的自由,是不同的自由。真理使人自由,但人应当自由地接纳真理,而不是强制地、被迫地被引领至真理面前。基督给予人最终的自由,但人应当自由地接纳基督。"③

"不能把自由与善、与真理、与完美混为一谈。自由有自己独特的属性,自由就是自由,而不是善。所有的混淆自由与善、混淆自由与完美,都是对自由的否定,是承认强迫和暴力之路。强迫的善已经不是善,它可以再生恶。自由的善,这是唯一的善,它以恶的自由为前提。自由的悲剧就在于此。"别尔嘉耶夫所说的"自由的悲剧",就是兼顾"恶的自由"和

---

① 别尔嘉耶夫:《陀思妥耶夫斯基的世界观》,耿海英译,桂林:广西师范大学出版社,2008年,第39页。
② 同上,第40页。
③ 同上,第40页。

"善的自由"而造成的悲剧,他给出的理由是:"恶的自由会导致扼杀自由本身,会使恶成为必然的不可避免的恶",同样,也不能因为要肯定特殊的善的自由,而否定恶的自由,因为"必然的善已经不是善,因为善以自由为前提"。所以,"自由的这一悲剧性问题在整个基督教思想史上一直折磨着基督教思想本身"。[1]

上帝存在的理由就是因为恶的存在,也就是因为存在自由。别尔嘉耶夫认为,无限的自由导致无限的专制,而只要世界上存在恶,那就是"一个永恒的对上帝的责难",这也是陀思妥耶夫斯基的基本主题。别尔嘉耶夫把上帝存在世界上的缘由归因于恶(因此亦等于导致恶的自由)的存在。"**正因为世上存在恶与苦难,上帝才存在,恶的存在是上帝存在的证明。如果世界是绝对的善和幸福,那么就不需要上帝,那么世界就已经是上帝。上帝之所以存在,是因为存在恶。也就是说,上帝之所以存在,因为存在自由**。陀思妥耶夫斯基就是通过自由、通过人精神的自由证明了上帝的存在。他那里,那些否定精神自由的人,也否定上帝。反之亦然。"[2]

没有的上帝的爱,就是"幻想的乌托邦",在陀思妥耶夫斯基的作品,这个乌托邦大多以"黄金时代"之梦的形式呈现出来。在长篇小说《少年》中,维尔希洛夫对少年阿尔卡季所描绘的"一幅没有了上帝的爱的画面",在别尔嘉耶夫看来,是"幻想的乌托邦":"这是与基督的爱相反的爱,不是因存在的意义,而是因存在的无意义的爱;不是为了肯定永恒的生命,而是为了利用短暂的生命瞬间。这是幻想的乌托邦。这样的爱在不信上帝的人类中永远也不会出现;在不信上帝的人类中有的将会是《群

---

[1] 别尔嘉耶夫:《陀思妥耶夫斯基的世界观》,耿海英译,桂林:广西师范大学出版社,2008年,第41页。
[2] 同上,第52—53页。字体加粗处原文如此。

上 编

魔》中所描绘的一切。……对人的爱存在于上帝之中。这个爱发现并肯定每一个人的面容中永恒的生命。这才是真正的爱，基督的爱。真正的爱与不死联系在一起，它不是别的，真是对不死、对永生的肯定。这是陀思妥耶夫斯基核心的思想。"①

反向观之，人们之所以信奉没有上帝的爱，最终是为了活着能得到安慰、"不至于如此可怕"，但最终只能走向毁灭。"永恒的面容只存在于上帝之中；上帝之外的爱不指向永恒和不死的生命，即生命的意义。这就是没有个性的、共产主义的爱，在其中，人们彼此依偎，为的是，在失去上帝的信仰、对不死的信仰，亦即对生命的意义的信仰之后，活着不至于如此可怕。这是人类自我意志和自我肯定的最后的界限。在不信上帝的爱中，人与自己的精神世界割裂了，与自己首要的东西割裂了，他出卖了自己的自由与不死。"②

陀思妥耶夫斯基曾阅读过圣吉洪大主教关于爱的论述，接受了他关于圣洁之爱可以让人间立即变成天堂的说法。作家努力阅读圣吉洪的宗教—道德作品，标题为《由尘世搜集来的精神财富》，在"已故司祭佐西马长老的生平"里模仿他的文体。阿辽沙的教父的"谈话和训言"则保留了18世纪宗教伤感主义流派的风格；在这里，陈旧的语法现象及教会斯拉夫语的词汇和爱称及小名结合在一起。作者艺术地再现了那个时代的说教—叙事文体，以及这个时代对"亲切"、喜悦和感动的眼泪、友谊和美丽大自然的崇拜。③吉洪是这样论述"对近人的爱"的："没有爱，哪里也

---

① 别尔嘉耶夫：《陀思妥耶夫斯基的世界观》，耿海英译，桂林：广西师范大学出版社，2008年，第81页。
② 同上，第81页。
③ Р. В. Плетнев. «Сердцем мудрые» (О «старцах» у Достоевского).//А. Л. Бем. (ред.) О Достоевском. Т. 2. Прага: Legiografie, 1933.

不会有喜悦和慰藉；哪里有爱，那里就是永远的精神和平和欢乐。用爱联合起来的人们在监狱里也是愉快的，相互流泪是甜蜜的；没有爱，美丽的宫殿和监狱没有区别。家庭、城市和国家靠爱而建立，没有爱它们就会崩溃……噢，在其中充满相互的爱的社会、城市和家庭才是幸福的！有爱的地方类似于充满喜悦和甜蜜的人间天堂，就像结满甜蜜果实的树一样。噢，爱，爱，爱的无价的财富！愿所有的人都充满爱！"①圣吉洪关于基督教之爱的充满激情的学说和对上帝的世界的乐观接受令陀思妥耶夫斯基惊讶。"圣徒修士感觉到了造物主在被造物里的存在，常常陷入到对自然界的爱的直观之中。夏天他每天都散步，乘车在森林里走，为自己的马割草。佐西马长老也教导说，诚心的爱可以把世界变成天堂，自然界之美颂扬着造物主的荣耀。"②

　　别尔嘉耶夫把陀思妥耶夫斯基的东正教思想称为基督教人类中心主义，因为他"宁愿为了基督而弃绝真理"。陀思妥耶夫斯基，"他一生都对基督抱有一种独特的、唯一的态度。他属于这样一类人，即宁愿为了基督而弃绝真理，也不为了真理而弃绝基督。对于他来说，不存在基督之外的真理。他的基督感是极其热烈而隐秘的。陀思妥耶夫斯基的基督教的深刻性，首先应当在他对人即人类命运的态度中寻找。那样一种对人的态度只有在基督教意识中才是可能的。但这一态度是陀思妥耶夫斯基在基督教内部的创造。陀思妥耶夫斯基在创作中所揭示的对人的态度比佐西马和训诫和《作家日记》中的训诫更深刻，他揭示了某种世界文学中还不曾有过的东西；是他得出了基督教人类中心主义的最后结论。……在陀思妥耶夫斯基那里，就是在最深处也依然保留着人的形象。这一点使他成为一位独特

---

① См. К. В. Мочульский. *Гоголь. Соловьев. Достоевский*. М.: Республика, 1995, с. 545.
② К. В. Мочульский. *Гоголь. Соловьев. Достоевский*. М.: Республика, 1995, с. 545.

上编

的基督教徒。陀思妥耶夫斯基的基督教形而上学首先应当在《宗教大法官的传说》中寻找，其无限的深度依然没有被完全猜透。《传说》是关于基督教自由的真正发现"。①

基督的精神与宗教大法官的精神是根本对立的，因为宗教大法官的爱是鄙视人的实证主义的宗教，跟无神论殊途同归。"以人们**幸福**的名义拒绝**自由**，以人类的名义拒绝**上帝**。大法官以此来诱惑人们，迫使他们拒绝自由，阻止他们向往永恒。而基督珍视人的自由、人的自由的爱胜于一切，基督不仅爱人，而且尊重人，确认人的尊严，承认人有能力达到永恒，他想让人得到的不仅是幸福，而且是与人相称的、与人高贵的禀赋和绝对的使命相符的幸福。这一切都是大法官精神所痛恨的——它轻视人，否定人高贵的禀赋，否认人有能力走向永恒并与神汇合，试图剥夺人的自由，把他们安排于舒适的大厦中，强加给他们可怜的有损于人的尊严的幸福。"②

别尔嘉耶夫认为人的个性具有绝对的意义和价值。"人——不是一群没有意义的牲畜，不是软弱无力的、卑微的、担当不了所揭示的秘密的重负的动物，人——是上帝之子，为他们准备的是神圣的使命，他们有力量担负起自由的重负，并能够吸纳世界的意义。人的个性具有绝对的意义，其中蕴涵着绝对的价值，它通过宗教的自由将实现自己绝对的使命。鄙视个性，不尊重个性的无限权利，以幸福和安宁诱惑人，监管人，剥夺他的

---

① 别尔嘉耶夫：《陀思妥耶夫斯基的世界观》，耿海英译，桂林：广西师范大学出版社，2008年，第130—131页。
② 别尔嘉耶夫：《大法官》，《陀思妥耶夫斯基的世界观》附录一，耿海英译，桂林：广西师范大学出版社，2008年，第148页。字体加粗处原文如此。

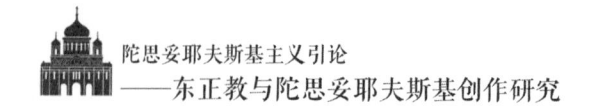

自由，——通过这些可以辨认出大法官的精神。"①

别尔嘉耶夫认为，跟尼采一样，陀思妥耶夫斯基也经历了新、旧人道主义两个时期，陀思妥耶夫斯基继承的俄罗斯文学的旧人道主义传统，是指"俄罗斯对所有被欺骗、被欺侮和堕落的人的同情"，即"俄罗斯的仁慈之心的价值观"②。但是，"他克服了旧人道主义天真、肤浅的原则，他揭示了一种武器崭新的悲剧的人道主义，在这一方面，只有尼采可以和他相比。在尼采那里，旧的欧洲人道主义结束了，人的悲剧性问题被以新的方式提出。人们已经多次指出，陀思妥耶夫斯基预见了尼采的思想。两个人都宣告了关于人的新发现，都首先是伟大的人学家，他们的人学都是启示录式的，指向极限、终点和末日。陀思妥耶夫斯基关于人和尼采关于超人所讲的，都是关于人的启示录思想"③。但是，别尔嘉耶夫又认为，人道主义思想完全不能囊括尽陀思妥耶夫斯基对人之洞察的深度，不管是唯物主义人道主义还是基督教人道主义，因为"在人道主义中，有太多的自满和乐观"④。而现实生活中，人性的现实更多体现出悲剧性，"其中包含着比人道主义意识所能想像的要巨大得多、要多得多的矛盾"⑤。别尔嘉耶夫甚至预见到了后陀思妥耶夫斯基时代的悲剧，这主要是指人和社会在丧失理想主义后的精神悲剧："陀思妥耶夫斯基之后，已经不可能再有原有词义上的理想主义者了，已经不可能再有'席勒们'了。我们注定要成为悲剧式

---

① 别尔嘉耶夫：《大法官》，《陀思妥耶夫斯基的世界观》附录一，耿海英译，桂林：广西师范大学出版社，2008年，第164页。
② 别尔嘉耶夫：《陀思妥耶夫斯基创作中关于人的启示》，《陀思妥耶夫斯基的世界观》附录一，耿海英译，桂林：广西师范大学出版社，2008年，第202页。
③ 同上，第202—203页。
④ 别尔嘉耶夫：《陀思妥耶夫斯基的世界观》，耿海英译，桂林：广西师范大学出版社，2008年，第135页。
⑤ 同上，第135页。

的现实主义者形象。这一悲剧式的现实主义是陀思妥耶夫斯基之后来临的时代的精神的典型特征。"[1] 由此可以认为，人道主义的悲剧根源其实就在于人自身的多面性、矛盾性或辩证性。

别尔嘉耶夫认为，人学的辩证法是陀思妥耶夫斯基东正教思想的精华，它是逐渐形成的：起始于《地下室手记》，完成于《宗教大法官》。"陀思妥耶夫斯基最初关于人的非常本质的启示和发现是在《地下室手记》中，这些启示和发现在《大法官的传说》中接近完成。首先，他彻底否定人在本质上是趋向益处、趋向幸福、趋向满足的，否定人的本性是理性的。在人身上隐藏的是对为所欲为的需求，对无限的、高于一切幸福的自由的需求。人——是一个非理性的动物。"[2] 在《地下室手记》主人公的"这些话中，已经显现出关于人的天才的辩证法的雏形，这一辩证法通过陀思妥耶夫斯基的所有主人公的命运得到进一步发展，并在《大法官的传说》中接近完成，得到肯定"[3]。别尔嘉耶夫认为，陀思妥耶夫斯基在《地下室手记》里所指出的我们"最主要和最珍贵的东西，亦即我们的人格和我们的个性"[4] 一语说明，"人不是算术，人是问题的、秘密的存在。人性从根本上是两极对立和二律背反的"[5]。别尔嘉耶夫认为理性学说与陀思妥耶夫斯基的水晶宫思想存在抵牾之处："陀思妥耶夫斯基揭示了自由的、矛盾

---

[1] 别尔嘉耶夫：《陀思妥耶夫斯基的世界观》，耿海英译，桂林：广西师范大学出版社，2008年，第135页。
[2] 别尔嘉耶夫：《陀思妥耶夫斯基创作中关于人的启示》，《陀思妥耶夫斯基的世界观》附录一，耿海英译，桂林：广西师范大学出版社，2008年，第199页。
[3] 同上，第200页。
[4] 陀思妥耶夫斯基：《地下室手记》，刘文飞译，《陀思妥耶夫斯基全集》第6卷《中短篇小说集》，石家庄：河北教育出版社，2010年，第96页。
[5] 别尔嘉耶夫：《陀思妥耶夫斯基创作中关于人的启示》，《陀思妥耶夫斯基的世界观》附录一，耿海英译，桂林：广西师范大学出版社，2008年，第200页。

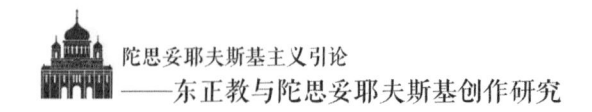

的和非理性的人性与理性的人道主义、与理性的进步学说、与彻底地理性化了的社会安排、与一切水晶宫乌托邦的不可通约性。所有这一切对于人，对于人的尊严都是侮辱性的。"①

别尔嘉耶夫在评论陀思妥耶夫斯基的长篇小说《卡拉马佐夫兄弟》中的《宗教大法官》时断言："唯一的理智在自己漫长的历史中发现了一个不可改变的真理，即，上帝是自由，是美，是爱，是意义，是人的所想、所爱、所向往的一切；并且所有的这一切是绝对的动力，是生存的力量。"②一切来自上帝，并归结于上帝；上帝是自由、美、爱，所以，上帝也是救赎的力量。

陀思妥耶夫斯基创作中的悲剧，在别尔嘉耶夫看来，跟所有真正的悲剧一样，都具有"纯洁、净化和解放"的功效或意义。他说："如果陀思妥耶夫斯基使他们陷入一片昏暗和毫无出路之中，如果陀思妥耶夫斯基使他们痛苦而不是快乐，那么，他们就没有看透和理解陀思妥耶夫斯基。阅读陀思妥耶夫斯基，有一种伟大的快乐、一种伟大的解放。这是经由痛苦的快乐。这是基督之路。陀思妥耶夫斯基找回了对人的信仰，对具有深度的人的信仰。在平面的人道主义中没有这种信仰。人道主义断送人。当信仰上帝时，人就复活了。信仰人就是信仰上帝，就是信仰神人。陀思妥耶夫斯基对基督一生都怀有一种独特的、唯一的感情，一种对基督面容的痴迷的爱。为了基督，为了对基督无限的爱，陀思妥耶夫斯基断绝了与人道

---

① 别尔嘉耶夫：《陀思妥耶夫斯基创作中关于人的启示》，《陀思妥耶夫斯基的世界观》附录一，耿海英译，桂林：广西师范大学出版社，2008年，第201页。
② 别尔嘉耶夫：《大法官》，《陀思妥耶夫斯基的世界观》附录一，耿海英译，桂林：广西师范大学出版社，2008年，第171页。

上 编

主义世界的联系，别林斯基是这个世界的鼓吹者。"[1]

第三节 "陀思妥耶夫斯基主义"：知识分子的启示录

我们认为，"陀思妥耶夫斯基主义"虽然诞生于俄罗斯，具有俄罗斯宗教哲学的特性，但作为一种转型时期知识分子的启示录，也具有一定的普适性，也就是陀思妥耶夫斯基在《普希金演说》里所提及的"普世性共鸣"（всемирная отзывчивость，或译"世界性回应"）[2]。虽然陀思妥耶夫斯基去世过早，他将很多未尽的写作计划与思想探索永远带进了坟墓。这不但是当时的俄国读者的损失，也是俄国思想史上的遗憾。然而，他留下的卷帙甚为可观的创作遗产，已经铸就了19世纪俄罗斯文学的一座新的丰碑。这不仅是世界文学史上一笔巨大的宝贵财富，也是人类探寻自身"从哪里来？到哪里去？为什么活着？"这三大问题的答案的一次绝非可有可无的伟大尝试。正如别尔嘉耶夫所说："陀思妥耶夫斯基的创作是用俄罗斯的语言，讲全人类的事情。"[3]

陀思妥耶夫斯基的基督教启示录，贯穿着对人的无限信任，对自由与爱的无比珍视，强调基督精神的不可或缺。俄罗斯作家康斯坦丁·莫丘利斯基就这样认为："陀思妥耶夫斯基做出一个最伟大的精神发现：**自由的人的个性只有在基督里才能被揭示出来；对人类的爱只有在基督里才是可**

---

[1] 别尔嘉耶夫：《陀思妥耶夫斯基的世界观》，耿海英译，桂林：广西师范大学出版社，2008年，第14—15页。

[2] Ф. М. Достоевский. Полное собрание сочинений в 30 томах. Т. 26. Л.: Наука, Ленинградское отделение, 1984, с. 146.

[3] 别尔嘉耶夫：《陀思妥耶夫斯基的世界观》，耿海英译，桂林：广西师范大学出版社，2008年，第5页。

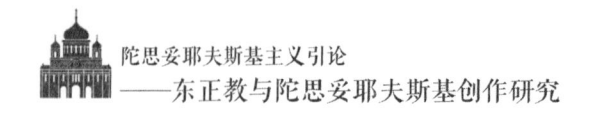

能的。"①

别尔嘉耶夫主张，要寻找陀思妥耶夫斯基积极的宗教思想，他对基督教的独特理解，首先应该在《卡拉马佐夫兄弟》里的《宗教大法官》中去寻找。"在这里，陀思妥耶夫斯基比在佐西马和阿辽沙的形象中，比在《作家日记》的训诫中，更为天才、更为集中地体现出他的思想。隐蔽的基督形象与尼采的查拉图斯特拉有着亲缘关系。同样痛苦的自由精神，同样的令人目眩的高处，同样的精神贵族气质。这是还未曾有过的、陀思妥耶夫斯基独创的对基督特征的理解。像这样把基督形象阐释为自由精神，哪怕是个别人的点到之笔也从未有过。这一精神自由之所以可能，是因为基督拒绝奴役世界的一切权力。权力意志既剥夺强权者的自由，也剥夺强权者所奴役的人的自由。基督只懂得爱的权力，这是与自由相关的唯一的权力。基督的宗教是自由和爱的宗教，是上帝与人之间自由地爱的宗教。这与人们努力在世界上推行基督教的方式是多么不同！"②

陀思妥耶夫斯基的宗教意识之"新"也集中体现在《宗教大法官》中所说的如何"联合"上。大法官质问基督："如果你当时接受了强有力的魔鬼的第三个忠告，你就可以满足人在人间寻求的一切，即崇拜谁，把良心交给谁，以及大家最后怎样才能联合起来，变成一群无可争议的、共同生活在一起而又行动一致的营营众生了，因为需要全世界联合起来乃是人的第三个也是最后一个苦苦追求的目标。人类作为一个整体一向追求统一，而且一定要是全世界的统一。"③但是，基督拒绝了在地上的、专制的、

---

① К. В. Мочульский. *Гоголь. Соловьев. Достоевский.* М.: Республика, 1995, с. 537. 字体加粗处原文如此。
② 别尔嘉耶夫：《陀思妥耶夫斯基的世界观》，耿海英译，桂林：广西师范大学出版社，2008年，第126—127页。
③ 《陀思妥耶夫斯基全集》第15卷《卡拉马佐夫兄弟》（上），臧仲伦译，石家庄：河北教育出版社，2010年，第409页。

上　编

把自己神化的国家里的"普世联合"，即在上帝之外的联合。

可是，"'在上帝里的普世联合'是如何可能的，宗教社会性是如何可能的，在基督里的普世历史之路是如何可能的，而不仅仅是个人的拯救，——这就是新宗教意识的基本问题，这是关于神权政治的问题，就是神权在地上战胜人权，克服对人的神化，无论这个人是一个人——恺撒或教皇，还是所有的人——人民。战胜这三个诱惑——这就是人类未来历史的宗教意义：不敬拜地上的面包，不把自己的良心交给地上的权威，不在专制的地上国家里，不在'恺撒'的人的权力之下进行普世联合，无论是谁隐藏在这个权力标志之下"。[1]

宗教大法官说："如果你接受了世界和恺撒的皇袍，你就可以创建一个全世界的王国，并给全世界带来太平。"[2] 但基督宣传了天上的王国，拒绝了与天分离的大地，拒绝了与上帝脱离的人类。"基督宣传的不是'全世界的太平'，而是为了最后的解放和对世界的拯救，为了揭示世界的**意义**而进行的全世界的斗争。但是，每个举起'恺撒宝剑'的人却已经在反抗基督。"[3]

而另一位俄国白银时代的宗教思想家梅列日科夫斯基则认为，陀思妥耶夫斯基所体现的新宗教意识，其"新"就在于象征意识。他在对比列夫·托尔斯泰的宗教意识是"否定了象征的最原初的和深刻的本质"，即"认为宗教的一切都是精神的、没有血肉的，都脱离了全部的传说、礼仪、隐秘、教条"时指出，陀思妥耶夫斯基的宗教意识"乃是迄今为止已经出

---

[1] Н. А. Бердяев. *Новое религиозное сознание и общественность*. М.: Канон+, 1999, с. 57.
[2] 《陀思妥耶夫斯基全集》第15卷《卡拉马佐夫兄弟》（上），臧仲伦译，石家庄：河北教育出版社，2010年，第409页。
[3] Н. А. Бердяев. *Новое религиозное сознание и общественность*. М.: Канон+, 1999, с. 58. 字体加粗处原文如此。

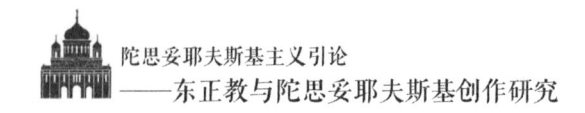

现的人类的种种宗教意识中所没有过的——这意识是象征的"。①因为陀思妥耶夫斯基的新宗教注重"知与爱的结合":"意识展现全部宗教真理的条件性,爱展现全部宗教条件性、一切象征的真实性。如果我们不爱上帝,我们就不能认识上帝。如果我们不认识上帝,我们就不能爱他,我们只能同时理解和热爱上帝——在爱中认识、在认识中爱。知与爱的结合就是我们的新宗教——陀思妥耶夫斯基的宗教。"②

对于俄国宗教意识和语言的言说方式,当代著名的俄罗斯哲学家谢尔盖·霍鲁日指出,俄国宗教哲学因为站在西方的立场上,导致了对东正教人学主题的表达不够充分。"俄国宗教哲学利用了西方形而上学的哲学语言,因此在这个重要的本体论问题上,即经验存在与神的存在之间联系的特点问题上,站在了西方的立场上,而不是站在拜占庭的立场上。这是最原则的差别。由这个差别引出了一系列实际的,更具体的差别。在俄国宗教哲学里,对东正教的人学主题,禁欲主义修行的主题表达得不好,甚至可以说根本没有表达。"③从霍鲁日的这句批评,我们似乎也可以侧面获得体认:就文学创作而言,陀思妥耶夫斯基是俄国宗教哲学里对东正教人学主题的最具艺术性的表达者。

---

① 梅列日科夫斯基:《托尔斯泰与陀思妥耶夫斯基》,杨德友译,北京:华夏出版社,2016年,第530页。
② 同上,第530页。
③ 霍鲁日:《俄国哲学的主要观念》,张百春译,载《俄罗斯文艺》2010年第2期,第79—80页。

第一章
"最高意义上的现实主义"：文学、哲学、宗教哲学的三位一体

——论陀思妥耶夫斯基创作中宗教哲学话语的表达机制

将哲学、宗教和文学相结合，构建出一个文学家对现实和社会的立体性思考，是陀思妥耶夫斯基创作中宗教哲学话语的出场方式和存在形态，也是以文学文本为研究对象创立探寻哲学真理的俄罗斯思想的一种固有的俄国式特征。这里既有哲学家对完整生命的内在诉求的外显化，也有现存社会的意识形态对思想界形成的管控与高压的原因，也反作用地就此塑造了俄国哲学、俄国东正教思想的文学表达机制，即以俄罗斯文学的砖石来搭建俄国宗教哲学的大厦。

别尔嘉耶夫认为，正是陀思妥耶夫斯基通过以文学反映人的痛苦来净化心灵、追求宗教照耀的道路，使他成为俄罗斯文学的顶峰。"俄罗斯文学在陀思妥耶夫斯基那里达到了顶峰。在他的创作中显示了俄罗斯文学痛苦、宗教的严肃性的特点。在陀思妥耶夫斯基那里浓缩了俄罗斯生活、俄罗斯命运的全部黑暗，但就在这黑暗中也闪耀着光明。俄罗斯文学悲伤的、充满宗教痛苦的宗教寻求的道路必然通向陀思妥耶夫斯基那里，但在

陀思妥耶夫斯基身上完成的已经是向另一个世界的突破，在那里光明已经显露。"①

第一节　对陀思妥耶夫斯基现实主义的多元阐释

对陀思妥耶夫斯基作品中的概念或概念史进行系统的梳理与研究，在陀学界由来已久，这其中就包括对"最高意义上的现实主义"这一概念的研究。对于陀思妥耶夫斯基的现实主义观点和概念的分析，一度产生过多种不同的阐释和界定。

苏联著名文艺学家赫拉普钦科就把陀思妥耶夫斯基的现实主义定义为"心理兼哲理的现实主义"。他在《文学的类型学研究》一文里指出："陀思妥耶夫斯基在描写处于紧张而充满矛盾的情境中的人物时，往往把他们带入异乎寻常的领域，同时密切注视着他们的内心活动。他描写各种人物实际的心理素质的最大发展，写它们的极度表现。陀思妥耶夫斯基笔下的主人公通常关心的，不仅是，也许主要不是他们在日常生活中所关心的东西；他们时刻关注的是人类生存的根本问题。社会的、哲理的因素与心理因素的融合，构成陀思妥耶夫斯基的现实主义的最重要特点。正因为这里心理描写从头至尾贯穿着哲理内容，所以这种现实主义可以称之为心理兼哲理的现实主义。"②

另一位俄罗斯文艺理论家、批评家，曾任国际陀学会副会长的陀学家卡连·斯捷潘尼扬就出版过专门研究作家现实主义观点的专著，他的研究

---

① 别尔嘉耶夫：《陀思妥耶夫斯基的世界观》，耿海英译，桂林：广西师范大学出版社，2008年，第14页。
② 赫拉普钦科：《赫拉普钦科文学论文集》，张捷、刘逢祺译，北京：人民文学出版社，1997年，第200页。

上　编

成果主要体现在两本专著《"认识到与说出来"：作为陀思妥耶夫斯基创作方法的"最高意义上的现实主义"》（2005）和《陀思妥耶夫斯基长篇小说中的现象与对话》（2009）里。斯捷潘尼扬着重于在帝俄时期、苏联时期以及苏联解体后等不同的历史语境考察：陀思妥耶夫斯基是不是现实主义者，是不是苏联意识形态框架内的现实主义者，陀思妥耶夫斯基所谓的"最高意义上的现实主义"到底是什么（本质与特点）？斯捷潘尼扬认为，陀思妥耶夫斯基"最高意义上的现实主义"其实是一种创作方法，是"一种完整认知的现实主义"，没有意识形态的色彩，它也可以说是一种基督教现实主义，早就存在于福音书之中，基本可以用宗教哲学家伊利因的"基督教唯物主义"或者"质料主义"（materiologism）来代替。① 斯捷潘尼扬以及他所领导的俄罗斯世界文学研究所的陀思妥耶夫斯基创作研究委员会的同行们对这一概念的讨论和梳理，完全有别于当年苏联文艺学家弗里德连杰尔等人拓荒性的开创研究，当时学者们的目的是尽可能地开拓研究陀思妥耶夫斯基的学术空间，并且开展陀思妥耶夫斯基全集的编辑工作，所以尽量把陀思妥耶夫斯基往苏联当时的主流意识形态的框架里套，就像希腊神话中的普罗克鲁斯特斯，强行让他的客人适应床的大小：长了把腿锯掉，短了把人抻长。结果从陀思妥耶夫斯基关于现实主义的论述里断章取义，故意把他主要定位为现实主义作家，有时还是马克思主义意义上的批判现实主义作家，尽管弗里德连杰尔等苏联学者越往后，在涉及陀思妥耶夫斯基的现实主义等著述里越是欲言又止，不敢公开说他并非学界普遍认为的那个含义上的现实主义作家。到了如今，学者可以避免主流意

---

① К. А. Степанян. Трактовка понятия «реализм» в творчестве Достоевского в русской литературной традиции.//«*Сознавать и сказать*»: «*Реализм в высшем смысле*» *как творческий метод Ф. М. Достоевского*. М.: Раритет, 2005, с. 101.

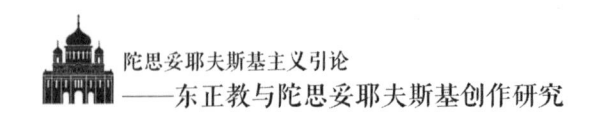

识形态的束缚，从概念或概念史的角度正本清源，真正进行客观的学术研究。

在陀思妥耶夫斯基那里，"完整的现实主义"（полный реализм，或译"充分的现实主义"就意味着"发现人身上的人"（найти в человеке человека）、寻找"盐中之盐"的理念。他曾说过："就充分的现实主义而言，就是在人身上发现人"（При полном реализме найти в человеке человека.）。[①] 在作家的中后期的创作中，主要体现为从"凡人"（общечеловек），又译"抽象之人"中寻找"完人"（всечеловек）的过程。这是他对其"最高意义上的现实主义"的独特定义，从这个排沙拣金般的模式可以看出，陀思妥耶夫斯基的理想，就是要在作为人（человек）的"凡人"之中寻找和发掘出作为另一种人（человек）的"完人"。也就是，要从世俗的普罗大众中寻找、发现并挑选出精英的苗子，再锻造他们，并赋予他们一定的意识和使命，让他们成长为时代和民族的英雄（герой，亦即主人公），引领人们前进。

第二节 文学、哲学、宗教哲学的有机统一

受到苏联文艺家米哈伊尔·巴赫金通过对话实现认同机制的观点的启发，俄罗斯学者尼克利斯基提出对文学作品的解读要深入文本、探求隐喻、揭示动机。"对文学文本进行哲学阅读的过程要求读者最大限度地完全深入文本的情节事件和形象隐喻中去，深入作者呈现的内容中去。读者必须理解和感受作者纳入作品里的主人公之间以及他们与世界之间的全部

[①] Ф. М. Достоевский. *Полное собрание сочинений в 30 томах. Т. 27.* Л.: Наука, Ленинградское отделение, 1984, с. 65.

上 编

活动关系。此外，活动不能穷尽人的生活的全部基础。而且，活动的目的是由人的理想、价值和动机决定的，那么，它们（理想、价值和动机）在成为作者关注的对象后，也被纳入作品内容里，也需要揭示。"[1]这种解读方式的确立，为我们研究陀思妥耶夫斯基创作与东正教的关系奠定了方法论的基础。

在文学作品中读出宗教观念、获得某种哲理，需要一定的宗教和哲学的知识基础，这很好理解。但是，至于文学中的宗教和哲学相结合的问题，就需要具体分析了，因为宗教和哲学不完全是相互排斥的，在白银时代的俄国哲学界，将宗教与哲学结合起来，构建宗教哲学学说的思想家比比皆是。就文学、宗教与哲学这三者的关系问题，中国的俄罗斯哲学研究专家徐凤林教授认为：宗教与哲学的关系既是矛盾的对立面，又能有机地统一在一起。"宗教和哲学在其根本宗旨上是两种对立的东西：哲学是对真理的自由探索，哲学思考的根本特征是自由思考、追问真理，哲学有权怀疑一切，把一切都看作有待研究的问题和批判的对象，而宗教的基本规范是信条，固定不变和不容置疑的教义；对于哲学来说，上帝存在是个问题，需要进行理性检验和逻辑的证明，哲学是站在教义神学之外的，而对宗教神学来说，上帝是给定的，超越于证明之上的，教义是现成的，不是探索或思考出来的。"[2]宗教与哲学之所以能结合在一起、成为宗教哲学，主要是因为，虽然哲学是自由思考，但哲学的信条是思维本身，思维本身是不证自明、无可怀疑的，甚至比上帝本身更可靠、更必要。"哲学以思维、理性为绝对者，思维、理性是可以自足的，然而进行哲学思考的人是完整生命，他的存在不可能仅仅局限于思维、理性。人的完整生命不是自

---

[1] 尼克利斯基：《俄罗斯文学的哲学阐释》，张百春译，合肥：安徽大学出版社，2017年，第2页。
[2] 徐凤林：《俄罗斯宗教哲学》，北京：北京大学出版社，2006年，第155—156页。

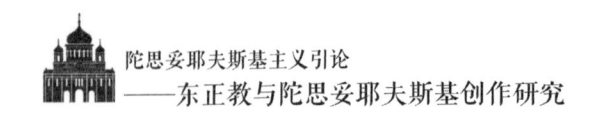

足的，人的本性在于不断超出现有状态。这就是为什么哲学就是永无休止的追问，是永无满足的、永不熄灭的'对智慧的爱'。一旦得到满足，哲学本身也就死了，不再存在了。"①

虽然陀思妥耶夫斯基毕生都无意写作一本专门的哲学著作，哪怕是像列夫·托尔斯泰那样专门论述自己对社会、生活和自己的直觉感受的书——《生活之路》，但他的全部创作无一不是他思想的结晶。就创作种类而言，陀思妥耶夫斯基的创作遗产几乎涉及了所有的体裁。既有求学时代尝试翻译的戏剧作品、自己创作的为数不多的诗歌作品，也有《穷人》《双重人格》《永恒的丈夫》《温顺的女性》这些脍炙人口的短篇小说，还有《白夜》《赌徒》《斯捷潘奇科沃村及其居民》等让人过目难忘的中篇小说，以及处于创作顶峰期的"五大思想小说"（великое пятикнижие）②，即《罪与罚》《白痴》《群魔》《少年》《卡拉马佐夫兄弟》；更有让人唏嘘的长篇小说《被侮辱与被损害的》和让人震惊的报告文学类长篇小说《死屋手记》；还有介于散文和小说体裁之间的思辨类随笔《地下室手记》和《冬天记的夏天印象》，更有以专栏和个人专刊（《作家日记》）等形式发表的众多杂文和评论，以及大量的具有珍贵史料价值的书信（现存的书信达上千封之多）、便条、短笺等。此外，现存下来的作家手稿中还有大量的素描、涂鸦之类的绘画。所有这些，对解读陀思妥耶夫斯基的哲学与宗教思想都是不可多得的珍贵资料。

但是，直白的言说不如艺术的描绘那么生动形象，从思想的艺术化角度而言，陀思妥耶夫斯基的小说创作比其政论文和日记更加重要，这不仅是俄罗斯宗教哲学的表达方式使然，也是作家本人通过艺术探索宗教哲学

---

① 徐凤林：《俄罗斯宗教哲学》，北京：北京大学出版社，2006年，第156页。
② 原意为《圣经》中的"五卷书"。

上　编

的必经之路。正如别尔嘉耶夫所言:"从《卡拉马佐夫兄弟》和《作家日记》的部分篇章中所展现的陀思妥耶夫斯基的正面思想和信仰中寻找出路,这是错误地对待陀思妥耶夫斯基……在阅读陀思妥耶夫斯基时所体验到的异常兴奋,这本身就已经是出路了。这个出路不应当在作为布道者和政论家的陀思妥耶夫斯基的学说体系中寻找,不应当在《作家日记》里寻找,而应当在他的悲剧小说中寻找,在这些小说中所展现的艺术认知中寻找。"[1]

以陀思妥耶夫斯基的小说《地下室手记》为例,可以看出它兼具哲学性和文学性:小说分为第一部分《地下室》和第二部分《漫话湿雪》,前者以哲学议论为主,后者以小说情节描写为主,熔文学和哲学于一炉,以文学作品的形式彰显出哲学的高度。俄国哲学家列夫·舍斯托夫就因此指出,陀思妥耶夫斯基《地下室手记》中的哲学高度,堪比康德的《纯粹理性批判》。舍斯托夫在《在约伯的天平上:灵魂中漫游》一书中认为:"令人惊奇的是,他(即陀思妥耶夫斯基。——引者注)虽然没有任何科学和哲学素养,却正确地看清哲学的基本和永恒问题之何在。任何一本哲学教科书都没有讨论过《地下室手记》,也没有提到它的名字。它没有外国语言,没有学派术语,没有学院印记,就是说它不是哲学。可是事实上,如果什么时候要写《纯粹理性批判》,那就需要在陀思妥耶夫斯基的作品中——在《地下室手记》中,在他完全出自这个手记的长篇小说中找到哲学。"[2] 舍斯托夫还将《地下室手记》中的文学性视为"第一视力",将其哲

---

[1] Н. А. Бердяев. *Философия творчества, культуры и искусства. Т. I.* М.: Искусство, Лига, 1994, с. 161. 转引自徐凤林:《俄罗斯宗教哲学》,北京:北京大学出版社,2006年,第39页。
[2] 舍斯托夫:《在约伯的天平上:灵魂中漫游》,董友等译,北京:商务印书馆,2019年,第46页。

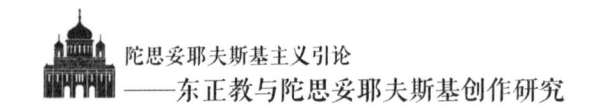

学性视为"第二视力"。正因为陀思妥耶夫斯基拥有自己的"第二视力",即超越作为天然视力的、常人都具备的"第一视力",具备看得清生死等形而上学问题的能力。"陀思妥耶夫斯基虽然对康德没有什么印象,但他也提出了相同的问题,而且他的洞察力要深刻得多。康德是以一般的人的眼睛来观察世界。陀思妥耶夫斯基,正如我们知道的,有'自己的'眼睛。在陀思妥耶夫斯基那里,不是实用科学评断形而上学,而是形而上学评断实用科学。"①

当代著名的俄罗斯哲学家谢尔盖·霍鲁日曾指出,在20世纪,"在俄国哲学研究的新时期的开端有个非常突出的特点,就是俄罗斯思想离开了哲学,返回到神学",但在研究东方基督教话语的时候,"我们永远也不会彻底拒绝哲学任务",而在"今天,我们可以在很大程度上认为,东方基督教话语在本来的意义上被完整地恢复了,因此我们可以返回到以前的任务,即用哲学形式来表达它"。②在我们看来,霍鲁日提出的静修主义学说和协同人学的观点,正是他利用了俄罗斯文学的材料,在对俄罗斯哲学和东正教思想兼收并蓄的基础上提出的一种综合、协同的学说,它不光是理论,还可以用来实践。这是21世纪以来学科发展到今天我们已经不再陌生的通融和跨界的自觉意识,也是对新时代的实践精神("哲学家们只是用不同的方式解释世界,而问题在于改变世界。"③)的内在呼应。而综合的、协同的学说的提出,不仅反映出跨界合作的一种自觉意识,更是体现出三位一体式的有机统一的必要性。

---

① 舍斯托夫:《在约伯的天平上:灵魂中漫游》,董友等译,北京:商务印书馆,2019年,第47页。
② 霍鲁日:《拜占庭与俄国的静修主义》,张百春译,载《世界哲学》2010年第2期,第85页。
③ 《马克思恩格斯选集》第1卷,北京:人民出版社,1995年,第19页。

上　编

第三节　"最高意义上的现实主义"与"俄罗斯思想"

从谢尔盖·霍鲁日晚年弃理从文、创新变法的实践也可看出，俄国的哲学研究也好，神学研究也好，似乎从来也没有离开过俄国文学的文本资源，而文学、哲学和宗教哲学在孜孜追求真理的道路上，有意无意地构建起来一个具有俄罗斯特色的真理——"俄罗斯思想"（русская идея）[①]。在我们看来，陀思妥耶夫斯基毕生所追求并加以实践的"最高意义上的现实主义"，其理论内涵和实现路径，与这里所说的"俄罗斯思想"的概念是基本吻合的。陀思妥耶夫斯基曾在记事本中这样写道："在完全采用现实主义的条件发现人身上的人……人们称我是心理学家，这是不对的，我只是最高意义上的现实主义者（реалист в высшем смысле），也就是说，我描绘人类心灵的全部隐秘。"[②]这里提及的"最高意义上的现实主义"（реализм в высшем смысле），文学地诠释了陀思妥耶夫斯基对"俄罗斯思想"的认识和理解，既带有他那个时代直至俄国白银时代[③]所合力共建的"俄罗斯性"（русскость）的认同特征，是俄国思想界中"自我意识"（самознание）在他身上的投射和反映，也是他对文学与社会之关系的一种宗教哲学的自觉。

哲学追求的是问题性，在其他领域不成为问题的东西，到了哲学领域也许就成为需要研究的问题。正如俄国思想家谢尔盖·布尔加科夫借用德

[①] "俄罗斯思想"也可译为"俄罗斯理念""俄罗斯观念"，而且译为"俄罗斯精神"似乎更贴近作为一个思想共同体的精神的本义，由于"俄罗斯思想"约定俗成且流传广泛，这里姑且采用"俄罗斯思想"的译法。

[②] Ф. М. Достоевский. *Полное собрание сочинений в 30 томах. Т. 27*. Л.: Наука, Ленинградское отделение, 1984, с. 65.

[③] 学界一般认为俄罗斯的白银时代是从19世纪90年代年代至1917年，但最宽泛的下限甚至认为是1934年。

国哲学家科亨的术语所指出的:"哲学所追求的对象永远处在它所拥有的东西之外,哲学是'永远的问题(ewige Aufgabe)'。"并认为,"这首先是因为,宗教真理完全不是哲学所寻求的理论真理。真理在其神性存在中是'道路和生命'。作为生命,这个真理是无法说出来的,是不可分割的完满生命。真理作为最高现实,也是在生命的三者统一中的善和美。上帝是真理,但不能说真理就是上帝(像黑格尔那样);上帝是善,但不能说善就是上帝(像康德那样);上帝是美,但不能说美就是上帝(像席勒、歌德那样)"。[①]这里所说的"永远的问题",在俄罗斯的语境中,可以转译为"俄罗斯思想"。在俄国和苏联的历史上,"俄罗斯思想"曾被理解为纯粹的民族主义思想和国家意识形态,但我们在这里所说的"俄罗斯思想",已不再是纯宗教界的和纯官方的思想,而是俄国思想界为了重建理想而逐渐形成的一种无限接近于,但永远无法完全等同于国家意识形态的共同体思想或集体无意识。

在苏联哲学家、著名的黑格尔研究专家古雷加看来,俄罗斯思想或俄罗斯哲学思想,才是拯救俄罗斯乃至世界的重要精神力量。"被从我们的日常生活中逐出数十年之久的俄罗斯哲学思想,如同一颗负有引领我们走出黑暗与迷途使命的导航星,今天正在向我们回归。"[②]在他所认为迫切需要重建的民族自觉和民族团结、巩固国家这两项任务中,回归以东正教为核心的俄罗斯文化才是"拯救之路",只要是俄罗斯人,哪怕是曾经被植入过无神论思想的无神论者,都会被东正教所吸引;即便是俄罗斯思想或俄罗斯哲学思想,也是对东正教信仰的理性表达:"俄罗斯思想扎根于东

[①] С. Н. Бургаков. *Свет невечерний: Созерцания и умозрения*. М.: Республика, 1994, с. 70. 转引自徐凤林:《俄罗斯宗教哲学》,北京:北京大学出版社,2006年,第156页。
[②] 古雷加:《俄罗斯思想及其缔造者们》,郑振东译,南京:南京大学出版社,2018年,第368页。

上 编

正教，但是，它是用哲学语言在表述，因此，它能为纯理性主义思维的人所领悟。"①

谢尔盖·布尔加科夫认为，哲学思考的最终根据是"对存在之基础的直觉和神秘体验"，所以说，"如果哲学具有直觉的根源，那么哲学就与宗教有一种自然联系。但这种联系只限于在深层根基、最终目标或终极境界上的一致性，而在原则和方法上哲学和宗教仍有根本区别"。②我们所说的"俄罗斯思想"也是一种直觉，而且是直觉性这个共同特征将文学、哲学和宗教哲学紧紧联系在一起。此外，"俄罗斯思想"还是动态变化的，处于不断生成和累积的状态中，这既源于社会的不断发展变化，也基于思想共同体内部动态的制约机制。正如俄罗斯莫斯科大学哲学教授马斯林所说："俄罗斯思想的本质特征并不是什么预先给定并且从此一成不变的东西，而是在人民世代创造的过程中逐步形成的，正如伊凡·伊利因所说的：'俄罗斯思想的岁数也就是俄罗斯自身的岁数。'"③

专门研究俄罗斯哲学的我国学者张百春教授认为，陀思妥耶夫斯基是"俄罗斯思想（理念）"的表达者和贡献者之一，主要体现为他所提出的具有民族主义特色的"载神民族"（народ-богоносец），又译"作为上帝选民的"民族之说。张白春指出："俄国哲学诞生之初就有一个非常独特的主题，即俄罗斯民族的历史命运和使命，这是斯拉夫派和西方派之间争论的焦点。这一问题到陀思妥耶夫斯基那里变成了俄罗斯理念问题。他明确地用'俄罗斯理念'来表达这个问题的实质，并且努力克服斯拉夫派和西

---

① 古雷加：《俄罗斯思想及其缔造者们》，郑振东译，南京：南京大学出版社，2018年，第369页。
② С. Н. Булгаков. *Свет невечерний: Созерцания и умозрения.* М.: Республика, 1994, с. 77. 转引自徐凤林：《俄罗斯宗教哲学》，北京：北京大学出版社，2006年，第157页。
③ М. А. 马斯林：《"对俄罗斯的巨大无知……"》，贾泽林译，载《哲学译丛》1997年第2期，第22—23页。引文对人名有改动。

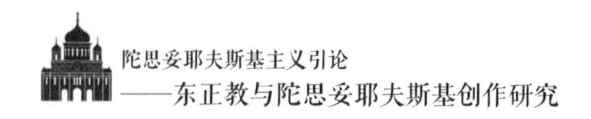

方派的分歧。在他看来，俄罗斯民族有独特的使命，是'心怀上帝'的民族，几乎就是上帝的选民。"①

而我们所研究的陀思妥耶夫斯基的宗教哲学思想，也主要是指作为一种哲学思考、具有宗教性质的哲学。"在汉语里，宗教哲学有两个含义，一个意思是关于宗教的哲学（философия религии），在这里，宗教是哲学思考的对象，而且通常情况下，相对于各类宗教而言，这种哲学思考不带有明确的宗教倾向，不以某种宗教为基本立场。这种宗教哲学是宗教学的一个分支。宗教哲学的另一意思是宗教性质的哲学（религиозная философия），这是一种哲学思考，它以某种宗教立场为出发点，为该宗教辩护，至少在进行哲学思考时，不能与该宗教的基本教义相抵触。这依然是哲学的一个类型，非常接近于神学，但不等于神学，与神学相比，这种宗教哲学有更大的自由度。"②因为俄国现代化改革前后，"俄罗斯精神"的创造离不开俄罗斯宗教哲学，特别是陀思妥耶夫斯基的思想贡献，陀思妥耶夫斯基的参与让"俄罗斯精神"和俄罗斯宗教哲学在现代化的浪潮下与俄罗斯人的现实生活充分接轨，并使得"俄罗斯精神"和俄罗斯宗教哲学走向立体和深刻。而"俄罗斯精神创造的独特形式之一是宗教哲学，其特点是思想（观念）的深刻独特性和丰富性"③。

在谢尔盖·布尔加科夫看来，宗教哲学就是基督徒的哲学研究，他们致力于从哲学上意识到自己的宗教存在，就像任何一门哲学都是属于某人的和关于某物的一样。"人们固执地把基督教哲学和基督教教义的辩护或

---

① 张百春：《论俄国宗教哲学传统》，载《社会科学辑刊》2006年第4期，第9页。
② 张百春：《当代俄罗斯宗教哲学》，载《社会科学战线》2016年第1期，第13页。
③ M. A. 马斯林：《"对俄罗斯的巨大无知……"》，贾泽林译，载《哲学译丛》1997年第2期，第29页。

上 编

教义学混为一谈。前者完全失去了哲学的情爱，竭力用 quasi-（准）哲学手段达到非哲学的、宗教—实际的目的，所以它实质上不是哲学的，而是辩论的和实用的。"① 在我们看来，陀思妥耶夫斯基的文学创作既是他的宗教和哲学思想的具体体现，又是一种独特的可以解释其宗教和哲学思想的原文本和第一手材料。"浏览陀思妥耶夫斯基文学创作的最佳指导者，就是陀思妥耶夫斯基本人。论及他的任何著述，都只是一种辅助，有时会是一种有益的辅助，但总归是一种辅助手段。"②

概括地说，陀思妥耶夫斯基所提出的"最高意义上的现实主义"对"俄罗斯思想"的贡献和意义，主要在于他赋予这一概念以人学思想为中心的宗教哲学色彩，将本来作为一种创作方法的说法扩大为一种人本主义的世界观和方法论。这样一来，陀思妥耶夫斯基创作中的宗教思想，既带有俄国东正教独特的启示价值，又因此具有了普世性意义。张百春指出，东正教对俄罗斯人世界观的形成具有决定性的作用，俄罗斯哲学与东正教信仰的关系一直是若即若离的。他说："随着东正教的传入，俄罗斯人接触到了西方哲学的传统，但是长时期内在俄国并没有产生独立的哲学。俄罗斯人自己的早期哲学思想散见于东正教信仰的丰富的传统之中。直到19世纪，俄罗斯哲学才从东正教信仰传统中逐渐独立出来，但它始终没有完全脱离东正教传统的影响。尽管俄罗斯哲学是在德国哲学影响下产生的，但它一开始就追求独创性，努力创造独立的哲学传统。俄罗斯哲学产生和发展的土壤和空间是拥有近千年传统的东正教。尽管俄罗斯哲学中有世俗化倾向和无神论流派，但它们不能代表俄罗斯哲学的主流。具有独创

---

① 布尔加科夫：《亘古不灭之光：观察与思辨》，王志耕、李春青译，昆明：云南人民出版社，1999年，第87页。译文有些许改动。
② 古雷加：《俄罗斯思想及其缔造者们》，郑振东译，南京：南京大学出版社，2018年，第83页。

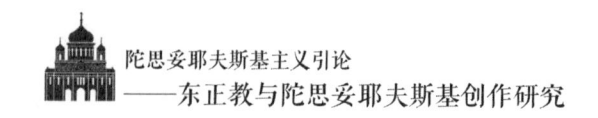

性的俄罗斯哲学是宗教哲学，真正有独创性的俄罗斯哲学家们都是信徒，至少都有虔诚的宗教情怀，这是他们哲学创作的动力和源泉，也是使俄罗斯哲学区别于西方哲学的主要根源。"①

陀思妥耶夫斯基成为俄罗斯思想的智库和资源，与白银时代大部分宗教思想家对他的研究密不可分。从理论来源和影响力而言，陀思妥耶夫斯基也可谓俄罗斯白银时代宗教哲学的"思想之父"。中国学者刘小枫曾断言，正是陀思妥耶夫斯基奠定了"白银时代"的"新精神哲学"运动的思想基调。"阐发陀思妥耶夫斯基的宗教思想，是'白银时期'的这场精神更新运动的基本论题。在这一意义上说，陀思妥耶夫斯基是精神更新运动的真正始祖。"梅列日科夫斯基和另一位俄国宗教哲学家索洛维约夫"把陀思妥耶夫斯基解释成宗教大思想家，在陀思妥耶夫斯基问题意识的影响下依各自不同的思想个性分别奠定了'新精神哲学'运动的思想基调。尽管他们对陀思妥耶夫斯基在其'宗教大法官传说'中提出的自由问题的理解多有歧异，他们的自由理念基本上是一种精神的自由和关于未来完美社会的自由想象，而非英式政治的自由主义"。②

当然，俄罗斯宗教哲学的成就不能归结为一个源头，它应该被看作俄国斯拉夫派所创立或者由斯拉夫派作为一个思想共同体在思想交锋和争辩中逐渐形成相近或相同共识的立场。"斯拉夫主义者在哲学上借鉴早期教父思想和俄罗斯传统文化精华，力图从人的完整存在（或生命的有机性，精神的完整性）出发，克服抽象思想，转向具体性，要求认识不仅要用理

---

① 张百春：《俄罗斯哲学与东正教》，载《哲学动态》2006年第11期，第47页。
② 刘小枫：《编者序》，叶夫多基莫夫：《俄罗斯思想中的基督》，杨德友译，上海：学林出版社，1999年，第5页。

上 编

性，而且要用情感、意志、信仰。"①

然而，像陀思妥耶夫斯基这样的作家型宗教哲学家，他们缺乏他们之前的教父学传统所传承下来的依靠自己积累的大量宗教经验，这是他们一直备受哲学界和宗教学界指责的主要问题。当代俄罗斯哲学史专家、圣彼得堡大学教授萨普罗诺夫（П. А. Сапронов）就提出过类似的质疑。他认为："只有在下面的情况下，一种哲学才可以被称为是宗教哲学，即它的创造者的宗教经验包含在哲学建构的内容里，并决定这些建构。"②在萨普罗诺夫看来，陀思妥耶夫斯基及其之后的白银时代的俄罗斯宗教哲学家们的宗教经验是值得怀疑的，他们对宗教经验的理解非常不具体，是模糊的，因为他们缺乏教会礼拜生活的经验，缺少对基督教教义的教会理解的经验，特别是教会教父的创作等都没有足够的理解。萨普罗诺夫认为，在俄罗斯宗教哲学家们的理解里，宗教经验经常是指"转向另外的世界，对神秘事物自身的感知。几乎一切对世界的深刻和富有洞察力的感知，只要它是指向可见的和直观明显的事物之外，都被认为是宗教的。从来没有人称我们的宗教哲学思想为东正教的，或者哪怕是俄罗斯的基督教思想，这完全不是偶然的。它追求的是宗教性自身。在这个意义上，它的名称准确地反映了实际情况"③。可是在任何宗教里，宗教性都是具体的。一般的、纯粹意义上的宗教性自身是哲学概念，它已经脱离了具体宗教经验。萨普罗诺夫因此认为，俄罗斯宗教哲学实际上无法归入到任何一个具体的宗教

---

① 徐凤林：《俄罗斯宗教哲学》，北京：北京大学出版社，2006年，第1页。
② П. А. Сапронов. Русская философия. Проблема своеобразия и основные линии развития. Санкт-Петербург: Издательский центр «Гуманитарная Академия», 2008, c. 8. 转引自张百春：《当代俄罗斯宗教哲学》，载《社会科学战线》2016年第1期，第16页。
③ П. А. Сапронов. Русская философия. Проблема своеобразия и основные линии развития. Санкт-Петербург: Издательский центр «Гуманитарная Академия», 2008, c. 8. 转引自张百春：《当代俄罗斯宗教哲学》，载《社会科学战线》2016年第1期，第16页。

传统里，所以这里的宗教性仅仅是个"声明"而已。①而在俄罗斯宗教哲学家中间，"最具典型意义的是舍斯托夫，其宗教性最难以界定"。②萨普罗诺夫认为，根据西方的标准，以俄罗斯宗教哲学家们为代表的俄罗斯思想家们"不是哲学家，如果像阅读笛卡尔、康德或黑格尔的著作那样来阅读他们的著作，那就意味着把它们变成哲学上的虚无"。因此，严格地说，既不能把俄罗斯宗教哲学"归入到宗教思想，也不能将其归入到哲学思想"。③那么，如何界定俄罗斯宗教哲学的类型呢？萨普罗诺夫在2000年出版的一部关于俄罗斯哲学的著作里，对俄罗斯宗教哲学的类型进行了具体的界定。在他看来，俄罗斯宗教哲学思想是政论（публицистика），是神话（мифология）④。⑤如果萨普罗诺夫对俄罗斯宗教哲学的界定标准从体裁形式上看能站得住脚的话，陀思妥耶夫斯基就是确定无疑的俄罗斯宗教哲学家，他不但创作有大量的政论（在《公民报》《作家日记》等期刊上发表的文章等），还有大量的包含有政论内容的书信，更有大量的将政论和小说融合在一起的中长篇小说。当然从内容看，也完全有理由将陀思妥耶夫斯基的绝大多数作品看成他的宗教哲学类著作。而正是在这些政论文中，陀思妥耶夫斯基提出了自己的"最高意义上的现实主义"概念。

---

① 张百春：《当代俄罗斯宗教哲学》，载《社会科学战线》2016年第1期，第17页。
② 张百春：《当代俄罗斯宗教哲学》，载《社会科学战线》2016年第1期，第16—17页。
③ П. А. Сапронов. Русская философия. Проблема своеобразия и основные линии развития. СПб.: Издательский центр «Гуманитарная Академия», 2008, c. 8. 转引自张百春：《当代俄罗斯宗教哲学》，载《社会科学战线》2016年第1期，第17页。
④ 这两个词，前者亦可译为小品文，后者可译为神话学。
⑤ П. А. Сапронов. Русская философия. Опыт типологической характеристики. СПб.: Церковь и культура, 2000. 转引自张百春：《当代俄罗斯宗教哲学》，载《社会科学战线》2016年第1期，第17页。

第四节 "最高意义上的现实主义"的人道主义和理想主义色彩

陀思妥耶夫斯基的"最高意义上的现实主义"既是创作论,也是世界观和方法论,它渗透着与众不同的基督教人道主义(人本主义)思想和鲜明的理想主义色彩。总体而言,从陀思妥耶夫斯基的作品中对人物形象的构思和塑造及其政论文等论战文字和书信等,可以粗略梳理出他的人道主义思想的发展脉络,大体可以分为三个不同的阶段:从过分夸赞甚至崇拜普通人(特别是小人物),再到批判人神(英雄、伟人)却又崇尚典型,再到回归凡人。具体来说,伴随着陀思妥耶夫斯基对人的认识的变化,在这三个阶段中,他的人道主义思想存在一个由单一到多元、立体的演进过程,总体趋向是从抽象到具体再到抽象。

陀思妥耶夫斯基的人道主义,是向基督的神人性靠近、向上帝的回归。它"从人的精神深处揭示神的存在,这与其说是对神的证明,莫如说是对人的证明,是对人的存在和命运的辩护"。它与文艺复兴时期的人道主义的不同就在于,后者"在否定了外在的上帝权威之后,把人归结为经验的人、自然的人、生物的人,而抛弃或忽视了人的深层精神存在。陀思妥耶夫斯基揭露了这种人道主义的内在缺陷及其在解决人的悲剧命运上的软弱无力,他在人的悲剧中又找回了人的精神深处内在的神"[①]。

陀思妥耶夫斯基的人道主义思想高扬理想主义的旗帜,既承认理想主义是年轻人的同义词,又凸显理想主义对纯洁社会风气的必要性。在他的诸多小说中,幻想家和理想主义者的代名词常常是"席勒的老弟""席勒

[①] 徐凤林:《俄罗斯宗教哲学》,北京:北京大学出版社,2006年,第32页。

式的人物"①"席勒式的难舍难分"②等。陀思妥耶夫斯基不赞同简单而粗暴地否定年轻一代的理想主义,特别是当这种否定大多出自老一辈人之口时。在《被侮辱与被损害的》中,瓦尔科夫斯基无情地驳斥了儿子阿廖沙那些充满理想主义色彩的豪言壮语,认为阿廖沙等一帮不谙世事的年轻人:"一方面大谈对人类的爱,热衷于探讨全人类的问题,另一方面又对爱情犯罪,而且对罪行熟视无睹——这简直不可思议。"③瓦尔科夫斯基批判阿廖沙好高骛远、不切实际的理想主义如同犯罪,实质上是作家在以此反讽瓦尔科夫斯基,因为这是后者在变相肯定他自己的唯利是图,说明他堵塞了自己的向善之路,已经沦为金钱的奴隶。

陀思妥耶夫斯基的"最高意义上的现实主义"概念里有深刻的理想主义情结,在大多数情况下这都来自他自己的认识和界定。他曾充满自信地认为,这个概念是对被当时社会广泛认可的一般意义上的现实主义的超越,是一种理想主义的现实主义。在1868年12月11日致阿波隆·迈科夫的信里,他就曾专门、详细地论述了自己对现实主义的理解。他说:"我对现实和现实主义的理解完全不同于我国的现实主义者们和批评家们的理解。我的理想主义比他们的更现实。上帝啊!把我们大家,我们这些俄罗斯人在近十年来在精神发展上所体验到的东西清楚而又明确地讲一讲,——难道现实主义者们就不会大喊大叫说这是古怪的举动吗?!然而这却是古已有之的真正现实主义!这才是现实主义,不过是它更深刻,而他们的现实主义则是很肤浅的。柳比姆·托尔措夫实际上不是微不足道

---

① 陈燊主编:《陀思妥耶夫斯基全集》第4卷《被侮辱与被损害的》,艾腾译,冯南江校,石家庄:河北教育出版社,2010年,第347页。
② 同上,第392页。
③ 同上,第259页。

上 编

吗，须知这却是他们的现实主义所能容许的全部理想的东西。这种现实主义可真是深刻，——没说的！用他们的现实主义无法解释百分之一的真实的实际发生的事实，而我们用我们的理想主义甚至预言过一些事实。"① 值得注意的是，陀思妥耶夫斯基这里所讲的预言事实，就是指他在《罪与罚》中描写的拉斯柯尔尼科夫凶杀案，这跟当时莫斯科的一个大学生达尼洛夫杀死高利贷者及其女仆的案件，在时间上正好巧合。他在1869年2月26日给尼·斯特拉霍夫的信中重申了其现实主义观点："我对现实（在艺术中的现实）有着我自己的特殊观点，那被大多数人称为近乎离奇的和罕见的东西，对我来说有时却正是现实的东西的本质。依我看，现象的平常性质以及对现象的刻板看法还不是现实主义，甚至刚好相反。"② 可见，"最高意义上的现实主义"概念增添了陀思妥耶夫斯基的创作自信和理想主义分值。

别尔嘉耶夫认为，从陀思妥耶夫斯基创作后期，即《地下室手记》开始，作家的人道主义思想已经不再是旧的人道主义，而是全新的人道主义，即使如此，人道主义思想已经完全不能囊括尽陀思妥耶夫斯基对人之洞察的深度，不管是唯物主义人道主义还是基督教人道主义，因为"在人道主义中，有太多的自满和乐观"③。而现实生活中，人性的现实更多体现出悲剧性，"其中包含着比人道主义意识所能想像的要巨大得多、要多得

---

① 陈燊主编：《陀思妥耶夫斯基全集》第21卷《书信集》（上），郑文樾、朱逸森译，石家庄：河北教育出版社，2010年，第598页。原文可参见：Ф. М. Достоевский. *Полное собрание сочинений в 30 т, т. 28, к. 2.* Л.: Наука, Ленинградское отделение, 1985, с. 239.

② 同上，第623—624页。

③ 别尔嘉耶夫：《陀思妥耶夫斯基的世界观》，耿海英译，桂林：广西师范大学出版社，2008年，第135页。

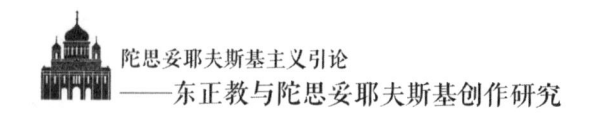

多的矛盾"①。别尔嘉耶夫甚至认为后陀思妥耶夫斯基时代的悲剧就是人和社会在丧失理想主义后的精神悲剧:"陀思妥耶夫斯基之后,已经不可能再有原有词义上的理想主义者了,已经不可能再有'席勒们'了。我们注定要成为悲剧式的现实主义者形象。这一悲剧式的现实主义是陀思妥耶夫斯基之后来临的时代的精神的典型特征。"②不难看出,人自身与生俱来的多面性、矛盾性或辩证性有时也恰恰是人道主义的悲剧根源所在。

就艺术的象征性本质而言,陀思妥耶夫斯基虽然喜欢自称现实主义者,也认为自己的现实主义就是真实生活的现实主义,但是其作品体现出来的现实主义思想和作家本人对现实主义的认知,越往后期越远离果戈理和别林斯基所认为的那种反映现实典型的现实主义。对此,别尔嘉耶夫认为作家"透视的是另一个现实"③,因为"所有真正的艺术都是象征的——它是两个世界的桥梁,它标明了一个更为深刻的真实,而那个真实才是真正的现实。现实的真实性只有在象征中才可以被艺术地表现,它不可能被直接地、现实地在艺术中呈现。艺术从来也不反映经验的现实,它总是穿越到另一个世界;而艺术只有在象征的映像中才可以抵达另一世界。在陀思妥耶夫斯基的艺术中,一切都是关于更深刻的精神的现实的,关于形而上的现实的,它最少经验的日常生活"④。而且,别尔嘉耶夫更进一步指出,陀思妥耶夫斯基既不是现实主义者,也不是很多人所认为的心理学家,因为这样的称号只会限制他的意义。"陀思妥耶夫斯基也不可能是心理学的现实主义意义上的现实主义者。他不是心理学家,他是灵魂学家和象征主义者-形而

---

① 别尔嘉耶夫:《陀思妥耶夫斯基的世界观》,耿海英译,桂林:广西师范大学出版社,2008年,第135页。
② 同上,第135页。
③ 同上,第11页。
④ 同上,第11页。

上学者。他总是揭开有意识生命背后的无意识生命，而它总是与预感相连。联系人们的不仅仅是那些在意识之光的照耀下显而易见的关系和制约，还存在更为隐秘的关系和制约，它们延伸至无意识生命的深层。在陀思妥耶夫斯基那里，另一世界总是闯入这个世界的人们的关系之中。"①

第五节　"最高意义上的现实主义"与神秘主义

陀思妥耶夫斯基的现实主义倾向于直觉，它既建立在现实的基础上，形成于对流动现实的观察和对历史的思考中，同时往往也超越其原始语境而存在。唐纳德·范格尔认为，陀思妥耶夫斯基的这种直觉"深入到了正在诞生的普遍性的外衣之下"②。

正如别尔嘉耶夫所认为的那样，"所有伟大信仰生活的奠基者与创始人都具有原初神秘主义经验，与神和神祇面对面的相遇"③，陀思妥耶夫斯基当然也是神秘主义者："陀思妥耶夫斯基，按照其情感与对生活的理解，按照其创造的特征，他是一个神秘主义者，即使他没有走特殊神秘主义的道路，也不知道特殊神秘主义的纪律。他的神秘主义首先是属于先知型的。"④在我们看来，他的"最高意义上的现实主义"概念，就和神秘主义存在千丝万缕的关系，也比较典型地体现了宗教和神秘主义的互动关系。

如果要说宗教存在神秘主义的性质，一般会认为这是毫无疑义的；如

---

① 别尔嘉耶夫：《陀思妥耶夫斯基的世界观》，耿海英译，桂林：广西师范大学出版社，2008年，第12页。
② Donald Fanger. *Dostoevsky and Romantic Realism: A Study of Dostoevsky in Relation to Balzac, Dickens and Gogol*. Evanston, Illinois: Northwestern University Press, 1998, p. 217.
③ 别尔嘉耶夫：《自由精神的哲学：基督教难题及其辩护》，石衡潭译，上海：上海三联书店，2016年，第180页。
④ 同上，第190页。

果说俄国东正教思想具有神秘主义的特性和来源，这也会得到绝大多数人的赞同。但是，如果要说陀思妥耶夫斯基本人的东正教思想具有神秘主义的特点和来源，也许就会存在很大的争议。因为陀思妥耶夫斯基本人就否认这一点，因为他认为东正教里没有神秘主义，只有爱。在1876年《作家日记》9月号第2章第4节的"续前"（Продолжение предыдущего）中，陀思妥耶夫斯基提到："实际上，在俄罗斯的基督教中，甚至根本没有什么神秘主义，而只有人类之爱，只有基督的形象，——至少，这是主要的。"①因为在他看来，东正教中的爱，才是俄罗斯人成为天下一家的核心因素，他认为维系一个民族的精神纽带便是作为活生生情感的宗教之爱，而不是神秘主义。"仔细思考一下东正教：这绝非仅仅是一种教会和礼仪，这是活生生的情感，它在人民那里已经化身为我们的那些主要的鲜活力量的一种，而缺少这些活生生的力量，没有一个民族能存在下去。"②然而，并不因陀思妥耶夫斯基强调了爱的重要性后，作为宗教之来源的神秘主义就可以用爱来代替，任何一个宗教之所以是一种信仰，就因为它背后存在的神秘主义因素，这种神秘主义因素或者说是不可知论主要还是来自人的天性的复杂性，来自人的内心的不可捉摸。

换言之，人的内心状态以及由此引发的人在世界上的地位，是陀思妥耶夫斯基宗教思想也是俄国东正教的出发点和归宿点。身处苏联境外的俄罗斯宗教思想家的代表人物叶夫多基莫夫就曾指出，神秘主义是俄罗斯文化中宗教灵感的来源。"俄罗斯文化，就其渊源而言，是从一种独特的宗教泉源汲取营养的；就连后来十八世纪反教会的诸种思想潮流亦如此。

---

① Ф. М. Достоевский. *Полное собрание сочинений в 30 т. Т. 23*. Л.: Наука, Ленинградское отделение, 1981, с. 130.

② 同上。

上 编

十九世纪六十年代的虚无主义，也只有从这一独特源泉出发，才能得到理解。这些多样的甚至变质的形式表现了对绝对者的永恒而牢固的渴望以及纯粹是神秘本性的灵感。"①

神秘主义的基础特别契合俄国东正教的特点，它帮助东正教超越了形式化的严格理性和繁琐的经院学说以及教会的礼仪，而重心集中于精神体验。"这一神秘的基础有机地内在于俄罗斯灵魂，完全符合正教的特征，正教乃是基督教中最少规范的一种形态，它远离概念演绎。正教徒一向不喜欢'神学大全'，对各种经院学说也没兴趣。全部繁琐的形式和定义都会引起一种本能的轻蔑。正教不需要制定形式，它所需要的是非形式化。一种来源于教会教父们的内在信念认为，对奥秘加以思辨是不好的，最好对其沉思默想，让它发出光明，使我们沐浴在这种光明之中，在不被理性化的情况下，奥秘才变得透亮，由此形成的一种精神类型，其礼仪学和肖像学特征远远超过推理、概念和理论的色彩。正因为这样，教义的严格必要性从未和礼仪、言谈及生活分离过。"②

别尔嘉耶夫认为，陀思妥耶夫斯基的创作之所以是研究人学的作品，就在于他描绘了人在经受阿波罗式的迷狂和癫狂状态的洗礼后的结果：在通向存在最深处的神秘主义之路上，人和人之形象在陀思妥耶夫斯基那里最终得以完整保存。他在《陀思妥耶夫斯基创作中关于人的启示》一文中说："陀思妥耶夫斯基在迷狂和癫狂中直到最后始终是个基督徒，因为在他那里，直到最终，依然有人和人的面孔。陀思妥耶夫斯基具有一种狄奥尼索斯式的狂迷。他毫无阿波罗精神，没有有节制不出格的形式。他追求极端，总是狂热，他的作品突破一切界限。必须看到，陀思妥耶夫斯基最

---

① 叶夫多基莫夫：《俄罗斯思想中的基督》，杨德友译，上海：学林出版社，1999年，第28页。
② 同上，第28—29页。

大的特点是，即使陷入狄奥尼索斯式的迷乱和癫狂，他仍没有失去人，在迷狂经验的最深处依然保留着人的形象，人的面貌没有破碎，人的个性原则仍然留在存在的最底层。人不像在许多神秘主义者和形而上学论者那里那样，只是存在的外表，人不是暂时的现象，而是深入上帝生活土壤的存在的最深层。古代狄奥尼索斯式的迷乱癫狂取消了人个性化的原则，实行无个性的一致性。癫狂是将一切多数压缩成单一的途径。狄奥尼索斯的本能是超人的无个性的。陀思妥耶夫斯基与此有别。他和所有那些神秘主义者截然不同，他们的癫狂失去人的面貌，一切都在神的单一性中丧失。而陀思妥耶夫斯基虽然陷入迷乱癫狂却依旧是基督徒，因为他始终是人，保留着人的面貌。"[1] 别尔嘉耶夫之所以将陀思妥耶夫斯基定位为神秘主义者，主要是着眼于他跟唯理性主义和唯理智论的深刻对立的意义。别尔嘉耶夫还举例说，陀思妥耶夫斯基对待恶的态度就能反映出陀思妥耶夫斯基的神秘主义动机：他想要认识恶，所以没把恶纳入不可知领域，而是想要拯救恶、战胜恶。"这是陀思妥耶夫斯基身上深刻的神秘主义动机，是他伟大的心灵启示，是他对人和上帝的爱。"[2]

白银时代的俄国宗教哲学家费奥多尔·斯捷蓬也提出过陀思妥耶夫斯基有神秘主义的因素，他认为这主要体现在作家笔下人物对待俄罗斯大地的态度上。比如，《罪与罚》里拉斯柯尔尼科夫向大地母亲忏悔自己的罪过，《群魔》里玛丽娅·季莫费耶芙娜称大地为圣母，《卡拉马佐夫兄弟》里阿辽沙在佐西马长老死后亲吻大地，就是神秘主义因素的体现。在斯捷

---

[1] 别尔嘉耶夫：《文化的哲学》，于培才译，上海：上海人民出版社，2007年，第127页。参见：Н. А. Бердяев. Собрание сочинений. Т. 3. Типы религиозной мысли в России. 3-е изд. Paris: YMCA, 1989, с. 69.
[2] Н. А. Бердяев. Собрание сочинений. Т. 3. Типы религиозной мысли в России. 3-е изд. Paris: YMCA, 1989, с. 76.

上编

蓬看来，小说中的大地，实质上是"世界灵魂"，也就是索洛维约夫称为的"圣索菲亚"，即神智学。①

谢尔盖·霍鲁日认为，神秘主义经验可以为推进人学领域的研究提供新的方针和立场。"与在神里的生命经验的最密切联系是东正教思辨的主要原则，它为思想提出更宽泛的任务。因为这个经验是一种特殊的经验：它属于神秘主义经验之列。人的本性自身及其存在任务可以在这个类型的经验里获得积极的和完整的实现。对这个经验的实质和特点的思考导致一个结论，这个经验对人的本性自我实现的整个领域而言具有生成的和生产的潜力。这就意味着，如果神秘经验获得彻底发展和加工，那么它将成为一种人学战略的生产核心，或者是人的自我实现的方案的生产核心，简单地说，这将是一种确定的人学。"② 在我们看来，在这一方面，陀思妥耶夫斯基本人及其创作都可以为对神秘主义的人学研究提供无可替代的思想资源。

在别尔嘉耶夫看来，尽管神秘主义存在教会的和在野的等多种形态，而且基督教几大派别也对神秘主义存在各自独特的理解，但是，无论怎样的神秘主义都是条条大路通向神："神秘主义道路总是趋向于从多走向一，从世界和人走向神。"③ 别尔嘉耶夫认为，陀思妥耶夫斯基的神秘主义与希腊和德国的神秘主义思想"与世隔绝""隔绝心灵"的特点之所以不同，就在于前者重视爱、重视精神之爱。"基督教是关于个人灵魂、关于个人心灵绝对价值的启示，是对邻人爱的宗教，这种爱是从对神的爱产生的。使人的心灵麻木，使心灵对神的创造、对个人灵魂、对人的面孔冷漠的禁

---

① 费奥多尔·斯捷蓬：《陀思妥耶夫斯基的世界观》，张百春译，万海松编选：《陀思妥耶夫斯基研究文集》，南京：译林出版社，2019年，第190页。
② 霍鲁日：《什么是东正教思想》，张百春译，载《俄罗斯文艺》2011年第4期，第74页。
③ 别尔嘉耶夫：《自由精神的哲学：基督教难题及其辩护》，石衡潭译，上海：上海三联书店，2016年，第197页。

陀思妥耶夫斯基主义引论
——东正教与陀思妥耶夫斯基创作研究

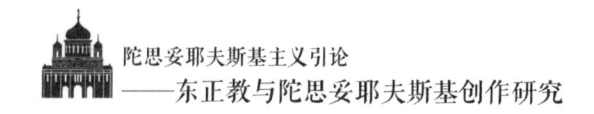

欲主义,没有容纳基督教光明、基督教真理于自身,它接近于印度的神秘主义。陀思妥耶夫斯基是我们另一种精神、另一种神秘主义的先知。这是在俄罗斯基督教、俄罗斯对基督事业的理解中。"①

如果说,一直以来,陀思妥耶夫斯基的思想都可谓名山事业不寂寞,那么,其前提就是,他的思想融合了文学、哲学、宗教和宗教哲学的诸多永恒主题,承载着在不同的时代都参与当下话题的言说机制,发挥着单个学科、单个领域所无可比拟的多面性、集团化的传道与教育效能,这种现象本身也可以称为"最高意义上的现实主义",代表了一种既具有理想主义又具有现实主义色彩、既具有文学感性又具有抽象哲理的人类心灵的诉说密码。

陀思妥耶夫斯基对自己的文学声誉十分珍惜,既是因为他比较看重文学在表达其思想和理念方面无可替代的作用,也是由于他对文学创作之于"民族自觉""自我意识"的教化功能的重视。在 1869 年 5 月 15 日写给阿波隆·尼古拉耶维奇的信中,陀思妥耶夫斯基重点指出文学(特别是史诗小说)对于教育下一代的重要性。他认为,长诗(叙事诗)和史诗小说具有唤醒民族自觉的作用,而且对下一代人的心灵成长影响巨大,他甚至认为文学创作就是"传道"和"建功立业"。"我想,这些史诗有可能成为一本了不起的全民族的书,在重新唤起俄国人的自觉方面会起很大作用。阿波隆·尼古拉耶维奇!要知道所有的学生都将知道并熟记这些长诗,而学生一旦记熟这些长诗,他也就记住了思想和观点,而由于这观点是正确

---

① 别尔嘉耶夫:《自由精神的哲学:基督教难题及其辩护》,石衡潭译,上海:上海三联书店,2016 年,第 199 页。

的，那它就会终身在他的心灵中永志不忘。由于这些诗和长诗都比较简短，俄国的整个阅读界都会阅读，就像读《康斯坦察大教堂》一样，直到现在许多人还都背得出您写的这首诗。正因如此，这就不单单是几首长诗和文学创作，不是，这是学术，**是传道**，这是建功立业。"[①] 显然，文学创作在陀思妥耶夫斯基的心目中，其重要性不亚于圣经，跟《福音书》等宗教文本一样，是另一种方式的传教，对开化和启示民众它们都有着久远的作用和影响。

从20世纪末到21世纪初以来，陀思妥耶夫斯基已经成为全世界最值得阅读和最受读者喜爱的作家之一，陀思妥耶夫斯基作品已经拥有了全世界所有语言的译本，其作品出版的数量还在随着时代的发展在不断地增长，这些都不是偶然的。在一次访谈中，俄罗斯著名的陀学家格奥尔基·弗里德连杰尔就曾指出："陀思妥耶夫斯基的伟大以及他对现当代的特殊意义在于，他操心的是关于俄罗斯和人类的未来的问题，或许，他可能算得上是所有十九世纪作家中最操心的一位。在十九世纪中叶，他已经预见到人类在二十世纪所面临的那些危险，而在将来也会有人时常想起这些危险中的绝大部分。这就是他的创作不但在十九世纪，而且还在二十世纪贴近时代的原因。他的创作将唤起人类的思考，加深未来若干代人的自我意识。就这一点而言，其创作是无价的和唯一的。"[②] 可以想见，如果陀思妥耶夫斯基还在世的话，他肯定也乐于见到他曾寄予"最高意义上的现实主义"概念的普世性的"传道"效果。

---

① 陈燊主编：《陀思妥耶夫斯基全集》第22卷《书信集》（下），郑文樾、朱逸森译，石家庄：河北教育出版社，2010年，第659页。字体加粗处原文如此。
② 卡·斯捷潘尼扬、格·弗里德连杰尔：《"对陀思妥耶夫斯基的天才……怀有真正的敬意"：俄罗斯科学院院士格·米·弗里德连杰尔访谈录》，万海松译，张变革主编：《当代国际学者论陀思妥耶夫斯基》，北京：北京大学出版社，2014年，第17页。

第二章
反／非理性主义

——陀思妥耶夫斯基根基主义和宗教思想溯源

  根基主义①是19世纪中叶前后出现在俄国的一个思想流派，它见证了当时俄国思想界对社会现状和未来道路的论争，也提出了与众不同的独到见解，寻求对因非此即彼的执着而造成的纠结和困境的突破，因此而被称为介于当时的斯拉夫派和西方派之间的"第三条道路"。当然，从思想核心的亲疏远近而言，俄国根基主义更接近于斯拉夫派，可以说是俄国斯拉夫主义的"升级版"。

  根基主义是俄国知识界的独创，它源自俄文"根基"一词，作为思想史意义上的根基，其引申义至少有两层：第一层具体性的意义，是指与上流社会、有教养阶层相对而言的人民、老百姓、民间；第二层抽象性的意义，是指在前者所承继并保存完好的俄国文化，主要是东正教文化。而陀思妥耶夫斯基心目中的根基，也至少包含这两层引申义，但作家更多关注的，应该是作为主体的根基所负载与传承的俄国传统风习，尤其是以信仰

---

① 根基主义（почвенничество；英文音译作pochvennichestvo，意译作native soil-ism、native soil conservatism、Return to the Soil），又译根基派、土壤派、土壤主义，来自根基（почва，又译土壤、大地、乡土）一词。

与仁爱精神为核心的东正教文化特质。

任何一个思想，都非无本之木、无源之水，均能在或近或远的历史中追溯到它的最初形态。陀思妥耶夫斯基的根基主义思想亦是如此。它与东正教文化密不可分，前者受后者的影响而生，又为后者添砖加瓦、夯实基础。它的形成亦非朝夕之间，促成其萌芽、成形与成熟的文化渊源，在不同的时代具有不同的形态。我们认为，陀思妥耶夫斯基根基主义思想最深远、最根本的文化源头是反理性主义精神。生活在不可避免地受欧洲思想冲击的俄国社会，陀思妥耶夫斯基即便作为一个出生在典型的宗法制家庭的俄国贵族，仍然要走出家门，去接受渐染西制的学校教育，出入于对欧洲思潮十分敏感、执着于探索出路并热衷于东西方道路之争的俄国知识圈，况且又耳闻目睹并参与了农奴制改革前后俄国的现代化进程，因此，他的思想包括根基主义思想在内，绝不会是仅仅受到单一的俄国宗法制度的影响，而是得益于不同类型的精神文化的烛照和启发。总体而言，这些对陀思妥耶夫斯基施加影响的不同类型的文化有一个共同的哲学源头，那就是反理性主义或曰非理性主义精神。

第一节　陀思妥耶夫斯基的根基主义思想

作为思想家型的文学家，陀思妥耶夫斯基的根基主义思想也只是他一生中诸多博大精深的思想与灼见中的一部分。有研究者已经部分地指出了这些思想："在探索指路明灯式的真理的过程中，他经历了一系列不同的阶段。浪漫主义和乌托邦社会主义，基督教，尤其是东正教，'根基'和斯拉夫主义，'黄金时代'和同'正在衰亡的'欧洲作斗争，最后是神权政治，即教会—国家——这就是他主要思想的不同发展阶段……"① 然而，陀思妥耶夫斯基作为思想家的伟大，也许正在于他的思想不受任何一个主义的束缚，如果用某一个框框来套他的思想，无疑会在一定程度上降低和缩小他思想的高度、广度和深度。根基主义思想虽然贯穿了他孜孜不倦地思索的一生，还时常跟他的其他思想发生交叉和一定的重叠，但却也只是穿越或统领其他思想精华的一条主线。

陀思妥耶夫斯基的根基主义思想来自他对现实的判断、思考和展望，体现他作为思想家的深切的人文关怀。陀思妥耶夫斯基虽然未从纯理论的高度去建构和论证其根基主义思想，形成哲学家或理论家那样严密的体系，但是却将它物化到散见于其小说和政论作品中的人物形象和语言之中，辨识度非常高。作家的碎金般的思想均围绕着人和人的精神世界展开，就其根基主义思想而言，基本是从现实出发对知识分子和人民关系的思考与展望。着眼于俄国社会现实，这是陀思妥耶夫斯基根基主义思想的出发点和中心。进行抽象的理论论证，本来就非陀思妥耶夫斯基所好；追求高度严密的逻辑体系，本身亦是陀思妥耶夫斯基坚决反对的；只有对现实的热切关注和对未来的深切忧虑，才是陀思妥耶夫斯基的兴趣所在。

陀思妥耶夫斯基对浪漫主义时代思想的倾慕与追忆，对俄国传统东正教文化的认同与发扬，以及与同时代的俄国知识界代表的思想斗争，均有力促成陀思妥耶夫斯基的根基主义立场的确立，这其中，可以说，陀思妥耶夫斯基一直都对唯理性主义的抬头或泛滥充满了警惕、担心，甚至焦虑。

历史上看，在欧洲的文化界，从教父时代、中世纪至近代，一直存在

---

① Л. П. Гроссман. *Достоевский*. М.: Молодая гвардия, 1962, с. 528.

上 编

着关于"原罪与自由意志、知识与信仰、理性与直觉"的思想争论,其本质无外乎理性主义和反理性主义的角力。按照德国法兰克福学派中的主将马克斯·韦伯的说法,理性分为工具理性和价值理性。学术界通常认为,工具理性是指通过精确计算功利的方法最有效地达到目的的理性,是一种以工具崇拜和技术主义为生存目标的价值观。因此,工具理性又被称为功效理性或效率理性。而价值理性主要体现为一个人对于价值问题的理性思考。"价值理性是人自身本质的导向。人的本质是人的自然属性、社会属性、精神属性整合的矛盾统一体。在一定条件下,人的精神属性对人的自然属性、社会属性具有主导作用,并由此产生人头脑中的理想自我、现实自我、价值理性就是通过跳动理想自我,潜移默化地体现对人自身本质的导向作用。"[①]韦伯在《新教伦理与资本主义精神》一书中指出,新教伦理强调通过勤勉等职业道德和世俗工作的成功来荣耀上帝,获得上帝的救赎,由此促进了资本主义的发展,但是同时也使得工具理性走向极端化,宗教的原初动力开始丧失,物质和金钱成为人们竞相追逐的直接目的,工具理性由手段变成了目的,成了支配和控制人的力量。而陀思妥耶夫斯基则坚决反对这种反客为主的工具理性,尤其是在资本主义席卷欧洲、逼近俄国的19世纪下半期,他对工具理性泯灭人的自然属性、社会属性和精神属性的本质的批判与日俱增,强烈呼吁俄国社会要回归以东正教文化为主要载体的价值理性。

反理性主义思想在欧洲古典文化、在俄国宗法制文化、在普希金以来的俄国文学及陀思妥耶夫斯基同时代人的思想论争中起着重要的作用,形成了一次次势头旺盛的反理性主义浪潮。因此,从宽泛的意义上说,在这

[①] 魏小兰:《论价值理性与工具理性》,载《江西行政学院学报》2004年第2期,第63页。

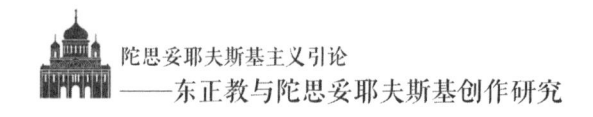

三个兼具历史地理意义的典型的文化阶段所表现出的反理性主义思潮，在相当程度上构成了陀思妥耶夫斯基根基主义思想在古代、近代和现代一脉相承的文化渊源。

第二节 陀思妥耶夫斯基根基主义思想的渊源

从最远的源头看，陀思妥耶夫斯基的根基主义思想，表现为他对欧洲古典时代以来及中世纪的信仰文化和文学的偏爱，体现为对古典主义和启蒙运动中的理性精神的拒斥。陀思妥耶夫斯基的根基主义思想受到了欧洲古典哲学中以谢林为代表的直觉观的深刻影响。出于对理性破坏信仰的担忧，陀思妥耶夫斯基思想展现出突出的反理性主义特点，也就是对工具理性的拒斥，同时也是对价值理性和人文精神的颂扬。最明显和直接的体现就是陀思妥耶夫斯基的《地下室手记》，这也是他一贯对唯理性主义及其衍生思想嬉笑怒骂的哲学根源之所在。这也反映了俄国哲学对西方理性主义的拒斥，强调理性主义方法的局限性，表明非理性的直觉体验方法的不可或缺性。

陀思妥耶夫斯基的反启蒙主义（或者说是基督教启蒙主义）态度与其反理性主义立场密不可分。对"环境决定论"和"社会达尔文主义"的批驳，贯穿了陀思妥耶夫斯基一生的著述，是他反对启蒙主义中的唯理性主义的一种体现。启蒙主义是18世纪在西欧各国展开的启蒙运动的理论产物。启蒙运动的思想家们争取建立以"天赋人权"为基础的"理性王国"，争取政治自由和公民平等。因此，他们认为传播知识和接受教育是建立新的"理性王国"的精神基础。"环境决定论"是随着启蒙运动的发展而产生的思想。"法国启蒙运动者坚定地认为，既然环境决定着人的精神世

上编

界，那么就应该相应地改变环境，使它能够促进积极的个性品质的形成和发展。俄国革命民主主义者也坚持环境决定作用的思想，他们已开始得出这样的结论：必须对社会进行根本的改造，消灭敌视人的现存制度。"[1]陀思妥耶夫斯基对"环境决定论"颇为反感，尤其对当时隐藏在"环境决定论"背后的个人的丑恶的政治动机深恶痛绝。在陀思妥耶夫斯基看来，"环境决定论"倾向于将一切对单个人不利的因素归罪到社会和环境的头上，认为别人或者环境才是这些罪恶的元凶，一旦个人犯了罪却不用承担任何的法律和道义责任，这样一来，不但会使罪行得不到惩处，反而更容易让罪犯愈加堕落，更加肆无忌惮地胡作非为。陀思妥耶夫斯基担心的不仅是社会环境的恶化，更主要的是，他担心纵容"环境决定论"泛滥将直接导致人的内心普遍变得空虚，人们不再相信最高的上帝，没有了上帝，就没有了上帝的威慑作用，于是整个社会的道德基础就将趋于崩溃。就这个意义而言，"环境决定论"有意放大甚至在一定程度上别有用心地歪曲了启蒙主义的理性精神，忽视和压制了启蒙主义的人文关怀的一面。正如俄国思想家谢苗·弗兰克所指出的："一方面，启蒙主义因为自己狭窄的理性主义而疏远了美学上更为深刻的和宗教上更有生命力的本性；另一方面，启蒙哲学的实际成果——法国大革命，突然发现了人的实质在其盲目的、恶的、魔鬼的原则里，这个原则起初是被启蒙运动所否定的，——这个成果仿佛是对启蒙主义的人道主义的谎言和肤浅的试验性的揭露。"[2]出于这个原因，陀思妥耶夫斯基反对"环境决定论"，也间接地反对派生

---

[1] 奥夫相尼科夫：《俄罗斯美学思想史》，张凡琪等译，北京：中国人民大学出版社，1990年，第397页。

[2] С. Л. Франк. Достоевский и кризис гуманизма（К 50-летию дня смерти Достоевского）.// *О Достоевском: Творчество Ф. М. Достоевского в русской мысли 1881–1931 годов. Сборник статей*. М.: Книга, 1990, с. 392—393.

陀思妥耶夫斯基主义引论
——东正教与陀思妥耶夫斯基创作研究

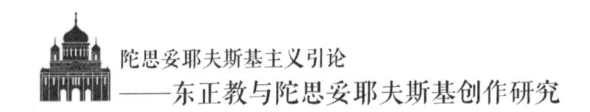

出"环境决定论"的启蒙主义思想。他曾在《作家日记》里的《解放俄罗斯农夫的善良瑞士人》一文中，调侃屠格涅夫《贵族之家》中的老一辈地主伊凡·拉夫列茨基，说他是为了实践当时风靡一时的卢梭的启蒙主义思想，才不顾父亲的激烈反对，引诱并硬是娶了自家的女仆为妻，尽管始乱终弃。至于"社会达尔文主义"，陀思妥耶夫斯基认为，在自然界主张优胜劣汰法则的达尔文主义根本不能适用于人类的社会生活，除了人类特别是弱势群体需要人道主义的关怀和友爱之外，根本的症结在于：它与基督的回答——"人不是单靠面包而活着的"格格不入。陀思妥耶夫斯基在1873年、1876年和1877年的《作家日记》中与社会达尔文主义思想进行过多次论战。比如，在1873年《作家日记》中的杂文《当代谎言之一》中声称："我们所有这些欧洲的高级教师爷们、我们的光明和希望，所有这些穆勒们、达尔文们和施特劳斯们有时对当代人的道义责任的看法太令人惊诧。"[①] 在1876年给彼得堡玛丽娅剧院乐团男高音演员瓦·阿·阿列克谢耶夫的信中，陀思妥耶夫斯基讽刺道，社会达尔文主义只会从人身上发现动物本性，而完全忽视了人的精神世界："基督根本不涉及任何理论，他直接宣称：除了动物本性之外，人身上还有精神的世界。"[②]

出于对直觉主义和自由意志的偏爱，陀思妥耶夫斯基青年时期本能地接近18世纪末和19世纪上半期欧洲文学中的浪漫主义流派，并终生喜爱歌德、席勒和拜伦等浪漫主义诗人。他早期创作中的幻想家题材的小说，无不带有浪漫主义色彩，熟悉浪漫主义时代诗人们的诗句。而在其晚期长

[①] Ф. М. Достоевский. *Полное собрание сочинений в 30 т. Т. 21.* Л.: Наука, Ленинградское отделение, 1980, с. 132.

[②] Ф. М. Достоевский. *Полное собрание сочинений в 30 т. Т. 29, к. 2.* Л.: Наука, Ленинградское отделение, 1986, с. 85.

上 编

篇小说《卡拉马佐夫兄弟》中，德米特里和伊万兄弟俩，对席勒的诗歌相当熟稔，谈话时能随手拈来，而且无不符合各自形象、契合小说语境。由于其对浪漫主义的倾心与追慕，陀思妥耶夫斯基主张艺术的非功利化倾向，这也使他有别于俄国革命民主主义者们的功利主义美学观和纳杰日金等提倡纯艺术论者。"他将美的领域和艺术领域区分开来时，提出了美在人的生活中的价值问题，在他看来，生活虽然与美学有关联，但却处于美学的界限之外。不应要求艺术给社会带来直接的好处。陀思妥耶夫斯基认为，真正的艺术永远能够彻底地和间接地促进社会的道德进步和个人的道德完善。"[1] 可以说，陀思妥耶夫斯基与浪漫主义思想的亲缘关系，既是他激烈批判功利美学观和"环境决定论"的内在动因，也是他早年接近具有空想社会主义思想性质的彼得拉舍夫斯基小组的外因。

第三节　陀思妥耶夫斯基的根基主义思想与东正教文化

陀思妥耶夫斯基根基主义思想中还有俄国宗法制文化的深刻烙印，而俄国的东正教文化一贯以重视信仰、轻视理性为主要特征，因为信仰是一切严格意义上的宗教的基础和本质。由于沙皇时代的俄国教育体制，哲学大部分都是由神学家讲授的。因此，深受东正教文化基因影响的俄国文学和哲学，其基调也是反对理性主义，排斥抽象思辨，摒弃僵化的哲学体系的。陀思妥耶夫斯基从小就开始在家庭的教育下熟读《圣经》和卡拉姆津的《俄国国家史》等作品，父亲的宗法家长式的严厉管教，让他和哥哥米哈伊尔对不容以下犯上的家长制终生难忘；母亲对文学的喜爱，母亲那善

---

[1] 奥夫相尼科夫：《俄罗斯美学思想史》，张凡琪等译，北京：中国人民大学出版社，1990年，第314页。

陀思妥耶夫斯基主义引论
——东正教与陀思妥耶夫斯基创作研究

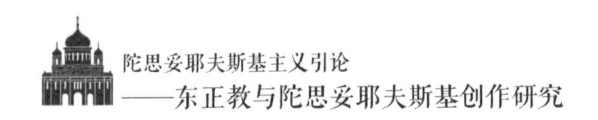

良温和又具有自我牺牲精神的个性，对来自社会底层的普通人的同情和尊重，潜移默化地教育了兄弟俩。1873年，陀思妥耶夫斯基在一篇文章里顺便谈到了自己："我，大概是一个比较容易回到人民的根子上去、理解俄国人的心、承认人民精神的人……我出身于俄罗斯家庭，而且是笃信宗教的家庭。从记事的时候起，我就一直念念不忘父母对我的爱。"①据陀思妥耶夫斯基晚年回忆，从小对他的人生产生过重大影响的，还有作为富商之妻的姨妈库马宁娜。库马宁娜带给兄弟俩的是"莫斯科商人阶层在数百年间逐渐形成的"宗法制传统，比如"忠于教会和君主、恪守东正教的习俗"等。②另外，陀思妥耶夫斯基兄弟在彼得堡准备报考工程学校时结识的浪漫主义诗人兼教会史学家、宗教思想家伊凡·希德洛夫斯基（Иван Шидловский），也对陀思妥耶夫斯基产生过重大的影响，这个"美好的高尚的人"，他身上那股执着的拜伦性格和献身于传教事业的浪游者精神，给年少的陀思妥耶夫斯基留下了深刻的印象。"与希德洛夫斯基的相识，使我获得了许多美好的生活时光。"③这种印象和影响持续了陀思妥耶夫斯基的一生，以至他在晚年的时候恳求他的传记作家一定要谈到希德洛夫斯基："对我来说这是一个重要人物，不能把他的名字遗漏。"④值得一提的是，陀思妥耶夫斯基晚年时又与宗教哲学家弗拉基米尔·索洛维约夫成为忘年之交，其原因之一，正如陀思妥耶夫斯基的夫人所言，是索洛维约夫让他常常想起早年时的希德洛夫斯基。"年轻的陀思妥耶夫斯基相信必须

---

① Ф. М. Достоевский. *Полное собрание сочинений в 30 т. Т. 21.* Л.: Наука, Ленинградское отделение, 1980, с. 134.

② Л. П. Гроссман. *Достоевский.* М.: Молодая гвардия, 1962, с. 12.

③ Ф. М. Достоевский. *Полное собрание сочинений в 30 т. Т. 28, к. 1.* Л.: Наука, Ленинградское отделение, 1985, с. 68.

④ 谢列兹尼奥夫：《陀思妥耶夫斯基传》，刘涛等译，郑州：海燕出版社，2005年，第44页。

上 编

用传道的语言去促成世人的精神转变,在这一点上,希德洛夫斯基也许是对他在思想上灌输得最多的一个。"①

陀思妥耶夫斯基从词源学意义上将俄罗斯农民与基督教的信仰内涵联系起来。他在 1876 年《作家日记》9 月号第 2 章第 4 节的"续前(Продолжение предыдущего)"中提到,俄语中的"基督教"(христианство)和"农民"(крестьянство,即"受洗的人")具有天然的相亲性、信仰(вероисповедность)的一致性。俄罗斯人"把自己的全部土地、所有的共同性、整个的俄罗斯都称为基督教、称为'农民'。仔细思考一下东正教:这绝非仅仅是一种教会和礼仪,这是活生生的情感,它在人民那里已经化身为我们的那些主要的鲜活力量的一种,而缺少这些活生生的力量,没有一个民族能存在下去。实际上,在俄罗斯的基督教中,甚至根本没有什么神秘主义,而只有人类之爱,只有基督的形象,——至少,这是主要的"②。在晚年的一则短文《农夫马雷》中,陀思妥耶夫斯基深情地回忆起自己童年在乡下逢凶化吉的一幕场景:他在空旷的林子边依稀听到有人喊"狼来了",惊吓之中,他下意识地跑到正在犁地的农夫,也是自家庄园的农奴马雷身边,马雷叫他不要怕,跟他说"基督保佑你",并替他画十字,微笑着目送他回家。成年后的陀思妥耶夫斯基每当回忆起这一场景,就非常感动。他自问:为什么这个农民当时给他留下了如此深刻的印象呢?要知道这个农民没有什么知识,他只是一个虔诚的基督徒,当时也并没有出现狼,而他安慰的方法也不过是简单的一句"基督保佑你"和慈爱的目光。陀思妥耶夫斯基认为,这就是笃信东正教的人民的力量,是人民那种像母亲和大地般无私的

---

① 谢列兹尼奥夫:《陀思妥耶夫斯基传》,刘涛等译,郑州:海燕出版社,2005 年,第 43 页。
② Ф. М. Достоевский. *Полное собрание сочинений в 30 т. Т. 23.* Л.: Наука, Ленинградское отделение, 1981, с. 130.

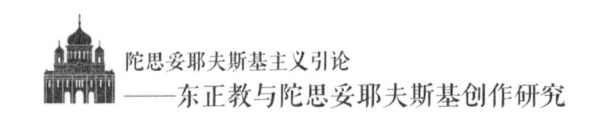

爱。这种爱使他惊惶不安的心得到慰藉，让他终生受用，不仅驱散了他年幼时的惊慌与恐惧，更消除了他在流放西伯利亚时对别人的敌意和恶念。

关于农民与土地对俄国文化精神建构的重要性，陀思妥耶夫斯基也不止一次地提及。在1876年《作家日记》的《土地与儿童》里，陀思妥耶夫斯基认为人类的未来和理想在俄罗斯、在俄罗斯的大地里，因为俄罗斯的土地既有包容性，又有修复和再生的能力，他看重的首先就是这里的俄罗斯文化的精神核心——东正教。"因为在我们这里，在人民里面，有一个原则直至今日仍然保留着，这个原则就是，对于人民来说土地就是一切，一切都源于土地，来自土地。这里主要之点是，这是人类的正常规律。在土地里，在土壤里，有某种神圣的东西。如果想使人类变得更好，直至把他从野兽变为人，那就把土地给他——你的目的就可以达到。"[①]由此可见，扎根于俄罗斯大地上的农夫"马雷们"被赋予了文化上的象征意义，他们作为俄罗斯大地的象征，其貌不惊人的外表、宽阔的胸怀和大地般稳固的信仰，感召着知识分子特别是漂泊在俄罗斯根基之外的俄罗斯人，让他们感到亲切、给他们宽慰和力量。在陀思妥耶夫斯基创作中，农夫"马雷们"一直是对抗西方主义等外来思潮的中坚力量。

基辅罗斯公国自从公元988年接受东正教为国教以来，就在逐渐告别过去的多神教信仰和原始公社制度，保持封建关系的宗法制度，逐渐成为公国和后来统一的俄国的基本制度。宗法制的确立和加强，首先与引入拜占庭文明和东正教信仰密不可分。拜占庭文明摒弃具体的形象，追求抽象的精神升华，强调灵魂超越肉体的思想，都深刻地影响了东正教对体验和信仰的重视，对理性和逻辑的鄙视。随着1453年作为东正教中心的君士

[①] 陈燊主编：《陀思妥耶夫斯基全集》第19卷《作家日记》（上），张羽译，石家庄：河北教育出版社，2010年，第412页。

上 编

坦丁堡的陷落，东正教信仰遭到了前所未有的羞辱，散落在世界各地的东正教会急切盼望一个像天主教的梵蒂冈那样的东正教中心的出现。在这样的背景下，俄国一个修道院的院长菲洛费伊（Филофей）在16世纪初向当时罗斯（俄国统一前的称呼）的最高统治者提出了将莫斯科建设成"第三罗马"（Третий Рим）的建议。这是民族自我意识的一次觉醒，它原本是为了抵御天主教等其他信仰入侵东正教世界的理论，在发展的过程中逐渐由理论上的防御转入宣传式的进攻，它认定天主教等信仰程度不同地歪曲了基督的思想，于是把将世界从拉丁化的天主教思想里拯救出来当作自己义不容辞的责任，由此又赋予了东正教思想一种充当救世主的弥赛亚主义情结。因此，陀思妥耶夫斯基的根基主义思想除了关注东正教文化在本国的复兴之外，还注重在知识分子与人民团结后如何实现俄国文化的"全人类性"（всечеловек，又译"完人"）和"全世界使命"的问题。可以说，陀思妥耶夫斯基根基主义思想中的这些浓厚的民族主义色彩和弥赛亚主义激情，都具有俄国宗法制文化，特别是东正教思维的深刻影响。正如苏联陀学家列昂尼德·格罗斯曼所言，在作家那里，宗教是通向人民的唯一道路："他似乎觉得，处于农奴地位的农民的宗教观念以及他们所信奉的东正教，正在为他这位昨天的傅立叶主义者打开一条通向人民根基的唯一道路，亦即回到陀思妥耶夫斯基早期的处事哲学——莫斯科的古代遗风，古老的传说，'根基主义'，陀思妥耶夫斯基家族世代相传的'俄罗斯式的笃信宗教的'信仰。"[①] 陀思妥耶夫斯基笔下典型的人民形象大致有三类：一类几乎全是俄国正教史上的著名圣徒，如谢尔吉·拉多涅日斯基、费奥多西·别切尔斯基、吉洪·扎顿斯基等，他甚至在《群魔》专辟

---

① 格罗斯曼：《陀思妥耶夫斯基传》，王健夫译，北京：外国文学出版社，1987年，第231页。

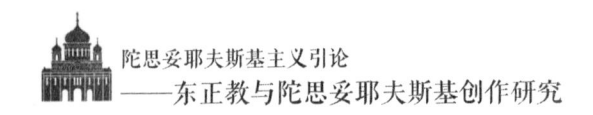

的《在吉洪处》一章里，也着力描写圣徒那无与伦比的道德拯救的力量，若将《卡拉马佐夫兄弟》中的佐西马长老列于上述圣徒榜，也可谓当之无愧；另一类是过着普通得不能再普通的生活、安分守己的平凡人形象，如农夫马雷和百岁老大娘，他们几乎从来没有脱离过俄国土壤，作为坚定不移的根基，他们拥有信仰的本能，其一言一行本身就散发着俄国东正教文化的魅力，成为他人可以随时修正自己的鉴镜和榜样、获得慰藉与力量的安全港湾和温馨家园，因为"即便普通百姓中的劣等人，一般都还保存着知识分子丧失了的东西：对上帝的信仰和负罪感"[①]；第三类基本是作恶多端后又皈依东正教的回头浪子形象，最典型的就是《作家日记》里《弗拉斯》一篇中所描述的、类似涅克拉索夫诗作《弗拉斯》同名主人公的那些浪子回头的忏悔者，这表明在现代化浪潮开始后的俄国，在普通人身上，其信仰往往都是经历怀疑和堕落、自我拯救和获得他人拯救后才得以最终确立的。在这个意义上看，陀思妥耶夫斯基之所以在多部长篇小说中热衷描写那些蔑视人民、脱离根基、否定传统的漂泊者形象，也是为了加强他们最终必须回归东正教才得以精神解脱的渴望，拉长精神审美的距离。可以看出，这三类人全是作为东正教文化符号而现身于陀思妥耶夫斯基作品的，他们都是人民，虽经历各异，但殊途同归，各自演绎着作家的东正教观念，肩负着传播作家东正教理想的使命，正如作家在1876年7月、8月合刊的《作家日记》中的《谈谈彼得堡的巴登—巴登精神》一文所说："我敢于设想，俄罗斯能够对未来的人类的新生活做出贡献，因为俄罗斯

[①] 弗拉基米尔·索洛维约夫：《纪念陀思妥耶夫斯基的三次演讲》，曹国维译，阿希姆巴耶娃编选：《精神领袖：俄罗斯思想家论陀思妥耶夫斯基》，徐振亚、娄自良等译，上海：上海译文出版社，2009年，第13页。

有可靠的保证，这就是它的人民性，即它的东正教。"[1]

第四节　陀思妥耶夫斯基对俄国现代化的态度

对于普希金以来的俄国文学和文化氛围的清醒认识，以及陀思妥耶夫斯基同时代人激烈的思想论战，是陀思妥耶夫斯基确立其根基主义立场的最直接的动因。陀思妥耶夫斯基的根基主义思想，融合了斯拉夫派和西方派思想中的合理因素。普希金和果戈理究竟是批评俄国人民缺点的天才，还是歌颂俄国人民力量的天才？这个问题一直是两派争论的焦点。如果认为普希金和果戈理所描写的是缺点，那么就必须将这些缺点革除；如果认为他们描写的是优点，那么就必须把它保存下来，发扬光大。而所谓的人民的优点和力量，主要是指东正教信仰赋予人民的自力更生、团结友爱等美德。斯拉夫派是优点论的代表，而西方派则是缺点论的代表。从哲学的角度说，这也是理性主义和反理性主义的斗争在近现代俄国的体现。具体到国是上，这两种立场就是俄国今后要走改革还是改良之路的争论。斯拉夫派认为，以人民为物质主体的东正教文化能使俄国免遭改革和革命的灾难，因此他们倍加重视那些能促进人民团结、增进人民信仰的社会因素。在他们看来，体现出传统的集体主义精神的俄国农村村社制度，自然是守护东正教信仰的重要法宝。"斯拉夫派关于宗教的概念的非理性内容有三重意义：人作为个人在'基督心中'是非理性的集体；管理社会的是非理性的梦幻般的'历史的自发势力'；统治教会这个组织的，是非理性的'圣灵'。"[2] 陀思妥耶夫斯基的立场是折中的"第三条道路"。他赞成普希

---

[1] 陈燊主编：《陀思妥耶夫斯基全集》第20卷《作家日记》（下），张羽、张有福译，石家庄：河北教育出版社，2010年，第363页。译文参照原文略有改动。
[2] 马里宁：《俄国空想社会主义简史》，丁履桂等译，北京：商务印书馆，1990年，第89页。

金是表现人民力量和优点的观点,这反映了他对俄国东正教文化的认同。但是,陀思妥耶夫斯基并不死守教条,他认为,资本主义文明对俄国的东正教文化只能是利大于弊,因为,一方面俄国人民的信仰坚固,不会受外来思想的侵蚀;另一方面资本主义文明能让俄国人民充分看清其缺陷,反过来能加固人民的东正教信仰,更能促进和增强俄国人民对东正教文明将拯救世界的信念和信心。因此说,反理性主义亦是陀思妥耶夫斯基的根基主义思想和斯拉夫派思想共同的哲学根源。

  陀思妥耶夫斯基作品中对人的物质状态和精神追求的人道主义同情与关怀,也与反理性主义思想有着深刻的内在联系,是其反对工具理性、颂扬价值理性的一贯体现。对小人物的描写,自然派的手法,对人民的信心,对知识分子的期望,无不渗透着陀思妥耶夫斯基的人道主义关怀:人之所以是人,而不是机器,就在于人有自由意志;人具有人的无限可能性和丰富个性,这是工具和机器无法企及的;人不同于动物在于人还注重精神层面的生活,所以说人不单靠面包生活。自从达尔文在动植物界发现了"自然选择、优胜劣汰"的自然规律,随着资本主义的发展,在人类社会中倡导达尔文主义的人显然是要为人的道德堕落开脱罪责。由此,在社会学领域工具理性开始泛滥,价值理性和人文关怀被弃置不顾。在这样的趋势下,人们对社会上那些悲苦无告、穷困潦倒的小人物的命运正逐渐变得冷漠,仿佛这是受"自然规律"和社会逻辑控制,而人无法介入和干预的宿命主义。因此,陀思妥耶夫斯基对小人物的同情和热爱,在一定程度上是对被放大到人类社会的"弱肉强食、适者生存"法则的社会达尔文主义的强力抗议,也是其反对泛滥于社会学领域的工具理性的体现之一。

  从整体上说,陀思妥耶夫斯基鲜明的民族主义立场,也与其反工具理性、亲价值理性的深刻心理密切相关。陀思妥耶夫斯基并不是完全无视积

上 编

弱日深的俄国社会的种种弊端和落后现象,他本质上希望科学和理性能有效地祛除俄国社会的弊病,但同时又不能让人民崇拜物质诱惑,让工具理性喧宾夺主,改变甚至消灭俄国的东正教文化。这一点集中反映在陀思妥耶夫斯基对以俄国农奴制改革为起点的俄国现代化的态度上,那就是对倡导工具理性的资本主义既表现出有选择性地欢迎,又十分谨慎地保持戒备。

1861年俄国农奴制改革的一系列举措,其核心主要是恢复农奴的自由身份,把土地逐步还给农民,建立资本主义生产关系,因此它被许多历史学家认为是俄国现代化的开始。而现代化是指以现代工业和科学技术为推动力,实现由传统的农业社会向现代工业社会的转变。"俄国的现代化进程,即俄国由封建农奴制社会向资本主义工业社会的大转变,应当界定在1861—1917年。"[①] 从现代化的视角看,1861年的农奴制改革正体现了科学和理性在当今社会的巨大力量。而陀思妥耶夫斯基对工具理性的拒斥心理从本能上反感这样的改革,因为威力巨大的科学将不可避免地侵蚀俄国人民的宗教信仰。陀思妥耶夫斯基在积极探索东正教文化如何适应不可逆转的俄国现代化进程的同时,一直对东正教文化和俄国文学寄予极大的希望。1861年之前陀思妥耶夫斯基一直呼吁社会关注人民的生活,盼望有改善人民生活状况的措施出台。事实上,陀思妥耶夫斯基也看到了农奴制改革的理性启蒙作用,在一定程度上认同工具理性的实效性和功利性,可同时又预见到工具理性泛滥的后果。关于农奴制改革,他在1878年俄历4月18日致莫斯科大学的大学生们的一封信中说道:"我们的感伤主义者们把人民从农奴制下解放出来的时候,曾满怀深情地以为,人民从此将

[①] 刘祖熙:《改革和革命:俄国现代化研究(1861—1917)》,北京:北京大学出版社,2001年,第2页。

立即被纳入他们欧洲式谎言的轨道，即他们称之为启蒙的轨道。可是人民表现出了独立自主的能力，主要的是，他们开始**自觉地**认清了俄国上层生活的虚伪。近两年来发生的事件使得他们大开眼界，使他们再度变得坚强起来。然而，他们除了能区分敌人之外，还能识别自己的朋友。"[1] 在这里，陀思妥耶夫斯基对人民的人道主义关怀，又升格为对人民的坚定的信念，他相信人民对倡导工具理性的资本主义文明具有辨别优劣、激浊扬清的能力。因此，他更看重农奴制改革对革除积弊、改善民生的积极的和正面的作用。对斯拉夫派之所以倡导科技的原因，美国学者艾恺（Guy S. Alitto）的分析十分中肯，他认为这反映了斯拉夫派隐性的集体思维："既然俄罗斯在逻辑上超越于西方（相对于它在科技和经济方面极端而且明显的落后于西方，致使有引借之必要），俄罗斯就可以自由地引借这些作为西方理性主义原则的'物质'成果，而不至于危害及自身的'精神'文化；而其自身'整合理性'的根本原则也不会受到影响。"[2] 在这一点上可以说，陀思妥耶夫斯基与斯拉夫派一样，也具有这种渴望功利化地利用工具理性，但又十分担心工具理性吞没价值理性的隐性思维。就这一意义而言，陀思妥耶夫斯基是一个本质上反对现代化却又功利地、谨慎地倡导现代化的思想家。他并没有对面临现代化、世俗化浪潮冲击的俄国宗法制的逐步解体视而不见，而是积极地呼吁进行谨慎的探索和改良。跟后来的欧亚主义者一样，陀思妥耶夫斯基已经提前把拯救和保卫俄国文化根基的目光投向了亚洲，希望双头鹰的俄国能够以"东"制"西"，抵御西方思潮对俄国东

---

[1] Ф. М. Достоевский. *Полное собрание сочинений в 30 т. Т. 30, к. 1.* Л.: Наука, Ленинградское отделение, 1988, с. 24. 字体加粗处原文如此。
[2] 艾恺：《世界范围内的反现代化思潮：论文化守成主义》，贵阳：贵州人民出版社，1991年，第64页。

上编

正教传统文化的浸染。他认为："俄罗斯不仅仅位于欧洲，而且也位于亚洲；俄罗斯人不但是欧洲人，而且也是亚洲人。此外：我们在亚洲的希望可能比在欧洲的更多。此外：在我们即将来临的命运里，也许，亚洲就是我们的主要出路！"[1] 可见，陀思妥耶夫斯基对俄国现代化所表现出的看似矛盾的复杂态度，正是其根基主义立场应有的本能反应：引入改良，是为了防止发生根本性的变革；反对工具理性和片面理性，引入有限的理性，主张将理性与信仰结合起来，是为了巩固俄国的东正教文化。这也是俄国哲学强调理性、意志和直觉的有机统一的"完整精神"的具体体现。

总之，反理性主义精神是陀思妥耶夫斯基的思想，特别是其根基主义思想和宗教思想的最终根源，而欧洲古典时代以来的信仰文化、俄国的东正教文化以及浪漫主义时代的文学与文化，则是反理性主义之源在不同历史时期呈现出的不同的表现形态。对于每一种表现形态，陀思妥耶夫斯基均有自己独特的视角和独到的见解，历史深刻影响了陀思妥耶夫斯基，与此同时，陀思妥耶夫斯基也创造了历史。陀思妥耶夫斯基对唯理性主义的驳难与拒斥，对自由、个性的宽容与默许态度，对基督之爱和人道主义的渴望与呼唤，对俄国人民和东正教文化的信心与宏愿，使其在19世纪的俄国文学史乃至思想史上，架构出一座连通古典主义与现代主义的独特桥梁。

---

[1] Ф. М. Достоевский. *Полное собрание сочинений в 30 т. Т. 27.* Л.: Наука, Ленинградское отделение, 1984, с. 33.

中编

第三章
从至善的道德到新的宗教意识

——论陀思妥耶夫斯基早期小说中的道德与宗教

如果以1864年出版的《地下室手记》为界，把陀思妥耶夫斯基在此之前创作的小说称为其早期小说的话，我们不难发现其中贯穿着一条从至善的道德到新的宗教意识的演变线索，它既为作家此后的创作铺设了坚实的思想基础，也为其最终走向寻求东正教这个思想资源提供了合理的思想演进和溯源之路。陀思妥耶夫斯基早期小说所反映的道德和宗教观念，基本表现为这两者存在互为前提、互为表里、由此及彼、缺一不可的关系，这也是作家文学观、历史观和宗教哲学观早期发展形态的必然反映。走向新宗教意识的进路，也是陀思妥耶夫斯基与俄国诸多同时代思想家们殊途同归的一种思想共同体意识。

1840年1月1日，陀思妥耶夫斯基在给哥哥的信里谈到了他所了解的他们共同的朋友希德洛夫斯基的近况。原先已跟他们十分熟悉的希德洛夫斯基，其近年来一直通过拜伦式漫游来坚固和传播信仰的执着精神，早就给作为少年的陀思妥耶夫斯基兄弟俩留下了深刻的印象、埋下了潜在的影响。这是一个被爱情之火折磨得形销骨立的忧郁诗人，也是一位笃信宗教的苦行者。陀思妥耶夫斯基认为他既有"外在美"又有"精神美"，而且，他"在我面前的不是一个冷漠的人，不是身不由己的热烈幻想者，而是一个美好的高尚的人，是莎士比亚和席勒给我们的人的端正轮廓"①，他拥有"纯洁的天使般的心灵"②。他们曾经共同阅读荷马、莎士比亚和席勒的作品，并且"凭借他"而洞察到了那些名著中的人物，因此他们拥有基本一致的见解。陀思妥耶夫斯基在这封信中，还以荷马为例，具体地告诉哥哥他的读后所获。比如："荷马（寓言式的人物，可能像基督一样是神赋予形体并降临在我们之间）只能和基督相比，而不可和歌德对比。"③"须知在《伊利亚特》中荷马把整个古代世界的精神和世俗生活描写得有条有理，完全像基督使新世界井然有条一样。"④"只有荷马同样怀有对使命的坚定信心，对诗歌之神的天真信仰（他是为这种信仰服务的），他在诗歌源泉的方向上与雨果相像，但只是在方向上，而不是在思想上，这思想是他天生就有的，而且是由他表达的。"⑤他还以基督教的标准来向哥哥评论其他作家和作品，由此可见，他对文学与人生的看法，受到了这位圣愚般的浪游诗人希德洛夫斯基的影响。

我们认为，在陀思妥耶夫斯基早期作品（指1864年发表《地下室手记》之前）里，陀思妥耶夫斯基以探索至善的道德起步，中间开始发生了道德与宗教相结合的思想摸索，并在最后开启了从道德走向宗教的道路。道德和宗教在陀思妥耶夫斯基那里永远是相辅相成、互为前提，而不是互相替代的关系。

---

① 陈燊主编：《陀思妥耶夫斯基全集》第21卷《书信集》（上），郑文樾、朱逸森译，石家庄：河北教育出版社，2010年，第25页。
② 同上，第25页。
③ 同上，第27页。
④ 同上，第27—28页。
⑤ 同上，第28页。

中 编

第一节　从道德走向宗教的发生学机制

众所周知，康德扭转了道德与宗教的相互关系问题，因为他认为并非宗教导致道德，而是道德导致宗教，道德才是宗教的真实基础。因此，学界认为，康德的"道德宗教"把宗教哲学的根基从知识论基础转换为道德论基础，这是一场在宗教哲学领域所实现的"哥白尼式革命"。

康德的"道德必然导致宗教"表达的是"希望的必然性"，而宗教信仰仅仅是纯粹理性的希望。在康德那里，"普遍必然性的范畴和道德法则，分别是知识和道德所以可能的先验条件，这种普遍性具有强制性，属于规定性判断力；而审美考虑的是情感问题，美的愉悦情感，意味着由原本感性、自然、具体、个性的情感，到普遍可传达性情感的质变，这种基于个性的主观普遍性，是反思性判断力的基本诉求。反思性判断力这一概念，关于康德哲学的旨趣和根基，由此而来的情感自由思想，是理解其道德哲学、宗教哲学乃至于政治哲学的重要理路"。①

我国学者赵广明先生认为，康德的"道德必然导致宗教"表达的"希望哲学"体现为是"德福相配"的诉求。康德说："正如按照理性来看在其实践应用中道德原则是必要的一样，按照理性来看在其理论应用中也同样有必要假定，每一个人都有理由依照他在其行为中使自己'配享幸福的同等程度来希望幸福'（B837）。"②在赵广明看来，康德"这种'德福相配'的'希望'即'至善'。因此，'道德必然导致宗教'这一著名命题的真实含义，其中的'必然'逻辑，并非直接发生在'道德'与'宗教'之

---

① 赵广明：《从康德宗教哲学到自由儒学》，载《世界宗教研究》2019年第1期，第12页。
② 康德：《纯粹理性批判》，《康德著作全集》第3卷，李秋零译，北京：中国人民大学出版社，2004年，第514页。转引自赵广明：《从康德宗教哲学到自由儒学》，载《世界宗教研究》2019年第1期，第13页。

间，而是发生在'希望'与'宗教'之间，亦即在'至善'与'宗教'之间。不是'道德→宗教'，而是'[道德→希望→幸福]至善→宗教。'"① 陀思妥耶夫斯基不认可康德所说的道德自由需要通过斗争才能获得的观点，也反对康德所说的人不可避免地成为不幸者且需要为此在幸福和自由之间做出选择的说法。在陀思妥耶夫斯基看来，这会导致对幸福的理解过低。德国学者劳特据此认为，陀思妥耶夫斯基的幸福观跟历史感密切相关："陀思妥耶夫斯基与19世纪思想家的区别首先在于，他既不承认阶段性的历史发展，也不承认单线式的历史发展。历史并不是理性的或辩证的过程，像黑格尔所断言的那样；历史也不允许把未来的人类社会构建在理性基础之上。"②

　　从道德走向宗教的中介是"至善"概念，追求"至善"就能接近上帝。"可见，在康德那里，道德与宗教的关系，实际上是至善与上帝的关系。至善概念是贯通、支撑康德哲学的核心概念，它表达的是康德式道德的必然诉求：德行必须配享幸福，必须幸福；德性所立身的自由域与幸福所表达的自然域必须协调统一。康德式的道德，必须至善，而能协调统合道德与幸福、自由与自然达致至善的，惟有上帝。"③而在俄罗斯宗教哲学中，基督是道德的最高形象，是善的最高体现。正如俄国批评家、文学史家沃尔什基（原名亚历山大·谢尔盖耶维奇·格林卡）所说："基督作为道德的最高形象，作为善的最高体现，在陀思妥耶夫斯基的心目中从来没有失去过魅力。对于陀思妥耶夫斯基来说，基督的形象无疑体现了善，体

---

① 赵广明：《从康德宗教哲学到自由儒学》，载《世界宗教研究》2019年第1期，第13页。
② 赖因哈德·劳特：《陀思妥耶夫斯基哲学：系统论述》，沈真等译，北京：东方出版社，1996年，第418页。
③ 赵广明：《从康德宗教哲学到自由儒学》，载《世界宗教研究》2019年第1期，第13页。

现了最高的道德价值，但是它又经常怀疑他的创造能力，怀疑这道德的完美对于现实世界是否具有现实的力量和权力，这些怀疑使他异常痛苦。"①

至于康德所提及的"幸福传统"，俄罗斯宗教哲学一般很少涉及，因为俄罗斯很少关注得到救赎后的"幸福"：幸福源于自由，爱人类源于爱上帝。正如别尔嘉耶夫在《大法官》一文中所指出的："我们已经指出世界历史的两种元素之间的关系：自由高于幸福，爱上帝高于爱人类，因为后者只能源于前者；天上的面包高于地上的面包，因为后者只能源于前者；良心的自由高于权威，存在的意义高于存在事实本身，同样因为后者只能源于前者。"②而在康德那里，"康德把道德传统和幸福传统整合于信仰，意在探求人类幸福与完善的可能性路径。他期待于上帝的，是如何成就人类最为渴望又最难达致的理想，这一理想任何意义上的现实成就，无论是审美的、道德的抑或政治的，都可以理解为虔敬和上帝的恩典"③。显然，俄罗斯宗教哲学更注重康德所说的人的虔敬和上帝的恩典。

赵广明认为："康德的上帝似乎在自然与自由之间犹豫。一方面，康德希望上帝作为至高的源始的至善，将其自由的道德法则的命令'同时作为自然的原因'（B838），这等于是要以自由的法则作为贯通和连接自由与自然、德与福、道德与宗教的必然根据。由此，道德成为宗教的基础，宗教成为道德宗教，上帝成为道德的化身和隐喻，整个宇宙自然实际上被'道德'化、'自由'化了，自然以及上帝的自在自为性由此被道德'侵

---

① 沃尔什基：《陀思妥耶夫斯基的宗教道德问题》，徐振亚译，阿希姆巴耶娃编选：《精神领袖：俄罗斯思想家论陀思妥耶夫斯基》，徐振亚、娄自良等译，上海：上海译文出版社，2009年，第200页。
② 别尔嘉耶夫：《大法官》，《陀思妥耶夫斯基的世界观》附录一，耿海英译，桂林：广西师范大学出版社，2008年，第166页。
③ 赵广明：《从康德宗教哲学到自由儒学》，载《世界宗教研究》2019年第1期，第13页。

蚀'。另一方面，自然又表现出比人类自由理性更高的可能性，也更为切近上帝①，'既然宏观上根本不能在人及其活动中预设任何理性的自有意图，哲学家便尝试看能不能在人类事务的这种荒诞进程中揭示一个自然意图；从这个自然意图出发，行事没有自己的计划的造物主却仍然可能有一个遵从自然的某个计划的历史'。自然意图犹如上帝看不见的手，称为自由理性的人类社会的导线和主人。"②

沃尔什基也有类似看法，他曾指出，虽然关于上帝的问题贯穿了陀思妥耶夫斯基的所有的长篇小说，但他对上帝的认识是跟道德问题联系在一起的。"陀思妥耶夫斯基终其一生，在自己所有的长篇小说中，都在为上帝而苦恼；他笔下的几乎所有主人公一直在议论上帝。简直可以说，上帝问题无处不在地陪伴着他。但是认识上帝这个问题，陀思妥耶夫斯基并不是作为独立的宗教问题而特别提出来的，而是与道德问题紧密联系在一起的；这个问题直接来自他良心最深处的道德需求。"③沃尔什基还认为，陀思妥耶夫斯基宗教问题的一大特色是从对人的信仰，过渡到与对上帝的信仰紧密结合起来。"为'在可能性方面不受制约的人的"自我"进行辩护'，必然迫使他把道德因素与宗教紧密联系起来，把对人的信仰越来越紧密地与对上帝的信仰联系起来。他越来越顽强而坚决地在上帝和不朽中

---

① 康德：《关于一种世界公民观点的普遍历史的理念》，《康德著作全集》第8卷，李秋零译，北京：中国人民大学出版社，2010年，第25页。转引自赵广明：《从康德宗教哲学到自由儒学》，载《世界宗教研究》2019年第1期，第13页。
② 赵广明：《从康德宗教哲学到自由儒学》，载《世界宗教研究》2019年第1期，第13—14页。
③ 沃尔什基：《陀思妥耶夫斯基的宗教道德问题》，徐振亚译，阿希姆巴耶娃编选：《精神领袖：俄罗斯思想家论陀思妥耶夫斯基》，徐振亚、娄自良等译，上海：上海译文出版社，2009年，第153页。

寻找对人的信仰的牢固基础。'"①

最终,陀思妥耶夫斯基为了上帝而逐渐看淡早年一直比较看重的人的个性,彻底走向道德服从宗教——"没有上帝就没有美德"的不归路。"在道德服从宗教方面陀思妥耶夫斯基走得够远了,他甚至可能准备为了上帝而牺牲自己的人的个性。他已经准备像亚伯拉罕为上帝贡献自己的儿子以撒那样,把人作为祭品贡献出来,如果需要他作出这样牺牲的话。陀思妥耶夫斯基为了对人的信仰而兴致勃勃地寻找对上帝的信仰,把宗教作为人的个性的道德价值的牢固支柱,现在他已经使这个道德价值服从于对上帝的信仰,宗教因素在他那里现在已经获得了完全独立的意义和独立的兴趣。"②

第二节 正义、自我牺牲和爱：从道德到宗教的道路

陀思妥耶夫斯基早期小说对真实与幻想的描写、对人物内心从白描到反思的转变,是其创作开始呈现、后来逐渐定型的现实主义和幻想主义相结合的风格。这种陀思妥耶夫斯基式的非现实主义风格,虽然源自作家对活生生的现实的观察与思考,但是经过了作家人本主义和自我意识之光的烛照,使其早期作品大多在演绎社会底层人物所处的道德困境的同时,暗示了他们在痛苦中寻求得以解脱和救赎的宗教之路,彰显了作为知识分子的作家在社会转型时期特有的文化焦虑和与生俱来的使命感。在陀思妥耶夫斯基早期小说中,在从道德走向宗教的道路上,主人公的美德是必不

---

① 沃尔什基:《陀思妥耶夫斯基的宗教道德问题》,徐振亚译,阿希姆巴耶娃编选:《精神领袖:俄罗斯思想家论陀思妥耶夫斯基》,徐振亚、娄自良等译,上海:上海译文出版社,2009年,第181页。

② 同上,第185页。

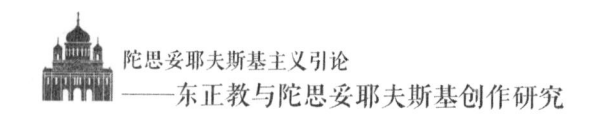

可少的推动因素，其集中表现就是特别重视正义、自我牺牲精神和爱等美德。

《穷人》中，瓦尔瓦拉在回顾全家自从搬来彼得堡后逐渐陷入的困境时，不禁心生怨恨、想要寻求正义："我永远要怨恨那些毁了我的恶人！"[①]她为彼得·波克罗夫斯基这样学品兼优的穷大学生找不到工作而悲惨死去感到愤恨，后者临终前想要看一看青天白日的大太阳，但拉开窗帘却只看见外面是乌云密布的阴雨连绵天，这一结局带有强烈的讽刺意味，因而对穷人们就具有了某种象征意义。对于"穷人"们而言，公民最大的、最重要的美德，反而不是"会捞钱"，而首先是独善其身和自食其力——"美德就是不应该成为任何人的包袱"[②]。杰武什金在彼得堡繁华如昼的豌豆街夜市闲逛的时候，一想到他和瓦尔瓦拉所过的贫苦日子，忍不住触景生情，发出了连他自己也认为是"自由思想"的对社会贫富差距的质问："瓦连卡，您为什么这样不幸？我的小天使！您哪一点比不上他们所有这些人？在我看来，您善良、美丽、有学问，您为什么要遭受到这样凶恶的命运？这一切是怎么搞的，好人举目无亲，而另一个人幸福却不招自来？"[③]

由于杰武什金多次宣扬自己的自尊心、强调个体的权利，所以《穷人》被格里戈里耶夫等批评家视为对果戈理精神的背叛，因为在他们看来，小说只有将人物写得越堕落才越有可能得到上帝的救赎，而《穷人》对人性堕落的描写还不够。"在《穷人》中比果戈理更多地对各种现象进

[①] 陈燊主编：《陀思妥耶夫斯基全集》第1卷《长篇、中短篇小说》，《穷人》，磊然译，石家庄：河北教育出版社，2010年，第10页。
[②] 同上，第53页。
[③] 同上，第114页。

中 编

行分析，不仅与宗教的理想格格不入，而且还崇拜他所描绘的'渺不足道的个性'①。"格里戈里耶夫的批评也许是过于看重小说的宗教性而忽略了小说的文学性，他不但没有看到人物在走向救赎之路前原来天生就具备美德，也没能预见到随着陀思妥耶夫斯基创作的深入，人物势必从美德走向至善并最终走向宗教的道路，而陀思妥耶夫斯基所珍视的、用小说所要表达的，正是那些"不幸的人"在这条道路上不断挣扎、踽踽而行的过程。《穷人》等小说呼吁"不幸的人"要保持自我克制的美德。"做一个高尚的人吧，在患难中要坚强；您要记住，贫穷不是罪过。而且，何必要绝望呢：这一切都是暂时的！上帝保佑，一切都会好起来，只是现在您要自我克制。"②"穷人"们虽然命运不幸、生活贫困，但还没有一出场就要坠入亟须拯救的深渊，他们还是在想方设法、小心翼翼地过着正常人的生活，避免过早地堕落。比如，瓦尔瓦拉就认为，不要将个人的不幸去影响他人："不幸是一种传染病。不幸的人和穷人应该彼此躲开，免得传染得更厉害。"③瓦尔瓦拉这种说法是一种讲究美德的"功利主义"，因此也是正义的呼声。正如英国政治哲学家威廉·葛德文所指出的："衡量公正的唯一标准是功利，凡不具有任何有益目的的事都是非正义的。"④

在《双重人格》中，陀思妥耶夫斯基虽然从小官员大戈利亚德金塑造出一个其派生出来却无法战胜的圆滑、世故、虚伪的同貌人形象，因而也可被视为工业时代的人的异化现象的体现，但他对前者也并非是完全否定

---

① 转引自陈燊主编：《陀思妥耶夫斯基全集》第 1 卷《长篇、中短篇小说》，石家庄：河北教育出版社，2010 年，第 519 页。
② 陈燊主编：《陀思妥耶夫斯基全集》第 1 卷《长篇、中短篇小说》，《穷人》，磊然译，石家庄：河北教育出版社，2010 年，第 106 页。
③ 同上，第 82 页。
④ 威廉·葛德文：《政治正义论》，何慕李译，关在汉校，北京：商务印书馆，2015 年，第 523 页。

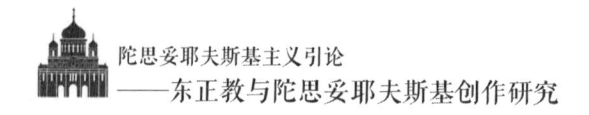

的。比如，大戈利亚德金对小戈利亚德金的多次劝阻和规劝，以及他在寒夜角落里的自我想象中，都表现出一个不敢也不想逾越道德藩篱的道德保守主义者的特点。他甚至警告打算跟他私奔出逃的克拉拉小姐："在我们这个工业时代，我的小姐，没有良好的人品道德是绝对行不通的"[1]，还告诫她要"品行端正""孝敬父母"、多学知识和生活技能等。他还从规劝克拉拉不要阅读那些"有毒的"感伤主义小说开始，冒充一个过来人的口吻，宣扬"柔情似水的日子就不会有的，不要寄予希望"[2]、贤妻应该尽量取悦于丈夫这样的保守论调，还喋喋不休地断言，"现如今，小姐，在我们这个工业时代，人们不喜欢似水的柔情了；我是说，让-雅克·卢梭的时代已经过去了"。[3] 并因为自己的这些观点而自诩为真诚坦率的、"温暖亲切的"、"高尚的"人。大戈利亚德金最后遭人集体算计而被安排住进了疯人院的结局，表明他所处的这个工业时代的转型特征，即伪善和利己主义的兴起与盛行、传统伦理和道德的式微与瓦解、人们形态的扭曲和畸形。

《罪与罚》等小说多次塑造用自我牺牲以成全他人的美德行为的形象，比如杜尼娅和索尼娅。斯维德里盖洛夫当着拉斯柯尔尼科夫的面评论后者的妹妹杜尼娅，说她就具备这种自我献身精神，而且狂热得如同受虐狂一般："命运怎么没让您妹妹在公元二世纪或者三世纪，生在什么地方的大公或者小亚细亚哪个君主或者总督家里，要是这样，她无疑也经得起酷刑，当然，也会在火红的铁钳烧灼她胸部时，面带微笑。她甚至会主动去

---

[1] 陈燊主编：《陀思妥耶夫斯基全集》第1卷《长篇、中短篇小说》，《化身》，郭家申译，石家庄：河北教育出版社，2010年，第335页。本书坚持该小说书名为《双重人格》，认为这个译名更具哲学意味，而《化身》似乎更注重文学意味。

[2] 同上，第335页。

[3] 同上，第335页。

中 编

受刑，要是在四世纪或者五世纪，她就会去埃及的沙漠，在那儿苦修三十年，靠草根、狂热和幻觉过日子。她渴望的就是这个，要求尽快为什么人受难，不让她受难，她大概会从窗口跳下去。"[1]白银时代的文学家和宗教思想家德米特里·梅列日科夫斯基在《论陀思妥耶夫斯基的〈罪与罚〉》一文里，对杜尼娅为哥哥甘愿牺牲自我去跟一个她不爱的人结婚的行为进行了批评，认为她跟哥哥一样都是为了善的目的而决定干罪恶的行径，因而他们都是"半是罪人，半是圣人"。[2]索尼娅也是自我献身精神的典型之一，她为了养活自己的父亲以及继母一家子，不惜牺牲自己的青春和色相，靠卖淫所得来维持贫穷的大家庭的生计。对此，梅列日科夫斯基认为她们的自我牺牲精神中都存在"罪行的种子"，即过度的忍让和牺牲往往越俎代庖，容易解构和消弭掉上帝惩罚的正义性。"不能因为人们正确就爱他们，因为除了上帝之外，说都不是正确的：在杜尼娅纯洁的心灵中，在索尼娅伟大的自我牺牲中存在着罪行的种子。不能因为人们不道德而憎恨他们，因为没有一个堕落的人，他心中不保持着上帝美的反光。"[3]梅列日科夫斯基从自我牺牲精神中既看到了美德，也看到了对上帝拯救事业的阻碍。

爱也是陀思妥耶夫斯基早期创作中的美德之一，也可以说是最伟大的美德。陀思妥耶夫斯基早期对爱的认识和理解，基本上来自《新约全书》中的四大《福音书》。"陀思妥耶夫斯基——他是一个最伟大的现实主义者，他探测了人类痛苦、疯狂和罪恶的深渊，同时他又是《福音书》所

---

[1] 陀思妥耶夫斯基：《罪与罚（学术评论版）》，曹国维等译，桂林：广西师范大学出版社，2019年，第504—505页。
[2] 德·谢·梅列日科夫斯基：《论陀思妥耶夫斯基的〈罪与罚〉》，冯增义译、曹国维校，《罪与罚（学术评论版）》，曹国维等译，桂林：广西师范大学出版社，2019年，第602页。
[3] 同上，第607—608页。

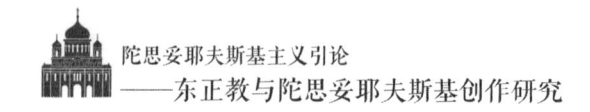

宣扬的爱的最伟大的诗人。他的全部作品浸透着爱，爱便是它的激情，它的灵魂，它的诗意。"①别林斯基就曾指出《穷人》中杰武什金老头儿对孤女瓦尔瓦拉的爱，虽然纠缠与混淆着同情等感情，但爱终究是人的一种很自然的本能，可以对抗人生的冷漠与麻木。"作者并没有告诉我们，是爱情促使这个官员感到同情的呢，还是同情在他的身上产生对这个姑娘的爱情；我们只是看到，他对她的感情不光是父亲和长者之爱，不光是一个孤独老人的那种感情——他为了不至于仇恨人生，不至于因人生的冷漠而变得麻木，他必须爱一个什么人，同时，他觉得爱一个受惠于他、受他照顾的人，爱一个他所习惯而对方也习惯于他的人，是一件非常自然的事。"②

在沃尔什基看来，陀思妥耶夫斯基对人类的爱就像一种理念，它与爱上帝和灵魂不朽紧密联系在一起。"'没有对人的灵魂不朽的共同信仰，对人类的爱就完全不可思议，不可理解，也是完全不可能的。'接着，陀思妥耶夫斯基在强调宗教信仰和道德沦丧两者之间没有这种道路可走的时候，他补充说：'我甚至能够确定并且大胆地说，对人类的爱一般说来是存在的，就像一种理念，人的智慧最无法企及的一种理念。'也只有一种感情能够加以证明。但是这种感情只有在大家都相信人的灵魂不朽的情况下才有可能（又是毫无根据）。"③不言而喻，爱是弥合宗教信仰和道德沦丧之间裂隙的黏合剂。

---

① 德·谢·梅列日科夫斯基：《论陀思妥耶夫斯基的〈罪与罚〉》，冯增义译、曹国维校，《罪与罚（学术评论版）》，曹国维等译，桂林：广西师范大学出版社，2019年，第608页。
② 别林斯基：《彼得堡文集》，《别林斯基选集》第6卷，辛未艾译，上海：上海译文出版社，2006年，第204页。
③ 沃尔什基：《陀思妥耶夫斯基的宗教道德问题》，徐振亚译，阿希姆巴耶娃编选：《精神领袖：俄罗斯思想家论陀思妥耶夫斯基》，徐振亚、娄自良等译，上海：上海译文出版社，2009年，第189页。

中 编

第三节　神秘主义因素的助推

神秘主义作为流派对俄罗斯哲学具有一定的推动作用，是"俄罗斯精神"的内在需求，作为一种因素，是陀思妥耶夫斯基早期小说从道德到宗教的探索之路上的助推力量之一。俄罗斯哲学家瓦·瓦·津科夫斯基指出了神秘主义流派对俄罗斯哲学的内在必要性："神秘主义流派在俄国社会的顽固性（我们在此始终都是在讨论教会以外的神秘主义）当然不可能用某种外国的影响或外部历史条件来加以解释——显然，有一种俄罗斯灵魂的需求，它无论是在教会还是在一般文化中，都无法达到自身的满足。"[①]

毫无疑问，陀思妥耶夫斯基早期作品里存在或多或少的神秘主义因素，当然它还远谈不上神秘主义宗教或哲学流派的观点，然而，它却既是小说创作的一种手法和特色，比如，很多评论家认为他就此受到了德国小说家霍夫曼的神秘主义的影响，也是一种推动主人公完成质疑和摆脱痛苦的动力，增添了他们在从道德走向宗教之路上的不确定性和神秘色彩。这也反映出陀思妥耶夫斯基对传统东正教与众不同的体认和贡献。

《女房东》中的青年知识分子奥尔登诺夫在遭遇了卡捷琳娜和穆林后，就跟之前想要建立宏伟理论的雄心大略毅然告别，完全推翻了自己原先的构思，而且要跟以前的计划一刀两断。"最后，他完全推翻了自己的构思，不愿在原来的废墟上构建任何东西。然而，一种类似神秘主义的东西，一种宿命论和神秘莫测的思想，开始渗透进他的灵魂。这个不幸的人深感痛苦，祈求上帝能够治好他的病。"[②] 这种神秘主义的东西，是奥尔登诺夫在

[①] 瓦·瓦·津科夫斯基：《俄国哲学史》（上卷），张冰译，北京：人民出版社，2013年，第104页。
[②] 陈燊主编：《陀思妥耶夫斯基全集》第1卷《长篇、中短篇小说》，《女房东》，郭家申译，石家庄：河北教育出版社，2010年，第506页。

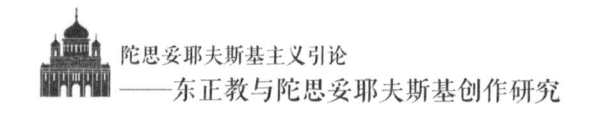

质疑自己的基础上产生的，并伴随着他"荒诞不经的想法"和"不断地做梦"而来，日复一日，终于让他把幻象当成了现实。他甚至神秘主义地解释卡捷琳娜自甘堕落的本性："他觉得有某种秘密把她和一个老头子联系在了一起，不过卡捷琳娜犹如一只纯洁的小鸽子，在落入他的手中之前并不知道是在犯罪。"①

在告别自己建立宏伟体系的初心后，奥尔登诺夫在街上邂逅失联多年的昔日好友雅罗斯拉夫·伊里奇，听到他经历沧桑后发表的一通"看破红尘意味的言论"，奥尔登诺夫倍加难受，没有任何的反驳，因为他觉得"好像他刚刚为自己的好朋友送完了葬"②。这位好友最后透露给他一桩牵扯到穆林的案件的结果，更是让初涉红尘的奥尔登诺夫目瞪口呆：穆林不仅从成群的匪帮中全身而退，而且在别人口中获得了"人品极佳""令人尊敬的长者"的美誉。这些都说明陀思妥耶夫斯基早期作品中的神秘主义因素尚处在萌芽时期，暂时还无法适应现实，更无力解释那些发生在道德和宗教交叉重合地带的社会现象。

在俄罗斯哲学家、圣彼得堡大学教授伊戈尔·叶甫兰皮耶夫看来，陀思妥耶夫斯基笔下主人公认为世界有神秘主义意义的看法非常重要，但关键是看他们怎么以神秘主义去影响现实世界。③在陀思妥耶夫斯基后期的小说《赌徒》里，男主人公阿列克谢去轮盘赌的时候，期望获得一种神秘力量的加持和护佑，就说明了神秘主义对周围世界的影响。《赌徒》里阿列克谢最后一次上赌场前的内心独白，就是对一次神秘主义"奇迹"的追

---

① 陈燊主编：《陀思妥耶夫斯基全集》第1卷《长篇、中短篇小说》，《女房东》，郭家申译，石家庄：河北教育出版社，2010年，第507页。
② 同上，第509页。
③ 伊戈尔·叶甫兰皮耶夫2020年8月7日在ZOOM上所做的讲座《作为哲学家的陀思妥耶夫斯基》（张百春翻译）。

中 编

忆："有时一个最疯狂、表面看来最异想天开的念头会深深地扎在你的脑中，使你最后竟把它当做某种已经实现的真事……不仅如此：如果这个念头还与一种强烈的、炽热的愿望结合在一起，你甚至会把它当做某种注定的、必需的、冥冥之中的安排，当成非如此不可的、不可能不发生的事。也许这之中还有某种其他因素，有各种错综复杂的预感的交织，某种非凡的意识力量，由于沉溺于自己的幻想而走火入魔，或者还有其他什么——我说不清楚。"[1]阿列克谢在赌桌上的大获全胜，对赌场里的人煽动极大，造成了狂热主义的效果，这形象地说明了神秘主义的影响。神秘主义营造出人的迷狂和癫狂状态，以便人向神的敞开，这是走入宗教之路的一种新方式。

此外，陀思妥耶夫斯基对基督教的看法也有神秘主义的色彩。在陀思妥耶夫斯基后期，神秘主义思想不再具有早前的诉诸世界的直接性特点，而是通过观念、内在的力量、对生活的内在理解等方式体现出来。《群魔》里的基里洛夫就提出自己就是上帝的惊骇之论：上帝不存在，上帝应该存在，我就是上帝。虽然这只是一种理想，但他表明了极乐的状态有时也是一种特殊的神秘主义体验——只有那么五六秒钟的时间，内心达到了完全平静的境界；这是非肉体凡胎的人才能体验到的境界，只有死去的人才能懂。《卡拉马佐夫兄弟》中佐西马长老的哥哥马尔凯尔从小不信上帝，还讥讽身边信教的亲人，但在临死前却皈依了上帝。他说："生命就是天堂，我都生活在天堂里，可是我们却不愿意知道这道理，如果我们愿意知道的

---

[1] 陈燊主编：《陀思妥耶夫斯基全集》第6卷《中短篇小说集》，《赌徒》，刘宗次译，石家庄：河北教育出版社，2010年，第489页。

话，那明天全世界就都变成天堂啦。"①马尔凯尔将自己的这一"发现"归功于悔罪，也就是人要不断地忏悔，甚至对周边的物体——树木、小鸟、草地和蓝天都真诚地悔罪，这样才能发现：自己周边的环境已经是天堂。"尽管我们在大家面前感到有罪，但是大家都会宽恕我的罪孽的，这就已经是天堂了。难道我现在不就在天堂里吗？"②陀思妥耶夫斯基笔下的这些人物的言论具有一定的神秘主义色彩，这里既有德国浪漫主义的影响，也有欧洲哲学里诺斯替主义的影子（值得注意的是，别尔嘉耶夫就曾把陀思妥耶夫斯基看作诺斯替主义者③），特别是德国古典哲学中费希特关于神秘主义论述的影响。为何一切生物都具有上帝世界的美和它的神秘性？佐西马长老在自己的回忆里做了这样的解释："任何一棵小草，任何一只小昆虫、小蚂蚁，金色的小蜜蜂，一切都令人惊叹地知道自己的路，虽然它们没有思维能力，但却证明着上帝的神秘，而且它们自己也不断实现着这一神秘。"④动物和植物身上没有罪孽，"除了人以外，都没有罪孽，而且基督早在我们之前就同它们在一起了。"⑤一切造物都在追求上帝的道，它们都在让上帝的世界尽善尽美。"一切造物，一切生物，每片叶子都在追求这道，都在讴歌上帝，向基督哭泣，凭借他们无罪的生命奥秘，自己也不知道所以然地完成着这一切。"⑥

---

① 陈燊主编：《陀思妥耶夫斯基全集》第15卷《卡拉马佐夫兄弟》（上），臧仲伦译，石家庄：河北教育出版社，2010年，第456页。
② 同上，第458页。
③ 别尔嘉耶夫：《陀思妥耶夫斯基创作中关于人的启示》，《陀思妥耶夫斯基的世界观》附录一，耿海英译，桂林：广西师范大学出版社，2008年，第198页。
④ 陈燊主编：《陀思妥耶夫斯基全集》第15卷《卡拉马佐夫兄弟》（上），臧仲伦译，石家庄：河北教育出版社，2010年，第467—468页。
⑤ 同上，第468页。
⑥ 同上，第468页。

此外，叶甫兰皮耶夫认为，在神秘主义对陀思妥耶夫斯基宗教观的形成上，费希特的影响最大。费希特的《现时代的特点》和《极乐生活指南》等著作，陀思妥耶夫斯基都读过，费希特的某些观点后来成为他自己哲学观的基础。费希特把人当作研究对象，神只是人的深刻本质，在人的生活里显示神。在费希特那里，高级的人就是神，是化身在人身上的神。人的使命是在人身上呈现出神。陀思妥耶夫斯基对费希特的宗教观的理解与接受，最主要的体现于在他那里形成两个明确的问题：如何在人身上容纳神？大地能在多大程度上呈现神，那么耶稣基督就能在多大程度上呈现神？①

第四节 "新宗教意识"和"知识分子宗教"

"新宗教意识"是俄国白银时代几乎所有的宗教哲学家在检视陀思妥耶夫斯基和列夫·托尔斯泰的创作后得出的一种共识，尽管这两位伟大作家的宗教思想存在巨大的差异。别尔嘉耶夫在《卡拉马佐夫兄弟》中的《宗教大法官》里读出了陀思妥耶夫斯基的"新宗教意识"。"新宗教意识这样回答所有的大小法官们：向人们揭示存在的意义之秘密，揭示绝对和永恒的**真理**高于世上的一切，高于人们的**幸福**，高于任何人类的大厦，高于安宁，高于地上的面包，高于国家，高于此世的生活本身。应当告知世界真理的话语，应当揭示客观的真理，无论怎样，那时人类不会灭亡，而会得到永恒的拯救，无论他们忍受了怎么样的暂时的苦痛。"② 在我们看来，陀思妥耶夫斯基的早期作品已经在构建自己的"新宗教意识"了。

---

① 伊戈尔·叶甫兰皮耶夫 2020 年 8 月 7 日在 ZOOM 上所做的讲座《作为哲学家的陀思妥耶夫斯基》（张百春翻译）。
② 别尔嘉耶夫：《陀思妥耶夫斯基的世界观》，耿海英译，桂林：广西师范大学出版社，2008 年，第 163—164 页。字体加粗处原文如此。

陀思妥耶夫斯基主义引论
——东正教与陀思妥耶夫斯基创作研究

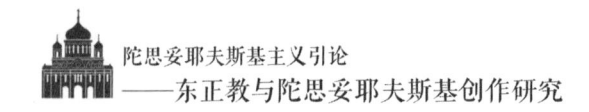

从陀思妥耶夫斯基早期作品表现出来的宗教思想看,这应该可以说是一种特殊的"知识分子的宗教",也许可以称之为人道主义(人本主义)宗教,因为这种宗教还没有彻底放弃对人道主义的幻想,还在不同程度上希望建立这种人道主义的宗教。

美国学者哈罗德·J.伯尔曼指出,随着基督教日益"私人化",出现了"非宗教的基督教"和"非基督教的宗教"相结合的现象,特别是知识分子在"公民不服从原则"的影响下,知识分子在信仰和制度之间权衡之后,会皈依一种"知识分子的宗教"。"有些人,尤其是知识分子们,认为即使没有宗教或准宗教基础,只须依靠适宜的政治控制和经济控制,凭着一种人道主义哲学,上述基本法律原则,无论是民主主义的还是社会主义的,依然能够存续下去。然而,历史,包括当代史所证明的恰好相反:人们不会衷心拥戴一种政治制度和经济制度,更不用说一种哲学,除非对他们来说,这种制度或哲学代表着某种更高的、神圣的真理。如果在人们看来,有一种制度与他们信仰(用全部的生命去信仰,而不仅仅是在理智上认为如此)的某种超验实体相悖,他们就会抛却这种制度。这就是为什么那些否弃了传统宗教的民主国家和社会主义各国,最后又都转向种族的宗教、国家的宗教或者阶级的宗教(或者这三者的宗教)。知识分子感到为这一变化所出卖;他们依然指望着,人们将具有一种新的意识,像他们自己的那样合理,不带宗教色彩,但他们未曾想到,他们自己对各种政治制度、经济制度乃至人道主义哲学的信仰,同样是超理性的,并且同样是基于自我关切的,这就是知识分子的宗教。"①

英国哲学家弗朗西斯·培根在他的随笔集里谈道:信仰如同基督的无

---

① 伯尔曼:《法律与宗教》,梁治平译,北京:商务印书馆,2012年,第62—63页。

中 编

缝的、整然一体的衣袍，而信仰所带来的礼仪，好比是教会花里胡哨、五颜六色拼凑起来的衣袍，"要辨别区分何为信仰中有关宏旨的实质问题，何为不纯然属于信仰而仅仅属于见解、礼仪或概念分歧的枝节问题。这事在许多人看来也许微不足道并且已经解决，但倘若此事之解决少些私心偏见，那它就会受到更普遍的欢迎"①，因此，将信仰与礼仪区分开，就好像是区分"基督的衣袍"和"教会的衣袍"。"正如一位先哲所说：'基督的衣袍的确无缝，但教会的衣袍却五颜六色，'他随即又讲：'就让这衣袍多色吧，但不要将其撕裂'②。"③故而对宗教的看法和对教会的态度，在具体的人那里不会完全一致，大思想家们一般都不会将宗教和教会等同起来，陀思妥耶夫斯基和列夫·托尔斯泰都是这样的思想家，他们的思想在生前都遭到过教会人士的批评与责难，因为他们的宗教思想与教会对教义的解释不尽一致。

从表面上来看，陀思妥耶夫斯基将东正教与教会分开的做法，尤其是他抨击教会及教会学说的作用，似乎跟列夫·托尔斯泰殊途同归，但实际上他们完全是南辕北辙，有云泥之别。就这一点而言，别尔嘉耶夫的具体分析无疑很有代表性。他认为，列夫·托尔斯泰跟陀思妥耶夫斯基最大的区别在于：前者是一个伪装起来的肤浅的理性主义者，骨子里却是庸俗的实用主义理性的鼓吹者，还是极端的个人主义者，甚至是东正教的异教徒。别尔嘉耶夫断言：列夫·托尔斯泰"他没有才能用语言表现、述说自己的宗教生活，自己的宗教探寻。他身上涌动着巨大的宗教本能，但却不

---

① 培根：《培根随笔集》，曹明伦译，北京：人民文学出版社，2006年，第9页。
② "基督的衣袍"无缝说，典出《新约全书·约翰福音》第19章23节："兵丁既然将耶稣钉在十字架上，就拿他的衣服分为四份，每兵一份；又拿他的里衣，这件里衣原来没有缝儿，是上下一片织成的。"
③ 培根：《培根随笔集》，曹明伦译，北京：人民文学出版社，2006年，第9页。

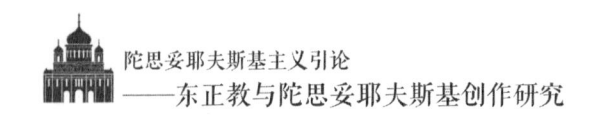

用语言表达。天才的宗教感受与平庸乏味的宗教思想!"①

别尔嘉耶夫还认为,托尔斯泰还有一个最明显的致命的矛盾:"最后,他鼓吹基督教,着迷于福音和基督的学说,却又比谁都更不认同基督的宗教——基督显灵之后,他失去对基督的所有个人感觉。Л. 托尔斯泰这个不可思议的惊人的尚未引起人们足够注意的矛盾,正是他天才个性的奥秘,他的命运的奥秘,不可能完全被破解。托尔斯泰的天真的魅力,他的几乎是圣经的风格,掩饰了这一矛盾性,营造了一种完整清晰的幻觉。Л. 托尔斯泰在俄罗斯和全世界的宗教复兴中注定要起到巨大的作用:他以天才的能力让当代人重新关注宗教和生活的宗教含义,他显露了历史基督教的危机,他是一个软弱无能的宗教思想家,就其本能和意识是和基督的宗教格格不入的,他是理性主义者。这个理性主义者,实用主义理性幸福的鼓吹者,要求基督教世界为了继续履行基督的学说和戒律而丧失理智,迫使基督教世界思考自己非基督教的、充满谎言和虚伪的生活。他是基督教和基督复活先知的危险敌人。Л. 托尔斯泰的天才个性和生活中带有某种特殊使命的印记。"② 在我们看来,别尔嘉耶夫所说的完全站得住脚。他们两位虽然都是大思想家式的文学家,但是,就道德与宗教的路径而言,却是相向而行、逆向而分的。托尔斯泰从东正教走向了道德主义或泛道德论,最终可谓一位道德家,托尔斯泰主义的核心就是非暴力的泛道德论;而陀思妥耶夫斯基却从道德最终走向了宗教,成为一个坚定的基督教教徒,其核心和根基就是不可替代的俄国东正教。

虽然众所周知的事实是,希德洛夫斯基对作家早期独立走向社会之初

---

① 别尔嘉耶夫:《Л. 托尔斯泰宗教意识中的旧约和新约》,《文化的哲学》,于培才译,上海:上海人民出版社,2007年,第322页。

② 同上,第324页。

中 编

建构自己的文学观和人生观乃至世界观，促使他从普遍的道德思量走向与人生道路和现实相结合的宗教考量，都具有某种带有转折意义的重要作用。但是，不可否认，陀思妥耶夫斯基自小所受的东正教氛围浓厚的家庭教育，对其走向新宗教意识也具有不可忽视的影响与顺推的作用。

总之，从陀思妥耶夫斯基早期作品的创作历程中检视一番，我们不难发现，从最初占主要地位的道德探索（并不意味着没有东正教因素），走向建立自己的新宗教意识（当然也是以至善的道德为基础的），这是具有陀思妥耶夫斯基特色的一条顺理成章、水到渠成的思想演进之路。沃尔什基也承认，陀思妥耶夫斯基的宗教意识最早来自于他的道德探索。他指出："'如果没有不朽，也就没有美德。'这是陀思妥耶夫斯基宗教意识最完美、最成熟、最后的表达方式，是他道德探索的最高阶段。"[1]在陀思妥耶夫斯基那里，从早期推崇对人的个性不朽的信仰，发展到中后期对上帝和不朽的信仰。在这条路上，"可以再清楚不过地看到陀思妥耶夫斯基宗教信仰的心理基础，看到他的道德意识的最初元素，而这些元素最后形成了必须假设上帝的信条和个人不朽的见解。在自己个人的意识中，正如从后期的作品中看到的那样，陀思妥耶夫斯基合乎逻辑地让道德服从于宗教，让伦理问题服从于宗教问题，然而道德对宗教的逻辑依附性又完全符合逆向的心理依附性"[2]。

---

[1] 沃尔什基：《陀思妥耶夫斯基的宗教道德问题》，徐振亚译，阿希姆巴耶娃编选：《精神领袖：俄罗斯思想家论陀思妥耶夫斯基》，徐振亚、娄自良等译，上海：上海译文出版社，2009年，第154页。

[2] 同上，第154—155页。

第四章
《被侮辱与被损害的》中的浪子回头主题与东正教人道主义思想

  浪子是欧美成长小说和考验小说中的常见形象，浪子回头主题往往体现着人道主义精神和基督教的感召力量。在陀思妥耶夫斯基第一部真正意义上的长篇小说《被侮辱与被损害的》中，就存在许多程度不同的各种浪子形象，有的已经回归，成为所谓的"逆来顺受的人"，有的不甘心回归，仍挣扎于形形色色的利己主义中。陀思妥耶夫斯基对小说中多位浪子的命运的安排，不但引发了读者对"被侮辱与被损害的"底层群体的人道主义同情，也受到了民主派对小说宣扬隐忍顺从、逆来顺受的激烈批评。既要彰显作为浪子的社会底层人物的个性意识的觉醒，又不希望他们叛离俄国传统的东正教根基，这就是这部长篇小说中作家的东正教人道主义思想的真实体现。

  基督教中浪子回头（return of the prodigal son；возвращение блудного сына）的故事出自《新约全书·路加福音》第十五章"浪子的比喻"。在这里，耶稣讲了三个比喻，浪子回头是其中的最后一个：小儿子向老父亲索要了属于自己的一份家产后远走他乡，放浪形骸。最后他迷途知返，回到家中，与父亲相见。当他以为自己罪不容赦的时候，父亲用慈爱宽恕了

中 编

他,他也因此获得心灵的重生。

从《圣经》中可以看出,浪子回头主题通常由四个阶段的情节组成:离家、浪荡、忏悔、回家,一般必须包含堕落(道德犯错与违法行为)与忏悔(悔过、自新)这两个基本要素。浪子回头金不换,浪子回头主题往往体现着不离不弃的人道主义精神和基督教伟大的感召力量。浪子回头主题既是成长小说的重要要素,也是具有说教性和劝善性的一种特殊寓言,其教化功能不言而喻。

陀思妥耶夫斯基的长篇小说《被侮辱与被损害的》虽然讲述了一群身处社会底层的民众与命运及代表社会罪恶势力的上层人物合力抗争的故事,但小说中多数底层人物都或多或少具有回头浪子的性质,他们的犯错、忏悔与回归中的每一步都体现出作家的东正教人道主义思想,折射出作家呼唤人民回归俄国根基的初心与夙愿。

第一节 小说中的浪子形象

综观整部小说,《被侮辱与被损害的》里既有男的也有女的浪子,既有彻底回归也有尚未回归的浪子,既有物质层面的也有精神层面的浪子,小说几乎是一个浪子形象的大画廊。

首先,娜塔莎是小说中真正意义上的浪子,而且是一个思想犯罪多于行为犯罪的女性回头浪子形象。其次,还有一个主要通过间接叙述描绘出来的回头浪子形象,即涅莉(叶莲娜)的母亲。再次,容易被忽视的是,作为主人公的管家尼古拉·谢尔盖伊奇·伊赫缅涅夫,其实也是一个不折不扣的回头浪子的形象。他本来有自己的田产,拥有一百五十名农奴,但在骠骑兵团的第六年,因为一夜赌博而输光了全部家产,第二夜又用唯一的财产——一匹马,通过赌博赢回了自己的小村庄,虽然也损失了一百名农奴。但他从此戒赌、金盆洗手,绝口不再提此事。因此,他在小说中被树立为最终接受浪子回归的慈父形象,也是与冤家瓦尔科夫斯基相反的正面人物。最后,可以说,小说中的其余人也大多属于程度不等或性质不一的浪子。比如阿廖沙,他是背叛者与私奔者合二为一的形象,虽然有时也因冲动而犯错,但很快就承认错误、回归父亲身边,可以说是浅尝辄止、对原生家庭伤害最小的浪子形象。其实阿廖沙本质上也是代表纯洁幼稚的理想主义的巨婴。为伊凡·彼得罗维奇收留涅莉之事感动的密探马斯洛博耶夫,也可以说是一个浪子,"在某些紧要关头,他们由于自身的软弱,往往会有意识地去干违背良心的事。他们一再沉沦下去,而且自己早就知道,他们正走向毁灭"[1],但他在拯救涅莉的事情上非常卖力,被爱感召,他也愿意回归正常的家庭生活。

小说塑造了处于不同阶段的浪子,有已经回头(回归)的与未回头的,可能回头的和绝不会回头的。浪子回不回头,当然有主客观两方面的原因。浪子不愿回归,或许说明浪荡生涯对他们的吸引力非常之大,或许表明他们与过去、与原生家庭做切割的决绝心态。可能回头的,预示着未来有希望得到家庭和亲人的拯救;绝不回头的,就会处在永恒的浪荡与漂泊中,象征着既拒绝自己的过去,又无望得到救赎的一类特殊的"多余人"。在近代俄国文学中,浪子一旦缺失回归的情节,不再回到父母的身边,还表明在外来社会思潮的冲击下,俄国传统的宗教伦理业已面临严峻的挑战。

如果按浪子所挥霍的对象来细分的话,浪子形象还有"物质浪子"与

---

[1] 陈燊主编:《陀思妥耶夫斯基全集》第4卷《被侮辱与被损害的》,艾腾译,冯南江校,石家庄:河北教育出版社,2010年,第177页。

中 编

"精神浪子"之分,一般而言,前者挥霍的是钱财,后者挥霍的是别人给予其的信任与同情等恩情,前者大多属与施与侮辱者,如希佐布留霍夫,后者大多属于被侮辱者,如一度极其任性的涅莉。

需要特别指出的是,虽然大多数主人公都是程度不等的浪子,但瓦尔科夫斯基公爵不属于浪子,他代表了引诱浪子离家叛道的诱惑者或黑恶势力。原因有二:首先,他不喜欢挥霍,却热衷于不择手段地积累财富,甚至通过攀附权贵、利用婚姻和爱情等手段,毫不顾忌社会伦理底线地为自己谋取物质财富。"公爵不仅不喜欢挥霍,甚至还深谙生财之道。"[1]其次,他有一贯的实用主义原则和资本主义唯利是图的冷酷无情,而这一般并非浪子的性格属性,因为浪子偏重于释放娱乐本性,放浪而不是约束自己的言行。正如阿廖沙对父亲的评价:"你们都是一些讲求实际的人,我们有那么多过了时的原则,既严厉又苛刻的原则。"[2]

小说中的"浪子"之所以能够"回头",除了他自己认识到错误和勇于悔过自新之外,还因为上帝的启示与眷顾,以及亲人的永不放弃;即使放弃他们在法律上也无可厚非,但在道德上、亲情上他们大多不会觉得自己"仁至义尽"。一般的普通百姓,都对浪子怀着不放弃、不抛弃的仁慈和博爱,把浪子看作自己人:"一个受尽生活折磨的最卑贱的人也是人,而且是我的兄弟。"[3]这跟作家创作于同一时期的报告文学类长篇小说《死屋手记》中对"不幸的人"的看法一脉相承:"'不幸的人'一词蕴含着基督教的人性本恶的原罪思想,即人的与生俱来的罪性和犯罪动机:'我们

---

[1] 陈燊主编:《陀思妥耶夫斯基全集》第4卷《被侮辱与被损害的》,艾腾译,冯南江校,石家庄:河北教育出版社,2010年,第24页。

[2] 同上,第252页。

[3] 同上,第38页。

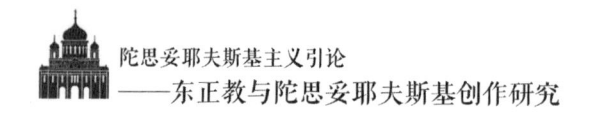

其实也是有罪的'。……而把罪犯称为'不幸的人'实则是一种共同承担罪责的人道主义精神。"①这体现了俄国东正教传统中的共罪思想和命运共同体意识。

第二节　浪子回头主题的宗教蕴含

自《圣经》之后，文学作品对浪子回头母题进行了形形色色的演绎，但万变不离其宗是其教喻功能，这对人物的成长和性格的养成既是一种警示和劝善，也是对作为回归浪子的出发点与归宿处的父母和家庭的褒扬。浪子回头故事的寓意并非仅局限于文学领域，更贴近于大众百姓的日常生活。《被侮辱与被损害的》中的浪子回头主题，既有世俗的普适功能，也带有其特殊而深刻的宗教意义。

第一，跟其他自然派作家的作品相比，小说中的主人公们开始有了尊严的觉醒和个性的意识，他们有时甚至不惜代价、用反常的手段彰显自我，重拾已经丧失殆尽的个体存在感。"陀思妥耶夫斯基还声称，对那种一辈子遭受压迫和屈辱的人来说，渴望表现自己个性（尽管这对他人和自己都有害）的强烈本能常常显得比真理和正义的理想更为重要。"②以《穷人》为例，主人公杰武什金在"感到自己是一个人以后"，就"开始向自己和其他人提出了果戈理的主人公头脑里从未想到过的要求"③。在浪子们背离传统、远走他乡等情节中，已经可以看出俄国民众在现代化浪潮下呈

---

① 万海松：《〈死屋手记〉中"不幸的人"与东正教认同感》，载《外国文学研究》2018年第2期，第34页。
② 弗里德连杰尔：《陀思妥耶夫斯基与世界文学》，施元译，上海：上海译文出版社，1997年，第43页。
③ 同上，第43页。

中 编

出现的新动向：伴随着个体意识之觉醒的，就是反抗精神之萌动。比如，杜勃罗留波夫就认为这种背离是一种独立意识，表明人的主动精神的觉醒："现在主动精神，即，人的独立活动，独自进行工作的能力，却站在第一位了，——对人的价值的评判，也根据他身上的主动性达到什么程度，根据它的倾向如何来决定。大家都努力要做一个独立的人，认为依靠别人的恩典而生活已经和自己不相称了。"① 但是，个体不顾社会世俗传统而一意叛离的个人主义和唯我主义，在作家的笔下几乎都表现为大同小异的利己主义。在陀思妥耶夫斯基眼中，利己主义就是只爱自己，不管是所谓的"合理的利己主义"，还是极端的利己主义，它们统统都与美德、理想和真正的爱无关。

第二，浪子回头的经历对个人的精神成长与成熟并非完全必要，但对小说人物形象的塑造却十分重要，浪子们曲折的经历与小说跌宕的情节几乎无处不表明：东正教传统伦理价值具有强大的吸引力和疗救功能。回头浪子的出走、堕落与回归，表面上喻示着个体对东正教传统伦理价值的短暂叛离和最终回归，实际上更主要的是彰显了东正教传统伦理价值对个体的巨大感召力。浪子只有回头，他的经历才具有价值和启示作用，否则他就只能沦为一个终生的浪子和败家子、一个彻头彻尾的反面典型。因此，《被侮辱与被损害的》就具有浪子回头这一叙事母题最宽泛的象征意义，即每个人都是浪子："整个人类、'集多样化于一身'的亚当——就是一个浪子，他在堕落后离开了天父，投身于充满恶的世界，在经历了痛苦、磨

---

① 杜勃罗留波夫：《杜勃罗留波夫文学论文选》，辛未艾译，上海：上海译文出版社，1984年，第472页。

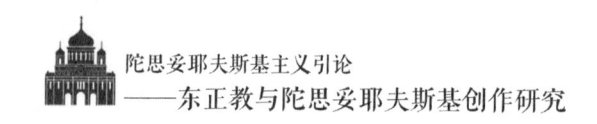

难、迷茫后，最终拜倒在天父威权的脚下。"①

第三，陀思妥耶夫斯基笔下的浪子通常都是地位低下的普通百姓，大多属于"被侮辱与被损害的"人，他们本身来自俄国社会传统的根基，因此，他们的背叛也对传统根基的伤害最大。在福音书中，浪子一般有较多的兄弟姐妹，老父亲并不会因为个别子女的出走而变得愤怒与颓丧，因为其他子女仍是老人生活下去的精神支柱。而在《被侮辱与被损害的》里，娜塔莎是伊赫缅涅夫夫妇的独生女，她的离家出走，对渐入晚年境地又备受官司折磨的伊赫缅涅夫夫妇，更是加倍的精神打击：不但因为这个时候他们打输了与仇家的官司，更由于女儿的私奔对象竟然是仇家的儿子，更何况不谙世事的女儿一意孤行，对自己面临着随时被始乱终弃的危险居然完全不屑一顾。伊赫缅涅夫在偷偷写下的书信里，对女儿的思念与愤怒、宽容与谴责此起彼伏，纠缠难解。伊赫缅涅夫面对回归的女儿，第一句话就是"我的朋友！……我的生命！……我的欢乐！"这三个词，准确地亮明了独生女在他心中的定位。

小说中两位女性浪子背离传统和家庭的方式常常是选择私奔，一走了之。她们的遭遇说明，遇人不淑、不相称的婚姻导致了特别悲惨的结局，她们为背离传统和家庭付出了沉重的代价甚至是生命。即便如此，自堕落之始她们其实一直未远离救赎。娜塔莎一开始离家私奔，其父母就基本上奔波在促使她认识错误、悔过自新的劝善之路上。父辈对出走浪子的诅咒，在一定程度上是绝望的劝善，其目的仍然是希望浪子的最终回归。史密斯老人在女儿卷款私奔的最初，也一直追随着女儿的踪迹，更多的是担

---

① А. В. Чернов. Архетип «блудного сына» в русской литературе XIX века. //*Проблемы исторической поэтики. Вып. 3: Евангельский текст в русской литературе XVIII - XX веков: цитата, реминисценция, мотив, сюжет, жанр.* Петрозаводск: ПетрГУ, 1994, с. 152.

心女儿被骗；在受到作为生活唯一希望的女儿的伤害后，他诅咒女儿的命运，永不接纳女儿的忏悔和回归，可后来又默默地接受女儿的女儿，这种彻骨切肤的恨与爱仿佛是一枚硬币的两面。史密斯在初步接纳自己的外孙女后，对其施教的教材是一本《新约全书》和一本地理书。此中寓意不言自明：地理书是为了让孩子更好地认识周围的环境和整个世界，《新约全书》是为了教育孩子学习耶稣为人处世的道理和自我牺牲精神。

第四，在浪子回头主题中，实现堕落与被救赎这两个情节的主体和主因都是浪子本人：浪子们的堕落主要是因为内心躁动、不够安分；浪子们只有不自暴自弃，低下高傲的头颅，悔过自新，才能得到救赎，而且在很大程度上是自我救赎。

对于浪子之所以堕落与外部环境的关系，陀思妥耶夫斯基倾向于认为人物的内心和性格是主因。个体的堕落，原因主要在于自己，其次才是社会环境。作家不同意把人的堕落和犯罪归因于环境，他认为人的精神、修养和气质因素要远远大于物质和环境因素。例如，瓦尔科夫斯基在与娜塔莎的谈话中透露，他与娜塔莎父亲的诉讼官司，仅仅是因为他本人的性格造成的："我同您家的这场争执，也许仅仅是我这种不幸的性格造成的！"[①] 在作家看来，"环境决定论"倾向于将一切对个人不利的因素归罪到社会和环境的头上，认为别人或者环境才是这些罪恶的元凶，一旦个人犯了罪却不用承担任何的法律和道义责任，这样一来，不但会使罪行得不到惩处，反而更容易让罪犯愈加堕落，更加肆无忌惮地胡作非为。作家担心的不仅是社会环境的恶化，他更忧虑纵容"环境决定论"泛滥将直接导致人的内心普遍变得空虚，人们不再相信最高的上帝，失去了上帝，也就

---

① 陈桑主编：《陀思妥耶夫斯基全集》第4卷《被侮辱与被损害的》，艾腾译，冯南江校，石家庄：河北教育出版社，2010年，第150页。

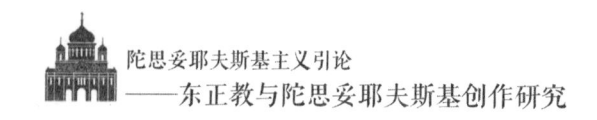

失去了上帝的威慑作用，整个社会的道德基础早晚将趋于崩溃的边缘。

第五，鉴于对"环境决定论"的驳斥所渗透着东正教的内省原则，陀思妥耶夫斯基信守"凡谦卑者才能上天堂"这一说法。来自外部社会环境的欺凌，发自人物内心世界的谦卑，这两者在《被侮辱与被损害的》中构成了既二元对立又合二为一的格局。法国作家纪德认为，《被侮辱与被损害的》虽然是陀思妥耶夫斯基创作前期的一部作品，但"他的全部作品中一直贯穿着这个思想：侮辱使人下地狱，谦卑使人圣洁"[1]。具体而言，"侮辱使灵魂堕落、弯曲、变形、干枯，刺激灵魂使之凋谢。侮辱导致精神伤害，这是很难治愈的"[2]。作为地位卑微的小人物，其内心世界一般遵从谦卑原则："谦卑包含一种自愿的顺从，它是被自由地接受的，它体验到了《福音书》的真理：'凡自高的，必降为卑。'"[3]因此，陀思妥耶夫斯基让笔下小人物选择谦卑和自尊自爱，不愿意让作为被侮辱与被损害者的他们也去侮辱和损害别人。陀思妥耶夫斯基笔下的浪子回头主题呼吁内心（特别是小人物）的谦卑，以成就社会的和谐：世界以痛吻我，我却报之以歌。不反抗外部凌辱，只求内心谦卑，这也是杜勃罗留波夫在《逆来顺受的人》里批判《被侮辱与被损害的》的根本原因："那么，这些不幸的、逆来顺受、受尽屈辱、受尽诬蔑的人的处境，就应当是毫无出路吗？他们可以做的，就只有沉默、忍耐，还有，变成一块肮脏的抹布，把自己的默默顺从的感情掩藏在最模糊的褶缝里吗？"[4]

---

[1] 纪德：《陀思妥耶夫斯基》，桂裕芳译，北京：北京出版社，2017年，第46页。
[2] 同上，第45页。
[3] 同上，第45页。
[4] 杜勃罗留波夫：《杜勃罗留波夫文学论文选》，辛未艾译，上海：上海译文出版社，1984年，第485页。

中 编

第三节 小说中的东正教人道主义思想

人道主义是重视人类价值——特别是关心最基本的人的生命、基本生存状况——的思想。关注的是人的幸福，强调人类之间的互助和关爱，重视人和人类的价值。相对而言，还有重视神类、重视自然类或者重视动物类等的思想主张。陀思妥耶夫斯基的人道主义思想既有启蒙运动以来欧洲人道主义传统的因素，也有俄国东正教的影响和他自己赋予人道主义思想的新内容。究其实质，陀思妥耶夫斯基的人道主义可谓一种独特的人学和人学主义，亦即对待处于神性和兽性之中间状态的人和人性的态度。

19世纪俄国文学中表现出的人道主义，大多是有神论的人道主义，或者说是不与基督教对立的人道主义。正如别尔嘉耶夫所说：与西欧文艺复兴意义上以无神论思想为主的人道主义不同，俄国的人道主义多强调"人性问题""人高于所有制原则"，同时又带有无政府主义和社会主义的印记。[①] 因此，将《被侮辱与被损害的》中体现的人道主义直接称作东正教人道主义较为客观和方便。小说中作家的东正教人道主义思想主要体现为以下几点：

第一，既有对被侮辱与被损害者（多为穷人）的无限同情，也有对施与侮辱者的有力控诉。尽管娜塔莎和涅莉母亲既是生活在城市底层的被侮辱与被损害者，但她们又都属于浪子，而小说更多表现的是她们作为前者的一面。"对于丧失了社会地位的人、对被侮辱与被损害的人的怜悯和同情，是俄罗斯的人很重要的特征。"[②] 作家的常见主题是苦难与同情，"俄罗斯的天才陀思妥耶夫斯基为苦难和对受苦人的怜悯折磨得精神失常。苦难

[①] 别尔嘉耶夫：《俄罗斯思想》，雷永生、邱守娟译，北京：生活·读书·新知三联书店，2004年，第93页。

[②] 同上，第88页。

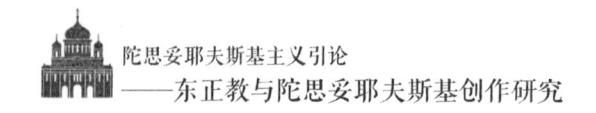

和同情成为他的作品的基本主题"①。然而，这并不意味着陀思妥耶夫斯基没有探索笔下浪子们堕落的心理缘由：小说对"淫乐"的嬉笑怒骂式批判最为典型，因为"淫乐"是浪子和施于侮辱者们共同的追求。

所谓"淫乐"，指的是"这种对一切崇高、神圣、不可侵犯的事物的公然嘲笑……这种法子内心的魔鬼般的哈哈大笑，最后这种有意识地糟蹋一切不容糟蹋的东西——而且这一切都干得肆无忌惮，简直到了登峰造极、无以复加的地步，哪怕最狂热的脑袋也不敢想象，有人竟放肆到如此程度——这种淫乐最鲜明的特点，主要就在这里"②。对"淫乐"的批判，其实就是对不信神、不敬神、没有敬畏的恣意妄为心理的否定，与《圣经》中毁灭所多玛和蛾摩拉是一个道理。

第二，小说中的人道主义思想在批判车尔尼雪夫斯基的"合理的利己主义"、涅莉及其母亲那种"受苦的利己主义"的同时，又颂扬无私之爱、仁爱和博爱。在陀思妥耶夫斯基看来，形形色色的利己主义皆与美德、理想和真正的爱无关。

对车尔尼雪夫斯基所提出的"合理的利己主义"的批驳，是陀思妥耶夫斯基东正教人道主义思想的重要组成部分。作家借瓦尔科夫斯基之口，调侃、讽刺这种"合理的利己主义"："如果我确实知道，构成人类一切美德的基础是极端的利己主义，那叫我怎么办呢？一件事情越是合乎道德，其中的自私成分就越多。爱自己——这是我承认的唯一准则。"③瓦尔科夫斯基口中对"合理的利己主义"的定义，远离了无私之爱，滑向绝对的自

---

① 别尔嘉耶夫：《俄罗斯思想》，雷永生、邱守娟译，北京：生活·读书·新知三联书店，2004年，第89页。
② 陈燊主编：《陀思妥耶夫斯基全集》第4卷《被侮辱与被损害的》，艾腾译，冯南江校，石家庄：河北教育出版社，2010年，第349—350页。
③ 同上，第351页。

中 编

私自利,已经与爱无关,实则是赤裸裸的实用主义和拜金主义。"我不过是凡夫俗子,所以我要说,看待事物应该用最简单、最实际的观点。比方说,我早就摆脱了一切束缚,甚至一切责任和义务,只有在这些责任能给我带来某种好处的时候,我才认为我有这些责任。"[①]

小说宣扬乐善好施的无私之爱。"好人做事从来不考虑是不是以前得到过别人的好处……即使没有得到过好处,他们也乐于去帮助那些需要帮助的人。……这个世界上好人还是很多的。你没有遇见他们,在你需要帮助的时候没有碰到过一个好人,这只能说是你的不幸。"[②]娜塔莎之所以能在最后回归父母身边,除了她对阿廖沙的幻想破灭外,主要还是因为伊赫缅涅夫夫妇对女儿始终不渝的爱,而与娜塔莎的回归形成鲜明对比的是涅莉的早夭,良心泯灭的瓦尔科夫斯基公爵一手造就了涅莉及其母亲和外公的不幸命运,如果公爵有一点点基督式的爱,他就不会使涅莉的母亲落得如此下场,就不会肆意羞辱对自己有功的伊赫缅涅夫一家。在这个没有英雄的时代,也就是难觅基督式的爱的时代里,爱不失为一剂治疗时代痼疾的良药。

小人物有时候会用所谓的"受苦的利己主义"心理来表达对社会的不满,这是个性觉醒的底层人物对社会和命运的一种特殊反抗方式。在《被侮辱与被损害的》里,这类个性觉醒的例子就是涅莉,她虽然受到伊凡·彼得罗维奇等好心人的收养,有了食物和温暖的住所,但她还是宁愿去外面沿街乞讨,也不愿就此依赖上恩人们的施舍。因为"她受尽屈辱,她心中的创伤无法愈合,于是她似乎故意用这种令人不解的举动,用这种

[①] 陈燊主编:《陀思妥耶夫斯基全集》第4卷《被侮辱与被损害的》,艾腾译,冯南江校,石家庄:河北教育出版社,2010年,第351页。
[②] 同上,第371—372页。

对大家的不信任,来竭力刺激自己的伤口,似乎她以痛苦为乐,以这种受苦的利己主义(假如可以这么说的话)为乐。这种刺激伤痛并以此为乐的心理我能理解:许多受到命运摧残、感到命运不公的被侮辱被损害的人,都以此为乐"①。在这里,涅莉们的反常举动仅用利益和理性来解释,似乎说不通。他们看似无福、无力也无心享受这些从天而降、与其原来身份不符的恩惠,想要从原来的生活开始,一步步重拾之前在受压迫和被欺辱的经历中屡遭打击的个性、尊严和几乎消失殆尽的个人存在感,以致不惜对这些好心人施加言语和行动上的暴力,伤害他们的一片好心。这些底层人物看似反常、实则合情合理的举动的描写,缘于作家对人物所受的精神创伤的深刻洞察,正体现出陀思妥耶夫斯基人道主义思想的独特性。

陀思妥耶夫斯基用换位思考的方式深化了被侮辱与被损害者们的尊严观。正如苏联陀学家弗里德连杰尔所指出的:"所以,一个人在想'造福'于他人之前,常常应该公正地、仔细地衡量一下自己的动机,应该确信自己能够去帮助别人,而且同时又不会以自己的优越感去伤害别人,不把令对方痛苦的贫困意识(或对自己的'恩人'的新的难以承受的义务)强加于别人。……施恩于一个人,就意味着使他蒙受侮辱;只有摆脱掉外来的庇护,感觉到自己是个按照自己的信念和本能在行动的、用自己的双腿坚定地站着的人以后,他才能感到自己是个真正幸福的人。"②

第三,仇恨与宽恕,在陀思妥耶夫斯基的笔下,具有血缘遗传和反向作用力的特点:爱(亲)人,(亲)人爱你;恨(亲)人,(亲)人恨你。

---

① 陈燊主编:《陀思妥耶夫斯基全集》第4卷《被侮辱与被损害的》,艾腾译,冯南江校,石家庄:河北教育出版社,2010年,第388页。
② 弗里德连杰尔:《陀思妥耶夫斯基与世界文学》,施元译,上海:上海译文出版社,1997年,第45—46页。

中 编

这两种对待他人的不同态度，也决定了史密斯父女与伊赫缅涅夫父女的不同命运。史密斯对女儿的仇恨与不宽恕，被自己的外孙女涅莉所继承：面对涅莉质问他为何不肯原谅自己的女儿即涅莉的母亲时，正在跟涅莉一起阅读《福音书》的史密斯不禁再次怒火中烧，将涅莉赶出了家门并随即搬家换了住址；涅莉母亲对始乱终弃的瓦尔科夫斯基公爵的仇恨与不宽恕，又被他们的私生女涅莉所继承。涅莉在去世前所说的话让人难以释怀："你还要告诉他，我不久前读了《福音书》，书上写着：要宽恕你所有的仇人。我读了这句话，可还是不宽恕他，因为妈妈临死前还能说话的时候，她说的最后一句话就是：'我诅咒他！'所以我现在也诅咒他，不是为了自己，而是为了妈妈而诅咒他……"[①]

第四，过分自尊与高傲，就意味着与社会传统伦理的拒斥与自我隔绝，这也是陀思妥耶夫斯基东正教人道主义思想所反对的。自尊的极端就是高傲，而高傲在一定程度上也意味着不谦卑、不原谅，更容易走向与社会和周围人隔绝的边缘。小说中的史密斯老人及其女儿和外孙女都是在高傲中死去的。史密斯因为女儿的私奔而不原谅女儿，女儿因为瓦尔科夫斯基的背叛而选择在贫病交加中死去，涅莉则因为这两个缘由而怨恨外公、敌视周围的世界。母亲在去世之前告诫涅莉："你就是再穷，一辈子受穷，也不要去求他们，不管谁叫你去，也不管谁来找你，你都别跟他去。你本来也可以出入这些地方，做个富家小姐，穿上漂亮衣裳，但是我不愿意你这样。他们既狠毒又冷酷，听我的话：永远做个穷人，去干活，要不就去

[①] 陈燊主编：《陀思妥耶夫斯基全集》第4卷《被侮辱与被损害的》，艾腾译，冯南江校，石家庄：河北教育出版社，2010年，第481页。

讨饭，要是有人来找你去，你就说：我不愿意跟你们走。"①这段话如果排除掉"你"和"你们"就是特指瓦尔科夫斯基的话，说明涅莉母亲对周围人和整个世界的绝望与怨恨之深。然而，涅莉母亲对这个社会的弃绝只是单方面的、不现实的，因为即便是她和女儿愿意以讨饭为生，也是需要依靠这个社会中周围人的施舍才行。她在临死前对女儿的另一次告诫，就显示出这种高傲心理的矛盾性和不可持续性："讨饭并不可耻，因为我不是向一个人讨饭，我是向所有的人讨饭，而所有的人并不是一个人。专向一个人讨饭是可耻的，向所有的人讨饭并不可耻……"②

第五，陀思妥耶夫斯基的人道主义思想高扬理想主义的旗帜，既承认理想主义是年轻人的同义词，又凸显理想主义对纯洁社会风气的必要性。在小说中，幻想家和理想主义者的代名词常常是"席勒的老弟""席勒式的人物"③"席勒式的难舍难分"④等。别尔嘉耶夫曾指出，陀思妥耶夫斯基"在这个时期（即写作《被侮辱与被损害的》时期。——引者注）他还是个'席勒'。后来他喜欢用这个名字称呼心灵美好的人，一切'美好而崇高的'东西。对人的同情，对被侮辱的和被损害的人的同情，在那时业已成为陀思妥耶夫斯基的激情。"⑤

陀思妥耶夫斯基不赞同简单而粗暴地否定年轻人的理想主义，这种否定大多出自瓦尔科夫斯基之口。后者无情地驳斥了儿子阿廖沙那些充满理

---

① 陈燊主编：《陀思妥耶夫斯基全集》第4卷《被侮辱与被损害的》，艾腾译，冯南江校，石家庄：河北教育出版社，2010年，第440页。
② 同上，第385页。
③ 同上，第347页。
④ 同上，第392页。
⑤ Н. А. Бердяев. Откровение о человеке в творчестве Достоевского.//Н. А. Бердяев. *Смысл творчества: Опыт оправдания человека*. Харьков: ФОЛИО; М.: АСТ, 2002, с. 353.

中 编

想主义色彩的豪言壮语,认为阿廖沙等一帮不谙世事的年轻人,"一方面大谈对人类的爱,热衷于探讨全人类的问题,另一方面又对爱情犯罪,而且对罪行熟视无睹——这简直不可思议。"[1]他批判阿廖沙好高骛远、不切实际的理想主义如同犯罪,实质上是变相肯定自己唯利是图的拜金主义,肯定自己为任何利益都甘愿铤而走险、不择手段。

当然,反面人物所反对的,即为作家所肯定的。小说对席勒主义的褒扬,基本上是通过瓦尔科夫斯基对此的揶揄和嘲弄表现出来的,也就是对席勒式人物做鬼脸、吐舌头之类的小丑行径。"在我的身上还有一个你所不知道的性格特征——那就是我憎恨所有这些庸俗无聊的、一钱不值的天真烂漫和田园牧歌,我最感兴趣的一大享受是:起先我装模作样,学着他们的腔调,百般爱抚并鼓励某个永远年轻的席勒,然后一下子把他吓呆:我在他面前霍地扯下假面具,挤眉弄眼,把原先热情洋溢的脸变成一副鬼脸,就在他始料不及、不知所措的时候,再对他吐出舌头来。"[2]弗里德连杰尔进一步指出,陀思妥耶夫斯基作品所提及的"席勒"与"席勒精神",表明了俄国文学与现实"水乳般融为一体",其实已成为"一种大容量大能量的'永恒的'文化—历史概括",象征着作家强烈关注现实生活的入世感。[3]

第六,作家的东正教人道主义还体现在正常的家庭对于重塑正常社会伦理的重要性。家庭是社会的细胞,家庭和谐是社会和谐的基础,是社会稳定的重要基石,也是社会发展的动力。在偷偷写下的给出走私奔的女儿

---

[1] 陈燊主编:《陀思妥耶夫斯基全集》第4卷《被侮辱与被损害的》,艾腾译,冯南江校,石家庄:河北教育出版社,2010年,第259页。
[2] 同上,第342页。
[3] 弗里德连杰尔:《陀思妥耶夫斯基的现实主义》,陆人豪译,合肥:安徽文艺出版社,1994年,第279—280页。

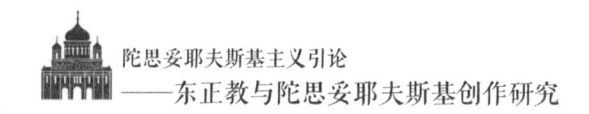

的信中，老父亲伊赫缅涅夫表达了对正常家庭之回归的渴望："只有到那时，当你在'家庭的氛围内'，规规矩矩地过上一种模范的新生活之后，我们或许决定饶恕你。"① 从浪子回头主题的《圣经》原型可以知道，代表和维护社会理论的一般是家庭的长者，他们的态度决定了浪子能否最终顺利回归家庭。伊赫缅涅夫最终宽恕私奔的女儿的结局，与史密斯至死也未宽恕私奔的女儿的结局，形成了两个父亲形象的鲜明对比。

《被侮辱与被损害的》运用浪子回头这一经典的叙事母题，在彰显作为浪子的社会底层人物的个性意识觉醒的同时，又不希望他们叛离俄国传统的东正教根基，这就是作家的东正教人道主义在小说中的真实体现。小说既具有浪子回头的广泛意义，又打上了作家赋予这一主题具体而独特的东正教人道主义意识的烙印。

就表现人道主义思想的方式和内容来看，《被侮辱与被损害的》呈现出作家早期与中后期创作的诸多过渡性特征。与早期小说《穷人》在题材和语言上存在诸多相似，在艺术上还有许多缺点和不妥，但在思想上标志着陀思妥耶夫斯基与俄国"自然派"文学的渐行渐远。否定社会达尔文主义和"环境决定论"，呼吁内心（特别是小人物）的谦卑与社会的和谐，这跟"自然派"文学把社会问题的发生机制导向追问社会制度的缺陷及其改革，特别是诉诸农奴制改革，已是分野所在。难怪杜勃罗留波夫在《逆来顺受的人》中批评该小说未能考察瓦尔科夫斯基个性描写中"使问题得到协调、得到解决的原则"，即："公爵为什么会变成现在这样子？最使

---

① 陈燊主编：《陀思妥耶夫斯基全集》第4卷《被侮辱与被损害的》，艾腾译，冯南江校，石家庄：河北教育出版社，2010年，第399页。

中 编

他感兴趣和激动的是什么？他怕的是什么？最后，他又相信什么呢？"[1]

从《被侮辱与被损害的》开始，已经出现了跟陀思妥耶夫斯基创作后期五大思想小说（即《罪与罚》《白痴》《群魔》《少年》《卡拉马佐夫兄弟》）中思想家型主人公的形象瓦尔科夫斯基，比如，他与娜塔莎的谈话就充分暴露了其作恶多端的本性，其形象却被有的批评家认为是该小说中"最突出、最完整、最忠于生活和现实的典型人物"[2]。而瓦尔科夫斯基"这种甚至不加掩饰的厚颜无耻的恶，是陀思妥耶夫斯基许多的主人公所具有的一个显著特点"[3]。由此看来，由浪子回头主题开始，作家小说创作中善与恶、正与反的思想交锋才刚刚掀开序幕。

---

[1] 杜勃罗留波夫：《杜勃罗留波夫文学论文选》，辛未艾译，上海：上海译文出版社，1984年，第431页。译文根据原文有所改动。

[2] Евгения Тур [Салиас Е. В.]. Романы и сказки. «Униженные и оскорбленные», роман г. Достоевского.//Газета «Русская Речь», 1861, № 89（5 ноября）, с. 576. См. Ф. М. Достоевский. *Полное собрание сочинений в 30 т. Т. 3.* Л.: Наука, Ленинградское отделение, 1972, с. 530.

[3] 巴赫金：《俄国文学史讲座笔记》，《巴赫金全集（增订版）》第7卷，万海松等译，石家庄：河北教育出版社，2009年，第97页。

第五章
《死屋手记》中"不幸的人"与东正教认同感

　　《死屋手记》是陀思妥耶夫斯基自西伯利亚流放归来后写作的一部长篇报告文学,也是其真正意义上的第二部长篇小说。由于其中有一些对俄国司法体制的质疑,小说在发表的过程中遭到书报审查机关的刁难,但稍经周折最终得以全文发表,并很快出版了单行本。小说在发表之初就得到了民主主义批评阵营的好评,但他们主要肯定的是作品中的现实主义描写以及对沙皇制度和司法体制的批判倾向。

　　对这部自传性的报告文学式小说,陀思妥耶夫斯基也自认为其独特性在于直观式描绘:"如果说《死屋手记》引起了读者注意是因为它描绘了苦役犯,而在《死屋手记》之前从未有人这样直观地描绘过他们……须知《死屋手记》曾引起了人们的兴趣,而这一作品是对一种独特的地狱、独特的苦役营'澡堂'的描写,我想要并且努力去描绘画面。"[①] 同时代的作家屠格涅夫和赫尔岑等对此小说的赞许,也基本集中在描绘的震撼性和对

---

① 陈燊主编:《陀思妥耶夫斯基全集》第19卷《作家日记》(上),张羽译,石家庄:河北教育出版社,2010年,第360—361页。

中 编

制度的批判性上，前者认为其中"澡堂"一幕是"但丁式的"[1]，后者断言陀思妥耶夫斯基"绘制出了一幅以西伯利亚牢狱生活为背景的壁画《最后的审判》"[2]。

此后很长一段时间，在陀思妥耶夫斯基研究的学术史上，《死屋手记》的地位和重要性一直不受重视，以至白银时代的文学评论家鲍里斯·恩格尔哈特和思想家尼古拉·别尔嘉耶夫等人，都不把《被侮辱与被损害的》和《死屋手记》列入陀思妥耶夫斯基的"五大思想性长篇小说"（пять идеологических романов）[3]之中。文学评论家们如果仅看重《死屋手记》对苦役营的描写和批判，无疑降低了该作品的历史意义，缩小了其思想价值。声名较著的俄国作家中，似乎只有列夫·托尔斯泰对这部作品青睐有加、惺惺相惜，他一生多次阅读并谈论读后感，还提及作品中让其心悦诚服的宗教思想价值："我不知道整个新文学中还有没有比这本书更好的作品，包括普希金在内。不是指风格，而是指观点的令人叹服——真诚、自然、充满基督的思想。这是一本好书，令人读后大有教益。"[4]

在我们看来，《死屋手记》的价值并不仅仅在于揭露俄国的牢狱和司法制度，还在于揭示贵族和人民在这种制度下的脱节现象，也就是存在于上层人士和普通民众之间最大的时代隔阂问题。《死屋手记》反映了陀思

---

[1] Ф. М. Достоевский. *Полное собрание сочинений в 30 томах. Т. 4.* Л.: Наука, Ленинградское отделение, 1972, с. 294.

[2] А. И. Герцен. *Собрание сочинений в 30 томах. Т. 18.* М.: Издательство АН СССР, 1959, с. 219.

[3] 又称"五卷书"（пятикнижие）或"伟大的五卷书"（великое пятикнижие），分别指《罪与罚》《白痴》《群魔》《少年》《卡拉马佐夫兄弟》。别尔嘉耶夫是以《地下室手记》为分水岭，把这五大思想小说列入了《地下室手记》之后的后期创作中（Н. А. Бердяев. *Смысл творчества: Опыт оправдания человека.* Харьков: ФОЛИО; М.: АСТ, 2002, с. 353.）。

[4] 《列夫·托尔斯泰文集》第 16 卷《书信》，白春仁等译，北京：人民文学出版社，2000 年，第 160 页。

妥耶夫斯基对知识分子脱离人民的现象和后果的切身感受，体现了他对两者关系的现状和未来走向的凝重忧虑。这些感受和思考，构成了陀思妥耶夫斯基根基主义思想的重点。除了发表之初造成的轰动，《死屋手记》在后来的陀思妥耶夫斯基学术史上并未得到足够重视，但它构建了陀思妥耶夫斯基本人根基主义思想的基本框架和核心要素。《死屋手记》对犯人群体形象的现实描绘蕴含着作家的人道主义精神和宗教情怀，小说中多次出现的"不幸的人"（несчастный）这一关键词，既是解读作品思想与人物形象，也是考察小说中所体现的东正教认同感的一把钥匙。"不幸的人"一词不但反映出东正教的"聚和性"思想，也表明根基主义思想的核心是追求东正教的认同感。这也是该小说能引起列夫·托尔斯泰、尼采等人精神共鸣的真正原因。

第一节　"不幸的人"的宗教内涵

　　"不幸的人"这一关键词多次出现在陀思妥耶夫斯基的小说和政论文中，而在《死屋手记》中最为频繁。何为"不幸的人"？根据陀思妥耶夫斯基的定义，"不幸的人"就是罪犯；而将罪犯如兄弟般看待，则是俄罗斯人民的本性。"一般老百姓从不因犯人犯了罪而责备他们，不管他们的罪行有多大，老百姓总是为他们所受的刑罚和遭到的一切不幸而原谅他们。无怪乎俄国所有的老百姓都把犯罪叫做不幸，并把罪犯叫做不幸的人。这是一个有着深刻意义的定义。这个定义之所以重要，还因为它是人们在无意中出于本能给下的。"[①]

[①] 陀思妥耶夫斯基：《死屋手记》，曾宪溥、王健夫译，北京：人民文学出版社，2011年，第59—60页。

中 编

陀思妥耶夫斯基在西伯利亚流放时曾受到几位十二月党人的妻子，如穆拉维约娃、安年科娃和冯维辛娜的善待，她们把流放犯都称为"不幸的人"："我知道，全体俄罗斯人民也把我们称为'不幸的人'，这种称呼我听到过多次，从很多人的嘴里都听到过。"[1] 但他对别林斯基的看法既有赞同，又有保留。"在我周围的那些人，按照别林斯基的信念，全部是不可能不犯下自己那些罪行的人们，也就是说，他们是无辜的，只是比别人更为不幸。"[2] 他跟别林斯基的分歧在于他不同意后者的"环境决定论"。在另一篇文章《环境》中，陀思妥耶夫斯基又对"不幸的人"进行了详细的解释，即，人民用"不幸的人"一词是想对他们说："你们犯了罪，现在正遭受痛苦，不过我们其实也是有罪的。假如我们处在你们的地位——我们做得可能更坏。如果我们自己好一些，也许你们就不至于坐牢了。你们遭到报复，承受折磨，是因为你们的罪行，同时也是因为共同的目无法纪。你们为我们祈祷吧，我们也为你们祈祷。'不幸的人'，现在请收下我们的铜板；我们把这些东西给你们，是让你们知道，我们不会忘记你们，不会与你扯断手足般的联系。"[3]

称呼和善待"不幸的人"，本身就是一种悲天悯人的高尚的道德情操。"在西伯利亚，总是有那么一些人，他们似乎总是把向'不幸的人们'提供兄弟般的照料当做是自己生活的目的，十分怜悯和同情他们，关心他们就像关心自己亲生的孩子一样，这完全是一种无私的、圣洁的感情。"[4] 要

---

[1] 陈燊主编：《陀思妥耶夫斯基全集》第19卷《作家日记》（上），张羽译，石家庄：河北教育出版社，2010年，第17页。
[2] 同上，第17页。
[3] 同上，第24页。
[4] 陀思妥耶夫斯基：《死屋手记》，曾宪溥、王健夫译，北京：人民文学出版社，2011年，第89页。

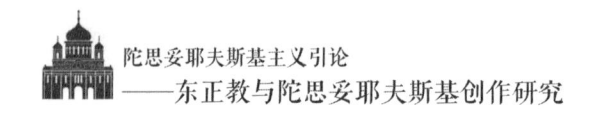

善待普通人,更要用毫无鄙视和嫌弃的目光、平等的态度善待那些犯了罪的"不幸的人",因为苦役营中的"这些人也许一点儿也不比那些尚留在狱外的人更坏"①。

与普通百姓相反,那些贵族和上层人士却并不具有这种将罪犯视若手足的本能或无意识,这是贵族们需要向普通百姓学习的地方,因为西伯利亚的人民,哪怕是最穷的家庭,逢年过节都要给囚犯送各种食品和礼物,说明人民并没有遗弃这些囚徒。"我们社会中的上层人士不大了解那些商人、小市民和全体老百姓是如何关怀我们这些'不幸的人'的。施舍品几乎总是经常不断,经常布施的是大大小小的面包和面包圈儿,偶尔也有现款。"②陀思妥耶夫斯基用一个特写镜头说明,这种悲悯本性甚至早已深深植根于一个普通儿童的幼小心灵里:一对母女在医院里看到了"我"这个苦役犯,便向母亲要了一个铜板,追过来要施舍给"我":"给你,不幸的人,看在上帝的面上,收下这个铜板吧。""我"接过了这个铜板,她才高高兴兴地跑回母亲身边。因为此情此景而深受感动,"我"把这个铜板放在身边保存了很久。③这个铜板成为爱的象征,表明罪犯并没有被大家忘记和抛弃,爱也是一味改造罪犯心灵的药剂。相比而言,"谴责犯人是与俄国人的精神不相符合的"④。

但是,作家对人民能否继续保持这种朴素的本性也不免忧虑,因为他所描绘的"死屋"处于西伯利亚的一些偏远地区,在草原、高山和无法通行的森林中间。在这些如莫斯科郊外村镇般大小的小县城里,"居民朴实,

---

① 陀思妥耶夫斯基:《死屋手记》,曾宪溥、王健夫译,北京:人民文学出版社,2011年,第75页。
② 同上,第22页。
③ 同上,第22页。
④ 同上,第15页。

中 编

缺乏自由主义思想,一切秩序都是旧式的、始终不变的、世世代代为人们所尊崇的"[1]。随着社会的发展,腐化堕落和恣意暴戾的人越来越多,有些罪犯入狱后反而暴露出原先没有的或者更多的缺点。

可以看出,在陀思妥耶夫斯基的笔下,"不幸的人"还只是因偶然而犯罪的兄弟姐妹、自己人,他们还是值得人民同情和挽救的迷路浪子,尚未沦为撒旦和"宗教大法官"之类不可救药的异教徒。

第二节 "不幸的人"与"聚和性"体验

正如陀思妥耶夫斯基在前面引文中所指出的,"不幸的人"一词蕴含着基督教的人性本恶的原罪思想,即人的与生俱来的罪性和犯罪动机:"我们其实也是有罪的"。"人之有罪在于:他本人就是恶的一部分(他为此而指责上帝),同时也是世上痛苦的一部分,而他本人也就是这种痛苦的原因之一。如果我们想消除恶与罪的存在,我们首先应当承认的是我们自身有罪。"[2] 而把罪犯称为"不幸的人"实则是一种共同承担罪责的人道主义精神。"所有的人都有罪责。每个人对罪恶认识的程度不同。有些人因为犯罪而有罪感,另一些人则是没有犯罪就有罪感。表面看上去的无罪仅是一种幻觉:每个人都对世界之恶负有责任。任何人都有可能获救和经历精神重生(如《圣经》中的扫罗变成保罗)。人的这种获救之途是基督救赎牺牲及复活的隐喻。"[3]

---

[1] 陀思妥耶夫斯基:《死屋手记》,曾宪溥、王健夫译,北京:人民文学出版社,2011年,第3页。
[2] 赖因哈德·劳特:《陀思妥耶夫斯基哲学:系统论述》,沈真等译,北京:东方出版社,1996年,第295页。
[3] B. H. 扎哈罗夫:《陀思妥耶夫斯基与福音书》,张变革译,载《比较文学与世界文学》2016年辑,第88页。

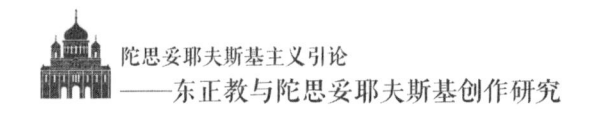

由此又生发了惩罚和赎罪的概念。"正是从罪孽和对罪孽的态度上可以显现出一个人是否真正是信仰上帝的人。因为只有信仰上帝的人才能感觉到自己确实有罪,并愿意赎罪。"①《死屋手记》里展现的就是一群"不幸的人"由于犯罪而要在特定的时空监狱之中接受惩罚、进行赎罪的画面。人民与"不幸的人"因此就联结为赎罪的共同体。

监狱往往也是凝聚"不幸的人"之共识、充分展示他们美好天赋的时空体。绝大多数"不幸的人"都能在东正教的感召下追求社会的认同感,这也可谓一种狭义的对"聚和性"(соборность)的特殊体验。根据俄国宗教思想家维亚切斯拉夫·伊凡诺夫的解释,"聚和性是一种独特的结合,即结合于其中的所有个性都可以充分敞开,取得自我唯一的、不可重复的、别具一格的本质规定,取得自我完整俱在的创作自由的定位,这种自由使每一个性都成为一种说出来的、崭新的、对于所有人均需要的话语"②。在监狱服刑这个特定的时空体中,个性谈不上充分敞开,自由亦非完整俱在,因为劳改制度的根本目的就是对罪犯的犯罪动机和罪行进行惩恶扬善与纠偏改错,"不幸的人"展现的必须是合理合法的个性,才能获得完全的自由。在陀思妥耶夫斯基的笔下,"聚和性"大多数情况下是通过爱和同情体现出来的。"陀思妥耶夫斯基小说创作不管塑造什么样的人物个性或意识,都是以'爱'为纽带'聚和'的,要不是被'爱'同情的小人物,要不是丧失'爱'的可憎的变态性格,要不是维护基督博爱的信徒,要不是用暴力去抗争的社会底层人物,等等。"③

---

① 赖因哈德·劳特:《陀思妥耶夫斯基哲学:系统论述》,沈真等译,北京:东方出版社,1996年,第300页。
② В. И. Иванов. *Родное и вселенское*. М.: Республика, 1994, с. 101.
③ 张杰:《陀思妥耶夫斯基小说创作艺术的"聚和性"》,载《外国文学研究》2010年第5期,第76页。

中 编

接受别人爱的施舍,同时也将爱的施舍给予别人。作为囚犯,能够接受别人的施舍是一种幸福,也是一种获得社会认同的存在感,而他们将自己所得到的微不足道的施舍中的一部分再施舍给教堂时,所获得的就不仅是一种存在感,更是一种个体精神的净化和升华。这种因爱而爱的良性互动,是《死屋手记》中一种独特的"聚和性"体验。《死屋手记》详细描述了囚犯在斋戒祈祷时会油然而生的一种三层递进的宗教感受。首先是获得施舍的快感:"我们每次来教堂都能分到一些施舍品;我记得,不知为什么这种情况竟使我感到快活,在这种奇怪的快感里有一种异样的、令人难以捉摸的东西。"其次是从得到施舍的钱中拿出一戈比买一支圣烛或丢进教堂的募捐箱里时的自豪感:"'我也是一个人呀。'当他们往箱里丢钱的时候,心里可能这样想,'在上帝面前,人人都是平等的呀……'"最后是接受圣餐礼时的激动:每个人都觉得神甫的祝福"即使是强盗,也来接受吧"[1]这句话仿佛是针对他自己讲的。

借助于爱,体验到"聚和性",进而坚定对爱的信仰,是东正教的核心思想,也是追求东正教认同感的高级阶段。正如俄国宗教哲学家谢尔盖·布尔加科夫所说的:"当民族性的本能从模糊成为明晰进入认识的时候,这种本能就被体验为对自己民族的某种深刻的、神秘的倾慕和爱,此爱不是理性主义伦理学所理解的枯燥乏味的和道德主义的爱……,而是神秘主义意义上的爱,是某种能生出灵魂翅膀的情爱,是在与他人的统一中的享受,是对聚和性的体验,是真正的超越自我,是特殊的'超越'。……对聚和性的感受,是一种激情,是一种爱,它使爱者对被爱者有一种特殊情感。爱愈强,信愈坚,两者相互依赖相互支持。我们的最基本、最深刻

---

[1] 陀思妥耶夫斯基:《死屋手记》,曾宪溥、王健夫译,北京:人民文学出版社,2011年,第249页。

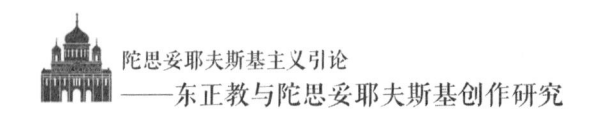

的感受不是生自判断推理,而是先于判断,来自我们个性的黑暗深处。"①

在陀思妥耶夫斯基眼里,相比于基督般无私之爱的伟大力量,强制和暴力只会将社会拖入病态的深渊。"一个人对另一个人拥有实施肉刑的权力,乃是社会的弊病之一,是毁灭社会上任何一种萌芽、任何一种文明变革意图的最强有力的手段之一,是使社会不可避免地遭到解体的根本原因。"②这与谢尔盖·布尔加科夫所列出的东正教与天主教的一大差别说不谋而合,后者指出:"东正教徒的基本性格特点是由温顺和爱决定的。由此就产生了他们的谦逊、真诚和朴实,这与罗马天主教所固有的改宗精神和内在强制性(compelle intrare)是格格不入的。东正教不强行说服人,不引诱人,而是使人自己迷恋和向往,这是东正教在世界中的作用方式。"③

作为监狱小说,《死屋手记》多次描写牢房的逼仄和压抑、牢房之外远方的广阔与晴朗,以及身处教堂时追求高远和飞腾的升华感。小说虽罕见枯燥乏味的宗教说理,却又弥漫着褒扬和倡导宗教认同感的浓烈意味。小说多次提到笃信宗教的囚犯对身边人的无形影响,他们因笃信而获得了狱内外人士的普遍尊敬。就"聚和性"思想而言,《死屋手记》更多强调的是特定时空中的"聚",即此概念最早的提出者阿列克谢·霍米亚科夫所说的"多方面的统一"④,亦即对上帝的信仰,对东正教的认同感,而

---

① 谢·尼·布尔加科夫:《文化哲学:关于民族性的思考》,徐凤林译,载《求是学刊》2013年第2期,第20页。
② 陀思妥耶夫斯基:《死屋手记》,曾宪溥、王健夫译,北京:人民文学出版社,2011年,第216页。
③ С. Н. 布尔加科夫:《东正教:教会学说概要》,徐凤林译,北京:商务印书馆,2001年,第194页。
④ А. С. Хомяков. *Сочинения в 2 томах. Т. 2.* М.: Московский философский фонд «Медиум», 1994, с. 243.

并非"和而不同"中的"和",亦即"不是简单地服从统一"的"每一个个性的自由和独立性"[①]。因为作家看到,这些作为"每一个个性"的"不幸的人"在监狱中乃至现实中互相之间存在着越撕越大的心理鸿沟,他希望去弥合贵族与人民之间愈益加深的隔膜。这就是作家的根基主义思想在《死屋手记》中的体现。

第三节 东正教认同感与作家的根基主义思想

《死屋手记》反映了陀思妥耶夫斯基对以贵族和知识分子为代表的社会上层人士脱离社会底层民众的现象和后果的切身感受,体现了他对社会上下层之间存在巨大隔膜的现状和相互关系的未来走向的忧思。在写作《死屋手记》的过程中,陀思妥耶夫斯基还执笔起草了《〈时代〉杂志1961年征订启事》(以下简称"《启事》"),这个《启事》被认为是根基派的共同的思想纲领之一,我们在《死屋手记》中时常可以找到《启事》中一些高度凝练的思想的具体体现,这两个文本可以互参互证。需要指出的是,《死屋手记》中的根基主义思想并非陀思妥耶夫斯基在西伯利亚时期才突然产生,这是他自进入文坛以来就逐渐形成的一种看待现实的角度,或者说思想立场。因此,《死屋手记》并不像有些评论者所认为的那样是

[①] 张杰:《陀思妥耶夫斯基小说创作艺术的"聚和性"》,载《外国文学研究》2010年第5期,第75页。

陀思妥耶夫斯基主义引论
——东正教与陀思妥耶夫斯基创作研究

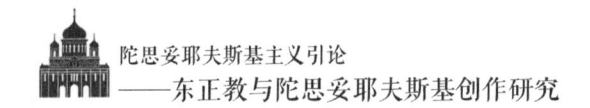

一部反映陀思妥耶夫斯基信仰之变的小说①，而是延续了陀思妥耶夫斯基一贯的思想和信仰。约瑟夫·弗兰克指出：西伯利亚流放"这些经验当然有助于改变陀思妥耶夫斯基，但它们的性质还不足以与他早期的信仰构成尖锐的冲突；它们更多的是强化了他先前世界观更纯粹的道德—宗教的方面，而脱离了与社会—政治行动学说的联系"②。因此，就根基主义思想而言，这部小说和之前的许多小说均反映了陀思妥耶夫斯基对社会上层和底层人民关系问题的一贯思考，《死屋手记》只是加深了陀思妥耶夫斯基原有的认识，并没有使他的思想立场发生根本性的转变。如果要说有所不同的话，最大的区别就是，陀思妥耶夫斯基在苦役营里深切体会到了上层贵族脱离底层人民的现象的严重性。正如作者自白："总而言之，这是我第一次接触普通老百姓。我本人也变成了普通老百姓，变成了像他们那样的苦役犯。……我既惊奇，又感到难堪，仿佛我过去从来没有想到这些东西，也没有听说过，尽管我不但知道，而且也听说过。但现实生活给人的印象却与道听途说的完全不同。"③

陀思妥耶夫斯基看到，一个普通犯人进入监狱后，很快就能与其他人打成一片，"如同来到自己家里"，而一个贵族入狱后就完全不同了。"不

---

① 比如，有研究者认为："流放生活使他（指陀思妥耶夫斯基。——引者注）远离俄国的先进阶层，因而他思想中固有的消极面有所发展，开始背离了自己曾经执着追求的进步的社会理想。"（李兆林、徐玉琴：《简明俄国文学史》，北京：北京师范大学出版社，1993年，第236页）。还有研究者认为："陀思妥耶夫斯基世界观的转变开始于苦役时期，后来才最终完成，正是在这段日子里，他的内心发生了斗争，他在西方派和斯拉夫派之间寻找中间立场。"（转引自 Ф. М. Достоевский. *Полное собрание сочинений в 30 томах. Т. 4.* Л.: Наука, Ленинградское отделение, 1972, с. 292—293.）。

② 约瑟夫·弗兰克：《陀思妥耶夫斯基：受难的年代（1850—1859）》，刘佳林译，桂林：广西师范大学出版社，2016年，第128页。

③ 陀思妥耶夫斯基：《死屋手记》，曾宪溥、王健夫译，北京：人民文学出版社，2011年，第86页。

中 编

管他如何正直、善良、聪明,他将一连数年受到大家的敌视和蔑视;他不能为大家所了解,更主要的——大家都不信任他。"[1] 不仅是有些贵族与人民的隔膜愈益深刻,而且贵族与贵族之间的隔膜也开始加深,结果造成贵族在贵族那里找不到认同感,却在普通百姓那里找到了认同感。他希望借助东正教来弥合这种隔阂,这些感受和思考亦是陀思妥耶夫斯基的根基主义思想在《死屋手记》中的具体体现。

在陀思妥耶夫斯基看来,狱中这些"不幸的人"尽管有各种各样的缺点,但总体来说天性都是非常美好的,比如阿列伊这个"普普通通的人"。"有些人的性格天生就是那么美好,仿佛是上帝恩赐的一般,你甚至不敢设想他们有朝一日会变坏。你任何时候对他们都尽可放心。"[2] 主人公在入狱一年后,心生感慨:由于苦闷,一年多来竟然未能在那些看似恶毒、充满敌意的狱友身上看出好人来,因为这些"善于思考,富有感情"的狱友"被一层令人讨厌的外壳包裹着"[3]。

主人公多次对普通人民的创造才能、协作精神、集体主义精神和强烈的主人翁意识,表示由衷的赞叹,比如包工拆驳船的场景,就反映出人民团结协作所产生的惊人力量和效率。在狱方为了买马而挑马的一幕里,普通百姓囚犯的集体主义精神和主人翁意识表现得淋漓尽致。诸多囚犯都把为狱方买一匹物美价廉的马这件事完全当成了自家的事情,纷纷出主意,亲自挑选和比试,以至因挑马的标准不同而出现了以两个盗马贼兼马贩子为首的两拨人,一时争执不下。"囚犯们焦急地等待着每一匹新马被牵进

---

[1] 陀思妥耶夫斯基:《死屋手记》,曾宪溥、王健夫译,北京:人民文学出版社,2011年,第280页。
[2] 同上,第68页。
[3] 同上,第251页。

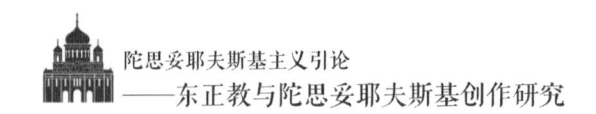

来。他们都像小孩子一样兴高采烈。尤其使他们感到快慰的是，他们现在仿佛都成了自由人，好像真的是在用自己的钱给自己买马。"[1]这种轮流公开展示自己懂马、识马之技能，并为公家省钱而竭力与马贩子讨价还价的行为，既说明因犯中人才济济，无疑也反映出追求社会的认同感是他们的集体无意识。

陀思妥耶夫斯基在普通百姓身上还看到了就连城市里的专业演员都比不上的出色的艺术天赋。陀思妥耶夫斯基甚至表示，监狱里这些"不幸的人"临时客串的"演员"以及他们所依据的演出剧本，都算得上深藏于民间的无价瑰宝，因此他提出："我说的是'民间剧院'，如果文明的戏剧研究者能对现有的、也许并非毫无价值的民间戏剧进行一番新的、十分认真的研究，那将是一件非常有益的事情。"[2]

与普通囚犯身上的优点和他们团结起来表现出的非凡创造力相比，贵族囚犯完全相形见绌。在狱中贵族们常常相互吸引，但又互相提防，这似乎已成常态，以致贵族们竟然没有一个知己，往往只有监狱里的狗和其他小动物才能成为他们的朋友。陀思妥耶夫斯基指责那些腐化堕落、品质恶劣的贵族，属于被其他贵族抛弃，又不为普通百姓接受的无根基者，他们简直一无是处、贻害无穷。贵族们堕落的原因各不相同，但有些贵族苦役犯完全会由于囚犯身份而故意降低了做人的标准。有些贵族囚犯故意封闭自己的心灵，从不对人倾诉衷肠，显得异常孤僻。"他们当中最优秀的人物也都显得有点病态，性格孤僻，而且十分偏执。"[3]陀思妥耶夫斯基认为，

---

[1] 陀思妥耶夫斯基：《死屋手记》，曾宪溥、王健夫译，北京：人民文学出版社，2011年，第262—263页。
[2] 同上，第163—164页。
[3] 同上，第295页。

中　编

这些孤僻的贵族因犯,在内心里或多或少对普通百姓存在深刻的偏见,不愿意接近他们,故意把自己与人民隔绝起来。"最主要的还是因为他们总是怀着很深的偏见去看待周围的一切人,只看到苦役犯残酷无情的一面,不能甚至也不愿在他们身上看到任何好的品质,任何的人性。"[1]

小说中关于监狱里请愿的一节,非常典型地说明了普通人民和贵族之间深刻的隔膜。作者在小说的多个地方探讨了人民不信任贵族、人民和贵族脱节的原因。在作者看来,除了个别贵族无法容忍的个人缺陷,造成目前这种贵族和人民之间这种状似油和水之关系的原因,主要是人民心中根深蒂固的"贵族就是贵族,人民就是人民"的意识。因此,这种看法使得整个社会在对待贵族和人民时,态度就有显著的差别,最明显的体现就是,狱方在对待贵族时总要适可而止,而对待普通百姓囚犯则是唯恐不够狠。另一个原因,在陀思妥耶夫斯基看来,就是贵族们在精神上的贫乏,其表现就是深深的失落感,这也造成了贵族之间的相互隔离和不信任。

但是,陀思妥耶夫斯基也没有对狱中那些老百姓的缺点视而不见,他看到,普通老百姓经常会自轻自贱。陀思妥耶夫斯基也看到了底层人民身上狂放不羁的破坏力,比如那个壮硕无比的鞑靼人卡津,他曾怀着喜悦的心情将一个无辜的小孩慢慢地折磨致死。让陀思妥耶夫斯基痛心的是,普通老百姓竟然随意糟蹋自己的才华,任性地轻视和破坏自己的首创精神。"任何一项创举,任何一种首创精神,对于他们来说都是痛苦,都是负担。他们仿佛生下来就注定了不能自己开创任何事业,而只能侍奉别人;不能按照自己的意志生活,而只能随着别人的笛声跳舞;他们的天职就是听从

---

[1] 陀思妥耶夫斯基:《死屋手记》,曾宪溥、王健夫译,北京:人民文学出版社,2011年,第296页。

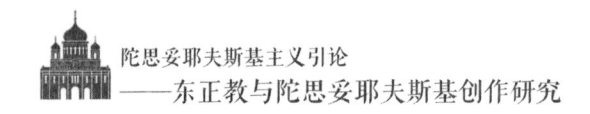

别人吩咐。"① 因此，在陀思妥耶夫斯基看来，贵族和人民相互学习、取长补短势在必行。

陀思妥耶夫斯基还就社会上层人士如何接近底层人民、弥合之间的隔膜提出了一些建设性的意见。首先，他认为，知识分子和贵族应该改变习惯，因为改变人民天性中的缺点很难，所以只有通过贵族自身态度的改变才能间接地影响人民。他们应该放弃偏见，改变对人民的敌视态度，真心诚意地去接触和了解人民。其次，用人民乐于接受的方法善待人民，不要欺骗。用俄罗斯的方式对待人民，会博得人民的尊敬与认可。最后，贵族要学习人民身上那种来自俄罗斯土地的顽强精神和对上帝的信仰，拥有人民那样非凡的适应能力和自我牺牲的献身精神，以便能够为共同的事业做出贡献。这其中，最主要的还是要借助于东正教的精神力量，因为东正教的认同感能逐渐弥合他们之间的心灵隔阂。而人民对上帝的信仰，恰恰可以弥补贵族和知识分子空虚的心灵，纠正他们扭曲的人格。正如弗拉基米尔·索洛维约夫在《纪念陀思妥耶夫斯基的三篇讲话》中指出的："就是这些平民百姓中最坏的人通常都保存着知识分子中最好的人所丧失的东西：对上帝的信仰和对自己的罪恶的意识。……如果在启蒙代表中间，宗教情感的残迹迫使他因先进文学家的渎神行为而恐惧的话，那么在死屋里，这个宗教情感应该在苦役犯恭顺的和虔诚的信仰的影响下而复活和更新。"② 陀思妥耶夫斯基也指出，人民也可以向贵族和知识分子学习到一定的知识和判断力。

此外，陀思妥耶夫斯基还在小说里对贵族和知识分子成为人民的领路

---

① 陀思妥耶夫斯基：《死屋手记》，曾宪溥、王健夫译，北京：人民文学出版社，2011年，第64页。
② 弗拉基米尔·索洛维约夫：《神人类讲座》，张百春译，北京：华夏出版社，2000年，第202页。

人寄予了希望。从犯人们干包工活拆驳船一事中可以看出：只要把人民组织好，让人民团结起来，就能最大限度地挖掘人民的潜力，发挥他们的强大创造力。而这样的领路人角色，像彼得罗夫之类是不能胜任的，在陀思妥耶夫斯基看来，他们虽不能成为事业的倡导者和主要领袖，却是事业的主要完成者和开拓者，因为他们只有坚强的决心和勇敢的精神。而这是不够的，他们还需要具有干共同事业的明确的目标、计划和策略。为了共同的事业，陀思妥耶夫斯基寄希望于他们团结协作。因此作者在小说的结尾大声疾呼：不要让人民在监狱里无益的内耗中浪费其才华和生命，应该利用他们的优势来为共同的事业服务。

第四节 《死屋手记》受偏爱的原因

尽管《死屋手记》和《被侮辱与被损害的》这两部小说的思想性和艺术性都要明显弱于其他五部思想性长篇小说，可为什么有些思想家，如列夫·托尔斯泰和尼采还是比较看重《死屋手记》？

首先，是因为他们认同陀思妥耶夫斯基对"不幸的人"等底层人民的同情、希望和爱，对他们的创造力充满信心。尼采在读完《死屋手记》后，完全赞同陀思妥耶夫斯基对"不幸的人"和罪犯问题的看法："陀思妥耶夫斯基发现他们（指西伯利亚的苦役犯。——引者注）完全不是他之前想象的那样。他们就像是用最好的、最坚实的和最珍贵的树木雕琢而成的，而这些树木唯有在俄罗斯的大地上才能长成。"[1] 苏联陀学家弗里德连杰尔因此认为，托尔斯泰的女主人公如安娜·卡列尼娜，也"像陀思妥耶

---

[1] Фридрих Ницше. *Сочинения в 2 томах. Т. 1*. М.: Мысль, 1990, с. 620.

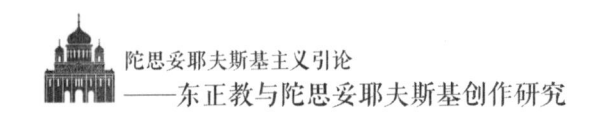

夫斯基的主人公那样，不仅是'罪犯'，而且也是'不幸的人'"①。

在他们眼里，这些"不幸的人"，尽管是偶然失足的兄弟姐妹，但可能在道德上还要比那些不信教、不敬神的上层人士更优秀。正如弗里德连杰尔指出的那样："在《死屋手记》中以为就经历和心理气质来说与托尔斯泰截然不同的人对俄罗斯平民的内心美，以及对平民的道德价值优于有教养的贵族少数人的道德价值，抱有强烈信念（托尔斯泰本人对此也抱有同样强烈的信念），这一信念该使托尔斯泰感到惊异。"②

其次，他们还都是"环境决定论"的反对者。陀思妥耶夫斯基在评论《安娜·卡列尼娜》时发现，列夫·托尔斯泰主张："人在面临全部生活真实的时候，他不怪罪别人，只怪罪自己。"③尼采也认为人的内在原因要大于外部原因："人的内在力量要大得多，被看成外部影响的许多东西，不过是您同它的内在一致性。环境也完全可能被利用，并且起到完全相反的作用。"④

最后，也是最终的缘由，就在于对东正教的或近似于宗教的博爱力量和牺牲精神的认同。弗里德连杰尔指出，德国思想家尼采就曾因为列夫·托尔斯泰和陀思妥耶夫斯基都是"人道主义者与民主主义者"而断言"他们十分尊重'小人物'，尊重'庄稼汉'"，而"托尔斯泰和陀思妥耶夫斯基思想的基督宗教色彩"正是来源于"古代和中世纪的人道主义思想及观念"："他们的宗教是他们对'庄稼汉'的爱与崇敬的哲学表现，是他

---

① 格·米·弗里德连杰尔：《陀思妥耶夫斯基与世界文学》，施元译，上海：上海译文出版社，1997年，第189页。

② 同上，第181页。

③ Ф. М. Достоевский. *Полное собрание сочинений в 30 томах. Т. 25.* Л.: Наука, Ленинградское отделение, 1983, с. 52.

④ 赖因哈德·劳特：《陀思妥耶夫斯基哲学：系统论述》，沈真等译，北京：东方出版社，1996年，第296页。

中　编

们肯定'庄稼汉'应与'大人物'平等，甚至承认前者在道德上超过后者的一种独特的形式。"[1] 谢尔盖·布尔加科夫认为："东正教中包含着约翰基督教的痕迹：'孩子们，你们要互爱！'。这是对所有人的爱，甚至不管他们的信仰是什么。这个特点为全部东正教徒所共有，包括东正教长老和苦行者，甚至那些在自己的意识中远离东正教的世俗作家，如列夫·托尔斯泰，列斯科夫等。"[2] 所以，陀思妥耶夫斯基说，监狱和强制性劳动根本不能感化"不幸的人"，因为监狱体制只能让普通百姓与现实世界隔绝开来，而普通犯人具有根深蒂固的意识，认为自己的罪行只是缺点。所以一味颂扬监狱体制只会导致人的心灵的衰弱枯竭，而颂扬者无非是"把这个精神上已枯萎成木乃伊的半疯的人，捧出来当作感化和忏悔的典范"[3]。由此可以看出，作家主张的根基主义思想的核心，就是追求东正教精神烛照下的认同感。

---

[1] 格·米·弗里德连杰尔：《陀思妥耶夫斯基与世界文学》，施元译，上海：上海译文出版社，1997年，第243页。
[2] С. Н. 布尔加科夫：《东正教：教会学说概要》，徐凤林译，北京：商务印书馆，2001年，第194页。
[3] 陀思妥耶夫斯基：《死屋手记》，曾宪溥、王健夫译，北京：人民文学出版社，2011年，第17页。

第六章
何为罪、如何罚？

——论《罪与罚》中的宗教（东正教）与法律

陀思妥耶夫斯基的长篇小说《罪与罚》提出了文学中的罪与罚主题，即"何为罪、如何罚"的问题。从小说内容及对小说的评论史来看，对"何为罪"本身就存在很大的争议，这里关系到罪与环境、罪与心理、罪与正义等多重方面；从法律、宗教和宗教哲学角度看，这涉及宗教与法律的二元论问题，即宗教与法律的理想的关系应该是互相依存和促进，而不是相互排斥。罪与罚主题反映的救赎与恩典问题，实际上是道德的至善原则和高傲的提坦主义（个人英雄主义）、理性（意志、强力）与天性（良心）的角力。而苦难、痛苦和恶的价值，正在于警示与救赎。宗教所涵括的要远大于法律所专注的内容，因此，宗教是对法律力有不逮的弥补和匡救，罪与罚主题在宗教中的意义要远远大于法律中的意义。

1865年9月，身处德国威斯巴登的陀思妥耶夫斯基向《俄国导报》主编卡特科夫描述了他即将撰写的长篇小说《罪与罚》的构思和梗概。其中有几句话是这样的：一个大学生杀了放高利贷的老太婆，在事发到收监的差不多一个月的时间之内，"他未受到任何怀疑，也不可能怀疑他，于是整个犯罪的心理过程就展示出来。许多无法解决的问题出现在杀人犯面前，出乎意料和突如其来的种种情感折磨着他的心灵。上帝的真理和人世的法律起了作用，他最后不得不去自首。他不得不这么做，为的是即使死于劳役，也可重新融入人群。他犯罪后马上感觉到的一种与人类分离和隔绝的感情将他折磨得非常痛苦，真理的法则和人的天性占了上风，……罪犯自己决定承受痛苦，以求赎回自己的罪行"①。小说的定稿与计划大体相合，此信中的很多关键词就此成为小说的主要情节和核心思想，如"上帝的真理""人世的法律""真理的法则""人的天性"等。就此，《罪与罚》成为一个跨学科研究的经典案例，对罪与罚的讨论在陀思妥耶夫斯基学术史上一直绵延不绝，而宗教（东正教）与法律的关系问题也成为陀思妥耶夫斯基研究的重中之重。

第一节　何为罪、如何罚？

何为罪？犯罪学研究专家告诉我们："犯罪是一种严重危害人身安全和财产安全，侵害和平生活与经济发展的反社会行为，是当今世界普遍关注的一个重大的社会问题。"② 而作为一门独立学科的犯罪学，其研究对象"最一般的说法是犯罪，或者说是犯罪现象"③。

在《罪与罚》中，对于"何为犯罪、为何犯罪"这些疑问，大学生拉祖米欣指出，有些人将之归咎为"环境的影响"（среда заела）："这个观点大家都知道：犯罪是对社会制度不正常的抗议（преступление есть протест против ненормальности социального устройства）——如此而

---

① 陈燊主编：《陀思妥耶夫斯基全集》第21卷《书信集》（上），郑文樾、朱逸森译，石家庄：河北教育出版社，2010年，第428页。
② 许章润主编：《犯罪学》，北京：法律出版社，2016年，第3页。
③ 同上，第3页。

已，再没有别的什么，此外什么原因也不许有——什么也没有！"①在他看来，这些人的理由是："如果把社会正常地组织起来，一切犯罪行为就会立刻消失，因为再没有什么可抗议的了，大家转眼之间就都成了正人君子。天性（натура）是不被考虑在内的。天性是被排除的，天性是不应该存在的！他们不承认，只要人类一直沿着**活生生的**历史道路发展下去，最后自然而然会组成一个正常的社会；相反，他们认为，由一种数学头脑设计出来的社会制度，立刻会把全人类都组织起来，使他们刹那间都变成无罪的正人君子……"②

这种为犯罪行为的开脱之辞其实就是"环境决定论"，它是陀思妥耶夫斯基终生反对的。因为在他看来，它忽略了人的天性，即人性中向善和向恶的两个本能，如果无视人向善的主观能动性，只强调作恶和犯罪的外部因素（人以外的客观环境等），这无益于减少犯罪现象的发生，从而也贬低了人作为文明之子的自由意志和向善意愿。"环境决定论"会诱发和纵容恶的存在与蔓延，正如俄国白银时代的批评家梅列日科夫斯基所认为的："恶行和罪孽不仅对我们的感性具有巨大的诱惑力，对我们的理智也具有巨大的诡辩力量。"③

英国文学批评家约翰·米德尔顿·默里认为，拉斯柯尔尼科夫的行为不是犯罪，而且正义站在他这一边。"拉斯柯尔尼科夫的行为不是犯罪。他的所作所为只是违反了人类制定的法律；他像一个抓着保姆的手的胆小

---

① Ф. М. Достоевский. *Полное собрание сочинений в 30 томах. Т. 6.* Л.: Наука, Ленинградское отделение, 1973, с. 196. 译文可参见陀思妥耶夫斯基：《罪与罚》，朱海观、王汶译，北京：人民文学出版社，2016年，第253页。

② 陀思妥耶夫斯基：《罪与罚》，朱海观、王汶译，北京：人民文学出版社，2016年，第253页。字体加粗处原文如此。

③ 德·谢·梅列日科夫斯基：《论陀思妥耶夫斯基的〈罪与罚〉》，冯增义译、曹国维校，《罪与罚（学术评论版）》，曹国维等译，桂林：广西师范大学出版社，2019年，第601页。

中 编

的孩子，因为赞成有益的破坏而行善。既然他没有犯罪，难怪他不悔悟。打败他的是他从不沉睡的良知：他受法律的管辖。他屈服于对手的重压而不是屈服于正义。正义站在他这一边，而且不只是他自己的正义——这是一种他没有勇气求助的力量，任何目光敏锐的人都会承认这种正义，社会本身在不久的将来也会认可这种正义。"①

罪是无法被彻底消灭的，因为恶永远存在。俄国宗教哲学家谢苗·弗兰克也认为人的罪和恶密不可分，而罪的前提是恶的存在。在解释弗兰克的这些观点时，徐凤林引申道："罪在本质上是与人的意志、心灵的内在结构相联系的。当它表现在人的行为和人际关系中，就是世界之恶——不仅是道德上的恶，而且是社会生活的灾难。这样，人类面临着两个任务：一是反抗恶、使生活免遭恶的危害的人物，一是从根本上克服罪的任务。为了完成前一个任务，使自私、仇恨、贪权、残忍等恶意志不造成危害，必须使用强制手段，必须'以暴力抗恶'。"②

在陀思妥耶夫斯基那里，罪还可分为思想之罪（思想杀人）和行为犯罪（暴力杀人）。后者本身就不为基督教所容，因为"不可杀人"是基督教十诫之第六诫。陀思妥耶夫斯基所重视和加以特别表现的是思想之犯罪，他认为犯罪的前因是思想上受到了迷惑，偏离了以公序良俗为基础的道德至善。所以，在对犯罪行为进行惩罚时，他偏重于良心和良知的惩罚。从《地下室手记》里的思想犯罪，到《罪与罚》里的思想犯罪加实际谋杀，说明罪的最终根源在于主观思想首先犯错——既违背道德，又违反法律。

---

① 约翰·米德尔顿·默里：《罪与罚》，戴大洪译，《罪与罚（学术评论版）》，曹国维等译，桂林：广西师范大学出版社，2019 年，第 615 页。
② 徐凤林：《俄罗斯宗教哲学》，北京：北京大学出版社，2006 年，第 225 页。

在美国文学批评家布莱克默看来，法国象征主义诗人于勒·拉福格的诗句"生命是真实和犯罪！"就体现了罪犯的第一步——意念中的犯罪。"拉福格的这一呐喊，代表了每一个先在想象中实施自己的罪行，哪怕只是一瞬，然后才付诸行动的罪犯心中必定存在的那种诗意的感觉。"[1] 在道德（宗教）之罚与法律之惩的天平上，陀思妥耶夫斯基最终倾向于前者。正如索尼娅在被拉斯柯尔尼科夫逼问在卢任和卡捷琳娜·伊凡诺芙娜之间谁的生命更有价值时所说的话："我没法知道上帝的旨意……再说，您干吗问不该问的问题？这些空洞的问题有什么用？这怎么会让我决定？谁让我做法官：决定谁生谁死？"[2] 索尼娅的这番话说明了几点：其一，在俄国普通民众的心里，还是认可上帝的意志，一切人的命运都是由上帝决定的，哪怕他受到了法律的严惩，这也是上帝意志的体现；其二，普通人不可僭越，不可悍然充当上帝这样的审判官的角色，轻易做出谁生谁死的决定，因为世俗之人总有各种各样的缺点，只有上帝的惩罚才是公平公正、让众人信服的；其三，上帝的惩罚（东正教的作用）和良心的愧疚（道德的作用），对于犯罪之人的心灵复活来说，缺一不可，在很多时候，人们往往有意无意地将上帝的惩罚和罪犯的良心愧疚混为一谈，而忽视和搁置了法律的规约效果与教化功能。

约翰·米德尔顿·默里指出，既然拉斯柯尔尼科夫的行为不是犯罪，那就谈不上对他进行惩罚。"因为他的行为不是犯罪，所以，对他的惩罚没有道理。"[3] 之所以这么认为，默里提出了拉斯柯尔尼科夫"意志薄弱

---

[1] R. P. 布莱克默：《罪与罚：我们自己犯下的谋杀罪》，鲁跃峰译，糜绪洋校，《罪与罚（学术评论版）》，曹国维等译，桂林：广西师范大学出版社，2019年，第696页。
[2] 陀思妥耶夫斯基：《罪与罚》，朱海观、王汶译，北京：人民文学出版社，2016年，第453页。
[3] 约翰·米德尔顿·默里：《罪与罚》，戴大洪译，《罪与罚（学术评论版）》，曹国维等译，桂林：广西师范大学出版社，2019年，第615页。

中 编

说"的理由:"拉斯柯尔尼科夫知道,犯罪是为了犯罪而犯罪,是恶意赤裸裸的行为方式。拉斯柯尔尼科夫没有这种作恶的能力,他也知道自己不能。他亲密的朋友会告诉他他不可能作恶,因为他的本性是善良的。情况也许是这样,然而,头脑清醒的拉斯柯尔尼科夫怀疑,那时因为他意志薄弱。"① 默里的这种说法,与现代法律从主、客观两方面认定犯罪事实成立的标准相比,似乎是对犯罪的主观事实的诡辩。

美国文学批评家布莱克默对"原罪说"的认可较有代表性,他认为犯罪行为在制度出现之前可以称为"无秩序的行为"。他说:"犯罪首先是一种违反人类法律、社会或宗教制度的行为;某种意义上,任何行为都可以被理解为犯罪,因为如果无法找到其所违反的制度,那么它就可以被称为无秩序的行为——违反了尚未出现但由于这种无秩序的行为而必然会出现的某一制度、习俗或规定。"② 进而他提出了"生命即罪"、接受苦难就是实现救赎的说法。"生命这种行动本身就是罪,这种因为信仰被迫以放弃生命的行动为代价,接受生命的苦难,就是实现救赎——或者,如果你喜欢一种不那么神学的说法,那就是实现人格的融合或圆满。罪孽越大,救赎就更大,这听上去很富于戏剧性,可是这确实是对的。"③

有罪必有罚,罚有多种形式,在法学意义上刑罚是最重的惩罚。"刑罚代表着国家对犯罪的否定评价,从而反映着社会对犯罪的谴责。"④ 刑罚也有轻重之分,轻至剥夺或限制一定的权利,重至生命权。"刑罚作为犯

---

① 约翰·米德尔顿·默里:《罪与罚》,戴大洪译,《罪与罚(学术评论版)》,曹国维等译,桂林:广西师范大学出版社,2019年,第615页。
② R. P. 布莱克默:《罪与罚:我们自己犯下的谋杀罪》,鲁跃峰译,糜绪洋校,《罪与罚(学术评论版)》,曹国维等译,桂林:广西师范大学出版社,2019年,第696页。
③ 同上,第699页。
④ 许章润主编:《犯罪学》,北京:法律出版社,2016年,第322页。

罪的法律后果，总是表现为一定的人身权利的被剥夺或者被限制，甚至包括生存权利的被剥夺或者一定的财产权利的丧失。"[1] 同时，法律学家也提醒人们，刑罚虽然具有预防犯罪的积极作用，同时又具有强制性惩罚的消极作用，所以应该强调刑罚的具体适用，而不是滥施刑罚。陀思妥耶夫斯基也主张不能滥用刑罚，这集中体现在其报告文学类型的长篇小说《死屋手记》中。陀思妥耶夫斯基认为，监狱和强制性劳动根本不能感化"不幸的人"，因为监狱体制只能让普通百姓与现实世界隔绝开来，而普通犯人具有根深蒂固的意识，认为自己的罪行只是缺点。所以一味颂扬监狱体制只会导致人的心灵的衰弱枯竭，而颂扬者无非是"把这个精神上业已枯竭的木乃伊，把这个半疯半癫的人拿出来展览，作为业已悔改的样板"[2]。而《罪与罚》在虚构一起刑事案的基础上，重点在于探讨围绕杀人案的各方的反应和立场，尤其是刻画主犯拉斯柯尔尼科夫始终无法逾越的良心之罚，强调俄罗斯人民在异质思想入侵的汹汹之势下仍然具备保存完好的自我净化的潜质和能力。

第二节　宗教与法律的二元论

何为法律，何为宗教？这是确立何为罪、如何罚的前提。

美国学者、法学家哈罗德·J.伯尔曼指出："法律不只是一套规则，它是人们进行立法、裁判、执法和谈判的活动。它是分配权利与义务，并据以解决纷争、创造合作关系的活生生的程序。宗教也不只是一套信条和仪式，它是人们表明对终极意义和生活目的的一种集体关切——它是一种

---

[1] 许章润主编：《犯罪学》，北京：法律出版社，2016年，第322页。
[2] 陈燊主编：《陀思妥耶夫斯基全集》第5卷《死屋手记》，臧仲伦译，石家庄：河北教育出版社，2010年，第20页。

对于超验价值的共同直觉与献身。法律有助于为社会提供维持其内部团结所需要的结构和完型;法律以无政府状态为敌。宗教则有助于给予社会它面对未来所需要的信仰;宗教向颓废开战。"① 法律和宗教在理论上是各司其职的,其功效在实践上却是可以混用的。

对现代社会而言,法律和宗教缺一不可,已然成为人类经验或人性的两个基本面,仿佛一枚硬币的两个面。"在某种意义上,一切都是宗教;在某种意义上,一切又都是法律——恰如一切皆为时间和一切都是空间一样。人类随时随地都要面对未知的未来,为此,他需要有对超越其自身的真理的信仰,否则,社会将式微,将衰朽,将永劫不返。同样,人类处处、永远面对着社会冲突,为此,他需要法律制度,否则,社会将解体,将分崩离析。生活的这两方面处于紧张之中,然而,若没有另一方,则任何一方都不能够完满。"②

别尔嘉耶夫在《自由精神哲学:基督教难题及其辩护》一书中指出:"基督教不是律法的宗教,但这一真理并不意味着:我们应当宣扬混乱。"③ 可见,他虽然不认为基督教是严格的法律,但认可基督教是自律的宗教。

俄罗斯学者、陀学家叶萨乌洛夫看到基督教在讲究律法和准则时凸显的恩典的重要性,他指出:"陀思妥耶夫斯基认为,律法和法律并不是天主教文明的发现,虽然有时被认为如此。相反,他认为人与人之间法律(律法)的准则是福音(恩典)关系的丧失——是人类回到基督教前无望而可怕的境地。巴别塔不是要修建,而是要建成:'那时我们就要建

---

① 伯尔曼:《法律与宗教》,梁治平译,北京:商务印书馆,2012年,第14—15页。
② 同上,第38—39页。
③ 别尔嘉耶夫:《自由精神哲学:基督教难题及其辩护》,石衡潭译,上海:上海三联书店,2016年,第129页。

成……'"① 在叶萨乌洛夫看来，宗教大法官对基督指责的根本依据是，救主实现了从"安慰人良心的强硬基础"到新约自由的转变，因此，"强硬的古老律法"（即旧约）被新约（人应该凭内心自由决定，何谓善恶，只要面前有你的形象）代替。换句话说，拒绝了旧约将人分为配得自由的与不配得自由的等级。所以，在《卡拉马佐夫兄弟》里，宗教大法官公然要求"改正"基督的功绩、让人类回到丧失福音前的状态："我们纠正了你建立的功德，我们把它建立在奇迹、神秘和权威之上。于是人们皆大欢喜了，因为他们又跟羊群一样让人驱使，从他们心上也终于解除了那给他们带来如许痛苦的赠品。"②

在一个正常的现代社会中，法律与宗教（道德）之间应该是相辅相成的关系，法律要求个人的意志服从最小限度的、社会生活所必不可少的善（即道德）。美国学者伯尔曼指出："宗教不仅是在人的道德义务这一层面上向法律挑战，而且它也在并主要是在人对超越的期望这一层面上向它发出了挑战。"③ 所以，"惯常的公式是，法律最终以道德为基础，道德最后则建立于宗教之上"④。"法律与宗教之间的紧张有助于保证它们各自免遭另一方的吞并。"⑤ 同时，它们又是你中有我、我中有你的关系。伯尔曼认为："虽然我们认定，法律中存在宗教因素和宗教中存在法律因素，而且，这两者不可能彼此独立地存在，我们并不否认保持法律与宗教之间这些紧张

---

① 叶萨乌洛夫：《陀思妥耶夫斯基诗学中的权利与恩典：〈卡拉马佐夫兄弟〉》，张变革译，张变革主编：《当代国际学者论陀思妥耶夫斯基》，北京：北京大学出版社，2014年，第193页。
② 陈燊主编：《陀思妥耶夫斯基全集》第15卷《卡拉马佐夫兄弟》（上），臧仲伦译，石家庄：河北教育出版社，2010年，第407—408页。
③ 伯尔曼：《法律与宗教》，梁治平译，北京：商务印书馆，2012年，第115页。
④ 同上，第115—116页。
⑤ 同上，第116页。

中 编

的重要性。事实上，法律与宗教之间的紧张也是它们各自内部的紧张——其组织方面与其精神方面的紧张：在法律里面，是正义与仁慈之间的紧张，一般规则与它在特殊案件中的适用之间的紧张，以及法律合理的、功利的方面与其仪式、传统、权威和普遍性的更具神秘色彩的方面之间的紧张；在宗教里面，是教会体制与精神自由追求之间的紧张，是有组织的宗教与人自由悟道传道之间的紧张。"①

宗教与法律的关系应该是相互依存、互相促进，而不是彼此排斥。"如果宗教被仅仅视为与超自然相关的一系列教义和实践，那它也很容易被孤立于包括法律在内的生活的其他方面。但是如果着眼于涉及生活目的和意义的共同直觉和信仰，着眼于关乎创造与救赎、超验价值、人类本性与命运的共同情感（以及共同思想）来定义宗教，那么，就很难把法律关系、法律过程和法律价值排除在其范围之外。"②宗教与法律可以各司其职、和谐共存。

《罪与罚》最明显地体现了陀思妥耶夫斯基想用宗教而不是法律来解决道德堕落问题的努力。俄国批评家沃尔什基（格林卡）就曾指出："最初的时候他关注的重心更多的还是放在道德问题的范围之内，而不是宗教问题。道德问题在他的心目中还不像后来那样取决于对宗教信仰的态度。用宗教解决道德问题这个观点在《罪与罚》中第一次得到鲜明体现。"③

总体而言，在《罪与罚》中，法律的作用位于宗教或道德之后，是对宗教和道德要求的补充与完善。在索尼娅知道了拉斯柯尔尼科夫的罪行

---

① 伯尔曼：《法律与宗教》，梁治平译，北京：商务印书馆，2012 年，第 117 页。
② 同上，第 131 页。
③ 沃尔什基：《陀思妥耶夫斯基的宗教道德问题》，徐振亚译，阿希姆巴耶娃编选：《精神领袖：俄罗斯思想家论陀思妥耶夫斯基》，徐振亚、娄自良等译，上海：上海译文出版社，2009 年，第 168 页。

后,她要求后者去十字路口,向众人磕头谢罪、亲吻大地,这是先忏悔后自首,或者说是自首式忏悔。这也恰好说明法律比(朴素的)宗教和道德产生得要晚,法律来自比较成熟的伦理社会,是吸收了道德和原始宗教等制约因素的文明社会的产物。

拉斯柯尔尼科夫在监狱里仍在思考成王败寇的思想,他仍未从他自己一开始建构的英雄史观中走出来。"'自从开天辟地以来,'他想到,'世界上就涌现出各式各样互相冲突的思想和理论,而我的思想在哪一方面比别的思想和理论更愚蠢呢?人们只要用完全独立的、开阔的眼界去看待事情,不为庸俗的影响所左右,那么我的思想当然也就根本不会显得那么……奇怪了。唉,否定者和不值钱的哲人们,你们为什么要半途而废呢!'"①

在拉斯柯尔尼科夫看来,所谓的"暴行"或者"暴力",其话语权完全在于作为成功者的英雄或超人,看他们怎么界定。"'为什么他们觉得我是胡作非为呢?'他问自己。'因为它是暴行吗?暴行这词是什么意思呢?我问心无愧。当然,犯了刑事罪;当然,犯了法,杀了人,那你们就依法砍掉我的脑袋……不就得了!当然,在这种情况下,甚至许多不是继承政权而是自己夺取政权的人类的恩主们,在他们事业的开端就应该被处死了。但是那些人成功了,**因此他们是对的**;而我呢,失败了,所以我没有权利迈出这一步。'"②

在《罪与罚》中,良心与共罪构成了似是而非的对立统一体。良心既是判断善与恶的基本道德标准,其实也是宗教与法律的共同底线。陀思妥耶夫斯基曾经在评述俄国历史学家卡维林的观点时指出:"良心离开了上

---

① 陀思妥耶夫斯基:《罪与罚》,朱海观、王汶译,北京:人民文学出版社,2016年,第534页。
② 同上,第534页。字体加粗处原文如此。

帝会成为可怕的东西，它可能迷失方向，甚至走到最不道德的地步。"①

俄国文学批评家沃尔什基指出，陀思妥耶夫斯基的宗教意识起源于其早期的道德意识，而道德意识的基础就是良心问题。"陀思妥耶夫斯基的宗教问题是在道德渴望的基础上产生并得到巩固的，是从良心的需要中发展起来的，这合乎逻辑，但是在自己的学说中，在这学说的最后表达中，陀思妥耶夫斯基又让道德问题服从于宗教教条，这合乎逻辑。"②

陀思妥耶夫斯基用法律的精神化来解决了宗教与法律的二元论假定。美国学者哈罗德·J.伯尔曼认为："陀思妥耶夫斯基摈弃了宗教与法律的二元论的西方观念；转而要求法律的精神化，或者，像他写的那样，'国家转化为教会'，亦即经济、政治和社会制度改变为以精神自由和献身之爱为特征的世界大同。在这里，他超越了西方理性主义的时代，预见到一个人们将不再愿意结束精神与世俗相对立、信仰及爱与科学及政治相对立的时代。"③

约翰·米德尔顿·默里认为，就《罪与罚》而言，"迄今为止他（指陀思妥耶夫斯基。——引者注）一直站在法律一边"④。也就是说，当时的俄国法律是可以为拉斯柯尔尼科夫的杀人行为开脱，甚至定为轻罪甚至无罪的。小说中对此案审判也是主要考虑到犯人不正常的心理状态和普通民

---

① 转引自沃尔什基：《陀思妥耶夫斯基的宗教道德问题》，徐振亚译，阿希姆巴耶娃编选：《精神领袖：俄罗斯思想家论陀思妥耶夫斯基》，徐振亚、娄自良等译，上海：上海译文出版社，2009年，第166页。
② 沃尔什基：《陀思妥耶夫斯基的宗教道德问题》，徐振亚译，阿希姆巴耶娃编选：《精神领袖：俄罗斯思想家论陀思妥耶夫斯基》，徐振亚、娄自良等译，上海：上海译文出版社，2009年，第155页。
③ 伯尔曼：《法律与宗教》，梁治平译，北京：商务印书馆，2012年，第94—95页。
④ 约翰·米德尔顿·默里：《〈罪与罚〉》，戴大洪译，《罪与罚（学术评论版）》，曹国维等译，桂林：广西师范大学出版社，2019年，第609页。

众匪夷所思的犯罪动机,"然而,就所犯的罪行来说,判决却是出乎意外的宽大,这可能因为犯人不仅并不想替自己辩护,甚至还似乎企图把自己的罪行说得更严重一点。一切奇怪的、特殊的情况都被考虑到了。犯人在犯罪以前一直处于一种病态和困苦的状态,这是毫无疑问的。至于他为什么没有使用他抢来的东西,人们认为,这一部分是由于他事后悔恨交加,一部分是由于他犯罪时的精神状态并非完全正常"[①]。再加上发现了罪犯以前还有一直乐于助人、救人于水火等善良的表现,直接促使对拉斯柯尔尼科夫之罪的惩罚降到了最低,甚至给人以罚不当罪、罚与罪不相称的感觉:"总之,考虑到犯人主动投案自首和其他一些足以减轻罪行的情况,最后给他判了刑期只有八年的二等苦役。"[②]然而,这竟然是对一桩背负了两条生命的杀人罪的判决结果。

共罪思想是社会"试验品"们的十字架,他们为莫须有之罪而遭受无辜之罚,根据东正教的共罪思想,人们必须承担起共同赎罪和忏悔的道义,由自发忏悔促使社会制度的建立和社会正义的普及,有罪必罚促使每个人切实贯彻道德的自我完善。《罪与罚》中差不多可以算作已经发生了的油漆匠米科尔卡蒙冤受罪的情节,在《罪与罚》之后引发了关于谦卑与正义孰先孰后、谁是谁非的争论!而在陀思妥耶夫斯基看来,谦卑在前,再问正义。这首先必须要求每个人的自我内心由内到外的谦卑,因为越谦卑(谦虚)者越智慧,就跟索尼娅一样,而越卑贱者越崇高,如同愿意顶罪受难的油漆匠米科尔卡,这样才能导致社会风气的转变和改革,正义才会到来。所以,布莱克默指出,只有彻底改变苦难,才能消除社会上存在

[①] 陀思妥耶夫斯基:《罪与罚》,朱海观、王汶译,北京:人民文学出版社,2016年,第527页。
[②] 同上,第528页。

中 编

的负罪感（其实就是共罪思想）。①

爱和团结，是陀思妥耶夫斯基摒弃宗教与法律的二元论假定的最终目的。正如伯尔曼指出的："耶稣说律法的要旨就是爱神和爱邻居。"② 而且，在一个现代的公民社会，特别是具有共同体意识的现代社会里，互相尊重和共同趋向团结，也跟宗教教会的团契目的是存在共同性的。正如法国哲学家、托马斯主义者雅克·马里旦所说："在公民社会自身的世俗领域之上，独立地存在着一个由不属于恺撒的事物构成的王国；公民社会不是通过任何一种神权政体或神权主义，也不是通过施加某种宗教事务上的压力，而是在每一个人的权力和自由的基础之上，通过尊重和促进教会以及各式各样存在于世俗共同体中的宗教团体的精神活动，而与宗教结合在一起。"③

第三节　《罪与罚》中的救赎和恩典

《罪与罚》中的罪与罚也是相辅相成、相互成就的关系。

在拉斯柯尔尼科夫看来，实施犯罪是克服犯罪前"意志消沉""缺乏理智"的临界时刻的一种手段，但这只是他一厢情愿的认识，只适用于他的情况，更多的罪犯在实施犯罪行为前是铁了心的"坚定"和"顽强"，孤掷一注、完全不计后果，而他之所以瞻前顾后、思来想去，并且在犯罪实施后还不断地陷入谵妄，受热病等心理疾病的困扰，是因为他无法跨越良心之罚的界限。就拉斯柯尔尼科夫案件而言，其罪行主要因为罚而成

---

① R. P. 布莱克默：《罪与罚：我们自己犯下的谋杀罪》，鲁跃峰译，糜绪洋校，《罪与罚（学术评论版）》，曹国维等译，桂林：广西师范大学出版社，2019年，第718页。
② 伯尔曼：《法律与宗教》，梁治平译，北京：商务印书馆，2012年，第189页。
③ 雅克·马里旦：《人权与自然法》，吴彦译，北京：商务印书馆，2020年，第19页。

立，其罚主要因为犯罪前后的良心折磨而显得意义隽永。从这个意义上说，拉斯柯尔尼科夫的罪与罚相互成就、相辅相成，如同一枚硬币的两个面。在犯罪实施之前，拉斯柯尔尼科夫认为："几乎每一个罪犯，在犯罪的时刻都意志消沉，缺乏理智，在最需要保持理智和小心谨慎的时刻，却被幼稚的、罕见的轻率替代。他深信，这种理智模糊和意志消沉像疾病一样向人袭来，逐渐蔓延，并且在犯罪之前不久达到顶点；这种情况在犯罪的那一瞬间还在继续下去，而在犯罪以后，还要因人而异地继续若干时候；最后像一切疾病一样渐渐消失。"①

拉斯柯尔尼科夫撰写法律文章，挑战道德的至善原则，就是高傲的提坦主义（个人英雄主义），必将表现为与世隔绝以及由此而造成的孤独（将社会分成人与神两类）、叛逆（拒绝履行必要的、基本的义务）和反抗社会（违背基本的人伦道德，甚至违法）。在陀思妥耶夫斯基那里，这些都是个体追求成为"人神"的后果，注定要走向毁灭。"就在我们自己的心中，天使和恶魔永远在争论，而且最可怕的是，我们有时候不知道更爱他们之中的哪一个，更希望谁能获胜。恶魔不仅以享乐，还以自己的正确来吸引人：我们会怀疑，他莫非是真理没有被理解的部分，没有被承认的一面。一颗软弱而又高傲的心不能不对路西法的愤怒、桀骜不驯和自由做出回应。"②

在拉斯柯尔尼科夫那里，理性（意志、强力的同义词）与天性（良心）的斗争在他桥上反思的那一情节里表现得最为激烈。在得到波琳卡

---

① 陀思妥耶夫斯基：《罪与罚》，朱海观、王汶译，北京：人民文学出版社，2016年，第68—69页。
② 德·谢·梅列日科夫斯基：《论陀思妥耶夫斯基的〈罪与罚〉》，冯增义译、曹国维校，《罪与罚（学术评论版）》，曹国维等译，桂林：广西师范大学出版社，2019年，第601页。

中编

将会替他祷告的许诺后,拉斯柯尔尼科夫在路过之前偶遇一个女人跳河的桥上时,他内心又一次掀起了一轮强烈的思想斗争。"'够啦,'他坚决而郑重其事地说,'幻影滚开,人为的恐惧滚开,魔影滚开!……应该活下去!难道我刚才没活着吗?我的生命并没有跟那个老太婆一块儿死去!愿她在天国安息吧——够了,老大娘,你也该安息啦!现在,让理性和光明主宰一切吧……让意志和力量主宰一切吧……现在,咱们走着瞧吧!咱们现在来较量较量!'他蔑视一切地说,好像他正在对一种黑暗势力说话,并向它挑战似的。'我不是已经同意在一俄尺大小的地方活下去了吗!'"[①] "一俄尺大小的地方"其实就是监狱,说明他在犯罪后并未获得自己在论文里所写的那种强力意志,而是更加深陷于良心的折磨,内心早就倾向于自首,向人民交出自己良心,依法赎罪。

相比而言,侦查员波尔菲里虽然智力过人,但在陀思妥耶夫斯基眼中只是一个推动情节发展的中介人物。他因此被美国批评家布莱克默称为"道德疲劳的牺牲品",他认为就精神深度而言,波尔菲里完全不及拉斯柯尔尼科夫,甚至还不如斯维德里盖洛夫和杜尼娅,主要原因是他无法理解"罚,即罪的完成":"他理解罪,因为他就代表着犯罪的目的,并且知道犯罪的原因是什么,但他无法理解到罚,即罪的完成,因为罚必须发生在灵魂区域里的,那个领域是他这种人无法掌控的。在这个领域,各种理性、论点、秩序的所有武器只是杂乱地堆放在一起,并且必须被清理出去;在这个领域,所有那些内心清白者若要承担起负罪感,都要使罪孽、施为的自我顺从信仰、等待的自我,而在陀思妥耶夫斯基原始的基督教洞

---

① 陀思妥耶夫斯基:《罪与罚》,朱海观、王汶译,北京:人民文学出版社,2016年,第186—187页。

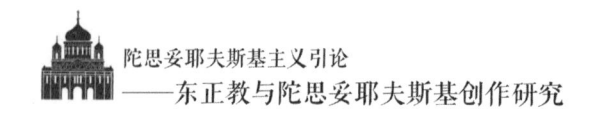

察力看来，后者之所以等待，只是为了被创造。"①

别尔嘉耶夫认为，基督教的本质就是救赎。"基督教的本质及其最伟大的新事物是揭示上帝的人性，揭示神人性，克服在上帝与人之间的鸿沟，这个关于神人的真理被有条件的和象征性的教条形式所掩盖。"②别尔嘉耶夫又指出："人需要律法，自然倾向于按照律法来理解一切。基督完全不拒绝与否定律法，但他启示了精神世界，律法在其中得到了实际的、现实的克服，被恩典之爱与恩典之自由所克服。"③所以，有罪必有罚，罚兼有惩处和救赎之意。在《罪与罚》中呈现出"罪、罚、救赎（恩典）"的三位一体结构。

救赎和恩典的意义，是与原罪同步产生的。在基督教思想中，原罪本来就是人类的共同的根本处境。"罪毫无疑问是人类的根本状态和根本处境，只有在承认罪的基础上，救赎论乃至整个基督教信仰才有可能确立起来。"④

具体来说，罪有内、外两个层面的内容。"在基督教传统看来，有关罪的基本理解包含有外在和内在两个层面。首先，就外在方面而言，罪可以被界定为是对某种确定律法和诫命的僭越，对某种神圣道德法则的违背。这些法则和规定既可以看做是造物主为受造物所订立的'道德的自然法则'，也可以视为是由上帝所颁布的严格诫命。其次，就内在方面来讲，罪是人的一种内在生存处境和存在状态。这种处境和状态与人的有限性和

---

① R. P. 布莱克默：《罪与罚：我们自己犯下的谋杀罪》，鲁跃峰译，糜绪洋校，《罪与罚（学术评论版）》，曹国维等译，桂林：广西师范大学出版社，2019年，第717页。
② 别尔嘉耶夫：《自我认识：思想自传》，雷永生译，上海：上海三联书店，1997年，第296页。
③ 别尔嘉耶夫：《自由精神哲学：基督教难题及其辩护》，石衡潭译，上海：上海三联书店，2016年，第129页。
④ 闻骏：《不断追问中的人神关系：施莱尔马赫思想研究》，北京：人民出版社，2017年，第153页。

中 编

软弱性相关,它被看做是人在其内在意念方面所产生的对上帝意志的背离,但这种背离是基于人的自由意志。"①

有关罪的教义"其自身意义的彰显最根本的一点并不是在于它是怎样产生的,或信仰个体为何会有罪,而是它向信仰个体启示或指示出了上帝的救赎和恩典"②。

虽然每个人都背负着原罪,但只有基督一人承担了所有人的痛苦。美国批评家布莱克默就曾指出:"陀思妥耶夫斯基相信,无辜的基督以一己之力承担了世界上所有无辜的人的痛苦,并借此将他们与罪人一起救赎,同样,我们每个人身上也都有一个无辜的我,必须承担自己身上那个罪人之我所导致的苦难。在陀思妥耶夫斯基看来,在我们的罪中,我们创造了我们的负罪感。……负罪感的深度也会由你信仰的深度来衡量,如果你有足够的想象力,信仰的深度就会改变你。"③在布莱克默看来,信仰的深度与负罪感的深度成正比。

光有道德而没有上帝,还不足以显示不朽的价值和救赎的意义。对此,俄国批评家沃尔什基认为上帝需要制造奇迹:"只有万能的上帝才能消除不朽中看上去似乎不可消除的东西。只有他才能够让人忘却,也只有到那个时候忘却才不可耻。正因为如此,对陀思妥耶夫斯基来说,为了缓解道德探索中的疑虑,单单承认不朽是不够的,他还必须找到上帝。为了把被历史进程践踏过的人的道德权利还给他,就需要神奇的、能够创造奇

---

① 闻骏:《不断追问中的人神关系:施莱尔马赫思想研究》,北京:人民出版社,2017年,第153页。
② 同上,第162页。
③ R. P. 布莱克默:《罪与罚:我们自己犯下的谋杀罪》,鲁跃峰译,糜绪洋校,《罪与罚(学术评论版)》,曹国维等译,桂林:广西师范大学出版社,2019年,第718页。

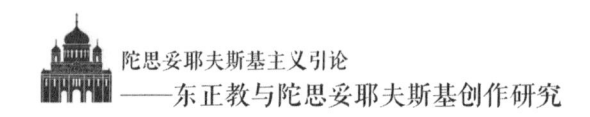

迹的上帝的力量，需要上帝身上那种能够医治一切的灵魂不朽。"①

德国思想家卡尔·雅斯贝尔斯认为，只有当罪是悲剧性时，罪才具有道德上的意义。"那对于本不该有罪的罪人灭亡过程中的正义的道德评价与悲剧并不相合；罪与罚之间的关系变得狭窄，隐没在道德之中。只有当人的伦理实体分别为相互冲突的若干力量所掌控之时，才能成就他英雄的伟大；他的罪才会变得无罪的、性格坚定的必然性；他才会从覆灭走向重生，在这过程中，覆灭的事件被扬弃。一切有限的事物在绝对者面前都会得到判决，这就将覆灭从偶然和无意义性带入了必然性。有了个体的伟大，个体为之牺牲的整体的存在才被表明。"②显然，在雅斯贝尔斯这里，罪的意义在于罪犯和受害者共同"覆灭"的必然性和悲剧性，却也由此放大了所谓犯罪"英雄"的罪孽的"伟大性"，而不由自主地忽视了受害者的苦难。

第四节 苦难、痛苦和恶的价值

美国文学批评家布莱克默认为，《罪与罚》中的罪与罚皆是宗教意义上的。"对陀思妥耶夫斯基来说罪孽深渊的边缘就是因信得救的地平线，受难是愿景的条件。**宗教罪孽即罪**，因信受难即**罚**。"③他接着又指出，拉斯柯尔尼科夫走上的是一条"罚即罪的意义所在的不归路"："因为在基督

---

① 沃尔什基：《陀思妥耶夫斯基的宗教道德问题》，徐振亚译，阿希姆巴耶娃编选：《精神领袖：俄罗斯思想家论陀思妥耶夫斯基》，徐振亚、娄自良等译，上海：上海译文出版社，2009年，第191页。
② 卡尔·雅斯贝尔斯：《论悲剧》，梁靓译，上海：华东师范大学出版社，2021年，第52—53页。
③ R. P. 布莱克默：《罪与罚：我们自己犯下的谋杀罪》，鲁跃峰译，糜绪洋校，《罪与罚（学术评论版）》，曹国维等译，桂林：广西师范大学出版社，2019年，第699页。字体加粗处原文如此。

徒的心理中，没有人可以在谋杀中使自己生命圆满，所以在罪行施为者的一生中，那件事的意义永远无法达到圆满。只有天罚才能要么使人圆满，要么使其意义圆满。"①

别尔嘉耶夫反对传统的神学学说，认为它们都有将苦难客体化和构造苦难本体论的企图，因而断定这是对人的古老的施虐本能的教条化。相反，他积极地看待苦难、痛苦和恶的作用，认为它们的价值在于铺设了一条通向上帝的道路。"在这个时代，这个世界上的恶和痛苦、苦难证明这个世界的缺陷和非最后性，证明了另一个世界和上帝的存在之不可避免。在这个世界里没有苦难则导致证明这个世界是最终的。不过，苦难仅仅是人走向另一个世界，走向超验世界的道路，陀思妥耶夫斯基甚至认为苦难是意识产生的唯一缘由。"②

别尔嘉耶夫因此谈到了末世论的双重性或者二义性，即既有毁灭又有创造，而更强调后者，但目的都是为了救赎。"上帝是解放、教育和改造的力量，而不是惩罚、分裂、报应和强制的力量。惩罚、报应和奴役是人和世界的愚昧的内在产物，所以末日是二义性的。可怕的审判和死亡的天意是脱离上帝和基督的道路的末日，是愚昧和奴役的末日。但另一种末日，上帝道路的末日则是自由的事业，而不是天意。"③

别尔嘉耶夫认为，过分地强调苦难和末日审判的惩罚，只会将基督教与人性对立起来，有碍于人回归上帝。"人日益长大，当宗教中存在残酷的惩罚的、可怕的和威胁的成分时，他只能败于战斗的无神论之手。如果

---

① R.P.布莱克默：《罪与罚：我们自己犯下的谋杀罪》，鲁跃峰译，糜绪洋校，《罪与罚（学术评论版）》，曹国维等译，桂林：广西师范大学出版社，2019年，第704页。
② 别尔嘉耶夫：《自我认识：思想自传》，雷永生译，上海：上海三联书店，1997年，第287页。
③ 同上，第292页。

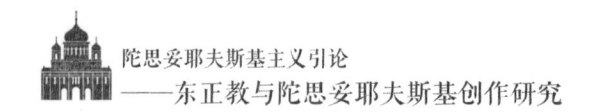

说苦难观念过去支撑过教会,那么现在教会应当把它作为暴虐狂的思想而加以抛弃。因为它妨碍基督教回归自身。审判的宗教愈益不适于人,人已经过于被世界所折磨。审判权完全转入君主王国的手里,君主可以用它来恐吓人们。"①

苦难、痛苦和恶的价值,正在于对其反面的肯定。"恶的存在不仅为难我们对神的信仰,恶的存在同样是神存在的证明,它证明这个世界并不是惟一的与最终的。恶的经验使人朝向另一个世界,唤起对这个世界的不满。"②它们的意义就是东正教的救赎性质。"如果没有恶以及由它们所产生的痛苦,那么,就不会有拯救的要求。"③

巴赫金在《俄国文学史讲座笔记》里指出,陀思妥耶夫斯基在《罪与罚》中对"罪与罚"的反思,是告别和否定浪漫主义与虚无主义,也就此告别了社会的法律,回归内心的律法,即良心。"陀思妥耶夫斯基重又回到他年轻时期思考的那个问题即犯罪的问题。浪漫主义者把罪犯分为两类:一类是普通的罪犯,一类是曼弗雷德、卡尔洛夫·莫罗夫。后一类人虽然也破坏了法律,却不能称之为罪犯。陀思妥耶夫斯基站在正义的罪犯一边。在创作《罪与罚》之前,他重新审视了自己的观点。拉斯柯尔尼科夫连同陀思妥耶夫斯基都赞同浪漫主义者:法律,任何一部由其他人引入的法律,都并非某种公正的、应该服从的东西。但是,有一种内心的、宗教的法律,那就是良心,人们没有权利去跨越它,而这样的法律是既被浪漫主义者否定,又被虚无主义者否定的。陀思妥耶夫斯基想一石二鸟:既

---

① 别尔嘉耶夫:《自我认识:思想自传》,雷永生译,上海:上海三联书店,1997年,第297页。
② 别尔嘉耶夫:《自由精神哲学:基督教难题及其辩护》,石衡潭译,上海:上海三联书店,2016年,第117页。
③ 同上,第117页。

否定浪漫主义者，也否定虚无主义者。无论是前者，还是后者，都没有最高的宗教权威，因此都扼杀了生活的真正的意义。"①

对此，格罗斯曼也有相似的看法，他认为长篇小说《罪与罚》是中篇小说加政论体裁的《地下室手记》的扩大版和深化版。"在许多重要问题上，《罪与罚》都是《地下室手记》的进一步发展，并用一场谋杀的悲剧和无数随之而来的心理学和道德问题将其复杂化。"②而且，它们都反映了陀思妥耶夫斯基用基督教来对抗作为无神论的虚无主义和社会主义的企图。在"小说的尾声中，拉斯柯尔尼科夫的噩梦以及对他打算转向《福音书》这两个情节首次明确提出了后期陀思妥耶夫斯基的基本主题：用基督教对抗社会主义。在这一主题的发展过程中，其最早的体现者之一索尼娅·马尔梅拉多娃的形象出现在我们面前，她出乎意料地将'卫生保健'领域的时政话题与陀思妥耶夫斯基宗教哲学的若干基础问题结合了起来"③。

总之，宗教注重的是人由内而外地践行某些规约的主动性和能动性，而法律的存在其实是由外而内地形成对人的某种约束和威慑作用以及实行某些必要的惩罚，它们一般是各司其职的，但有时又会相互借鉴或互相转化。在宗教与法律的关系与互动方面，陀思妥耶夫斯基的长篇小说《罪与罚》提供了一个经典的解读范例。

---

① 巴赫金：《俄国文学史讲座笔记》，钱中文主编：《巴赫金全集（增订版）》第7卷，万海松等译，石家庄：河北教育出版社，2009年，第99页。
② 列·彼·格罗斯曼：《〈罪与罚〉的城与人》，糜绪洋译，《罪与罚（学术评论版）》，曹国维等译，桂林：广西师范大学出版社，2019年，第682页。
③ 同上，第653—654页。

第七章
从形象到圣容,从"凡人"到"完人"

——论《白痴》中的面容问题

圣经与文学的关系,概而言之,既体现在圣经可以作为文学作品来阅读,也体现在读出文学作品的圣经主题和宗教思想。这里不应受门户和成见的束缚,而应秉持开放的心态、具有跨学科的通识意识,以求获得审美的升华和思想的提升。"把圣经作为文学来读,不应使那些持宗教见解者感到不悦,也不求那些自持己见、对圣经抱怀疑或不明朗态度的人全然接受。无论宗教信仰如何,圣经是我们大家的共同遗产。我们应当从某些方面研究它,而不宜陷入宗教论争之中。"[①]

当代学术界早就把圣经文学研究作为一门学科进行多角度的研究,况且以圣经为载体的基督教精神本来就是欧洲文化的两大源头之一。"当代圣经文学研究的又一繁荣景象涉及对圣经与世界文学相互关系的探讨,亦即对'世界文学中的圣经元素'的探究,这是跨民族、跨语言、跨文化、跨学科的圣经研究,所关注的是希伯来-基督教精神在文学史中的来龙去脉,包括圣经如何多方面接受西亚、北非、南欧上古诸族文学的影响,去

---

① John B. Gabel, Charles B. Wheeler. *The Bible as Literature: An Introduction.* New York, Oxford: Oxford University Press, 1986, P. 3.

中　编

粗取精而成为中东新一代文学的结晶，以及圣经成书后如何对后世文学发生了极其深刻的影响。这类研究几乎涵盖所有著名诗人和作家，如但丁、莎士比亚、弥尔顿、班扬、歌德、雪莱、拜伦、雨果、狄更斯、哈代、劳伦斯、萧伯纳、普希金、陀思妥耶夫斯基、托尔斯泰、T. S. 艾略特、福克纳、奥尼尔、布尔加科夫等。"①

圣经主题在陀思妥耶夫斯基的创作中比比皆是，我们仅以他的长篇小说《白痴》为例，就可以串联起诸多有关圣经题材的重要线索，集中地剖析它们，有助于我们把握陀思妥耶夫斯基的宗教思想。

现实生活中的人和物的形象，乃至文学作品中的形象，作为一种客观的存在或在场，均具有其特定的生成机制和演变史。现代批评理论认为，形象作为一种特殊符号，既承载着思想、创造着故事，更蕴含着一种特殊的再现机制。美国视觉艺术批评家 W. J. T. 米歇尔就曾指出："形象不仅仅是一种特殊符号，而颇像是历史舞台上的一个演员，被赋予传奇地位的一个在场或人物，参与我们所讲的进化故事并与之相并行的一种历史，即我们自己的'依造物主的形象'被创造，又依自己的形象创造自己和世界的进化故事。"②

对于人而言，面容的重要性不仅体现在它能反映出一个人的形象、神态和心理等主客观的状态，更是彰显一个人与他人、社会、环境的关系问题。正如英国哲学家和神学家约翰·麦奎利所言："人的面部有着不可比拟的表意能力，而且，面对着另一个人就会与之建立一种远远超出生理性

---

① 梁工主编：《圣经文学研究：原理和实践》，《圣经文学研究》第1辑，北京：人民文学出版社，2007年，第30页。
② W. J. T. 米歇尔：《图像学：形象、文本、意识形态》，陈永国译，北京：北京大学出版社，2020年，第6页。

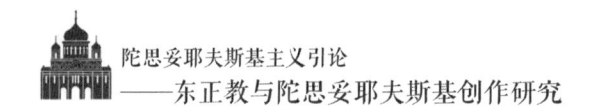

的关系。"① 面容与形象往往既是物理个体的代表，又是思想个体的象征，执行着看与被看的思想交流和社会交际功能。面容问题，最早来自基督教的耶稣圣像的流播史，而当圣像进入肖像画时代后，世人"所面对的就只有作为图像的形象，或作为形象的图像，于是，'圣像学（Iconology）'也就变成了包含'肖像学（Iconography）'在内的'图像学'"②。而对同一幅画的不同解释就可以看出肖像学和圣像学的区别："前者指画法、写法以及描述性的内涵；后者指思想、理念以及解释性的内涵。"③ 东正教的圣像学十分注重图像的思想性。"东正教总是把圣像与世界观联系起来"，在东正教中，"圣像是以一定的艺术方法来表达神学思想的复杂有机体"。④

陀思妥耶夫斯基的长篇小说《白痴》中有诸多的形象和面容，但最主要的还是梅什金公爵，无论是从原型的溯源和塑造的机制，还是从思想体现和理想寄托而论，他的形象和面容集中反映了作家由表入里、从形象到精神的象征意图和表达范式。陀思妥耶夫斯基一直很重视面容和肖像的思想因素，他曾在《公民报》的《作家日记》专栏中发表《从博览会说起》一文，明确表示人物的面容应当表现出思想："例如，肖像画家把他的对象安置恰当，为的是画他的肖像，画家要做好准备、仔细观摩（вглядывается）。他为什么要这样做？因为他从实践中得知，人并不是始终都像自己（человек не всегда на себя похож），因此他要寻找'人的面容（физиоломия）的主要思想（идея）'，捕捉这个对象最酷似自己的那

---

① 麦奎利：《探索人性：一种神学与哲学的途径》，何光沪、高师宁译，北京：东方出版社，2019 年，第 28 页。
② 陈永国：《译者序》，W. J. T. 米歇尔：《图像学：形象、文本、意识形态》，陈永国译，北京：北京大学出版社，2020 年，第 xxvi 页。
③ 同上，第 xxvi 页。
④ 徐凤林：《东正教圣像史》，北京：北京大学出版社，2012 年，第 25 页。

中 编

一瞬间。肖像画家的才能就在于，他善于捕捉和抓住这一瞬间。"①有鉴于此，我们以《白痴》为例，可以串联起诸多可以回溯到宗教根源的重要线索，集中地剖析它们，有助于我们把握陀思妥耶夫斯基整体的形象论和面容观及其折射的文化史意义。

第一节　从骑士到白痴：基督的非完整性降临

在任何一种文本，尤其是文学文本中，形象和思想往往都存在互融和互植现象，几乎没有不体现某种思想的形象，抽象的思想有时也可通过形象得以表达。文本中的形象因素和形象中的文本因素之间的象征和指代，常常被现代视觉艺术理论认为是一种"陌生化"的"越界"，而对文本和形象的意识形态的阐释则被视为一种具有仪式感的"暴力行为"。②一旦形象具有了历史性，也就具备了不同程度的虚拟性，它也"就成为文学批评、艺术史、神学和哲学等领域中进行意识形态化和神秘化的一个再现机制"③。

基督曾以原型、变容、想象等不同方式形象地降临在陀思妥耶夫斯基的作品中，基督既活在他笔下主人公的心中，也呈现在被他勾勒和塑造的情节里。陀思妥耶夫斯基认可那种说法，即俄国人民不熟悉圣经、不知道信条，但从小就知道基督，因此，对基督的认识在很大程度上就代表了俄国人民最基本的东正教信仰。"自古以来俄国人民就知道基督，把基督铭

---

① Ф. М. Достоевский. *Полное собрание сочинений в 30 томах. Т. 21.* Л.: Наука, Ленинградское отделение, 1980, с. 75.

② W. J. T. 米歇尔：《图像学：形象、文本、意识形态》，陈永国译，北京：北京大学出版社，2020年，第191页。

③ 陈永国：《译者序》，W. J. T. 米歇尔：《图像学：形象、文本、意识形态》，陈永国译，北京：北京大学出版社，2020年，第x—xi页。

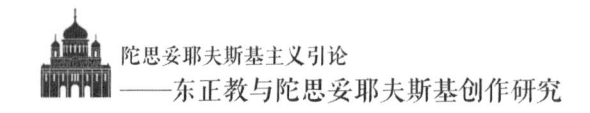

刻在自己的心中。这是确凿无疑的。但是，没有关于信仰的学说，怎么可能有关于基督的真实理解呢？这是另一个问题。但是对于基督有出自内心的领会和真实的理解，这是无须怀疑的。这种认识代代相传，已经深入人心。可能，俄国人民唯一的爱就是基督，他们是按自己的方式爱基督，也就是一直爱到受苦受难。东正教在信奉基督的真诚方面超过所有其余的人，俄罗斯人为东正教这个名称而无比自豪。再说一遍：可以无意识地知道很多事情。"[1]可见，相比起旧约和上帝言行，俄国人更加重视新约及基督言行的教诲作用。

接近基督、向基督看齐，是陀思妥耶夫斯基的理想，基督确实是人所无法企及的，人只能无限接近他，并在接近的过程中不断向他学习。陀思妥耶夫斯基在《白痴》里塑造的梅什金公爵，基督形象在他身上非完整性的降临，就表明他对基督博爱精神的渴望。"陀思妥耶夫斯基在塑造梅什金公爵的形象时，力图将其写成当时的一个实际存在的人，不过此人就其达到的完美程度而言，接近于作者心目中的最高理想——基督，因此在写作笔记里曾称他为'基督公爵'。梅什金公爵确实主张基督式的'普遍的爱'。呼吁人们实现基督的精神，宣扬宽恕忍让。"[2]如果按照中世纪末期的神学家库萨的尼古拉所说，影像是面容的原本和真理的反映，"我的上帝，影像在你里面就是存在着的和能够存在的一切事物和每一个别事物的真理和原本"[3]，那么，梅什金这个形象以及在其身上所折射出的另一些形象或化身，它们最根本的原型就是造物主的形象，亦即基督及其所体现的爱与

---

[1] 陈燊主编：《陀思妥耶夫斯基全集》第19卷《作家日记》（上），张羽译，石家庄：河北教育出版社，2010年，第59页。译文略有改动。
[2] 陈燊主编：《陀思妥耶夫斯基全集》第10卷《白痴》（下），郭奇格、张捷译，石家庄：河北教育出版社，2010年，第835页。
[3] 库萨的尼古拉：《论隐秘的上帝》，李秋零译，北京：商务印书馆，2017年，第98页。

被爱的真理。

梅什金身上寄托了陀思妥耶夫斯基对骑士品格和基督理想的双重想象，因为后两者具有共同的博爱精神——自我献身与拯救人民。陀思妥耶夫斯基将梅什金公爵跟堂吉诃德和普希金笔下的可怜的骑士相提并论，既说明他们都具有高尚的道德情操和为人民而战的本能使命，还预示着他们毫不顾及自身有限的能力和几乎是宿命的失败，仍然积极介入拯救他人的行动，这就是在彰显他们身上基督的影子，即基督的博爱情怀或"基督教理想"，尽管梅什金"他对不幸的人充满同情，但是并不了解造成不幸的真正原因，从而也无力解决任何现实的矛盾，帮助人们摆脱痛苦和避免不幸的结局"[①]。以公爵这个"可怜的骑士"形象为介质，陀思妥耶夫斯基又在《白痴》中对比和区分了天主教与东正教不同的"基督教理想"："可怜的骑士代表了西方天主教在鼎盛时期及其宗教信仰和世俗权力陷入混乱的漫长时期的基督教理想。按照陀思妥耶夫斯基的理解，俄罗斯的基督教理想特征鲜明地独树一帜，它完全接受梅什金公爵的谦卑、顺从和宽恕一切的博爱所带来的反常甚至堕落的社会后果。"[②]

梅什金形象是联结基督和世人的信仰中介，他代表着具有善良人性的被造物。俄国哲学家伊万·伊利因曾指出："他在大地上徘徊游荡，像个实质性的洞察和直观，天上的喜悦和召唤的不幸，幸福的媒介物——能够看到天上形象的'可怜的骑士'，如阿格拉娅极其准确地用普希金的话关于他所说的那样。……阿格拉娅给公爵读这首诗，这就使他总想说，他成

---

① 陈燊主编：《陀思妥耶夫斯基全集》第10卷《白痴》（下），郭奇格、张捷译，石家庄：河北教育出版社，2010年，第835页。
② 约瑟夫·弗兰克：《陀思妥耶夫斯基：非凡的年代（1865—1871）》，戴大洪译，桂林：广西师范大学出版社，2020年，第470页。

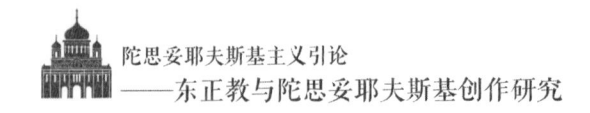

了纳斯塔西娅·菲利波芙娜的可怜的骑士。事实上他是某种更多的东西：他是**遭受痛苦的，但在形而上学意义上是善良的全部人性的被造物的可怜的骑士。**"①这个"可怜的骑士"形象，将卑微（就地位和能力而言）和高贵（就理想和精神而言）融于一身。

美国陀学家约瑟夫·弗兰克认识到这个形象在思想斗争中所代表的立场和发挥的作用。他指出，《白痴》"就其纯真天性的感染力而言，在现代文学作品中也没有任何基督的形象堪与梅什金公爵相匹敌"②。而《白痴》作为陀思妥耶夫斯基众多对抗俄国虚无主义学说的长篇小说之一，与同类的其他作品形成鲜明反差的原因也完全在于梅什金公爵这个形象，"因为梅什金公爵不是精神受到虚无主义影响的知识分子的一员，而是陀思妥耶夫斯基本人的基督教最高理想的标志性形象"③。也就是说，梅什金最后一事无成、返归白痴的结局并不意味着这一形象的虚无性，反而彰显出他不容于世的高贵性和理想色彩。

尽管梅什金公爵的努力最后以失败告终，他重新回归原先的白痴状态，正像约瑟夫·弗兰克所说，陀思妥耶夫斯基"在提出自己的道德—宗教观点作为具体的社会问题的解决方案时，他总是缺乏说服力"④。然而，我们认为，在认可弗兰克的说法时，却不能因此而指责陀思妥耶夫斯基，

---

① 伊万·伊利因：《陀思妥耶夫斯基小说中的"白痴"形象》，张百春译，万海松编选：《陀思妥耶夫斯基研究文集》，南京：译林出版社，2019年，第310—311页。字体加粗处原文为斜体。译文有改动。原文参见：И. А. Ильин. Образ Идиота у Достоевского.//И. А. Ильин. *Собрание сочинений в 10 т. Т. 6, кн. 3: О России и русской душе; Гении России.* М.: Русская книга, 1997, с. 368—395.

② 约瑟夫·弗兰克：《陀思妥耶夫斯基：非凡的年代（1865—1871）》，戴大洪译，桂林：广西师范大学出版社，2020年，第478页。

③ 同上，第478页。

④ 同上，第465页。

中 编

说他塑造的这个形象是失败的；这恰恰说明，任何在地上构建基督形象的尝试，其实都是基督及其理想在人间的非完整性、非一次性的降临，而陀思妥耶夫斯基所珍视和力图强调的，就是"梅什金们"在人世间践行基督理想、弘扬基督精神的不懈努力，就像堂吉诃德大战风车、西西弗斯周而复始地推动巨石，这实质上也是百折不挠的理想主义精神的体现。梅什金的救赎的出发点和终点都回归质朴状态，这既说明救赎的艰巨性，也表明他们不会特别在意一时一地、立竿见影的效果，他们的努力更注重施行救赎的过程。梅什金最终回归白痴式的赤子状态，再次去掉了为适应俗世而加在其本原面容上的各种面具和形象，这也是对世俗理性的蔑视和抗议。对此，王志耕指出，梅什金的行为"看上去类似孩童的随性而为，所以，这符合基督精神中恢复为'小孩子'的思想（《马太福音》第18章第3节：'你们若不回转，变成小孩子的样式，断不得进天国。'），回转为小孩子，便是对世俗理性的去蔽，回归纯真，消除罪孽产生的可能，从而最终达到救赎的目的"[①]。

在陀思妥耶夫斯基小说里，代表基督的形象大多表现出虚己和无我的精神特征，作家想以此反映他们高贵无私的精神追求；这些形象给人留下的印象多为白痴、圣愚与义人等，其样貌表明他们似乎生活在比世俗凡人、底层人民更低微的社会地位里，但也因此说明，他们又比任何地位在他们之上的人更了解这些生活在大地上的活生生的人民。伊万·伊利因指出了《白痴》的语义学渊源，认为它从标题到主人公绰号都彰显出其与《福音书》存在的必然性关联，这部"小说的标题被赋予的意义"就是出

[①] 王志耕：《圣愚之维：俄罗斯文学经典的一种文化阐释》，北京：北京大学出版社，2013年，第316页。

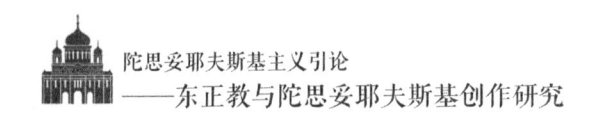

自希腊语的圣愚和义人。① 这样一来,《白痴》的寓意就变得既悠久又鲜活:成为义人②,就应该遵循心灵求善求真的激情,超越一般的人,摆脱生活中不必要的束缚和重负。

第二节 梅什金公爵的俄国圣容:从"凡人"到"完人"

梅什金公爵的全名叫列夫·梅什金(Лев Мышкин),按照俄文的词义分析,Лев 的原义是狮子(лев),而 Мышкин 的原义是老鼠(мышь),这个名称既形象地反映了主人公狮心鼠胆的矛盾性,也体现出他将高贵和卑微同集于一身的复杂性。在我们看来,梅什金这个名称在这里既表示他是作为芸芸众生之一的"凡人"(общечеловек),也是作为基督理想的"完人"(всечеловек)的体现,它在陀思妥耶夫斯基全部创作里的意义,就是要揭示卑微地位和高贵追求对一个人具有同等重要的价值。陀思妥耶夫斯基对"凡人"和"完人"③的对照式探讨,最早应该始于《罪与罚》,其后的作品则进一步予以深化,而在《白痴》中则被最为具体而形象地加以论述。

在《罪与罚》中,拉斯柯尔尼科夫流放西伯利亚后在病床上做过一

---

① 伊万·伊利因:《陀思妥耶夫斯基小说中的"白痴"形象》,张百春译,万海松编选:《陀思妥耶夫斯基研究文集》,南京:译林出版社,2019年,第295页。
② 如《路加福音》第16章第15节所说:"耶稣对他们说:'你们是在人面前自称为义的,你们的心,神却知道;因为人所尊贵的,是神看为可憎恶的。'"
③ общечеловек 也可译为"全乎人"或"泛众"。在我们看来,中译名"凡人"体现是作为客观条件的具备,指只是拥有正常的精神和理智的人而已,通常还贬义性地指称那些没有民族和个性特征的、臆想出来的活物,因此,又可译为"抽象之人"。参见:В. В. Борисова. Общечеловек.//Достоевский. Эстетика и поэтика. Словарь-справочник. Челябинск: Металл, 1997, с. 34. 而"完人"则体现为高尚的理想人格和精神楷模的完美,后者一般是基督和上帝的同义词。本书的这种译法与现成的诸多中译本不尽相同,引文如有不同译名,皆从此译法。如有必要,则稍作说明。

中 编

个关于旋毛虫入侵人体、引起人类大瘟疫的梦,这类梦在作家的创作中具有普遍的象征意义。"在病中,他依稀梦见全世界都在遭遇一场可怕的、闻所未闻、见所未见的导致大量致死率的瘟疫(моровая язва),它从亚洲内陆传到了欧洲。所有的人都将丧命,只有极少数被拣选的人(избранные)才能幸免。出现了某种新的旋毛虫(трихины),是侵入人体的微生物。但这些微生物都是有智慧(ум)和意志(воля)的精灵(духи)。被精灵附体的(бесноватые)人们立刻变得疯疯癫癫。"[1]这是一幅启示录式的画面,人们不分是非美恶,整天征战不断,惶惶不可终日。当瘟疫蔓延到全世界的时候,整个世界只有少数人得以幸存,用陀思妥耶夫斯基的原话来说,他们就是"纯洁的被拣选者"(чистые и избранные),他们肩负着创造新的人类和新的生活、复兴和净化大地的使命,但是,"任何人在任何地方都没有见过这些人,谁也没有听到过他们的话语和声音"。[2]这些被上帝拣选的、肩负复兴人类新纪元之使命的人,其实就是陀思妥耶夫斯基后来所说的"完人",但在《罪与罚》里他们还只是以先驱和使者的面貌出现的,而他们所创造的新人类就是凡夫俗子、"凡人"。

据苏联科学院版《陀思妥耶夫斯基全集》编选者的考证,在陀思妥耶夫斯基本人专用的一本《新约》圣经里,《启示录》第17章第11节的旁边,就曾有他于19世纪70年代手书的"общечеловек"(凡人)字样[3],

---

[1] Ф. М. Достоевский. *Полное собрание сочинений в 30 томах. Т. 6. Преступление и наказание.* Л.: Наука, Ленинградское отделение, 1973, с. 419.

[2] Ф. М. Достоевский. *Полное собрание сочинений в 30 томах. Т. 6. Преступление и наказание.* Л.: Наука, Ленинградское отделение, 1973, с. 420.

[3] Ф. М. Достоевский. *Полное собрание сочинений в 30 томах. Т. 7.* Л.: Наука, Ленинградское отделение, 1973, с. 399.

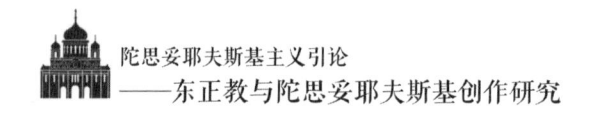

而这一节的内容是："那先前有、如今没有的兽，就是第八位；他也和那七位同列，并且归于沉沦。"这样看来，"凡人"的出现是具有启示录意味的，这里应该专指那些浑浑噩噩、蝇营狗苟的凡人、世俗之人，他们是启示录的主要教育对象，也许可以译成"启示录人"。

在《群魔》第二部分第一章《夜》里，陀思妥耶夫斯基又把维尔金斯基说成"凡人"："维尔金斯基是'凡人'论者，利普金是傅里叶主义者（Виргинский—общечеловек, Липутин—фурьерист.）。"[①] 这里的"凡人"是贬义概念，为对等起见，似乎译为"泛人类论者"、抽象人道论者更好，因为他们都是执行恐怖活动的五人小组的成员，都是以自由之名行剥夺自由之实的伪君子，比一般的"凡人"要等而次之。

后来，学界对陀思妥耶夫斯基所提及的"凡人"和"完人"概念的理解不完全一致，也可能跟陀思妥耶夫斯基自己早期对此的认识和解释未能与后期一致有关。譬如，伊万·伊利因就把梅什金公爵当作超越本民族的"凡人"的代表。他认为："梅什金——按血统、出生和语言来说是俄罗斯人，但**他因疾病而丧失了根源，在自己的不完全的教育方面成为超民族的人了。**……因此，他是个拥有俄罗斯本质的人，但俄罗斯的生活方式，东正教教会，俄罗斯的教育、艺术、科学、舆论、社会特征仿佛都没有涉及到他。这个由于自己的疾病而丧失根源，处在自己的在医疗所里获得的不完整的教育之中的，自由的，超民族的个体，或者比如说，这甚至是个**俄罗斯的凡人**（общечеловек），抑或是**一个有一颗俄罗斯的心和自由的生**

[①] Ф. М. Достоевский. *Полное собрание сочинений в 30 томах. Т. 10. Бесы*. Л.: Наука, Ленинградское отделение, 1974, с. 177.

中　编

活观的凡人。"①伊利因给"凡人"所加的这些光环和荣耀，其实使之更贴近陀思妥耶夫斯基所说的作为完美理想的"完人"。

陀思妥耶夫斯基在《公民报》1873年第4期的《作家日记》专栏中发表《弗拉斯》一文，里面所提到的"凡人"一词均泛指大众。"然而——即使您没想以《在伏尔加河上》装腔作势，也许只有一丁点可能：即，您在伏尔加河上爱的是纤夫身上的凡人（общечеловек），而且也确实在为他们感到痛苦，也就是说，您并不是为了单个的纤夫（бурлак собственно），而是为了全体纤夫（общебурлак）而痛苦。您瞧吧，爱凡人（общечеловек）——也许就意味着要蔑视，有时还要憎恶站在您身边的真实的人（настоящий человек）。"②显然，以陀思妥耶夫斯基的逻辑，从"单个的纤夫"到"全体纤夫"，代表着从个体到全体、从特殊到普遍的逻辑推进，那么，单个的、真实的人就组成了全体的、普遍的人，亦即"凡人"的群体。

而在后来独立发行的专刊《作家日记》（1877年3月号）中，作家发表的两篇文章《凡人的葬礼》和《罕见的情况》，均提及"凡人"概念。这主要指德国医师金坚堡及其所体现的博爱精神，因为他对所有病人，包括犹太人在内，都一视同仁、悉心医治。"顺便说一下，我为何把这位老医生称为'凡人'？这与其说是凡人（общечеловек），不如说是普通人（общий человек）。……这个义人（праведный）给所有穷人治病，帮助

---

① 伊万·伊利因：《陀思妥耶夫斯基小说中的"白痴"形象》，张百春译，万海松编选：《陀思妥耶夫斯基研究文集》，南京：译林出版社，2019年，第293—294页。字体加粗处原文如此。这里也将原译文中的"完人"（общечеловек）改成"凡人"。

② Ф. М. Достоевский. *Полное собрание сочинений в 30 томах. Т. 21.* Л.: Наука, Ленинградское отделение, 1980, с. 33.

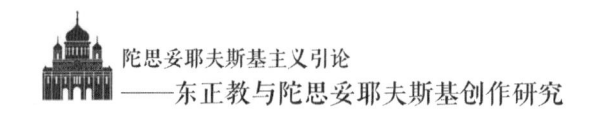

他们……"①在这里，"凡人"一词来自"普通人"，即泛泛之辈。陀思妥耶夫斯基把这种不专属于某个民族而是属于全人类、具有广泛覆盖度的普通人，统称为"凡人"，其实这个"凡人"就精神品质而言已经完全高于他之前所说的"凡人"了。

俄罗斯陀学家弗拉基米尔·扎哈罗夫认为陀思妥耶夫斯基批判的应该是"凡人"，并把作家所说的"凡人"与"完人"对立起来。他指出："陀思妥耶夫斯基人学的观念中有两个关键概念——凡人（общечеловек）和完人（всечеловек）。在高度评价'完人'的利益和追求的同时，陀思妥耶夫斯基对那些他称之为'凡人'的人持批判态度。这是一种特殊的俄罗斯人，是彼得一世改革后的产物。如果说与英国人、德国人、法国人有什么不同，则前者首先是具体某个民族的人，而俄罗斯的'凡人'追求的则是随便成为什么人，只要不是俄罗斯人。他鄙视人民，于是通常也就仇恨俄罗斯。成为'凡人'意味着成为没有任何根基的抽象的欧洲人。"②扎哈罗夫也注意到，作家用该词表示过对金坚堡医生的褒扬："唯一一个肯定这个词的地方是肯定它的否定意义。"③

实际上我们看到，扎哈罗夫的这个对立论不完全成立，因为只是在陀思妥耶夫斯基的后期，他贬"俗"褒"完"的二元对立模式才逐渐固定下来：对"凡人"的不屑与否定（因此有时又可以译为稍带贬义色彩的"俗人"），跟对"完人"的认可与赞许成正比。尽管有的批评家对梅什金形象

---

① Ф. М. Достоевский. *Полное собрание сочинений в 30 томах*. Т. 25. Л.: Наука, Ленинградское отделение, 1983, с. 90.
② 扎哈罗夫：《陀思妥耶夫斯基的艺术人类学》，张变革译，张变革主编：《当代国际学者论陀思妥耶夫斯基》，北京：北京大学出版社，2014年，第296页。译文里的名称有改动：общечеловек通译为"凡人"、всечеловек通译为"完人"。
③ 同上，第296页。

中 编

的解读，仍能诠释出其介于"凡人"和"完人"的一些特征。比如，伊利因认为："仿佛天生的残废人，仿佛心理上有点不正常的，在直接的和日常生活的意义上的脱离常规的人，没有能够保持上层社会的常规的人，因此在自己的观察、判断和话语中，在生活和爱里，是**自由的，完全是自由的人**。……他对社会规范的脱离赋予他标新立异的权利，犯过失的权利，这是不受约束的人，有心灵和良心的人所特有的特征。"[1] 显然，伊利因等批评家在这里把俄罗斯人于己无求、积极向善、热爱自由等美好品质统统赋予了梅什金，断定他是俄罗斯人即俄罗斯普通人的代表，可经过他分析和演绎的梅什金公爵，俨然又同时具备了多副面孔，如同中国川剧的变脸，既有凡人的脸庞，也有使徒的神情，更有基督的圣容。

梅什金公爵与基督的确存在诸多相似，但两者最大的共同点只是自谦，这是虚己精神的外在体现。"公爵性格的主要特征：压抑、胆怯、自卑、谦恭。"[2] 而基督似乎只具备公爵个性中的最后一个，那就是谦恭，因为显然前三者一般认为都是负面的，不符合基督的身份，它们只适用于这个塑造出来的类基督——梅什金形象。其实，谦卑和恭敬，除了指一个人所受教育而养成的后天品格之外，还暗示着他与周围环境、身边人和整个社会的反差。再者，个人所拥有的权力和能力的大小，也能在相当大程度上彰显出其对周围人施行谦恭的概率。

所以，梅什金公爵与基督还是具有本质的区别。首先，公爵的个性特征在于犹豫不决、首鼠两端，他每时每刻都在扪心自问："我对还是他们

---

[1] 伊万·伊利因：《陀思妥耶夫斯基小说中的"白痴"形象》，张百春译，万海松编选：《陀思妥耶夫斯基研究文集》，南京：译林出版社，2019年，第294—295页。字体加粗处原文如此。译文略有改动。
[2] 约瑟夫·弗兰克：《陀思妥耶夫斯基：非凡的年代（1865—1871）》，戴大洪译，桂林：广西师范大学出版社，2020年，第398页。

对?"而最后他总是倾向于责备自己。这就是意味着他放弃了自己的立场,去附和他人的价值观,并最终落得两边都不讨好的下场。而基督的个性的坚韧决绝,虽然怜悯众生,但带有明确的世界观、行事立场和果敢风格,所以《圣经》里完全看不到基督自责的表现。其次,在公爵天真单纯与基督世故老到的明显对比之下,公爵在施行基督之爱的过程中走向了他的悲剧性、悖论性结局,不是牺牲而是重返白痴状态。在这一点上公爵的医生施奈德尔教授也不得不承认,公爵就是再活六十年也始终将是这个样子。

因此,从命运和结局上看,梅什金公爵只能回归到"凡人"(общечеловек),尽管他曾经拥有过"完人"的影子和面容。按照库萨的尼古拉的说法,上帝的面容是一切面容的最完善的原本,"所有面容的这个唯一的、最真实的、最切合的原本,既是所有面容的原本,又是各个个别面容的原本,它的最完善的方式就是任何一个面容的原本,就好像它并不是其他任何面容的原本似的。即使有人能够设想它,他也必须超越所有那些有某种形式的面容之形式和一切形态"[①]。这样看来,基督这个完美无缺的理想形象的确是梅什金公爵的原本和模板,而梅什金似乎又是基督和凡人的信仰中介。在《白痴》中,基督仿佛是梅什金公爵所照的一面看不见、摸不着,却又时时刻刻能感觉到存在于自己身边的镜子。

第三节 圣愚与义人:发现人身上的人

陀思妥耶夫斯基曾说:"就充分的现实主义而言,就是在人身上发现

[①] 库萨的尼古拉:《论隐秘的上帝》,李秋零译,北京:商务印书馆,2017年,第70页。

中 编

人（При полном реализме найти в человеке человека）。"[①] 这是陀思妥耶夫斯基对自己的"最高意义上的现实主义"的独特定义，从这个"排沙拣金"、万里挑一的模式不难看出，他的理想是要在作为人（человек）的"凡人"之中寻找和发掘出作为另一种人的"完人"，即"盐中之盐"。在他的小说中，圣愚就是这些来自"凡人"、经历拣选后得以当选的"完人"，同时他们也是基督所赞许的义人。

圣愚的赤子式的样态，就是抛弃人的全部否定属性后，开始重新在他身上塑造人的起始点，这就是陀思妥耶夫斯基要在"人身上发现人"的初衷，而具有那些否定属性同时又不乏正面属性的人，就是"凡人"，而发挥了那些正面属性之功效的"凡人"往往就成为义人，他们是因信神或心里有神，而被神称义或有神的义并且与神和好的人。

关于圣愚，俄语中有 юродивый герой（圣愚人物）、юродское（圣愚行为）和 юродство（圣愚现象）的详细区分。陀学界一直把陀思妥耶夫斯基的作品看作描绘和诠释俄国式圣愚现象的最佳范例。"陀思妥耶夫斯基作为俄罗斯文化的代表，在其思想成熟期一直持坚定的斯拉夫主义立场，他在接受和形成其宗教思想的同时，也受到俄罗斯宗教文化中圣愚传统的浸染，这一影响直接导致他笔下人物形象的圣愚化。更重要的是，圣愚文化本身的复杂性也造成了陀思妥耶夫斯基诗学的复杂性。"[②] 梅什金公爵往往被视为圣愚，亦即神圣的愚人、圣徒。"从语言学的观点看，'白痴'这个词来源于古代希腊语的'ιδιος'，大致意味着'奇怪的，独特的，

[①] Ф. М. Достоевский. *Полное собрание сочинений в 30 томах. Т. 27.* Л.: Наука, Ленинградское отделение, 1984, с. 65.

[②] 王志耕：《陀思妥耶夫斯基的圣愚》，载《河南师范大学学报》（哲社版）2010 年第 5 期，第 198 页。

单独的，仿佛站在一边的人'；即在自己的全部不相似性中有某种任性的东西——如果我们把这个解释和俄语中的'圣愚'一词的意义对比，那么我们就将获得这个概念的全部深度。**真正**意义上的人，即义人——在《福音书》的精神里，也许在生活里只能是个'ιδιοζ'——不与任何人相像，仿佛站在一边，单独地存在，是个神圣的愚人，本质上是个无知的人，是个在基督那里的圣徒。"① 从梅什金在瑞士山区发动拯救麻风病女孩，到彼得堡又主动介入婚事、寻求苦难等做法，也不难发现他和大多数圣愚的共同之处。

俄国的圣愚传统来源于《福音书》，而梅什金公爵的虚己和无我的特点，恰恰符合圣愚摆脱生活束缚、成为义人的特征。伊万·伊利因指出，梅什金"他摆脱了生活中束缚人和使人麻木的重负。他的注意力、兴趣和目的性自由地遵循心灵的激情和需求。陀思妥耶夫斯基有意或无意地（我不认为是有意地）忠实于一个古老的俄罗斯—民族的观念：谁要想成为义人，他就应该摆脱人间的束缚和烦恼，用独特的内容充实自己的自由；神圣的癫狂在这里被当作和被理解为福音书的遗产"。② 从这一点看，像梅什金公爵这样的圣愚既是理想的标杆，也是孤独的形象。

就梅什金的结局而言，《白痴》既刻画了一个俄国圣愚式的悲剧，也警示了全体世人共同的宿命般的悲剧。伊利因就曾指出，《白痴》是"痛苦的抒情诗"③ "人的悲剧"和"生活的悲剧"："整体上这是精神爱欲的小

---

① 伊万·伊利因：《陀思妥耶夫斯基小说中的"白痴"形象》，张百春译，万海松编选：《陀思妥耶夫斯基研究文集》，南京：译林出版社，2019年，第295页。字体加粗处原文如此。译文有些许改动。

② 同上，第295页。

③ 陀思妥耶夫斯基经常用长诗、史诗、抒情诗来指称自己的小说作品，果戈理也曾把《死魂灵》称为长诗。

中 编

说，能够担当这种爱欲的人十分少，除非一些优秀人物。这是人的完善的史诗，可以看出，这个完善的必然的前提是个性的缺陷。这是生活的悲剧，虔诚的人的悲剧，由于自己的优柔寡断他很少有能力做什么事。这是关于纯洁的，但却是优柔寡断的男人的爱的痛苦的抒情长诗。"① 可见，小说重在彰显的是，即使是圣愚式人物所施行的普遍救赎也行不通，更不用说比圣愚地位、教育程度更高的知识分子了（尽管圣愚身上也有知识分子的要素），因此，这是一部以圣愚和义人的面容演绎普遍悲剧的小说。所以，构建这样的悲剧必须付出使人物形象丧失完整性的代价。正如伊利因认为的："难道只有在成为人之后，才能获得超人的东西吗？卓越的、完善的人是否毕竟还应该是人，完全是人，在一切方面都成为人，在自己的人的存在的这个完整性里能否获得完满的优越性，或者应该为优越性的完满而应该付出自己人性实质的一半？难道只有以在自身的人的东西为代价才能认识上帝吗？"②

其实，伊利因的质疑以及陀思妥耶夫斯基本人都已经告诉我们，梅什金公爵回归婴儿般的痴愚，纳斯塔西娅·菲利波芙娜的美的毁灭，均是以悲剧的方式向世人揭示美的可贵和不可复得。"基督不可能在其他人身上完整呈现，因此，要写一个基督式的人物是不可能的。因此，如果塑造一个形象，能昭示出拯救的根本途径也就足够了。于是，一种否定知识、回归痴愚，从而重建第二亚当的模式便出现在了梅什金身上。"③ 梅什金的圣愚形象和纳斯塔西娅·菲利波芙娜美的形象，其价值都在于悲剧般的失

---

① 伊万·伊利因：《陀思妥耶夫斯基小说中的"白痴"形象》，张百春译，万海松编选：《陀思妥耶夫斯基研究文集》，南京：译林出版社，2019年，第312页。译文略有改动。
② 同上，第312页。译文略有改动。
③ 王志耕：《陀思妥耶夫斯基的圣愚》，《河南师范大学学报》（哲社版）2010年第5期，第201页。

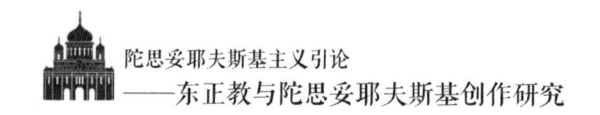

败，也就是悲剧难以达到完美性和完整性的本质。

不言而喻，塑造圣愚和义人，不仅意味着要将正常人予以降格，更是要剥夺其一般人都认为是理所当然的某些功能和特征，在废止这些形象某些看似常态的能力的同时，又赋予其一些特定的超能力，以此表明他们介于"凡人"和"完人"之间，既可以算是"凡人"，也可以成为"完人"。因此，圣愚形象实质上也是一种信仰中介。"陀思妥耶夫斯基的创作始终在探索身处于种种苦难状态的人的救赎之途，除了通过否定性、苦修性之外，他也试图创造新的艺术形象以标示出人的获救状态，以及人是如何在获救的同时具有拯救他人的功能的。"① 而塑造圣愚形象，就是把"凡人"先降格后，再以非常规的方式使之升格的做法，这种形象塑造机制本身也是宗教文化的教义本质或教育意义之所在。在《卡拉马佐夫兄弟》中，佐西马长老对阿辽沙所提及的那些传统的圣愚人物，均为"普普通通的人"："不妨读读《每月念诵集》中记载的圣愚阿列克谢的生平，以及伟大之中最伟大的快乐的苦行者、亲眼见过上帝和心中装着基督的嬷嬷马利亚（埃及的）的生平——你定会用这些普普通通的传说深深打动他们的心。"②

俄国式圣愚形象或面容体现的是舍弃理性后的普遍救赎思想，即要想完满先要虚己、要想救赎先要舍弃。在陀思妥耶夫斯基创作的历史语境下，"'人'所面临的问题是：对上帝的背弃，人的苦难，以及如何救赎。陀思妥耶夫斯基在回答这些问题的过程中，在坚守正教立场的同时，探索了圣愚式的解救之道，即，外在的质疑与隐含的信仰，视苦难为走向意义

---

① 王志耕：《圣愚之维：俄罗斯文学经典的一种文化阐释》，北京：北京大学出版社，2013年，第323页。
② 陈燊主编：《陀思妥耶夫斯基全集》第15卷《卡拉马佐夫兄弟》（上），臧仲伦译，石家庄：河北教育出版社，2010年，第466页。原译文中的"神痴"现译为"圣愚"。

中 编

与天国之道，以及对理性与知识的舍弃"。[1] 就这一点而言，圣愚不过是"凡人"在信仰上进行升华的一个可见可行的参照形象，是最终走向"完人"的第一步。只有这些追求圣愚品格的"凡人"多了，才能看见整个社会得以普遍救赎的曙光。

面容的多重转换和变化，以及形象的复杂身份和多样色彩，本身就蕴含着一种文化认同和文明区分的机制，它可以在雅俗之间自由转换和过渡，由此又可以放大其普世性程度，凸显其弥赛主义的特点。这也是文化批评家本雅明在论述《白痴》时所指出的，不应将梅什金形象的研究局限在心理学问题上，而应从中看到"全人类发展的形而上学律令"：对这部小说，"批评家的任务是隐含在陀思妥耶夫斯基小说的创造性理念中，挖掘民族性和人类性之形而上学的同一性"[2]。美国学者埃娃·汤普逊则认为，文学对民族认同感的铸造意义重大："文学是民族同一性的主要构成板块，也是它的一种表现。"[3]

形象不仅是我们作为主观者的物化对象，更体现着社会语境中的价值观念及其变迁。W. J. T. 米歇尔指出了形象也会不断增值的事实："形象的生命不是私事或个人的事。形象的生命是社会的生命。形象活在谱系或遗

---

[1] 王志耕：《圣愚之维：俄罗斯文学经典的一种文化阐释》，北京：北京大学出版社，2013年，第317页。
[2] 本雅明：《陀思妥耶夫斯基的〈白痴〉》，李茂增译，《写作与救赎：本雅明文选（增订本）》，李茂增、苏仲乐译，上海：东方出版中心，2017年，第160页。
[3] 埃娃·汤普逊：《帝国意识：俄国文学与殖民主义》，杨德友译，北京：北京大学出版社，2009年，第12页。

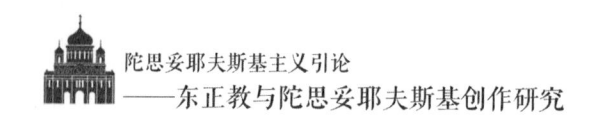

传系统中，随着时间而繁殖，从一种文化转入另一种。"① 因此，由小见大，个体的形象和面容最终也关涉身份认同和民族主义等多方面的现实问题。《白痴》中的面容问题本身就具有久远的渊源，又经历如此复杂的历史演变，更是被赋予了纷繁的文化和文明史意义。

与陀思妥耶夫斯基几乎同时期的俄国思想家丹尼列夫斯基，也研究过人从单个个体到民族和国家乃至全人类的演进过程，从其特定的面容和身份中发现普遍的文化史和文明史意义。他曾严格区分过"泛民（族）性"（общечеловеческое）②和"完人性"（всечеловеческое）概念，认为前者无非是对无法实现的老生常谈的超越，而后者则是全民族性的全体构成，它寄托着所有民族希望形成某一种文化历史类型，进而构成人类文明的希望。他认为："'泛民（族）性'不但无法存在于现实中，而且，如果还希望它实现的话，那就意味着希望满足于老生常谈、平淡乏味、缺乏原创性，一句话，满足于不可能的非完满。'完人性'则是另外一回事，应该把它与'泛民（族）性'区别开来；无疑，它高于任何'单个个人的'，或'单个民族的'；但是，完人性只由随时随地存在着的和能够生存下去的全体民族的总体构成（совокупность всего народного）；完人性不能等同于任何单个民族，不能在任何单个民族里实现；它只有在不同的空间和不同的时间里才能实现（действительность его может быть только разноместная и разновременная）。"③ 在丹尼列夫斯基这里，就民族的文

---

① W. J. T. 米歇尔：《图像何求？：形象的生命与爱》，陈永国、高焰译，北京：北京大学出版社，2018年，第101页。

② 在丹尼列夫斯基的思想语境中，"общечеловеческое"似乎译成"泛民（族）性"更好些，相应地，"общечеловек"更适合译成"泛民（族）"。

③ Н. Я. Данилевский. *Россия и Европа. Взгляд на культурные и политические отношения славянского мира к германо-романскому.* Изд. 2-е. М.: Институт русской цивилизации, Благословение, 2011, с. 149.

中 编

化意义而言,"完人"和"完人性"是高于"泛民"和"泛民(族)性"的,而且,前两者是实现后两者的基础与起点。由此看来,前两者仿佛是旧约及其所讲的上帝的神话,而后两者更像新约及其所讲的基督的传说,这与陀思妥耶夫斯基对这些概念的认识有一定的共性,"在他们那里,'完人性'思想与聚和性、聚合、维护全主体性的思想相呼应。这是两位思想家共同的东西"①,尽管他们各自观点的差异也是十分明显的。

英国历史社会学家安东尼·D.史密斯曾以斯拉夫民族为例,认为文化认同可以超越民族认同,在民族主义文化复兴中发挥积极的作用。"泛斯拉夫主义从来不曾将斯拉夫人联合为一个统一的政治共同体,就更不用说建立单一的领土国家了;但是,这项运动的确在斯拉夫语系的人群中激发了文化复兴,并滋养了各种各样的共同理想和情感,也在一个宽泛的文化领域内推动了作家和艺术家之间的交流。"②不难看出,泛斯拉夫主义的文化复兴的基础还是东正教,泛斯拉夫主义者都不同程度地认同东正教文化,因此都具有相同或相似的文化面容。

综上可见,面容问题是开启陀思妥耶夫斯基笔下特定形象的文化建构意识和文明象征意味的一把钥匙。无论是从原型来源、形象塑造还是圣容式的表现来看,陀思妥耶夫斯基长篇小说《白痴》中的梅什金公爵均不同程度地反映了圣像学本质和文化史内涵。作家构建的"白痴"梅什金其实拥有基督、骑士、圣愚和义人等多重但均非完整的面容,这个形象演绎出从"凡人"到"完人"的递进层次,体现了陀思妥耶夫斯基希望个体道德

---

① 斯米尔诺夫:《"人类全体的"与"人类普遍的":全球世界文明规划的轮廓》,张百春译,香港:新思路文化有限公司,2020年,第252页。引文中的"人类全体的(всечеловеческое)"相应地改译为"完人性"。
② 安东尼·D.史密斯:《民族认同》,王娟译,南京:译林出版社,2018年,第208页。

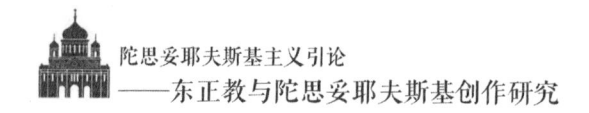

完善、期盼人人接近上帝的初衷与本能。形象和面容关涉身份认同和民族主义等多方面的现实问题，因此形象和面容往往被赋予了深层的文化史意义。分析《白痴》中的形象与面容，可以由表及里地探寻作家的宗教思想，解开文化和文明迷思。

第八章
"美拯救世界"还是"美毁灭世界"
——论《白痴》中的"纳斯塔西娅·菲利波芙娜难题"

长篇小说《白痴》所引发的关于"美拯救世界"还是"美毁灭世界"的争论,在我们看来,可以成为俄国思想中的一道"纳斯塔西娅·菲利波芙娜难题"。解答此难题,应该从分析美的特性入手,与真和善进行比较,挖掘美在道德、哲学和宗教等方面的内涵,也可从悲剧的本质与功能进行考察。由此,我们发现,此难题与红颜祸水等男权主义的世界观和悲剧美学的文学观等存在特定的关联,它的提出和围绕它的争论本身就具有重要的存在价值和思想史意义。

在《白痴》中,梅什金公爵从初见纳斯塔西娅·菲利波芙娜的照片到彻底卷入她的婚姻事件,关于她的美,他的说法有从"美是一个谜"到"美拯救世界"的微妙变化。这也是小说中作为虚无主义青年的代表伊波利特对梅什金公爵的思想的总结,并认为他有这些"轻飘飘的思想",是因为他爱上别人了[1]。但是,伊波利特也由此产生一个疑问:"什么样的

---

[1] 陈燊主编:《陀思妥耶夫斯基全集》第10卷《白痴》(下),张捷、郭奇格译,石家庄:河北教育出版社,2010年,第520页。

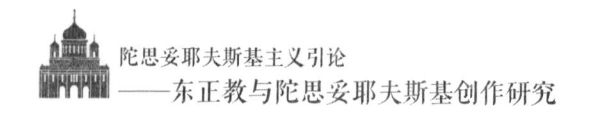

美能拯救世界？"①同时他还感到疑惑：梅什金公爵难道是一个"嫉妒的（ревностный）基督徒"②？言下之意就是：他怎么会有这种思想？显然，伊波利特还不懂梅什金提出的这个关于美的命题。

纳斯塔西娅·菲利波芙娜曾经在给阿格拉娅的一封信中提到了"我的难题"（разрешения мои）③，因为她想牺牲掉自己的幸福，去撮合阿格拉娅和梅什金公爵的婚姻："为什么我想撮合你们？是为了你们还是为了我自己？当然是为了我自己，这可使我的难题都得到解决，我早就对自己这样说过……"④就此，她表现出了多重的纠结：一方面既承认自己常常出于高傲而贬低自我，另一方面又在用"不会由于心地纯洁而自我作践"的话来给自己圆场；既明白自己拥有可以翻转世界的美貌，但又蔑视这个世界；既清楚地预见到嫁给罗戈任就是走向自我毁灭，却又不愿因自己而连累梅什金公爵的好名声。"我听说，您的姐姐阿杰莱达看到我们的照片时曾讲过，有这样的美貌可以把世界翻转过来。但是我不要这个世界；您经常看见我穿着镶花边的衣服和戴着钻石首饰，同酒鬼和坏蛋混在一起，那么从我嘴里听到这样的话不觉得可笑吗？您别看这些，我几乎已不存在，并且知道这一点；天知道那个代替我活在我的躯壳里的是什么东西。我每天从两只可怕的眼睛里看出这一点，这两只眼睛总是看着我，就连它们不

---

① 陈燊主编：《陀思妥耶夫斯基全集》第10卷《白痴》（下），张捷、郭奇格译，石家庄：河北教育出版社，2010年，第520页。
② Ф. М. Достоевский. *Полное собрание сочинений в 30 томах. Т. 8. Идиот.* Л.: Наука, Ленинградское отделение, 1973, с. 317. "ревностный"一词在此处有双关之意，一是指热心、勤勉，二是指吃醋、妒忌。
③ Ф. М. Достоевский. *Полное собрание сочинений в 30 томах. Т. 8. Идиот.* Л.: Наука, Ленинградское отделение, 1973, с. 380.
④ 陈燊主编：《陀思妥耶夫斯基全集》第10卷《白痴》（下），张捷、郭奇格译，石家庄：河北教育出版社，2010年，第615页。

中 编

在我面前时也是如此。它们现在沉默着（它们总是沉默寡言的），但是我知道它们的秘密。"①这三封信是她的性格和命运的自我鉴定书，已经预示她无法治愈自身的症结、破解她本人的难题。

对于小说中"何为美"的问题，似乎存在两种观点，一种认为纳斯塔西娅·菲利波芙娜的美貌和性格为美，另一种认为梅什金公爵的基督理想为美②。本文所讨论的"美"主要是纳斯塔西娅·菲利波芙娜的自然美。

第一节 "纳斯塔西娅·菲利波芙娜难题"

纳斯塔西娅·菲利波芙娜不仅天生丽质，而且聪慧异常。她在《白痴》中第一次正式出场时，俨然已是美丽与智慧的化身，尽管性情还十分幼稚，特别突出的一点就是任性。在与托茨基一别数月后，她直接去彼得堡找他，完全是出于情爱的本能。尚是少女，她明白的事情已经多得异乎寻常，"虽然谈不上事事通晓，至少对于世上某些事情的发展趋势还是有所了解的"；交锋之后，她性格大变，对托茨基冷嘲热讽的态度令他"出乎意料"，顿感与之前的她"完全判若两人"③。

因此，陀思妥耶夫斯基对纳斯塔西娅·菲利波芙娜的性格是这样描述的：这是一个"极不寻常的女人"（существо совершенно из ряда），她"不仅仅是威胁，而且一定会说到做到，主要的是，她在任何障碍面前决不会止步不前，何况她对世上的一切都毫不在意，以至于都无法

---

① 陈燊主编：《陀思妥耶夫斯基全集》第10卷《白痴》（下），张捷、郭奇格译，石家庄：河北教育出版社，2010年，第615—616页。
② 陈燊主编：《陀思妥耶夫斯基全集》第1卷《总序》，石家庄：河北教育出版社，2010年，第37页。
③ 陈燊主编：《陀思妥耶夫斯基全集》第9卷《白痴》（上），张捷、郭奇格译，石家庄：河北教育出版社，2010年，第54页。

诱惑到她。显然，这里还有别的因素，有一种精神上和心灵上的混合物（бурда），——这类似某种浪漫主义的愤懑（негодование），可是天知道她恨的是谁，为什么恨；也类似某种无法满足、完全失去分寸的鄙视感（чувство презрения），总之，是一种在上流社会看来最最可笑而又绝不容许的感情，对任何一个上流社会的人来说，遇上这种事，无异于遭到上帝的惩罚"[1]。纳斯塔西娅·菲利波芙娜这种看似混不吝却又有所指涉的强烈不满，构成了我们所说的"纳斯塔西娅·菲利波芙娜难题"的心理和情感基础。

巴赫金在《俄国文学史讲座笔记》里评论《白痴》的主人公梅什金公爵时，顺带提及了我们所涉及的"纳斯塔西娅·菲利波芙娜难题"，即她一种看似两难的选择：既不想保持现状，又不愿走别人所指的出路。这种状态可以被认为是某种意义上的任性和矫情，也可被视作将美丽当作权力和资本的女性的一种特定的自我意识。"在纳斯塔西娅·菲利波芙娜家的命名日聚会上，公爵一下子掉进了一个盘根错节的关系网。托茨基千方百计想摆脱纳斯塔西娅·菲利波芙娜；加尼亚想娶她为妻，好安排自己的前程；深爱着她的罗戈仁也往这里插一杠。在道义上，纳斯塔西娅·菲利波芙娜现在要高出她以前不知不觉陷进去的那个境况，但她又无法摆脱这一境况。梅什金公爵就是她的出路，可她又不同意和他结婚，怕毁了他。她既不想保持现在的状况，也不想接受这一出路。"[2]

---

[1] Ф. М. Достоевский. Полное собрание сочинений в 30 томах. Т. 8. Идиот. Л.: Наука, Ленинградское отделение, 1973, с. 37. 中译本可参考：《陀思妥耶夫斯基全集》第9卷《白痴》（上），张捷、郭奇格译，石家庄：河北教育出版社，2010年，第55页。

[2] М. М. Бахтин. "Лекции М. М. Бахтина по истории русской литературы. Записи Р. М. Миркиной" .// М. М. Бахтин. Собрание сочинений в 7 томах. Т. 2. М.: Русские словари, Языки славянских культур, 2000, с. 277. 中译文可参见巴赫金：《俄国文学史讲座笔记》，万海松等译，《巴赫金全集（增订版）》第7卷，石家庄：河北教育出版社，2009年，第104页。

中 编

可见，在一定程度上说，"纳斯塔西娅·菲利波芙娜难题"也是"红颜祸水"的俄国或俄罗斯文学版本，对它进行分析和考察，既能够发现其俄国特性，也能找到一些世界通行的文学和人性的共同点。

首先，"纳斯塔西娅·菲利波芙娜难题"代表了一种玉石俱焚的情感惩罚，它以悲剧的形式最大限度地展现痛苦和高傲之间的情感张力。因其钟情与专一，女主人公不能忍受男主人公的背叛和别离，在痛苦和高傲的纠结心态下，无法走出普通人常常可以脱离的情感困境，最终选择自我毁灭，以此来惩罚负心人。她在复仇的坚毅和刚强上类似于希腊神话中的美狄亚。这其中，金钱和财富等因素只是为了加强美（美人）之毁灭的悲剧性效果，而不能增进和改变男女主人公已选择的道路和早已固化的心态。纳斯塔西娅·菲利波芙娜说过，四年前曾有可能强迫托茨基娶她，但她没有这样做，因为她当时心烦意乱，其实，她真正的目的是想让托茨基正式向她求婚，然后她再高傲地予以拒绝，以此来羞辱和报复托茨基。[1] 此后她就一直在痛苦和高傲之间徘徊，以花天酒地的生活方式进行情感复仇，装腔作势地虚度了整整五年的青春时光。她感情专一，有时到了钻牛角尖的程度，正如梅什金对她的了解："当她抱定自己的目的时，要阻止她是不可能的！"[2] 也正因此，当阿格拉娅和纳斯塔西娅·菲利波芙娜在最后当面对质、发生冲突后，梅什金在两者难以和谐相处而他又必须在两者间做出抉择时，他首先关注的是纳斯塔西娅·菲利波芙娜，而没有直接去追夺门而出的阿格拉娅，给阿格拉娅造成了永久的心理伤害，因为梅什金深深地知道，一旦他立刻去追阿格拉娅，纳斯塔西娅·菲利波芙娜肯定会随即自杀。

---

[1] 陈燊主编：《陀思妥耶夫斯基全集》第9卷《白痴》（上），张捷、郭奇格译，石家庄：河北教育出版社，2010年，第224页。

[2] 同上，第418页。

梅什金公爵认为纳斯塔西娅·菲利波芙娜只是一个"不幸的女人",就跟抹大拉的马利亚一样,只不过她有强烈的自我意识——用青春和钱财在报复这个不公平的社会。他对阿格拉娅说起了她:"那个不幸的女人深信她自己是世上最堕落、最放荡的女人。哦,您不要羞辱她,不要朝她扔石头。她知道自己无端受辱已经够痛苦了?她有什么错,我的上帝呀!噢,她不停地大喊大叫,不承认自己有过错,说自己是别人的牺牲品,是一个色鬼和恶棍的牺牲品;但是不管她对您说什么,您要知道,她本人首先就不相信自己,她凭着自己的整个良知反而相信……自己有错。当我试着驱散这团黑色迷雾时,她竟是那样的痛苦,以至于我只要记得这段可怕的时光,我心灵的创伤就永远不会愈合。我的心就像被永远刺穿了一样。她离开我,您知道是为了什么吗?正是为了只向我证明她是一个下贱的女人。……对她来说,在这种不断意识到耻辱的感觉中也许包含着一种可怕的、反常的乐趣,仿佛是在对什么人进行报复。有时我开导她,她似乎又在自己周围看到了光明;但是立刻又愤慨起来,并且痛苦地责备我,说我凌驾于她之上(而我根本就没有这种想法),最后针对我提出的结婚建议直截了当地向我宣布,她既不需要任何人恩赐的同情,也不需要帮助和'抬举'。"[1]虽然纳斯塔西娅·菲利波芙娜爱梅什金公爵,但同时,她又深知公爵对她更多的只是同情之爱,如果她跟公爵结婚则不会给对方带来幸福,因此她转而竭力要促成公爵和阿格拉娅的结合,在这些努力无果之后,最终她明知罗戈任那里是情欲和生命的火坑,也宁愿奔赴而在所不惜,这既说明她与梅什金公爵的惺惺相知之情以及她的成人之美之心,也说明了她"宁为玉碎"的暴烈性格和自我毁灭的命运。阿格拉娅也感觉到

---

[1] 陈燊主编:《陀思妥耶夫斯基全集》第 10 卷《白痴》(下),张捷、郭奇格译,石家庄:河北教育出版社,2010 年,第 585—586 页。

中 编

纳斯塔西娅·菲利波芙娜对公爵火烈的爱:"只要我们俩一结婚,她第二天就会自杀!"[①]与梅什金公爵结婚,是纳斯塔西娅·菲利波芙娜本来可以逃避自身悲剧的一条世俗出路,但她最终在与公爵完婚之日选择了逃婚,宁愿被罗戈任杀害,以自我献祭的方式完成了这一几乎是连环式的悲剧。"纳斯塔西娅·菲利波芙娜难题"的吊诡之处,就在于她们无法在痛苦和高傲间取得两全其美的平衡、找到一个皆大欢喜的结局,不愿迁就世俗、不肯对这个世界屈服,因此,美的毁灭往往就成为这一类性格暴烈的美丽女性的悲剧和宿命。

其次,"纳斯塔西娅·菲利波芙娜难题"也是完美主义的体现,完美有时虽是这个不完美世界的理想,却也与这个世界不相容。正如纳斯塔西娅·菲利波芙娜在给阿格拉娅的第一封信中所说的那样:"要知道完美的人是不能爱的;对完美的人只能当做完美的人来仰慕,不是这样吗?"[②]纳斯塔西娅·菲利波芙娜认为阿格拉娅才是完美的人,其实她自己也是这样追求完美主义的人。她把阿格拉娅看作"光明天使",可以爱所有的人,但她认为自己却做不到,因为她不能无私地爱所有人,总是自私地爱自己。"您在我心目中和在他心目中是一样的:都是光明天使;天使是不能仇恨人的,同时也是不能不爱人的。我经常给自己提出这样的问题:可不可以爱所有所有的人,爱所有的他人?当然不可以,而且甚至是不正常的。在对人类的抽象的爱中,爱的几乎总只是自己。但是这对我们来说是不可能的,而您却是另一回事;当您不能把自己与任何人相比,当您超越于任何委屈和任何个人的愤怒之上时,您怎么能不爱任何一个人呢?只

[①] 陈燊主编:《陀思妥耶夫斯基全集》第10卷《白痴》(下),张捷、郭奇格译,石家庄:河北教育出版社,2010年,第587—588页。

[②] 同上,第613页。

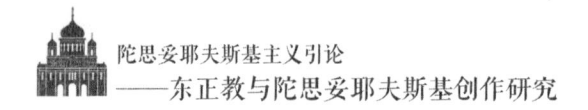

有您一个人能无私地爱，只有您一个人能不为了自己，而为了您所爱的人去爱。"①当然，纳斯塔西娅·菲利波芙娜对阿格拉娅的评价里也存在夸张到吹捧的程度、自谦到自卑的色彩，她当然也能无私地去爱，但在爱情上显得无比固执和自私，这种激烈的情感纠结是尚未恋爱过的阿格拉娅还未曾体验和具备的经验。可是，当阿格拉娅真正懂得了她的内心后，也深受其影响，竟然有一次也让抓住机会再次对其求爱的加尼亚用蜡烛烤手指头表明爱的真心实意。她们对情感的完美主义态度和乖张离常的行为举止，常常让普通人觉得不可思议、叹为观止。俄国文学批评家、陀学家阿基姆·沃伦斯基指出，纳斯塔西娅·菲利波芙娜这个形象里凝聚着"人类生活的二位一体真理"（двуединая правда человеческой жизни），即，将高度的爱上帝（богофильство）和恨上帝（богофобство）的不同态度集于一身②。而另一位陀学家波诺马廖娃则认为，美的理想主义和爱的现实主义宿命般地集于纳斯塔西娅·菲利波芙娜一身，由此导致了她的毁灭："总体而言，纳斯塔西娅·菲利波芙娜的命运可以在越来越违背她意愿的世俗世界中体现出来。这是毁灭和自我毁灭的意愿。"③

最后，"纳斯塔西娅·菲利波芙娜难题"更彰显出一种俄罗斯式乌托邦的思想色彩。她虽然早年不幸，但举手投足间透露出来的气质，甚至令大家闺秀的阿格拉娅都忍不住折服。当她们终于当面对质，阿格拉娅一心想要羞辱纳斯塔西娅·菲利波芙娜的时候，后者的气质令无比高傲的她不

---

① 陈燊主编：《陀思妥耶夫斯基全集》第 10 卷《白痴》（下），张捷、郭奇格译，石家庄：河北教育出版社，2010 年，第 614 页。
② А. Л. Волынский. *Достоевский: Философско-религиозные очерки*. СПб.: ООО Издательский дом «Леонардо», 2011, с. 51.
③ Г. Б 波诺马廖娃：《陀思妥耶夫斯基：我探索人生奥秘》，张变革、征钧、冯华英译，北京：商务印书馆，2011 年，第 179 页。

中　编

由得心生嫉妒，自己反被激怒和羞辱。"不管她是否像叶夫根尼·帕夫洛维奇所猜测的那样，是一个读过好多诗的女人；也不管她是否像公爵深信不疑的那样，只不过是一个疯子，无论如何这个女人有时虽然有一些不顾脸面和粗鲁无礼的举动，实际上要比人们所推断的腼腆得多，温柔得多，轻信得多。诚然，她身上有很多书卷气和幻想的东西，有很多深藏在内心的和想入非非的东西，但是也有很多强有力的和深刻的东西。"[1] 她的这种气质，就是俄罗斯精神和俄罗斯思想的体现，"书卷气和幻想"就代表着乌托邦主义色彩。在哲学家古雷加看来，"俄罗斯的乌托邦，它面向所有的人，这是全体救赎的表达方式。这是万物一体的乌托邦"[2]。俄罗斯的乌托邦就是俄罗斯思想："俄罗斯的乌托邦（即俄罗斯思想）还有一个特征——理智与信仰的融合。"[3] 而且，信仰才是俄罗斯思想的基石："它（即俄罗斯思想。——引者注）的基石是宗教性的；它的本质，便是在寻觅上帝，寻获上帝和信仰。"[4] 梅什金公爵在叶潘钦家的晚会上发表的"回击西方"论，抨击了无神论和罗马天主教，它既是俄罗斯人的激情使然，实质上本身也是"俄罗斯精神"的体现："在这种情况下，我们俄罗斯人的激情不仅只使我们自己，而且也使整个欧洲吃惊。"[5] 波诺马廖娃认为，纳斯塔西娅·菲利波芙娜"她已经意识到自己被毁坏的命运，她的人格中充满

---

[1] 陈燊主编：《陀思妥耶夫斯基全集》第10卷《白痴》（下），张捷、郭奇格译，石家庄：河北教育出版社，2010年，第769页。
[2] 古雷加：《俄罗斯思想及其缔造者们》，郑振东译，南京：南京大学出版社，2018年，第361页。译文有些许改动。
[3] 同上，第361页。译文有些许改动。
[4] 同上，第361页。
[5] 陈燊主编：《陀思妥耶夫斯基全集》第10卷《白痴》（下），张捷、郭奇格译，石家庄：河北教育出版社，2010年，第737—738页。

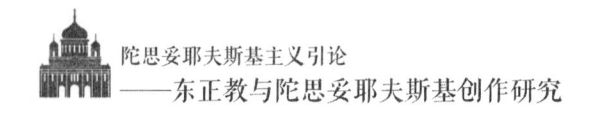

报复心理和自我定罪的意识，但也有幻想家的色彩和天使的特点"[1]。纳斯塔西娅·菲利波芙娜性格中的现实主义成分和理想主义色彩，在我们看来恰恰构成了俄罗斯式乌托邦的最本质的东西，这两者差别如云泥，矛盾而又讽刺性地组成了一个对立统一体，舍弃其中任何一方而只追求另一方，都不能构成一个真正的俄罗斯式的乌托邦。

小说中烧毁金钱的场景，具有深刻的象征意义。波诺马廖娃认为："这是在烧毁世界的偶像。"[2]性格刚烈的女性（在一定程度上包括具有女权主义意识的女性）对抗男权世界的通用模式一般是销毁金钱和毁灭男人权力（借助社会正义力量将犯罪或犯错的男性贬为平民和庶民），最极端的模式就是玉石俱焚，这往往也是小说悲剧发展的唯一的和最后的出路，即以通过毁灭自己来达到毁灭美的目的来对社会的不公和邪恶进行个人唯一能做到的彻底的抗议。一般而言，毁灭财富是悲剧氛围的铺垫和准备，而毁灭美才是悲剧的高潮。

女人与金钱的关系，通常表现为女性多为拜金主义者，而在"纳斯塔西娅·菲利波芙娜难题"里则体现为女人对金钱的蔑视，除了《白痴》里的纳斯塔西娅·菲利波芙娜对七万卢布的"青春损失费"嗤之以鼻、不屑一顾，甚至扔进壁炉，想付之一炬之外，此种模式在陀思妥耶夫斯基另外几部长篇小说里都有不同的体现，比如《少年》中的安娜·安德烈耶芙娜，当她得知老公爵尼古拉·伊万诺维奇死后还给她留下了六万卢布的遗产，等着她随时去取时，她冷冷地予以谢绝，"尽管代理人反复声称，这确实是公爵的意愿，但她还是拒不接受钱"，而且，"她拒不收钱这件事引

---

[1] Г. Б 波诺马廖娃：《陀思妥耶夫斯基：我探索人生奥秘》，张变革、征钧、冯华英译，北京：商务印书馆，2011年，第171页。

[2] 同上，第179页。

起了某种轰动,人们对此议论纷纷"①。家人们因此事件对待她的态度也发生了变化:"她的姨妈法纳里奥托娃起初对她跟公爵之间的丑闻很是生气,后来又突然改变了看法,在她拒绝这笔钱之后,便郑重其事地对她表示敬意。可是她的哥哥却为此跟她彻底吵翻了。"②

别尔嘉耶夫认为,纳斯塔西娅·菲利波芙娜一类人没有自己的命运,不具备主体性,她们不过是男主人公们命运的补充。"纳斯塔西娅·菲利波芙娜和格鲁申卡只是男人的命运深陷其中的一种自然力量,她们没有自己个人的命运。陀思妥耶夫斯基感兴趣的是梅什金和罗戈任的命运,而纳斯塔西娅·菲利波芙娜只是这一命运的实现。他不能与纳斯塔西娅·菲利波芙娜共生,像托尔斯泰与安娜·卡列尼娜共生那样。女人这一地狱使陀思妥耶夫斯基感兴趣,但只是把她作为引起男人的欲望和男人的个性分裂的一种自然力量。"③

基于陀思妥耶夫斯基笔下男性均为封闭性人物这一观点,别尔嘉耶夫指出,女性由于无法进入这个封闭圈而导致她们的狂暴和毁灭,并由此得出了"爱是毫无出路的悲剧"和"人是分裂的,尤其是男性"的见解。他说:"男人是自我封闭的,他没有走出自身、走入另一个女性的存在。女人只是男人清算自己的见证,只是用来解决自己的、男人的、人的问题的。对于陀思妥耶夫斯基来说,人的命运就是个性,就是人身上的个性元素。但这一个性元素主要是男性元素。因此,陀思妥耶夫斯基对男人的心灵有一种极其强烈的兴趣,而对女人的心灵则兴味索然。依据女人的心灵

---

① 陈燊主编:《陀思妥耶夫斯基全集》第14卷《少年》(下),陆肇明译,石家庄:河北教育出版社,2010年,第745页。
② 同上,第745页。
③ 别尔嘉耶夫:《陀思妥耶夫斯基的世界观》,耿海英译,桂林:广西师范大学出版社,2008年,第71—72页。译文略有改动。

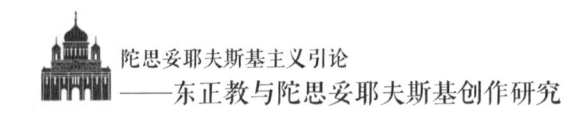

史无法观察人性的命运，因此，女人只能作为男人的命运（主要是个性的命运）在其中展现的一种自然力量和一种氛围而引起关注。在陀思妥耶夫斯基那里，男人被对女人的欲望所束缚，但这似乎依然是男人自己的事情，是男人的欲望本性的事情；在陀思妥耶夫斯基那里，男人从来不与女性结合在一起。陀思妥耶夫斯基的女性之所以是如此的歇斯底里，如此的狂暴，正是因为她由于不能与男性结合而注定毁灭。"[1]

第二节　拯救世界的是美吗

《白痴》提出了"美拯救世界"的命题。"'美拯救世界'这一思想不仅属于梅什金公爵（《白痴》），也属于陀思妥耶夫斯基本人。"[2] 但是，拯救世界的真的是美吗？它能拯救世界吗？美能消除所多玛和蛾摩拉这样的恶吗？

在《卡拉马佐夫兄弟》中，德米特里·卡拉马佐夫还专门提及日常生活中人们往往将美与"所多玛理想"纠缠在一起的做法。有的人以丑为美，以屈辱为荣："我要是掉进深渊里去的话，干脆头朝下，脚朝上，痛痛快快地掉下去，甚至于正因为用这种屈辱的姿势掉下去，我还会自鸣得意，认为这很美。"[3] 美具有常见的悖谬性和矛盾性，有时既可怕又恐怖，往往与丑陋共存共生："美，这是可怕而又恐怖的东西！它之所以可怕，就因为它难以捉摸，捉摸不透，因为上帝给我猜的只是一些哑谜。这里，

---

[1] 别尔嘉耶夫：《陀思妥耶夫斯基的世界观》，耿海英译，桂林：广西师范大学出版社，2008年，第72页。译文略有改动。

[2] Н. О. Лосский. *Достоевский и его христианское миропонимание*. Нью-Йорк: Изд-во имени Чехова, 1953, с. 205.

[3] 陈燊主编：《陀思妥耶夫斯基全集》第15卷《卡拉马佐夫兄弟》（上），臧仲伦译，石家庄：河北教育出版社，2010年，第164页。

中　编

两岸可以合拢，这里，所有的矛盾可以同时并存。"[1] 除此之外，德米特里又提出美还具有主观性和神秘性的特点，美也不是轻易就能获得的，往往也需要通过斗争得来："美！然而我不忍看到的是，有的人，甚至心灵高尚、智力超群的人，也是从圣母的理想开始，以所多玛的理想告终。更可怕的是有人心里已经抱着所多玛的理想，但是他又不否认圣母的理想，而且他的心还在因此而燃烧，真的，真的在燃烧，就像天真无邪的少年时代那样。不，人是博大的，甚至太博大了，我恨不得他能够偏狭些。鬼才知道这究竟是怎么回事，真是的！理智上认为可耻，可是心里面却常常认为它很美。所多玛城里有美？请相信，对于绝大多数人来说，美就在所多玛城——你知道这秘密吗？令人恐怖的是美不仅是可怕的，而且还是一件神秘莫测的东西。这里，魔鬼跟上帝在搏斗，这战场就是人心。"[2]

伊万·伊利因认为，拯救世界的看似是美，是《白痴》中那些代表性（секс）与爱欲（эрос）的女人，但是，她们拯救世界的方式却是通过代表"无力量的善"的梅什金公爵。"梅什金公爵完全不是一个企图用基督教—演绎的方法论证自己的生活方式和自己的道路的基督教神学家。他完全不是神学家，在这个意义上他关于自己什么也没有说。他就是他所是的那个样子，他就是显现出来的那个样子。他不进行教导；既不把自己看作是典范、谜，也不把自己看作是个纲领。"[3] 他认为，梅什金公爵虽然过着贞洁的生活，"但是在他的身上爱欲却更强烈和更纯洁。他的内在生活，无论在什么方面，在精神问题上，在世界观的问题上，在道德准则的问题

---

[1] 陈燊主编：《陀思妥耶夫斯基全集》第15卷《卡拉马佐夫兄弟》（上），臧仲伦译，石家庄：河北教育出版社，2010年，第165页。
[2] 同上，第165—166页。
[3] 伊万·伊利因：《陀思妥耶夫斯基小说中的"白痴"形象》，张百春译，万海松编选：《陀思妥耶夫斯基研究文集》，南京：译林出版社，2019年，第295页。译文略有改动。

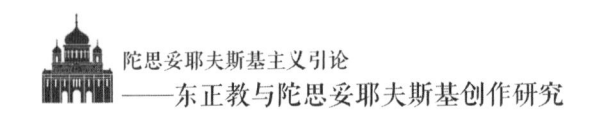

上,以及在针对女人方面,无论如何都不是无情的和冷淡的"①。

梅什金公爵对于这些女人而言,就像一道具有穿透性的光芒,他既能看懂她们,她们又能集合在这束光之下。"他的心瞬间就可以转向最美丽的,精神上有重要意义的,同时是最纯洁的和最有力的女人,为的是接近她们,或通过她们而成为极其幸福的或者极其不幸的,甚至不仅如此——为的是接近她们并通过她们而获得自己的命运,然后自己毁灭。但是,在这里最值得注意的是——恰好是这些美丽的,心地纯洁的,疯狂地富有激情的女人立即或者几乎是立即就转向了他;这不是因为她们看到了他的天真无邪,他的几乎孩子般的真诚,而是因为她们正确地认识到了他和正确地理解了他。"②所以,以伊利因的观点来看,拯救世界的就不只是美,还有善,似乎还有梅什金婴儿般的真诚,美与真和善一起,构建为三位一体的模式,才形成拯救的力量,然而这些都失败了,因而,"这是关于世俗的无力的善良的悲剧"③。

另外一位俄国宗教哲学家瓦·瓦·津科夫斯基则质疑了陀思妥耶夫斯基后期创作中"美拯救世界"这一命题,他认为恰恰相反,应该是"美是拯救的对象,而不是拯救的力量"。他在1931年2月宗教哲学科学院一次纪念陀思妥耶夫斯基的会议上所做的发言《陀思妥耶夫斯基世界观中的美的问题》中,认为这是陀思妥耶夫斯基难以克服的"悲剧的二律背反":"在陀思妥耶夫斯基的头脑中确实一直进行着关于美的意义,关于艺术的任务的问题的思索,如果这个思索毕竟很少(相对于其他主题)体现在他

---

① 伊万·伊利因:《陀思妥耶夫斯基小说中的"白痴"形象》,张百春译,万海松编选:《陀思妥耶夫斯基研究文集》,南京:译林出版社,2019年,第296—297页。译文略有改动。
② 同上,第297页。译文略有改动。
③ 同上,第298页。

中　编

的创作中，那么其原因应该是，在他那里很早（当然是在苦役之后）就显露出深刻的分裂，无论如何他无法与克服这个分裂。一方面，陀思妥耶夫斯基的思考顽强地向这样一些思想方面发展，它们的顶峰是'美能拯救世界'这样一个简练的说法，另一方面，在他的头脑里同样有力地出现了这样一种意识——越往后越坚定，即美是拯救的**对象**，而不是拯救的力量……这两个思想系列在陀思妥耶夫斯基那里是并列地发展着，相互混淆，相互复杂化。实质上，陀思妥耶夫斯基从来也没有克服这个悲剧的二律背反，没有能够制定出完整的美学观。我们只能跟踪这两个矛盾的思想系列在陀思妥耶夫斯基那里进行的斗争，'对美的信仰'与他的根基主义深刻地相关，以至于很容易让位给美的悲剧观念。美学乌托邦的破灭实质上破坏了陀思妥耶夫斯基的整个历史哲学体系，暴露了隐藏着的关于'恢复'人类的梦想，揭露了其中的真正自然主义的因素。需要对整个世界观进行改造，但是，死亡妨碍了这个任务的完成。"[1]

津科夫斯基还认为，这个"悲剧的二律背反"跟陀思妥耶夫斯基早期所接受的关于基督教在艺术中的使命密切相关。"对陀思妥耶夫斯基而言，艺术在基督教之外好像无法完成自己的任务，没有基督教，艺术就不能展开自己的翅膀，'基督教在艺术中的使命'显然就应该是'帮助'艺术。**说不定**，甚至是拯救它？陀思妥耶夫斯基实质上走向了这个思想，但最终没有走到这个思想，但这个思想却给他在这个领域里的探索的辩证法以新的解释。根据陀思妥耶夫斯基的意见，全部不幸就在于，'审美的思想在人身上模糊了。'这个出色的句子的意义也许只能这样解释：美学原则在其实质上、在其原初完整性上所固有的力量（在这里它内在地与道德

---

[1] В. В. Зеньковский. Проблема красоты в миросозерцании Достоевского.//*Русские эмигранты о Достоевском*. СПб.: Андреев и сыновья, 1994, c. 393. 字体加粗处原文如此。

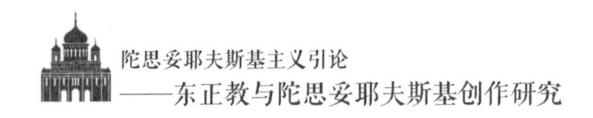

的纯洁和宗教的真理相关）在它那里弱化了，**因为美与善，艺术与道德的这个原初的联系中断了。**"①在津科夫斯基看来，在道德败坏的主题逐渐让人的卑鄙性问题与我们对生活的审美立场接近起来以后，导致的首先就是对"美拯救世界"的深刻质疑。"现在已经明确的是，《白痴》经历了十分严肃的修改，在这里尽管也给出了美学乌托邦的坚定的说法（'美拯救世界'），但是这个说法毕竟不是在直接引语里，而不知为什么是顺便给出的。在这个《白痴》里，公爵有这样一个即兴插话，即'美是一个谜'。这些怀疑更严厉和更尖锐地表述在伊波利特的话里。正是他，在引用公爵关于美的拯救力量的话时，反问公爵：'**什么样的**美能拯救世界？'这个怀疑能意味着什么呢？是不是并非所有的美都能拯救世界？"②津科夫斯基断言，陀思妥耶夫斯基的艺术审美观具有模糊性，模糊了善与恶的区分，也正因此它打破了"美拯救世界"的幻想。"第一个和主要的思想破坏了关于美的'拯救的力量'的全部天真的幻想，这个思想就是审美理解的这样一种**模糊性**，它忽视善与恶的区分。"③

津科夫斯基还指出了陀思妥耶夫斯基的"美的神秘性"观点所具有的迷惑性，认为它将"美在世界上可以得到拯救"的命题偷换为"美可以拯救世界"的假说。《卡拉马佐夫兄弟》中老大德米特里说的"魔鬼和上帝在斗争，战场就是人的心"这句话，它"意味着我们的斗争在心里进行，但我们的心自身是软弱无力的，**因为它受美的迷惑**，这美剥夺了它

---

① В. В. Зеньковский. Проблема красоты в миросозерцании Достоевского.// *Русские эмигранты о Достоевском*. СПб.: Андреев и сыновья, 1994, с. 400. 字体加粗处原文如此。

② В. В. Зеньковский. Проблема красоты в миросозерцании Достоевского.// *Русские эмигранты о Достоевском*. СПб.: Андреев и сыновья, 1994, с. 400. 字体加粗处原文如此。

③ В. В. Зеньковский. Проблема красоты в миросозерцании Достоевского.// *Русские эмигранты о Достоевском*. СПб.: Андреев и сыновья, 1994, с. 402. 字体加粗处原文如此。

中 编

的道德力量，道德自由，把人变成接受来自两个对立的和斗争着的力量的光的某种中介。恶与上帝的斗争**在美的掩盖下进行，它应该在人的心里进行**，因为这就是人的使命，然而，他对美的天然的和自然的迷恋——就是佐西马长老的那么多智慧的和光明的思想都针对它的那种迷恋，陀思妥耶夫斯基在《卡拉马佐夫兄弟》里对其抱很多希望的那个迷恋，——**它还不能成为拯救的力量**。不是美拯救世界，**而是在世界里可以拯救美**——这就是陀思妥耶夫斯基所得出的可怕的结论，但他不敢认清这个结论"[1]。因为恶的势力过于强大，它俘虏了美，但是世界的索菲亚[2]又要处处掩盖这一现象，所以，导致"恶的美"这个怪胎的出现。"在作为美的体现者的世界的被造的索菲亚里**发生了分裂**，这是类似于发生在我们身上的个性的分裂；除了索菲亚光明的面孔外，产生了被造索菲亚的黑暗的面孔。美**自身没有被这个分裂所触动**，因此'恶的美'，魔鬼主义的美才成为可能的——恶的美自身证明的是，恶在自己的基础上发源于原生的存在，发源于被造物生活的这样一个时期，这时的一切都'甚好（добро зело）'[3]，但是，正是由于美始终没有被恶的产生所触动，它'在也向恶闪烁（светит и злу）'……它仿佛是拯救的保证，它在恶里永无止境地向存在的最初完整性回归。但是，对世界上的美应该进行拯救——对世界上的美的这个拯救，只有通过把世界和心灵加以教会化才有可能实现。"[4]

总之，津科夫斯基完全推翻了陀思妥耶夫斯基"美拯救世界"的假

---

[1] В. В. Зеньковский. Проблема красоты в миросозерцании Достоевского.//*Русские эмигранты о Достоевском*. СПб.: Андреев и сыновья, 1994, c. 426. 字体加粗处原文如此。
[2] 又译神智学（софилогия），在俄国传统上，它被定义为上帝关于世界的拟人化的永恒构想，是上帝的理念和上帝的爱。
[3] 《旧约全书·创世记》第1章第31节："神看着一切所造的都甚好。"
[4] В. В. Зеньковский. Проблема красоты в миросозерцании Достоевского.//*Русские эмигранты о Достоевском*. СПб.: Андреев и сыновья, 1994, c. 427. 字体加粗处原文为着重号。

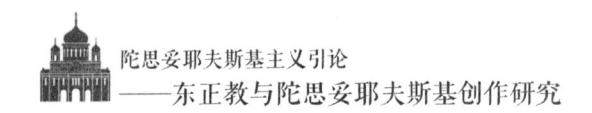

说，认为这是他的美学乌托邦思想所致，"他发现了黑暗，却被这个发现所俘虏"[1]；在津科夫斯基看来，他的乌托邦思想里融合了自然主义、根基主义、民族主义、弥赛亚主义以及一以贯之的"席勒习气"。

古雷加认为，拯救世界的不是美，而是爱。"爱，这就是朝气勃勃的、正在努力达到自己目标的德行。在陀思妥耶夫斯基看来（对俄罗斯思想的其他代表者们来说亦然），世界是被揭示着真、施行着爱、塑造着美的爱所拯救着。"[2]

第三节 美的价值与局限

就哲学特性而言，美具有绝对的价值。俄国哲学家尼古拉·洛斯基认为："真正的美是精神完美（духовное совершенство）和体现在完美肉身里的内涵，它彻底地变身为上帝之国或者哪怕只是部分变成人世间的实际行为。换言之，美就是化身为展现于时空形式中积极的精神特性（духовность）的具体性，这些时空形式被光、色彩、声音和其他感觉性能所穿透。体现精神性是完全实现精神性的必要条件。由此可以认为，美是一种伟大的绝对价值，它正在完善着其他一些绝对价值，如神圣性、道德之善、真理、威力和充沛的生命，直到它们令人惊讶地获得完美的、具体的表现。通过美，善的所有其他形式的价值才能敞开、呈现出特别令人着迷的形式。因此，不用施加指令、宣讲戒律、破坏自由，美就不仅能克服日常的私心，还能战胜提坦主义的骄傲，因为它既能引导人忘掉自己的

---

[1] В. В. Зеньковский. Проблема красоты в миросозерцании Достоевского.//*Русские эмигранты о Достоевском*. СПб.: Андреев и сыновья, 1994, с. 427. 字体加粗处原文如此。

[2] 古雷加：《俄罗斯思想及其缔造者们》，郑振东译，南京：南京大学出版社，2018年，第359页。

自私，又能激发人满怀自我牺牲精神去服务于善。"① 美能使人对理想的追求化作现实的积极行动。

原始之真也是美的一种表现形态，从它与美的关系，可以看出，返璞归真的美也是《白痴》中女性的共同特征之一。本雅明在将《白痴》中的儿童形象和女性形象进行对比后认为，"迫切地想要回到童年的愿望——用现代的术语来说，就是歇斯底里——则折磨着小说中的女性形象"②。

另外，在具体的条件和语境中，美又具有多义性和复杂性。古雷加指出，"美"这一概念本身具有多义性，而且他认为，"陀思妥耶夫斯基明白这一点，并且对待这一说法（即'美拯救世界'——引者注）极其慎重"③。后来者在研究古雷加的一个词条里断定，在古雷加那里，美是居中的地位，即"美是位于真和善之间的一个'中间术语'"④。

但是，与真和善比较，美确实也存在一定的局限性。梅什金在给叶潘钦母女相面的时候，是拒绝对阿格拉娅下评语的，因为他认为她最美："对于美是很难下评语的，我还没有做好思想准备。美是一个谜。"⑤ 并且，陀思妥耶夫斯基在《卡拉马佐夫兄弟》中还进一步发展了这一思想。譬如，米佳就曾对阿辽沙说过："美不仅是可怕的，而且还是一件神秘莫测的东西。在这里，魔鬼跟上帝在搏斗，而战场就是人心。（Ужасно то, что

---

① Н. О. Лосский. *Достоевский и его христианское миропонимание*. Нью-Йорк: Изд-во имени Чехова, 1953, с. 206.
② 本雅明：《陀思妥耶夫斯基的〈白痴〉》，李茂增译，《写作与救赎：本雅明文选（增订本）》，李茂增、苏仲乐译，上海：东方出版中心，2017年，第163页。
③ А. В. Гулыга. *Русская идея и ее творцы*. М.: Соратник, 1995, с. 293.
④ А. В. Гулыга. *Философы России XIX – XX столетий. Биографии, идеи, труды*. 2-изд., перераб. и доп. М.: Кн. и бизнес, 1995, с. 163.
⑤ 陈燊主编：《陀思妥耶夫斯基全集》第9卷《白痴》（上），张捷、郭奇格译，石家庄：河北教育出版社，2010年，第103页。

красота есть не только страшная, но и таинственная вещь. Тут дьявол с богом борется, а поле битвы — сердца людей.)"① 如果说，梅什金公爵在第一次看到纳斯塔西娅·菲利波芙娜的照片时，只看出了她的痛苦和高傲的话，第二次仔细端详的时候，就看出了其中的暴烈之美。"他仿佛想要看透隐藏在这张脸上，刚才使他感到吃惊的某种东西。刚才的印象几乎一直萦回不去，而现在他仿佛急于要把什么东西重新检验一遍似的。这张非常美丽而且就某方面来说异乎寻常的脸，现在使他更为惊讶了。这张脸仿佛蕴含着无比的高傲和轻蔑，几乎是仇恨，同时又有某种轻信的、异常天真的神情；这些特征的强烈反差甚至似乎会激起一种怜悯之情。这种令人目眩的艳丽简直叫人受不了；苍白的脸色，近乎凹陷的双颊，一双目光似火的眼睛，都是那么美，一种奇特的美！"② 相比之下，叶潘钦夫人就看不出纳斯塔西娅·菲利波芙娜脸上的痛苦，反而认为梅什金可能是在说胡话。叶潘钦家的二女儿阿杰莱达能看出，纳斯塔西娅·菲利波芙娜这样的美就代表着一种力量。"这样的美就是力量……一个人有这样的美，就可以把世界翻转过来。"③ 美如果不与真和善等特性相结合，就会成为抽象的、虚幻的美，就会把美的内在属性架空和抽空，这是美的特定的局限。

波诺马廖娃则对纳斯塔西娅·菲利波芙娜的美在这个世俗世界的可行性表示怀疑：她的"美中所蕴涵的改变世界的力量仅仅是一种可能，不能'在这里'实现"④。然而波诺马廖娃没有看到，美也是一种理念，它同样

---

① Ф. М. Достоевский. *Полное собрание сочинений в 30 томах. Т. 14. Братья Карамазовы*. Л.: Наука, Ленинградское отделение, 1976, с. 100.
② 陈燊主编：《陀思妥耶夫斯基全集》第9卷《白痴》（上），张捷、郭奇格译，石家庄：河北教育出版社，2010年，第106—107页。
③ 同上，第108页。
④ Г. Б 波诺马廖娃：《陀思妥耶夫斯基：我探索人生奥秘》，张变革、征钧、冯华英译，北京：商务印书馆，2011年，第179页。

具有强烈的理想主义色彩。而理念一般具有三个层级,即欲望、意志、理性(柏拉图的理念论)。因此,我们认为,在《白痴》中,美既作为一种现实,也是作为一种理念,被加以具体描写和演绎的。1868年1月13日,陀思妥耶夫斯基在给外甥女索菲娅·伊万诺娃的信中说:《白痴》"这部长篇小说的主要思想是描写一个真正美好的人物。世界上再也没有比这更难的事了,尤其是现在。所有的作家,不仅是我国的,甚至包括所有欧洲作家,谁只要动手去描绘真正的美,总感到无能为力。因为这是一个无比困难的任务。美是一种理想,而理想,无论是我们的还是文明的欧洲的,都远未形成。"[1] 编注者认为:"梅什金公爵曾以为'美能拯救世界',可是现实推翻了他的这一想法,美不但未能拯救世界,反而被这个世界毁了。梅什金公爵的悲剧说明了这个形象所体现的理想的破产。"[2]

但是,我们认为,现实不能抹除掉美的理想色彩,而美的理念特点也不能完全否定其现实遭遇。美的现实性和理想性,既是它的价值所在,也是它与生俱来的局限。在《白痴》中,美已经化作了纳斯塔西娅·菲利波芙娜清高性格的一部分,成为"纳斯塔西娅·菲利波芙娜难题"中无法破解的死结。

第四节 悲剧的价值与功效

梅什金公爵拯救纳斯塔西娅·菲利波芙娜的失败,纳斯塔西娅·菲利波芙娜最后被罗戈任杀害,以及由此牵连而导致的各种不幸,都可以被视为《白痴》中发生的种种悲剧。学界历来对造成悲剧的原因的看法众说纷

---

[1] "题解",《陀思妥耶夫斯基全集》第10卷《白痴》(下),张捷、郭奇格译,石家庄:河北教育出版社,2010年,第834页。

[2] 同上,第834页。

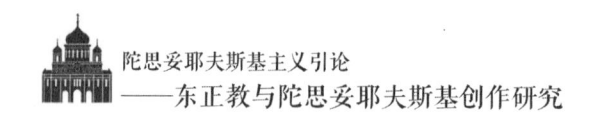

坛，但关注点大体集中在社会和个人两方面，即社会不公和个体性格的平衡问题上。

美国文学批评家乔治·斯坦纳认为，悲剧展现的是人与他者或整个世界的疏离，既可以是一种隐喻，也可以称之为宿命。"我所定义的严格意义上的'悲剧'，是对一种现实观的戏剧呈现，或者更准确地说，是对一种现实观的戏剧实验。在这种现实观中，人类被认为是这个世界里不受欢迎的客人。人的这种疏离（德语单词 Unheimlichkeit 精确地传达了'被强推出门外的人'这层意思）的来源是多样的。它们可能是'人之堕落'或原始惩罚的字面的或隐喻性的结果。它们可能根植于某种与人之天性不可分割的不自量力或自我伤害的宿命。在最极端的情况下，人类与一个敌视人类的世界的疏离，或是人涉足这个世界的致命后果，可以看作是世界万物中的某种恶意或邪恶的否定（神的敌意）导致的。但是，纯粹的悲剧（absolute tragedy）只存在于索福克勒斯式的揭示了实质性真理的陈述'最好的是从未出生的'，以及由李尔王的五次'绝不'所清晰表述的有关人类命运之洞见的总结中。"①

斯坦纳还认为，悲剧在于正义的缺失，而不在于物质的匮乏。"科学资源和物质力量的增长不是改变或者改善人类的悲剧处境，反倒是让他们更脆弱。"②

英国文学批评家雷蒙·威廉斯在《现代悲剧》一书中指出了现代悲剧与古典悲剧在解决方式上的不同，即从外到内的转型，也就是悲剧的指向从社会和群体转型为个人和内心。他也同样认为，正义缺失是造成悲剧的

---

① 乔治·斯坦纳：《银河系丛书版前言》，《悲剧之死》，陈军、昀侠译，杭州：浙江工商大学出版社，2018年，第2—3页。译文有些许改动。
② 乔治·斯坦纳：《悲剧之死》，陈军、昀侠译，杭州：浙江工商大学出版社，2018年，第3页。

中 编

缘由。"在古典悲剧中，为了实现永恒的正义，互相冲突的人物和目的最终沦落。而且，个人可以在更高命令的指示下放弃自身片面的目的，或者更有趣的是，在自身中获得完满和解决。在现代悲剧中，整个悲剧解决的问题要困难得多，因为现代悲剧的人物更加个人化。正义本身也更抽象、更冷酷，甚至好像只是外部环境中的纯粹意外，从而只能引起惊讶或同情。当悲剧解决得到实现时，它通常发生在人物的内心，而且较古典悲剧更为复杂、更少令人满意。其原因是，现代悲剧不是强调人物所代表的伦理本质，而是强调人物本身及其个人命运。"①

别尔嘉耶夫认为，悲剧的罪魁之一是欲望，即女人想要获得女性命运而不甘心只是男性命运之一部分的权欲之争，但在陀思妥耶夫斯基那里，女人的这一努力概不成功。在《白痴》里，陀思妥耶夫斯基确证了男女两性之爱的"毫无出路的悲剧"，因为"陀思妥耶夫斯基从来没有给我们揭示不分雌雄的人性。他的人总是分裂的男人，没有自己的索菲亚，没有自己的玛利亚。陀思妥耶夫斯基没有充分意识到，人性是不分雌雄的，就像伟大的神秘主义者雅·别麦和其他人所揭示的那样。在他那里深刻地提出了一个主题——**女性是人的命运**，但他本人依然切断了与女性的联系，他深刻认识到的只是一个分裂的人，人对于他只是男性，而不是雄雌两性"②。

尽管悲剧的内容不一、形态各异，但归根结底主要是展现人的临界状况，也就是处在某种困境中无法自拔的境遇，在悲剧爆发的前夕，当事者的精神往往处在进退维谷的极端矛盾中。正如卡尔·雅斯贝尔斯指出

---

① 雷蒙.威廉斯：《现代悲剧》，丁尔苏译，南京：译林出版社，2007年，第25页。
② 别尔嘉耶夫：《陀思妥耶夫斯基的世界观》，耿海英译，桂林：广西师范大学出版社，2008年，第72页。译文略有改动。字体加粗处原文如此。

的:"悲剧再现的是那经历了临界境况与非常境遇,正处于变化中的人。"[1]因此,悲剧的价值在于表现过程,而并非仅仅关注毁灭或失败的结果,由此,既表现了被毁灭的个人价值,也表达了对社会和群体的不公的抗议。鲁迅先生在《再论雷峰塔的倒掉》一文中说过:"悲剧是将人生有价值的东西毁灭给人看。"[2]我们可以把这句话的重点放在"毁灭"的过程上,因为它要的是"给人看"。

从悲剧的本质与功能来看,如果美能被拯救并继续存在下去,那就不存在真正的悲剧了,而宗教相信美(主要以真和善的形式体现)最终能获得救赎,哪怕是经过作为过渡阶段的毁灭,但终归能够重生和复活。基督徒认为,正是神的恩典将人从世界的极度虚无与惊人的自我毁灭中解脱出来。雅斯贝尔斯指出,基督教不承认真正的悲剧的存在,因为"这里的一切都不过是道路和过渡,而绝非最终的存在"[3]。所以,雅斯贝尔斯认为,所有的现实存在要具备悲剧性质的话,就必须"有人的行为",即毁灭,因为"人通过自己的行为首先引发纠纷,而后,因为无法避免的必然性,最终走向灭亡"[4]。斯坦纳也认为,没有矛盾和灾祸,也就没有悲剧:"悲剧以失败结尾。悲剧人物被一种既不能被完全理解,也无法用理性的严谨来克服的力量摧毁。这一点又是关键的。只要造成灾祸的原因是暂时的,只要矛盾冲突可以通过技术的或社会的手段解决,我们或许就只有严肃的戏剧,但没有悲剧。"[5]

波诺马廖娃看到,梅什金公爵虽然充满了幻想性或理想主义色彩,但

---

[1] 卡尔·雅斯贝尔斯:《论悲剧》,梁靓译,上海:华东师范大学出版社,2021年,第50页。
[2] 鲁迅:《鲁迅全集》第1卷,北京:人民文学出版社,2005年,第203页。
[3] 卡尔·雅斯贝尔斯:《论悲剧》,梁靓译,上海:华东师范大学出版社,2021年,第55页。
[4] 同上,第17页。
[5] 乔治·斯坦纳:《悲剧之死》,陈军、昀侠译,杭州:浙江工商大学出版社,2018年,第5页。

中 编

他行动所表现出来的追求理性的目的也是造成悲剧的原因之一。她认为，梅什金公爵形象的"无辜"特性具有言行的使命感和必然性，他其实与作家构思中的堂吉诃德的骑士形象迥然相异，因为后者的幻想特性决定了他的与世隔绝。梅什金公爵这个"主人公的活动不同于堂吉诃德幻想式的与世隔绝，而是竭力使人、使痛苦的女人获得新生，这个女人复杂矛盾的内心使她成为粗野的感情牺牲品，而这个女罪人不相信自己的罪能得到赦免，现在她正濒于毁灭，更加堕落并且糟蹋自己……"[1]也就是说，梅什金虽以纯真和谦卑来拯救纳斯塔西娅·菲利波芙娜，但他的拯救行为是被赋予了理性的目的的。然而，实际上我们看到，梅什金公爵有理性地、执着地想要拯救纳斯塔西娅·菲利波芙娜的目的，并不能说明这是导致后者灭亡悲剧的主要原因。陀思妥耶夫斯基也的确说过，爱要超越理性，——"爱，应当先于逻辑，……一定要先于逻辑"[2]。

与波诺马廖娃发现悲剧中的理性相似，俄国思想家列夫·舍斯托夫也在悲剧中找到了意志论的因素，并以"孤独说"为基础创立了自己的悲剧哲学之说。他认为，唯心主义使人丧失存在根基并陷入怀疑主义不能自拔，是悲剧的哲学前提。这里面有一个三段论式的推论过程：首先，唯心主义具有欺骗人的假象。"唯心主义就像东方的专制独裁：从外表上看总是闪光、美丽和永恒的；内部却充满恐惧。这就是一个不解现象的原因所在：这个乍一看来无辜的学说却经常成为那些最少被怀疑是'天生'好

---

[1] Г. Б. 波诺马廖娃：《陀思妥耶夫斯基：我探索人生奥秘》，张变革、征钧、冯华英译，北京：商务印书馆，2011年，第171页。
[2] 陈燊主编：《陀思妥耶夫斯基全集》第15卷《卡拉马佐夫兄弟》（上），臧仲伦译，石家庄：河北教育出版社，2010年，第358页。

恶的人们的最痛恨的对象。"[①]而且，唯心主义的死敌原来都是唯心主义的信奉者，他们都曾关注过所谓的"心理学"学说。其次，人开始审视自己内心和闪光的信念，是基于笛卡尔二元论的方法论规律，即"人一点也不愿失掉自己的基础"[②]。怀疑的因素只是始于唯心主义承受不住现实压力的时候，"只有当人的命运的意志和实际生活面对面发生冲突，突然恐惧地看到一切美妙的先验论都是虚伪的时候，只有在这个时候，人们才会第一次产生极大的怀疑。这一怀疑一下子就摧毁了旧的虚幻的看上去很牢固的墙"[③]。最后，当过去那些看上去免受怀疑主义和悲观主义侵蚀的圣人，"他们的善、人性和思想都消失得无影无踪，人面对自己最可怕的敌人第一次在生活中感到可怕的孤独"[④]的时候，就开始了"悲剧的哲学"。

在舍斯托夫那里，这个"悲剧的哲学"的表现形态是这样的："希望永远地丧失了，生活却存在着，在前面还有许多生活在等待着。而死又不可能，哪怕是想去死。"[⑤]这是一种无比绝望的却又不能告别生活的"悲剧哲学"，非常契合纳斯塔西娅·菲利波芙娜临死前的那些在别人看来效果不亚于恶作剧的言行举止。这里的绝望还不是彻底的绝望，还带着一丝希望，或者说对某种改变尚怀有期待，这是有心和无力摆脱悲剧宿命的临界状态。

在绝大多数情况下，陀思妥耶夫斯基热衷于营造各种冲突，并以此为构建最后的悲剧进行铺陈和渲染，多用悲剧来营造一种末世论论调，以期唤起人们的震撼、警觉和升华（净化），并最终达到其全体普遍救赎的目的。

---

① 列夫·舍斯托夫：《陀思妥耶夫斯基与尼采——悲剧哲学》，张杰译，北京：商务印书馆，2019年，第73页。
② 同上，第73页。
③ 同上，第74页。译文略有改动。
④ 同上，第74页。
⑤ 同上，第74页。

中 编

第五节　爱的天性与功能

从陀思妥耶夫斯基的多部小说，以及《白痴》中"美拯救世界"难题的诞生机制来看，陀思妥耶夫斯基十分重视爱的积极性及其协调作用，他所倡导的是不分对象的无私之爱，也就是把任何一个陷入即将发生悲剧的临界状态中的当事人都看作"不幸的人"。

积极的爱（любовь деятельная）在于其实践性和主动性，也在于久久为功、不急于求成，它与幻想的爱（любовь мечтательная）[1]其实似是而非、南辕北辙，后者最终会消解掉原初高调的口号和行动。在《卡拉马佐夫兄弟》中，陀思妥耶夫斯基曾借佐西马长老之口做过区别："积极的爱与幻想的爱相比是一件对自己严酷无情和令人望而却步的事。幻想的爱总是渴望大功很快告成，迅速得到回报，让大家都能看到。……而积极的爱，乃是一件持之以恒的工作，对于有些人这也许是门大学问。我敢对您预言，甚至在这样的时刻，当您惊骇地发现，不管您怎样努力，您不仅达不到目的，甚至好像离开您要达到的目标更远了——就在这样的时刻，我敢对您预言，您会突然感到柳暗花明，达到了目的，清楚地看到君临您之上的主创造奇迹的力量；您会清楚地看到，主一直在爱您，主一直在冥冥中指导您。"[2]

与陀思妥耶夫斯基对爱的认识和细分相呼应，哲学家阿·弗·古雷加一方面指出，爱的天性是神赐的，爱"不仅是两性之爱"，另一方面也认为，爱"亦是作为一种生存原则的、更为宽泛的、克服利己主义的能

---

[1] Ф. М. Достоевский. *Полное собрание сочинений в 30 томах. Т. 14. Братья Карамазовы*. Л.: Наука, Ленинградское отделение, 1976, с. 54.
[2] 陈燊主编：《陀思妥耶夫斯基全集》第15卷《卡拉马佐夫兄弟》（上），臧仲伦译，石家庄：河北教育出版社，2010年，第83页。

力"①，它因此重构了现代社会的新型伦理学。他援引另外两位白银时代宗教思想家索洛维约夫和弗洛连斯基的看法，重申了前者所说的"伦理学才是真正的哲学活动的核心"以及后者所认的"爱的本体论意义"观点。这样一来，爱就不再是一种静止的"思维样态"，而是一种进取的、具有过渡和更新能力的"本体论行为"，"是某种本质的东西，是'向新的实际存在的过渡'"②。

但是，别尔嘉耶夫却指出，在陀思妥耶夫斯基的作品中，爱不但意味着人性完整性的丧失，而且具有导致分裂和疯狂的双重性。他说："在男人精神的悲剧中，女人意味着分裂。性爱、欲望意味着人性完整性的丧失。因此欲望是不纯洁的，纯洁是完整，淫荡是破碎。陀思妥耶夫斯基让人经历所有层面的分裂。他那里的爱分裂为两个本原。他那里的人通常爱两个人。双重的爱和爱中的双重性被他以非同寻常的力量表现出来。他揭示了爱的两个本原，两种自然力量，两个深渊，人跌入其中——淫荡的深渊和同情的深渊。在陀思妥耶夫斯基那里，爱总是走到极限，它因疯狂的淫欲，也因疯狂的同情而耗尽。陀思妥耶夫斯基只对揭示这些自然本能的爱的极限感兴趣，对有分寸的爱不感兴趣，因为他进行的是人性的试验，他要把人放在非常的条件下，研究人的深度。"③

别尔嘉耶夫认为，在陀思妥耶夫斯基那里，因为爱是分裂的，所以也导致爱的对象也存在分裂，并且爱非但不能战胜分裂，反而加重分裂。由此，爱的分裂与人的分裂彼此纠缠在一起，互为因果。"从没有唯一的、

---

① 阿·弗·古雷加：《俄罗斯思想及其缔造者们》，郑振东译，南京：南京大学出版社，2018年，第364页。
② 同上，第365页。
③ 别尔嘉耶夫：《陀思妥耶夫斯基的世界观》，耿海英译，桂林：广西师范大学出版社，2008年，第72—73页。

完整的爱。在人自我意志的道路上注定如此，人的本质在这一分裂中受到了损害，人性遭受着失去本身的完整性的威胁。没有界限的性欲的爱和同情的爱不属于任何更高的对象，它们同样可以焚烧人，使人化为灰烬。在同情的深处，陀思妥耶夫斯基发现了独特的性欲。非完整的、分裂的人的欲望转化为疯狂，而疯狂也不能阻止分裂和破碎。人依然如故，依然处于分裂之中。他把自己的分裂带入爱中，而爱在自己两极的对立中走向死亡。没有实现结合，没有形成完整，没有战胜分裂。无论是极端的性欲，还是极端的同情，都没有把相爱的人结合在一起。人依然是孤独的。陷入两种对立的欲望中的人耗尽了自己所有的力量。"[1]

别尔嘉耶夫进一步指出，在陀思妥耶夫斯基那里，爱总是营造出一种疯狂的氛围，将男女主人公及其身边的人全都裹挟进来，让一切都处于极度的紧张之中。"爱总是着魔般的，它释放出一种疯狂，使整个周围环境紧张到了白热化地步。疯狂的不仅是相爱的人，还有周围所有的人。维尔希洛夫对卡捷琳娜·尼古拉耶芙娜疯狂的爱营造了一种疯狂的氛围，它使一切都处于极度紧张之中。连接梅什金、罗戈任、纳斯塔西娅·菲利波芙娜和阿格拉娅的爱情线索，也使整个气氛极度紧张。"[2] "无论何时，无论何处，爱找不到自己的港湾，也带不来快乐的结合。没有爱的霞光。到处揭示着的爱的艰难、爱的黑暗的否定因素和爱的痛苦。爱不能战胜分裂，反而加剧分裂。两个女人，就像两种苦难的自然力量，永远为爱进行着无情的斗争，毁灭着自己，也毁灭着别人。《白痴》中的纳斯塔西娅·菲利波芙娜和阿格拉娅，《卡拉马佐夫兄弟》中的格鲁申卡和卡捷琳娜·伊万诺

---

[1] 别尔嘉耶夫：《陀思妥耶夫斯基的世界观》，耿海英译，桂林：广西师范大学出版社，2008年，第73页。译文略有改动。

[2] 同上，第73页。译文略有改动。

夫娜之间的冲突就是如此。在这些女人的斗争与厮杀中有某种莫名的同情。《群魔》与《少年》中也存在女人情欲斗争与厮杀的气氛，尽管是以不太明显的方式显现。男人的性格是分裂的，女人的性格是灰暗的，其中有诱惑的深渊，但从来没有神圣的母亲形象，神圣的玛利亚形象。男性本原中的错就在于此。他脱离了女性本原，脱离了大地－母亲，脱离了自己的童真——也就是自己的纯洁与完整，走上了流浪与分裂之路。男性本原在女性本原面前软弱无力。……男人与女人悲剧性地被分离，相互折磨着对方。男人无力控制女人，他不接受内在于自己的女人的天性，也不去洞察她，只是把她作为自己独特的分裂而感受着她。"[1] 不可否认，别尔嘉耶夫将陀思妥耶夫斯基所描写的各种分裂归咎于爱的说法很难成立，因为他将爱和性格混为一谈，是个体的双重性或性格的分裂，而不是爱加剧了人和人之间的甚至人和自己的冲突。不过，这也从反向说明，空喊幻想的爱非常简单易行，而践行积极的爱难上加难。

不管是"美拯救世界"，还是"美毁灭世界"，似乎都具有某种独特的俄罗斯式末世论的意味，因为不管美如何动作，这个世界算是岌岌可危了。别尔嘉耶夫在这两种说法里看到了毁灭与重生相随相伴的特点，正如他援引俄国宇宙论者费奥多罗夫的观点，并加以引申阐发的那样："世界的末日是神人的事业；人类的积极性与创造活动是其组成部分：人类不仅要忍受这一末日，还要为它做好准备。末日不仅是世界的毁灭和审判，也

---

[1] 别尔嘉耶夫：《陀思妥耶夫斯基的世界观》，耿海英译，桂林：广西师范大学出版社，2008年，第73—74页。译文略有改动。

有对世界的澄清与改造，如同创世的继续。"①

单就《白痴》中的"纳斯塔西娅·菲利波芙娜难题"而论，"美拯救世界"说和"美毁灭世界"说，它们既成立也不成立，完全要视其实践语境而定。在欣赏美、珍惜美而追求美、保护美的善良人那里，美能起到理想主义的引领作用；在妒忌、仇恨别人美的恶人那里，美有时会招来杀身之祸，从而导致美的毁灭的悲剧，尽管悲剧也有净化和升华人的心灵的作用，但美之毁灭对社会的控诉也是显而易见的。

"纳斯塔西娅·菲利波芙娜难题"的症结就在于悲剧的不可避免，因而这也是其意义所在。纳斯塔西娅·菲利波芙娜最后坚决弃绝自己被拯救的种种可能，明知故犯地寻求被杀害，就如同自杀，这造就了她自己的悲剧。从个性层面而言，这也是其倔强个性的悲剧，从宗教方面来说也是其缺乏坚定的宗教信仰的悲剧，她的悲剧结局同样也是造成梅什金公爵铩羽而归、回复痴愚状态的主要原因；从社会层面而言，纳斯塔西娅·菲利波芙娜从小失去双亲，没有接受过正常的家庭教育和温情哺育，不过是地主托茨基豢养的享乐对象，视同商品，就像他养大了打算自己享用的一只鸡雏。正是她从小作为孤女、长大后孤苦无依，只和服侍自己多年的女仆稍微有些共同语言，所以，从这一点上来讲，她的最终悲剧也是家庭温情缺失所致，但凡她有兄弟姐妹等至亲还在自己身边，她可能就不会这样一意孤行地报复这个唯利是图的社会，从托茨基到她所蔑视的人。在小说中，几乎全部的家庭乃至整个的社会都像貌合神离的"偶合家庭"，这也是他们所生活的这个"被拯救"或"被毁灭"的世界的危险所在。

所以，剖析"纳斯塔西娅·菲利波芙娜难题"，可以从诸多方面让我们看到隐藏在美和悲剧表象下的多重事实和丰富意蕴。

---

① 转引自阿·弗·古雷加：《俄罗斯思想及其缔造者们》，郑振东译，南京：南京大学出版社，2018年，第365页。

第九章
末世论与博爱伦理学
——《群魔》的宗教解读

就书名而论,《群魔》是陀思妥耶夫斯基长篇小说中最明显地体现他的情感态度和宗教思想的作品。此外,他还在小说开头前的题词中直接引用了两段原文,以此向读者再次强调小说的内容和主旨。一段是普希金的诗歌《魔鬼》中的片段,它里面的这三句很重要:"我们迷路了,那可怎么办?/看来是魔鬼牵着我们/在荒野里团团打转。"另一段就是径直引用《新约全书·路加福音》第8章第32—36节的原文,以猪群被魔鬼附体后跳崖溺毙的这个故事,直言不讳地告诉读者他写作此书的宗教动机。这里面应该注意的是,魔鬼起先是附体在一个人身上,后来得到耶稣的准许,转而附体到猪身上,替罪的猪淹死后,那人就恢复了正常。众人"看见鬼所离开的那人,坐在耶稣脚前,穿着衣服,心里明白过来"。这段故事的重点应该落在"被鬼附着的人怎样得救"上。

陀思妥耶夫斯基选择这两段引文并非出于偶然,它们是陀思妥耶夫斯基精心设计的,显然包含着陀思妥耶夫斯基的写作目的,即想以此书形象地演绎两点共识:我们都会因被鬼附体而迷路;人会在"耶稣脚前"得救。可以说,附体与得救直接关联着《群魔》所要表达的末世论思想和博

中 编

爱伦理学。

第一节 斯塔夫罗金式的"群魔"

斯塔夫罗金是小说《群魔》的思想主轴，是小说中所有人的思想的来源；他又是"群魔"的精神领袖，他周围的人都在以不同的方式追随和践行着他的思想。他参加过美国西部的劳动实验，曾经有过与沙托夫同样的革命理想，还成为彼得·维尔霍文斯基五人小组的思想领袖。正如尼古拉·别尔嘉耶夫所指出的，斯塔夫罗金身上承载了太多的愿望和使命，小说中的所有其他人物，几乎都是从斯塔夫罗金的精神里走出来的："斯塔夫罗金是有创造性的，（几乎）是一个天才人物。全部最终的和极端的思想都在他身上产生：俄罗斯民族即上帝代言人的思想，人神的思想，社会革命和人类蚂蚁窝的思想。伟大的思想来自于他，产生了其他人，过渡到其他人身上。"[①] 但是，斯塔夫罗金因为无所事事而一度沉迷于追求感官刺激。他本质上渴望有所成就，实际上却不知道能在哪些领域有所建树。他的迷茫与空虚导致他常常向世俗伦理发起挑战，以至沙托夫竟当众扇他的耳光，叫他去劳动，意思是让他主动接近大地和人民。虽然斯塔夫罗金也曾想通过各种方式回归俄罗斯大地，但他在俄国的所作所为根本不为本国人所容，以至他被迫避走国外。像瑞士乌里州这样的地方，竟成为他迫不得已的栖身之处。然而，侨居国外实在有悖于他的心愿。最后，为自己有意无意对人民犯下的罪孽，他在俄国家中的阁楼上自我了结。作为"俄国的欧洲人"，斯塔夫罗金宁愿死于故土也不愿苟活于异乡的结局，是陀思妥耶夫斯基给这类新人所设计好的一条不归路，因为缺乏最起码的伦理道

[①] Н. А. Бердяев. Откровение о человеке в творчестве Достоевского.//Смысл творчества: Опыт оправдания человека. Харьков: ФОЛИО; М.: АСТ, 2002, с. 519—520.

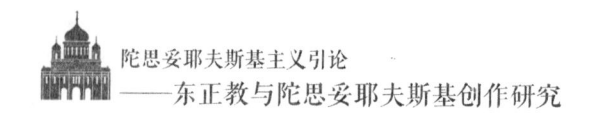

德，更不用说宗教信仰，是一个实实在在的虚无主义者。

伊万·伊利因在《尼古拉·斯塔夫罗金：陀思妥耶夫斯基的〈群魔〉》这个讲演中，认为斯塔夫罗金是一个目无上帝的超人、一个悲剧的预言形象。"这是个悲剧的，但也是个预言的形象：这是一个被赋予了一切，除了最重要的东西，——心中有具死尸的美丽的那耳喀索斯（нарцисс）；理智和意志的集中，但没有爱和信仰；带着一个麻痹的灵魂的巨人，没有上帝的超人。仿佛是个全能的精神机器，但没有精神，因此——没有思想，没有目的，在生活中没有喜悦。"[1]

斯塔夫罗金的迷惑性极大，表面上看是一个美男子，也接受过很好的教育，家族也拥有很高的社会地位，但他偏偏"没有精神""缺乏精神"。伊万·伊利因的原话是："但斯塔夫罗金远不是这种类型的人的最可恶的变种：就出身和所受教育而言他是个绅士；是个有品位和分寸感的人；他的心不是恶毒的，他不接受暴行；如果他做出了暴行，那么是出于绝望和缺乏精神性；他清楚地知道，什么是好的，什么是不好的，他确定无疑地知道，但始终守着自己的这个知识，不知道应用它。"[2] 在这里，我们似乎能够窥探到伊万·伊利因所说的"精神"的奥妙。这里的"精神"（дух）既是人活着时外表呈现出的精气神等风貌，也是一个人赖以生存的思想支柱——精神或曰灵气、圣灵，即三位一体中的圣灵，也就是上帝所吹的那一口气。

---

[1] И. А. Ильин. Николай Ставрогин.（Достоевский. «Бесы»）.//И. А. Ильин. *Собрание сочинений в 10 т. Т. 6, кн. 3: О России и русской душе; Гении России*. М.: Русская книга, 1997, с. 424.

[2] И. А. Ильин. Николай Ставрогин.（Достоевский. «Бесы»）.//И. А. Ильин. *Собрание сочинений в 10 т. Т. 6, кн. 3: О России и русской душе; Гении России*. М.: Русская книга, 1997, с. 424.

中 编

没有了这个圣灵，斯塔夫罗金就如同行尸走肉。在伊万·伊利因看来，他还是携带着病毒，会传染身边人的行尸走肉。"但在他的背后，**以后**在前景里——就在同一个方向上——从同一个类型里又显现出另外一些形象，然而，它们没有被绅士风度、品位和分寸的袭击所触动，这都是**些在自身中携带着精神死亡的恶毒的人**。"伊万·伊利因进一步指出，没有信仰和爱这些"精神"因素，即使是最好的和最强有力的人，也不过是"无意义的怪物、没有舵和帆的船、空转的发动机、丧失了价值的美、被抛弃的自杀者"。①

目睹这些被陀思妥耶夫斯基先知般地描绘出来的形象已成为可怕的现实，伊万·伊利因准确地指出了作家塑造这类虚无主义者的思想动机，即反对无神论，保住最后的根据地——宗教，因为它有利于国家和民族的发展，也有益于欧洲。"陀思妥耶夫斯基想说，上帝的思想，耶稣基督的思想，这是人生、人的荣誉和尊严、创造性的建设和社会秩序的第一块和最后一块基石。如果这个思想消失，那么一切都将陷入混乱和流血。在谈到这一点时，他指的不仅仅是自己的国家和自己的民族，而且也包括西欧。"②

伊万·伊利因还点名指认了斯塔夫罗金的同伙以及"群魔"们的前辈。他认为，斯塔夫罗金的同伙是彼得·维尔霍文斯基、基里洛夫等，而斯塔夫罗金的始祖是伏尔泰和拜伦。"欧洲的西方在自己那里产生了两个

---

① И. А. Ильин. Николай Ставрогин. (Достоевский. «Бесы»).//И. А. Ильин. *Собрание сочинений в 10 т. Т. 6, кн. 3: О России и русской душе; Гении России*. М.: Русская книга, 1997, с. 425. 字体加粗处原文如此。

② И. А. Ильин. Николай Ставрогин. (Достоевский. «Бесы»).//И. А. Ильин. *Собрание сочинений в 10 т. Т. 6, кн. 3: О России и русской душе; Гении России*. М.: Русская книга, 1997, с. 426.

巨大的魔鬼，两个相继踏上无神论道路的始祖，即伏尔泰和拜伦男爵。他们的精神上的继承者是——施蒂纳和尼采——作为超人都是从他们的虚无主义里做出了自己的结论。要知道此前存在的只是直观和学说，但从19世纪中期疯狂的集体主义者们开始出现，以便收获无神论的果实。"①"这样，斯塔夫罗金不是古董店：在他那里伸出了通向伏尔泰和拜伦男爵的直接线索；斯塔夫罗金灌输给基里洛夫的超人—无神论者的思想是尼采之前的尼采的思想，尼采只是兴奋地接受了这个思想。"②

但是，评论家们并没有完全否定"群魔"们作为恶的价值。"恶的存在不仅为难我们对神的信仰，恶的存在同样是神存在的证明，它证明这个世界并不是惟一的与最终的。恶的经验使人朝向另一个世界，唤起对这个世界的不满。"③它们的意义就是东正教的救赎性质，因为如果没有了恶以及由它们所产生的痛苦，那么，人们就不会有拯救的要求。

就拿《群魔》中的基里洛夫来说，别尔嘉耶夫认为，他是陀思妥耶夫斯基的一个"人学实验"，他身上体现了陀思妥耶夫斯基关于人和人的道路的天才辩证法。"在基里洛夫纯洁的精神性中所显示的人神思想，是陀思妥耶夫斯基关于人和人的道路的天才辩证法中的一个因素。神人和人神——是人性的两极性。这是两条道路——从上帝走向人的道路和从人走向上帝的道路。陀思妥耶夫斯基并没有把他作为反基督本原的表达者而坚决否定基里

---

① И. А. Ильин. Николай Ставрогин. (Достоевский. «Бесы») .//И. А. Ильин. *Собрание сочинений в 10 т. Т. 6, кн. 3: О России и русской душе; Гении России*. М.: Русская книга, 1997, с. 426.

② И. А. Ильин. Николай Ставрогин. (Достоевский. «Бесы») .//И. А. Ильин. *Собрание сочинений в 10 т. Т. 6, кн. 3: О России и русской душе; Гении России*. М.: Русская книга, 1997, с. 426.

③ 别尔嘉耶夫：《自由精神哲学：基督教难题及其辩护》，石衡潭译，上海：上海三联书店，2016年，第117页。

洛夫。基里洛夫之路——是英雄主义精神之路，是战胜一切恐惧、渴望高尚自由之路。但是，基里洛夫是人性的本原之一，一个自身不健全的本原，是精神的一极。这一本原的绝对胜利将导致死亡。但是，在陀思妥耶夫斯基那里，基里洛夫是关于人的启示中不可避免的一个因素，他是陀思妥耶夫斯基的人学考察必不可少的人物。在陀思妥耶夫斯基那里完全没有就'渴望成为人神是多么不好'进行道德解读的愿望。在他那里永远是内在的辩证法。基里洛夫——是一个在纯洁高尚的氛围中的人学实验。"[1]

别尔嘉耶夫在"群魔"们身上看到了陀思妥耶夫斯基的人学辩证法，换言之，以此来揭示人的神性基础、上帝在人身上的形象。"陀思妥耶夫斯基用同样的内在辩证法的方法揭示人的神性基础、在人中的上帝形象，正是由于这一形象的存在，才不是'一切都是允许的'。……但是，为什么不允许？能不能说他们是害怕在他们之上的法律、规范？能不能说他们害怕了，感到自己只是平凡的人？陀思妥耶夫斯基的人学辩证法是另一种解释。从所有人的灵魂，哪怕是罪恶的灵魂的绝对价值出发，从所有人的个性出发，他得出结论，不是一切都是允许的，不允许践踏人的形象，把他变为工具。……婴孩的眼泪，孩子们的哭泣——所有这一切都是因'爱'而提出来的一个人类命运的问题。由于人在这个世界的痛苦的命运，陀思妥耶夫斯基准备不接受上帝的这个世界。伊万·卡拉马佐夫和其他所有主人公的辩证法——就是他本人的辩证法。但是，在陀思妥耶夫斯基本人那里一切要比在他的主人公那里丰富得多、复杂得多，他比他们懂得更多。"[2]

---

[1] 别尔嘉耶夫：《陀思妥耶夫斯基创作中关于人的启示》，《陀思妥耶夫斯基的世界观》附录一，耿海英译，桂林：广西师范大学出版社，2008年，第203页。

[2] 同上，第204页。

第二节　末世论：虚无主义的启示录

在《尼古拉·斯塔夫罗金：陀思妥耶夫斯基的〈群魔〉》的演讲中，伊万·伊利因认为，斯塔夫罗金虽有思想探索的经历，但他只是自己的"假面具"，他的危害就在于"超人"亦即无神论者的理论。这种理论曾经被拉斯柯尔尼科夫所深深地迷恋过。"在国外的这一系列唤醒自己的试验的结局是一系列思想上的试验，由于彻底地丧失了明显性，他在同一时间把它们当作是'思辨的构造'和'可能的构造'。他给基里洛夫发明了**超人-无神论者**的思想，也就在这时，他给沙托夫提供了**俄罗斯民族的东正教的弥赛亚**的思想。这两个听众都全神贯注，制定相应的构造，并使这些构造成为自己的命运。但对他自己而言，这两个思想只是**激发自己的不成功的尝试**，只是**尝试尝试力量**，只是**自己的无用和死板的潜在的假面具**。"①

在伊万·伊利因看来，斯塔夫罗金最终只能走向虚无主义，回到祖国就沦为附在人体和猪身上的魔鬼。"自我激发没有成功。这时他决定采取**最后一步**——对生活进行总结：清洗自己义务的残余，掩饰错误，巩固某种东西，消除某种东西——带着这个意图回到俄罗斯。要知道他是个魔鬼，和彼得·维尔霍文斯基一样；他是个**绅士**，有**坚强的性格**和**贵族的鉴赏力**——他有从生活的外表消除污点的需求，尽管他学会了公开地鄙视所谓的舆论。"②

---

① И. А. Ильин. Николай Ставрогин. （Достоевский. «Бесы»）.//И. А. Ильин. *Собрание сочинений в 10 т. Т. 6, кн. 3: О России и русской душе; Гении России*. М.: Русская книга, 1997, с. 424. 字体加粗处原文如此。

② И. А. Ильин. Николай Ставрогин. （Достоевский. «Бесы»）.//И. А. Ильин. *Собрание сочинений в 10 т. Т. 6, кн. 3: О России и русской душе; Гении России*. М.: Русская книга, 1997, с. 423. 字体加粗处原文如此。

中 编

约瑟夫·弗兰克曾指出,陀思妥耶夫斯基的《白痴》"就其纯真天性的感染力而言,在现代文学作品中也没有任何基督的形象堪与梅什金公爵相匹敌"①。作为众多反映俄国虚无主义学说的长篇小说,《白痴》与其他同类作品形成反差的原因就在于梅什金公爵这个形象,"因为梅什金公爵不是精神受到虚无主义影响的知识分子的一员,而是陀思妥耶夫斯基本人的基督教最高理想的标志性形象"②。在我们看来,《群魔》中的斯塔夫罗金恰恰是梅什金公爵的对立面。

伊万·伊利因提到过作为"深渊"的虚无主义理论,认为这是产生"群魔"的思想温床。"当然,深渊在引诱和吸引绝望的人。但要知道还存在另外一种深渊——无意义的深渊,庸俗的深渊;鄙视一切后,毫无惧怕地跨越到疯狂的边缘的诱惑;偏爱对自己的心的僵死状态的挖苦和嘲笑。什么都无济于事。一切都是枉然的。斯塔夫罗金到国外去,在那里和虚无主义者们相识,在这里也尝试着运用自己僵死的虚无主义,如鱼得水。"③

谢尔盖·布尔加科夫认为俄罗斯的启示录具有双重性,既有黑暗性又有光明性。"俄罗斯的启示观具有双重性,相当于启示录预言本身的两重性,——即黑暗性和光明性。从黑暗性而言,这里所接受的是启示录预言的黑暗面,启示具有了末世论的色彩,预言世界末日的来临,有时不无恐慌和精神的逃避。这种末世论的恐慌十分明显地表现在俄罗斯分裂派教徒身上,虽然他们正式地脱离了教会,但在其精神气质中仍然保持着东正教

---

① 约瑟夫·弗兰克:《陀思妥耶夫斯基:非凡的年代(1865—1871)》,戴大洪译,桂林:广西师范大学出版社,2020年,第478页。
② 同上,第478页。
③ И. А. Ильин. Николай Ставрогин. (Достоевский. «Бесы») .//И. А. Ильин. *Собрание сочинений в 10 т. Т. 6, кн. 3: О России и русской душе; Гении России*. М.: Русская книга, 1997, с. 422.

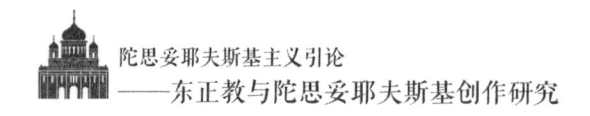

的教会精神，尽管难免带有片面性。"①

而别尔嘉耶夫则做出了进一步的阐发，认为俄罗斯对末世论的认识是创造性的、建设性的。别尔嘉耶夫在《自我认识：思想自传》中提出："我清楚地看到，世界上正在进行的不仅是非基督化，而且是震撼着人的形象的非人道化、非人性化。我理解这仅仅是世界末日论的基督教的前景。"②因为他并不将世界末日论看成是世界的终结，而是在世界末日论的前景中观察历史，也就是说，他在一种临界意识中反思历史、进行哲理思考。所以，别尔嘉耶夫自认为："在这方面，我是十足的俄罗斯思想家，类似陀思妥耶夫斯基的人物。"③但是，他认为自己没有对"启示录"的偏爱，他反而比较反感那种复仇式的末日论论调。别尔嘉耶夫自己所信奉的"末日主义"与修士的禁欲主义的、讲究妥协与顺从的末日论在很多方面是对立的，因为有人认为末世论是消极的、否定的、可怕的，而他对末世论的理解是创造性的、积极的："末日论意味着意识悲剧之象征性的客观化。末日是客体化的末日，它转变为自由王国的主体性，但是世界末日的感觉本身是和死亡问题紧密联系的。"④

别尔嘉耶夫对末世论的理解，与他追求创造性和永恒价值的观念密不可分。他说："我已经说过哦，无论何时都不能接受什么易逝的和暂时的东西，永远期待着永恒，并且认为只有永恒才是有价值的。"⑤他把陀思妥耶夫斯基当作一个俄国宗教哲学家的先驱，从他的自我比拟这一点不难发现，陀思妥耶夫斯基对末世论的态度也应该是建设性的，始终对人类的进

---

① 布尔加科夫：《东正教：教会学说概要》，徐凤林译，北京：商务印书馆，2001年，第221页。
② 别尔嘉耶夫：《自我认识：思想自传》，雷永生译，上海：上海三联书店，1997年，第282页。
③ 同上，第282页。
④ 同上，第283页。
⑤ 同上，第283页。

步充满信心。"没有任何东西比人类的进步和未来一代无上幸福所带来的安慰更微不足道了。给予个人以世界和谐的慰藉,一直引起我的愤慨。在这方面我完全接近陀思妥耶夫斯基,并且不仅准备站在伊万·陀思妥耶夫斯基一方,而是站在秘密状态的人的一方。任何'普遍的'东西都不能对'个人的'实体的不幸命运有所慰藉。"①

此外,跟别尔嘉耶夫对末世论的理解有相同之处的,是另一位俄国宗教哲学家费奥多罗夫,也就是"共同事业"思想的提出者。他们都对末世论持积极的理解,认为世界的终点依赖于人的积极性,因此是可以避免的。"启示录的预言是有条件的,而不是宿命论的,走上基督教'共同事业'道路的人们是可能避免世界的毁灭,可怕的审判和永恒的顶罪的。"②

第三节 涅恰耶夫案件与《革命者教义问答》

陀思妥耶夫斯基写作《群魔》的最直接的动机,就是来自当时发生在彼得堡的涅恰耶夫案件,里面的当事人还有他妻弟的同学。涅恰耶夫案件是1869年发生在莫斯科的一桩由涅恰耶夫主谋和实施的杀人案件,而涅恰耶夫及其所犯下的命案与日内瓦的关系,主要就是指与当时流亡在日内瓦的俄国侨民革命家巴枯宁和奥加辽夫等"日内瓦指令"发出者的关系。

主犯谢尔盖·根纳季耶维奇·涅恰耶夫,1847年出生于莫斯科东北三百多公里的伊凡诺沃小镇,是家中的长子,父母都是贫穷的农民。涅恰耶夫从小就受到革命思潮的影响,倾心于革命活动,1866年,在圣彼得堡通过教师资格考试,同年秋天到安德列耶夫斯基小学教书。这年4月,

---

① 别尔嘉耶夫:《自我认识:思想自传》,雷永生译,上海:上海三联书店,1997年,第284页。
② 同上,第291页。

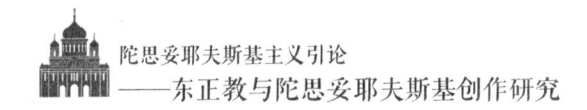

圣彼得堡发生了大学生德米特里·卡拉科佐夫刺杀沙皇亚历山大二世未遂而被捕的事件，关于该事件的传言使得圣彼得堡的革命运动随时有总爆发的可能。1867年，涅恰耶夫跳槽到谢尔吉耶夫镇的教会学校教圣经课，他经常让学生自习，自己跑到圣彼得堡外科医学学院旁听，听课之际开始与蓬勃发展的学生运动组织有了接触。1868年12月，涅恰耶夫辞去教职，正式开始其革命活动。"结果证明：涅恰耶夫是少数几个全身心地投入革命活动中的人之一。"[①] 在革命实践中，涅恰耶夫接触了圣彼得堡和莫斯科的许多学生运动领袖和革命者，渐渐认识到，参加学生运动和革命活动的人虽然很多，但他们的成分很复杂，有处于社会上层的贵族和官吏，但也有地位底下的农民、城市产业工人和无业游民，而生活没有保障、意志又特别薄弱的人很容易被反动政府收买，成为出卖革命者的叛徒，因此有必要通过革命活动来锻炼和纯洁革命队伍。

1869年3月，圣彼得堡外科医学学院学生因强行占用学校的一间教室举行学生集会而导致学生领导被捕、院长被撤换。于是，在学校无处集会的学生上街游行。莫斯科的理工大学、农业学院、彼得罗夫农学院和莫斯科大学的学生很快参与到游行活动中来。这样一来，反而招致警察拘捕了更多的学生领导和游行策划者。涅恰耶夫认为，这正是锻炼和团结革命者的大好时机，于是从圣彼得堡来到似乎群龙无首的莫斯科高校，代替先前已经被捕的学生运动的领导。事有凑巧，这时莫斯科的几大高校接连发生了一些纯属校务方面的校方与学生的冲突，使得游行和罢课火上浇油，连自1865年成立以来一向以自由主义著称的彼得罗夫农学院学生都加入了反抗政府的行列。政府毫不示弱，再次扩大了通缉犯的名单，涅恰耶夫的名字赫然在目。但是，这时的涅恰耶夫没有要接受锻炼和考验的意愿，

---

① Philp Pomper. *Sergei Nechaev*. New Brunswick, New Jersey: Rutgers University Press, 1979, p. 28.

中 编

毅然选择了流亡国外。

涅恰耶夫逃亡国外后,很快就来到日内瓦,并辗转结识了巴枯宁。史料证明,他通过夸大自己在俄国学生运动中的地位与作用,取得了巴枯宁、赫尔岑和奥加辽夫等流亡多年的俄国革命家的信任。涅恰耶夫在巴枯宁的无政府主义思想影响下,独自或和他人共同起草了多份口号式的宣言、传单和手册,以便在国外印刷后偷运进俄国,用以指导国内的革命活动。这其中就包括他与巴枯宁共同起草的《革命者教义问答》(*Катехизис революционера*)[①]。

《革命者教义问答》有四大部分,共二十六条。第一部分是"革命者对自己的态度"共七条。第二部分"革命者对待其革命同志的态度"共四条。第三部分"革命者对社会的态度"有十条。第四部分"同志组织对待人民的态度"共五条。就内容而言,《革命者教义问答》的核心就是"革命",宣扬一切以革命为中心、为唯一目的,因此,任何与革命相冲突的东西,包括物质财富、私人感情,甚至连生命都可以抛弃。比如,第一条:"革命者是注定要灭亡的人。他既没有个人的利益,也没有个人的事务、感情、附属之物、财产,甚至自己的名字。他的一切都体现为一个唯一的、排他性的利益,一个独一无二的概念,一种独一无二的激情,那就是革命。"第六条:"……他必须时刻有一个想法、目标,那就是无情地破坏。在冷酷无情地和不知疲倦地追求这一目标的同时,他必须时刻准备牺牲自己,准备用自己的双手摧毁有碍此目标实现的一切东西。"[②]甚至对待同志的态度也应以其对革命的"有用性"加以衡量:"衡量这样一个同

---

① 革命者又可译成革命家,主要指以革命为职业的人。
② 此处及以下引自《革命者教义问答》俄文版的内容,均出自 http://www.hist.msu.ru/ER/Etext/nechaev.htm。

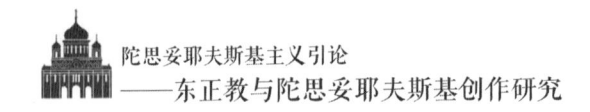

志（指革命同志。——引者注）的友谊、献身精神和与其相关的其他义务，仅仅取决于他对摧毁一切的革命事业的有用程度。"

《革命者教义问答》把社会分为六大类，号召各级组织尽快制定本地区的分类名单并加快实施。第一类是对革命成功有害的人，他们必须被毫不迟疑地消灭。第二类是可以被允许暂时苟且偷生的人，直到他们所犯下的累累兽行激起人民举行暴动之日。第三类是地位很高但既无知识又无能力却因其地位、财富和权力等而得以纵情享乐之人。对这类人应用一切方法和手段加以利用，为革命活动服务，直至其灭亡。第四类是野心勃勃的政客和各色各样的自由主义者。革命者应该假装附和他们的主张，促使他们看到其主张没有出路，利用他们制造国家的混乱。第五类是"教条主义者、阴谋家、在小组里和报纸上毫无根据地瞎说八道的革命者"。真正的革命者应该引导这类人走向灭亡。第六类是妇女。其中头脑空虚、没有信仰的可以当作第三、第四类人加以利用；敢于献身、有能力的热情女性因为还没有对革命实践的认识，只能当作第五类人；其余的完全接受纲领、专心于革命事业的女性才是革命者的同志。从上述内容可以看出：首先，革命者显然不属于《革命者教义问答》中所划分的任何一类人，他们是超越于他们所划分的类型之外的；其次，他们也没有要争取中间路线的意向，对待中间路线的做法无非是引导其走向灭亡；最后，他们没有明确界定某一类人有害或者有利用价值的标准，因此实际执行起来会有困难，会因执行人主观意志的不同而存在差异。

至于各级组织对待人民的态度，其核心是推动人民反抗政府，促成革命目标早日实现："最终推动人民越过其可以忍受的限度，煽动他们举行大规模的起义。"各级革命组织现阶段的目标就是摧毁旧社会的一切，至于建设新社会，那是未来一代的任务。"毫无疑问，一个未来的组织将要

中编

从人民运动及其生活方式中产生，但这是未来几代人所关心的。我们所关心的就是充满热情的、彻底的、完全的和残酷无情的摧毁。"

在俄国历史上，《革命者教义问答》第一次把大规模的恐怖主义活动以纲领的形式确定下来。为实施《革命者教义问答》中的任务，涅恰耶夫等人还草拟了《组织总章程》和《发展下级组织总章程》等文件，明确了各级组织的人数、分工和职责等。这些文件被装订成一本书，一般来说，这本书就是历史上被称为"日内瓦指令"的文件。

1869年9月，涅恰耶夫带着"日内瓦指令"、巴枯宁签署的一份文件、奥加辽夫资助的几千法郎等，偷偷潜回俄国境内。他随身还揣着一枚刻有"世界革命联盟"字样的印章，以此表明他是巴枯宁的"世界革命联盟"俄国分部的秘密代表。涅恰耶夫回到莫斯科不久就建立了一系列的地下小组（通称"五人小组"），并使之联合成为所谓的"人民惩治会"。他自己则直接操控由乌斯宾斯基、普雷若夫、别利亚耶娃、库兹涅佐夫和伊凡诺夫组成的小组。11月，涅恰耶夫命令分管彼得罗夫农学院宣传工作的该校学生伊凡诺夫去该校的食堂和图书馆张贴鼓动大学生联合行动的传单，遭到伊凡诺夫的反对，因为伊凡诺夫害怕与学校管理者发生冲撞，担心因此被学校开除和遭到逮捕。由于该小组其他成员一致拥护涅恰耶夫，认定伊凡诺夫意志不坚定，因此伊凡诺夫感到孤立，有意退出小组。涅恰耶夫害怕伊凡诺夫向当局告发（事实上伊凡诺夫没有这样做），也可能想证明自己的权威不容侵犯，于是借着"日内瓦指令"的效果，私自炮制了"世界革命联盟"俄国分部要处决伊凡诺夫的密令，与小组其他成员密谋杀死伊凡诺夫，希望通过杀人来壮大自己和同伙的胆量，树立自己的威信，同时纯洁革命队伍。11月21日，伊万诺夫被涅恰耶夫等人诱杀于彼得罗夫农学院，沉尸于校园池塘内。25日尸体被发现，警方很快侦破了

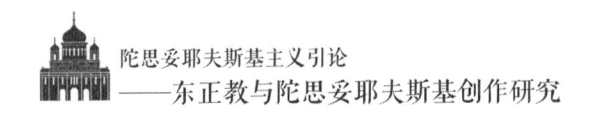

此案，要缉拿首犯涅恰耶夫。于是涅恰耶夫再次乔装出境，亡命瑞士。由于俄国和瑞士缔结有引渡条约，他在瑞士待了两年多后，于1872年8月在日内瓦被捕，随即被引渡回国，接受审判。由此案牵扯出了众多的人员，共有64人被判处期限不一的刑罚。这就是当年在俄国轰动一时的涅恰耶夫案件。而涅恰耶夫本人则在同案人员被判决了两年多之后才以凶杀罪被判处20年的西伯利亚苦役。由于沙皇政府担心涅恰耶夫逃跑，没有按惯例把他送到西伯利亚，而是将其关押在彼得堡的彼得保罗要塞，直至1882年涅恰耶夫瘐死囹圄。

从其他人的供词可以了解到，涅恰耶夫本来是因为伊凡诺夫不执行他的任务而谋害了他，可以说是伊凡诺夫只是挑战和侮辱了他的权威，并没有做威胁到革命运动的罪大恶极之事，而涅恰耶夫偏偏要将自己杀人的动机故意夸大，造成骇人听闻的轰动效果。他曾在法庭上大声叫喊："杀死伊凡诺夫纯粹是一桩政治事件。它是在圣彼得堡实施的一个阴谋的一部分。"[1]虚无主义思想终于在俄国造成了巨大的破坏，陀思妥耶夫斯基的担忧成了现实。

第四节 《群魔》中的日内瓦与"日内瓦思想"

涅恰耶夫案件震惊了瑞士的俄国侨民界，也深深触动了陀思妥耶夫斯基。涅恰耶夫案件跟作为启蒙主义发源地的"日内瓦思想"和作为俄国异见思想境外总部的日内瓦小组（巴枯宁、赫尔岑和奥加辽夫等流亡者）的关系密不可分。正如《少年》中维尔希洛夫的说法："日内瓦思想——这

---

[1] 转引自 Philp Pomper. *Sergei Nechaev*. New Brunswick, New Jersey: Rutgers University Press, 1979, p 180.

中 编

是一种没有基督的美德,我的朋友,这是现代思想,或者最好说是一切现代文明的思想。"[1] 在陀思妥耶夫斯基看来,所谓的"日内瓦思想"在追求经济上的平等和共同富裕的同时,付出的代价就是基督教精神和伦理的丧失。早在1849年陀思妥耶夫斯基就因接触空想社会主义者傅立叶等人的作品,还因宣读别林斯基那封充满革命精神的致果戈理的信而被捕入狱,流放西伯利亚十多年。多年的底层生活使得陀思妥耶夫斯基对日内瓦、"日内瓦思想"和"日内瓦指令"保持着异常的敏感和警惕。

1867年4月14日,陀思妥耶夫斯基夫妇开始游历欧洲。日内瓦给陀思妥耶夫斯基留下了深刻的印象,当然是很坏的印象。他不喜欢这个城市,因为"日内瓦是一座枯燥乏味、阴暗的、愚蠢的清教徒城市"[2]。这首先是由于他们停留在"该死的日内瓦"[3]时正值冬天,天气寒冷给经济上不宽裕的陀思妥耶夫斯基造成了很大的不便,甚至冻死了他们的新生儿。陀思妥耶夫斯基在同年12月31日给迈科夫的信中抱怨道:"您想象一下:这里一年有5个月都是可怕的严寒和暴风雪……一切都受严寒的驱使,人们连法兰绒大衣和棉大衣都不能脱。"[4] 其次,他还对日内瓦乃至瑞士的社会环境、民风习俗有着本能的反感。"在这个下流的共和国里,资产阶级的生活倒是极为发达。在乡下以及在整个瑞士境内,到处都在集会,到处

---

[1] 陈燊主编:《陀思妥耶夫斯基全集》第13卷《少年》(上),陆肇明译,石家庄:河北教育出版社,2010年,第283页。

[2] 333. В. М., С. А. и М. А. Иваным. 1 (13) февраля 1868. Женева.//Ф. М. Достоевский. *Полное собрание сочинений в 30 томах. Т. 28, к. 2*. Л.: Наука, Ленинградское отделение, 1985, с. 252.

[3] 323. А. Н. Майкову. 9 (21) октября 1867. Женева.//Ф. М. Достоевский. *Полное собрание сочинений в 30 томах. Т. 28, к. 2*. Л.: Наука, Ленинградское отделение, 1985, с. 227.

[4] 330. А. Н. Майкову. 31 декабря 1867 (12 января 1868). Женева.//Ф. М. Достоевский. *Полное собрание сочинений в 30 томах. Т. 28, к. 2*. Л.: Наука, Ленинградское отделение, 1985, с. 243.

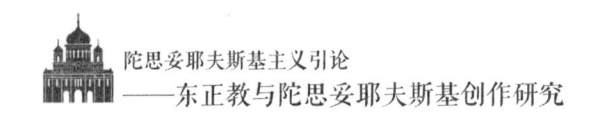

都是没完没了的争吵、赤贫,一切方面都呈现出可怕的平庸;这里的工人还不如我国工人的一根小指头:看着他们,听他们说话都觉得可笑。民风也很野蛮。"① 总之,当时陀思妥耶夫斯基眼中的日内瓦简直是一座阴曹地府。"……日内瓦真是罪孽啊,我在这里的的确确地受到了欺骗。……它不是一座城市,而是恐怖之地。"②

1869 年 12 月,陀思妥耶夫斯基再次前往欧洲,在德累斯顿遇见了自己的妻弟,因为妻弟是受害人伊凡诺夫的朋友,所以,陀思妥耶夫斯基除了从当地的报刊上了解了涅恰耶夫案件外,还从妻弟那里知道许多关于圣彼得堡学生运动的事情。所有这些,都是促使陀思妥耶夫斯基开始创作以涅恰耶夫案件为原型的反虚无主义小说《群魔》的动因。"我借用这一案件,只是想说明,在我们社会也有可能出现这一现象。"③ 日内瓦在《群魔》中是非俄国的思想的孳生地之一,《群魔》是陀思妥耶夫斯基最集中地体现日内瓦的象征意义的小说。

《群魔》主要讲述了以虚无主义者彼得·维尔霍文斯基为首的地下小组的活动和另一个主人公尼古拉·斯塔夫罗金淫乱放荡而注定灭亡的一生。彼得一伙为了反对政府,处处制造骚乱,甚至不惜采用恐吓、造谣、放火、暗杀等恐怖的阴谋手段。彼得甚至在自己的同伙基里洛夫表现出与其不同的世界观后诱使其自杀,还煽动同伙杀害具有理想主义倾向的大学生沙托夫。彼得和沙托夫的原型分别是涅恰耶夫和伊凡诺夫。作者借用

---

① 330. А. Н. Майкову. 31 декабря 1867（12 января 1868）. Женева.//Ф. М. Достоевский. *Полное собрание сочинений в 30 томах. Т. 28, к. 2.* Л.: Наука, Ленинградское отделение, 1985, с. 243.

② 323. А. Н. Майкову. 9（21）октября 1867. Женева.//Ф. М. Достоевский. *Полное собрание сочинений в 30 томах. Т. 28, к. 2.* Л.: Наука, Ленинградское отделение, 1985, с. 226.

③ Ф. М. Достоевский. *Полное собрание сочинений в 30 томах. Т. 21.* Л.: Наука, Ленинградское отделение, 1980, с. 125.

中 编

真实案件是为了用小说的形式探讨孳生虚无主义者们的土壤和机制。"**我笔下的**人物涅恰耶夫，当然跟真正的涅恰耶夫本人不同。我想藉此尽可能清晰地提出一个问题，并用小说的形式给予回答：在我们这个处于过渡时期的令人惊讶的现代社会里，究竟是怎样出现**涅恰耶夫们**的，而不是涅恰耶夫一个人？这些**涅恰耶夫们**究竟是如何最终麇集成一帮涅恰耶夫分子的？"[①]因此，小说中的日内瓦象征着虚无主义者得以成为"群魔"的环境，而莫斯科则喻示了他们得以乱舞的舞台和自取灭亡的归宿。

日内瓦在小说的一开始似乎就具有象征意义，并且随着情节的发展又增添了更多的象征内涵。首先，它是俄国人实现自己非俄国式想法的理想之地。沙托夫的妻子原先是商人之妻，因其具有"自由思想"，被商人赶走。沙托夫追随她到了日内瓦，在此结为夫妻，但很快分手，原因是贫困。赤贫的俄国人在富裕的日内瓦生活很艰难，陀思妥耶夫斯基自己的经历业已证明了这一点。其次，日内瓦是让俄国人水土不服的异己的象征。贫困固然是其中的一个原因，但更主要的原因是日内瓦代表与农业俄国格格不入的现代工业社会，从物质生活到精神方面都无法融合。就如同尼古拉·斯塔夫罗金的母亲瓦尔瓦拉所说的那样："医生是不准我生气的，而他们所吹嘘的日内瓦湖让我腻味透了，它只是使我牙疼，让我得了这种风湿病。甚至报刊上也说，日内瓦湖能引起牙疼：其特性就是这样。"[②]身体上的不适应只是表面现象，本质还是两种社会、两种生活方式的深刻的排他性。最后，日内瓦还是使俄国人认不清自己要走哪种道路的象征。一

[①] Ф. М. Достоевский. *Полное собрание сочинений в 30 томах. Т. 21.* Л.: Наука, Ленинградское отделение, 1980, с. 125. 字体加粗处原文如此。

[②] Ф. М. Достоевский. *Полное собрание сочинений в 30 томах. Т. 10. Бесы.* Л.: Наука, Ленинградское отделение, 1974, с. 55.

方面，日内瓦迷惑了这些人，流亡日内瓦的俄国人常常内部发生矛盾，造成内讧，其后果或早或晚都会蔓延到俄国国内。另一方面，接受了西方思想的俄国人回到国内又要经历水土不服的过程，如不及时调整自己，会有性命之虞。彼得·维尔霍文斯基在挑逗基里洛夫通过自杀实现自己的最高意志、证明自己即上帝时，基里洛夫道出了彼得组织暗杀沙托夫的真实原因："这是因为他在日内瓦时曾朝你脸上唾过吐沫！"[1]显然，由于在日内瓦结下的冤仇，彼得在回国后在小组会议上诬陷沙托夫是斯拉夫主义者，并最终借助他人之手向沙托夫报了私仇。而不信神的俄国人基里洛夫和西方主义者彼得·维尔霍文斯基最终还是在作者的安排下，在自己的祖国自戕，自决于信仰东正教的本国人民。小说似乎借此表明：日内瓦不是俄国人的故乡。

在小说中，来自国外的指令实际上讽刺性地模拟了涅恰耶夫案件中的"日内瓦指令"，即恐怖的血腥的杀人指令。彼得等人的恐怖行为无不实践着《革命者教义问答》中的内容。例如，"从国外回来的"陌生人在追杀沙托夫之前，已经明确地告诉他，把沙托夫开除出组织是"遵照某些指令办事"。

《群魔》出版以后引起的反响，实际上并不亚于那桩案件本身。有些评论家对这部小说不满，认为涅恰耶夫不过是一个白痴或"白痴式的狂热分子"，不值一写。针对这种简单化的说法，陀思妥耶夫斯基给予了坚决有力的驳斥。他认为，涅恰耶夫分子们是从精神上毁灭现代社会的可怕因素，他们的行为比起他自己在 19 世纪 40 年代所参与的彼得拉舍夫斯基小组的活动来，具有更大的迷惑性、欺骗性和杀伤力。"先生们，你们在

---

[1] Ф. М. Достоевский. *Полное собрание сочинений в 30 томах*. Т. 10. Бесы. Л.: Наука, Ленинградское отделение, 1974, с. 466.

'否定事实'的基础上认为,涅恰耶夫绝对应该是白痴,是'白痴式的狂热分子'。难道又是这样吗?这话公道吗?在这里我不讲涅恰耶夫,而是讲讲复数的'涅恰耶夫们'。是的,在涅恰耶夫们身上的确可能有极其阴暗的、极其无趣的、变态的本性,有一种最复杂的与生俱来的对阴谋和权力的渴求,狂热地、病态般地要求展现自己的个性,可是——,为什么他们是'白痴'呢?相反,他们简直是由内到外的真正的怪物,他们可能还是头脑非常发达的,极其狡猾的,甚至是很有修养的人。"[1]

陀思妥耶夫斯基在他的《作家日记》中也直言不讳地指出,《群魔》试图揭露欺骗了很多善良人的涅恰耶夫案件背后的真相。"毫无疑问,骇人听闻和令人厌恶的莫斯科伊凡诺夫被害案,在凶手涅恰耶夫看来,伊凡诺夫就是祭奠'涅恰耶夫分子'的牺牲品,'涅恰耶夫分子'被当作了一桩政治和有益于未来'共同和**伟大**事业'的事件。否则,就无法理解怎么有那么多的年轻人(不管他们是何种人)竟然会同意施行这一桩阴暗的罪行。"[2]事实上,涅恰耶夫的恐怖行为也为当时许多真正的革命家所不齿,他们谴责希图通过恐怖活动使革命一蹴而就的做法,往往将涅恰耶夫这种为达目的不择手段、杀害同党以儆效尤的恐怖活动称为"涅恰耶夫习气"(нечаевщина),这是一个贬义词。"涅恰耶夫习气"是俄国虚无主义的活生生的现实版本,它不但与日内瓦和"日内瓦思想"的初衷相去甚远,而且是背道而驰。涅恰耶夫案件的侦破和《群魔》的出版已经过去一个半世纪,但作为暴力象征的"日内瓦指令"和希加廖夫主义在当今又具有了新

---

[1] Ф. М. Достоевский. *Полное собрание сочинений в 30 томах. Т. 21.* Л.: Наука, Ленинградское отделение, 1980, с. 129.
[2] Ф. М. Достоевский. *Полное собрание сочинений в 30 томах. Т. 21.* Л.: Наука, Ленинградское отделение, 1980, с. 131. 字体加粗处原文为着重号。

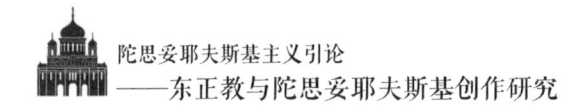

的形式，这使对"日内瓦指令"和关于"日内瓦思想"的思考增添了更加复杂的内容和更多的考量。

第五节　积极末世论与博爱伦理学

末世论预言是基督教提倡博爱伦理观念的根源。德国学者阿尔贝特·施魏策尔认为："由于存在自我克制和自我牺牲对于人性的要求过高，这种伦理观念其实是一种'临时的'道德标准，只适用于基督道成肉身与基督复临之间那个短暂的时期。"[1]

俄罗斯哲学家，尤其是宗教哲学家普遍认为陀思妥耶夫斯基的末世论是光明的、积极的末世论。列夫·卡尔萨文甚至认为，陀思妥耶夫斯基的末世论接近于千禧年和人间乌托邦。他在《陀思妥耶夫斯基与天主教》一文里指出，陀思妥耶夫斯基"他接近了人类理性的习惯和需求问题，对人类理性来说一切统一和全时间性非常难以被认识的。所以他的末世论便具有了现代千禧年说的形式，这个千禧年说与被它取代的地上的无宗教的天堂的乌托邦近似"[2]。

别尔嘉耶夫认为，对时间的不同理解，是世界末日论（末世论）的历史哲学的基础，而历史的意义正在于它有终结，否则就没有意义。"因此真正的历史哲学是世界末日论的历史哲学，是在终结的世界中对历史过程的认识，在这种认识中有内省的因素，有个人的末日论，个人的启示，同

---

[1] 阿尔贝特·施魏策尔：《历史上对耶稣的寻求》（1906年），转引自约瑟夫·弗兰克：《陀思妥耶夫斯基：非凡的年代（1865—1871）》，戴大洪译，桂林：广西师范大学出版社，2020年，第435页。
[2] 列夫·卡尔萨文：《陀思妥耶夫斯基与天主教》，张百春译，万海松编选：《陀思妥耶夫斯基研究文集》，南京：译林出版社，2019年，第124—125页。

中 编

时也有历史的末日论,历史的启示。"①从时间的短暂性和事件发生的仓促性来看,陀思妥耶夫斯基的小说大多具有末日论特色,《群魔》也不例外。

别尔嘉耶夫因此谈到了末世论的双重性或者二义性,即既有毁灭又有创造。"上帝是解放、教育和改造的力量,而不是惩罚、分裂、报应和强制的力量。惩罚、报应和奴役是人和世界的愚昧的内在产物,所以末日是二义性的。可怕的审判和死亡的天意是脱离上帝和基督的道路的末日,是愚昧和奴役的末日。但另一种末日,上帝道路的末日则是自由的事业,而不是天意。"②从末世论的二义性中的积极一面,别尔嘉耶夫得出结论,认为应该把基督教解释为具有爱和仁慈、寻求救赎的"人性的宗教"。"我过去和现在都很高地评价俄国宗教思想的主题:克服对基督教的审判的理解;把基督教解释为神人的宗教:自由、爱、仁慈和特别具有人性的宗教;比西方思想更多地表现了世界末日论意识;与先定的地域观念格格不入,寻找普遍的拯救,寻找千年王国和上帝的真理。"③

法国1789年大革命提出了自由、平等、博爱的理想。它们是对文艺复兴以来个人主义原则兴盛不衰的一种适当反拨和调整,因为共同体思想被社会利己主义思想消解之后,人们之间原先存在的自然的同情心越来越淡薄。博爱和人道主义思想,"作为由于给人类带来损害的原罪结果,必然继续存在下来"。④但是,如何才能实现博爱精神?具体而言,如何去爱,如何"爱敌人"?法学学者吕克·费里在《论爱》一书中给出了具体的解释。他从基督教神学中的名词Agape(爱的三种名称、三个层次之一)

---

① 别尔嘉耶夫:《自我认识:思想自传》,雷永生译,上海:上海三联书店,1997年,第288页。
② 同上,第292页。
③ 同上,第294页。
④ 赖因哈德·劳特:《陀思妥耶夫斯基哲学:系统论述》,沈真等译,北京:东方出版社,1996年,第406页。

出发，认为"Agape 的意义更加深远：从原则上讲，可一直引申至'爱敌人'"，但又承认这是很难理解又难以实现的一种"神父的话语"。① 他根据自己的经验和研究，发现通过爱孩子开始理解"爱敌人"的人道主义情感的本质。他说："在《圣经》中，可以找到解开这个以隐喻形式不断出现的谜底的钥匙：那就是孩子。爱我们的孩子，就是在实践 Agape。当然，不是因为他们严格说来是我们的'敌人'，而是因为无论他们做什么，即便是在做坏事时，我们也爱他们。显然，这种模式不能照搬到最残忍的暴君身上，它表明了一种情感本质：那就是让我们无论如何都要承认魔鬼面具后面的人，即便我们反对他们，也要人道地对待他们。"②

伊万·伊利因曾指出，尼古拉·斯塔夫罗金的不幸就在于没有爱、不相信爱，而不是陀思妥耶夫斯基所说的缺乏信仰，伊利因认为爱比信仰更重要。"尼古拉·斯塔夫罗金的不幸就在于，他**不相信任何东西，不爱任何东西**；在与他的**生活没有目的**——由此才有他的**空虚**，他的**麻痹**，他的**悲剧**和他的**命运**。在这里，陀思妥耶夫斯基把**信仰**的缺乏看作是最主要的；我则以为，这里有一种原初的**爱的缺乏**：因为爱比信仰更首要；如果有**爱**，信仰一定会有的；信仰并不是爱的保证——要知道'魔鬼也信，却是战惊'③。显然，我指的是精神的爱。"④

张杰先生认为，在陀思妥耶夫斯基笔下，显示为"神人合一"的"博爱"精神，虽然反映了理想与现实的矛盾和复杂，却也体现出作品的艺术

---

① 吕克·费里：《论爱》，杜小真译，北京：北京大学出版社，2017 年，第 49 页。
② 同上，第 49 页。
③ 《新约全书·雅各书》第 2 章第 19 节。
④ И. А. Ильин. Николай Ставрогин. (Достоевский. «Бесы»).//И. А. Ильин. *Собрание сочинений в 10 т. Т. 6, кн. 3: О России и русской душе; Гении России.* М.: Русская книга, 1997, c. 419. 字体加粗处原文如此。

魅力。"在陀思妥耶夫斯基的笔下,'神人合一'往往又存在于整个小说文本的情节之中,隐含于'上帝'的'博爱'思想与现实的残酷性之间。在小说《白痴》中,梅什金公爵可以说是一个代表着'上帝'精神的理想人物,他主张基督式的'博爱',强调对他人的宽容、自我克制、忍受苦难。然而,在残酷的现实社会中,凡是他帮助过的人均没有一个好的结局,他不可能解决任何社会矛盾。也许正因为这种文学创作中展示出的'神人合一'的矛盾和无奈,才使得陀思妥耶夫斯基的创作充满着无限的艺术魅力。"①

哲学家古雷加在《俄罗斯思想及其缔造者们》一书的《"我看见了真理"(陀思妥耶夫斯基)》这一章里,曾专门指出了东正教作为抗击入侵和正本清源的"驱魔"与"去邪"作用。"除了战胜法西斯之外,俄罗斯的独特性,首先是东正教,还取得了一个不露形迹的胜利。俄罗斯人民在饱受了'魔鬼性情'之苦后,慢慢地、在令人难以忍受的痛苦中,将其从自身中清除,重新回归到那些传统的生活原则上来。"②

---

① 张杰:《"万物统一"的美学探索:白银时代东正教神学思想与俄罗斯文论》,载《外国文学研究》2018年第2期,第27页。
② 古雷加:《俄罗斯思想及其缔造者们》,郑振东译,南京:南京大学出版社,2018年,第104页。

第十章
《少年》中父子错位和"偶合家庭"现象的精神内因

关于《少年》，陀思妥耶夫斯基在1876年的文章《未来的长篇小说。再谈"偶合家庭"》里追溯其创作动机时认为，这部小说差一点要写成自己的《父与子》[1]。"一年半之前，尼古拉·阿列克谢耶维奇·涅克拉索夫邀我为《祖国纪事》杂志写小说时，我几乎就动手写我的《父与子》，但幸亏我搁了笔：我还没有做好准备。当时我只是写了《少年》——这是实现我的构思的第一次尝试。"[2] 可见，这是陀思妥耶夫斯基以小说形式对屠格涅夫的致敬以及与他的对话和争辩。不妨说，《少年》可以算作陀思妥耶夫斯基的"半部"《父与子》、一个独特的"忏悔录"。就具体内容而言，它不仅是一部别样的关于父与子的关系史，也是一部关于少年精神成长的心灵史，更是一篇书写信仰对于少年走上人生正途必不可少之思想的重要小说，而且《少年》对于后期的小说如《卡拉马佐夫兄弟》等在探讨父子错位、"偶合家庭"、宗教思想等方面具有开创性的作用。

---

[1] 《少年》发表于1875年，而屠格涅夫的《父与子》则发表于1862年，相差13年之久。
[2] 陈燊主编：《陀思妥耶夫斯基全集》第19卷《作家日记》（上），张羽译，石家庄：河北教育出版社，2010年，第176—177页。

中 编

第一节 "半部"《父与子》、别样"忏悔录"

《少年》作为"半部"《父与子》的特点，主要体现为父与子的矛盾，具体就是子辈对父辈的不满，尤其反映在主人公用现代西方文明而不是俄国农奴制之前的世俗标准来衡量父辈的德行。阿尔卡季对生父维尔希洛夫虽受过高等教育但行事方式不讲文明就非常不满，因为后者不愿明媒正娶自己的生母，所以导致自己以私生子的身份无法在文明社会立足的尴尬处境，由此对生父及其生活和行事方式心生怨恨。

从作家对少年阿尔卡季的年龄界定来看，小说与《圣经》中关于浪子、探索善恶、忏悔回归等情节的影响不无关系。苏联科学院版《陀思妥耶夫斯基全集》的编注者认为，作家把获得对善恶的理解确定在二十岁左右，故而以此确定了少年的年龄："这种观点也许多少来源于《旧约全书》中的类似分野。《旧约全书》中把人的成熟标志跟获得对善恶的理解联系在一起。"[1]而巴赫金则认为，《少年》中的阿尔卡季应该是一个圣徒传式的人物。[2]

阿尔卡季指责自己的生父在道德上没有高于出身农奴的母亲，显示出具有高贵出身的父辈在德行上的堕落。"即使她没有得到启蒙，在道德上也总是远远高出于您，请原谅我这么说，然而……她不过是一个道德无限高尚却毫无生气的人。只有维尔希洛夫一个人在生气勃勃地活着，而他周围的其他人，所有跟他相关的人，全都在半死不活地过日子，他们顺从一个必要的前提：有幸用自己的精力和心血去供养他。可是从前她不也是生

---

[1] 陈燊主编：《陀思妥耶夫斯基全集》第14卷《少年》（下），陆肇明译，石家庄：河北教育出版社，2010年，第761页。
[2] Лекции М. М. Бахтина по истории русской литературы. Записи Р. М. Миркиной.//М. М. Бахтин. *Собрание сочинений в 7 томах. Т. 2.* М.: Русские словари, Языки славянских культур, 2000, с. 283.

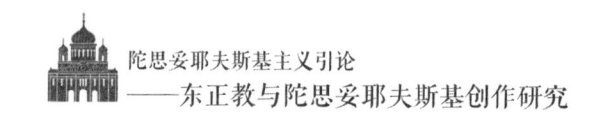

气勃勃的吗？您不是也爱上了她身上的某种朝气吗？从前她不也是个活生生的女人吗？"①在一次貌似推心置腹的父子谈话中，作为生父的维尔希洛夫竟然说出"俄国女人——从来不是真正的女人"这样的话，在遭到儿子驳斥后，他却嘲笑儿子是斯拉夫派。②

父辈与子辈的隔阂和误解似乎是注定的。维尔希洛夫有过几次自以为是的"人道主义精神"的行善举动，譬如一次对一个深陷困境、在报纸上刊登广告想要靠做家庭教师来谋生的女孩奥莉娅的帮助，让女孩误以为是有钱的老爷蓄意用这种方式来侮辱贫困的处女，由此加重了女孩的忧郁和焦虑，间接导致女孩不堪忍受而自杀。他在追悔时不禁感叹自己与年轻一代之间的鸿沟："不，今后我再也不会去管闲事……不会去'做善事'了……我生平管闲事就管了这么一次！我原以为自己还没有落伍，自己还能理解现代青年。是啊，我们老一辈人几乎还没有成熟就衰老了。顺便说说，确实有许多当代人，依旧在想当然地自认为是年轻的一代，就因为昨天他们还是这样的一代，然而他们却没有发现自己已被时代淘汰了。"③

《少年》作为"半部"《父与子》的特点，也体现为维尔希洛夫和阿尔卡季父子之间存在明显的角色互换与义务和责任的严重错位。身为父亲的维尔希洛夫一出场俨然一个放浪不羁的"浪子"形象，而作为刚刚走出童年、正迈向少年的儿子阿尔卡季，却一开始就显得极其世故，尽管有些地方仍不免流露出孩子气。阿尔卡季似乎一直在窥伺、观察生父的种种言行，有时忍不住要引导其父的在他看来不端的行为举止，有时又会跳出来为其

---

① 陈燊主编：《陀思妥耶夫斯基全集》第 13 卷《少年》（上），陆肇明译，石家庄：河北教育出版社，2010 年，第 164 页。
② 同上，第 164 页。
③ 同上，第 238 页。

中 编

父的言行进行辩护。当他得知自己在奥莉娅自杀一事上误解了维尔希洛夫后,高兴地对好友瓦辛说自己的父亲"是死而复活,失而又得的"[1]。阿尔卡季这话,原是《路加福音》中的老父亲所念叨的归家浪子,在这里却角色对调,竟然被儿子用来说亲生父亲,可见父与子的角色错位到了何种程度:父亲作为一个成年人竟然在挥霍本该属于子辈的青春和任性,犯下了不属于这个年纪、本应避免的诸多人生错误,而子辈却俨然在行使父亲的责任,处处"看管"着孩子气的父亲,为他担忧、想替他分忧。当阿尔卡季像大人一样做事、花钱的时候,作为父亲的维尔希洛夫竟然不闻不问,宛如一个是非不懂的孩子。有时连儿子都感到莫名其妙:"既然他如此爱我,为什么在我可耻地沉沦之时不来阻止我呢?当时只要他说一句话,我也许就能克制住自己。"[2] 相比之下,作为子辈的阿尔卡季跟作为祖辈的索科利斯基老公爵反倒更亲近,尽管祖辈也不乏保守、虚伪等缺点,但这种隔代亲里有一种真诚和坦率,似乎纯粹是为了反衬父子两辈人的角色错位。

"日内瓦思想"和"隐遁到北美(美国)的思想"是《少年》中父子隔阂的典型表现形态,这两者都不是俄国的本土思想,却在俄国语境中发生着严重冲突。父辈沾染的是"日内瓦思想",按照维尔希洛夫的说法:"日内瓦思想——这是一种没有基督的美德,我的朋友,这是现代思想,或者最好说是一切现代文明的思想。"[3] 在陀思妥耶夫斯基看来,"日内瓦思想"的本意是追求人民在经济上的平等、共同的富裕,但付出的代价则是基督教精神和传统伦理的丧失。而作为处于冲动和叛逆期的少年的子辈,

---

[1] 陈燊主编:《陀思妥耶夫斯基全集》第13卷《少年》(上),陆肇明译,石家庄:河北教育出版社,2010年,第244页。
[2] 同上,第278—279页。
[3] 同上,第283页。

却非常容易被"北美思想"所刺激。正如维尔希洛夫为阿尔卡季所担心的:"你现在想要的恰恰是轰轰烈烈的生活,想点燃什么,粉碎什么,想凌驾于整个俄国之上,叱咤风云,让人又害怕又敬佩,而自己则隐遁到北美合众国去。"[1] 维尔希洛夫所说的"点燃"俄国,然后"隐遁"北美的想法,就是青年学生喜欢采用的暴力抗议后流亡他国的"北美思想",这是父辈绝对不希望子辈遭受的一种经历。

父与子的冲突更体现在对待宗教和无神论的不同态度上。维尔希洛夫是典型的西方派,属于无神论者,面对儿子到底要不要信宗教的挑衅性提问,他的选择当然是无神论。在他看来,不信仰上帝"这是种极好的迹象",并且认为真正的无神论者是"全世界最优秀的人""可尊敬的人,极可信赖,可以说是祖国的栋梁"[2]。显然,作家是以反讽的立场戏拟了维尔希洛夫的这番言论。正如巴赫金所言,《少年》中的父与子主题需要在宗教层面,亦即"圣徒行传和精神生活的层面"进行理解。[3]

"复活"意味着少年的人格独立。《少年》中的自白(即忏悔录)是作为心灵的"复活"而出现的,也是主人公迈入成年门槛的最后一步,少年长大成人前夜的心理独白显示了他在心理上的成熟,而成熟的最主要标志就是独立性,即不再依赖任何人为生,执意从自我出发,与之前一直顺从生活的惯性进行抗争,从生活上和心理上都开始走上独立自主的道路。

阿尔卡季的忏悔录是在经历了生活的种种变故和多重刺激后,在一场

---

[1] 陈燊主编:《陀思妥耶夫斯基全集》第13卷《少年》(上),陆肇明译,石家庄:河北教育出版社,2010年,第284页。

[2] 同上,第285页。

[3] Лекции М. М. Бахтина по истории русской литературы. Записи Р. М. Миркиной.// М. М. Бахтин. *Собрание сочинений в 7 томах. Т. 2.* М.: Русские словари, Языки славянских культур, 2000, с. 283.

中 编

持续时间较长的养病过程中开始慢慢形成的。"我不省人事九天之后清醒过来,当时我只是复活,而不是好转。当然,如果就'复活'的广义来说,我的复活很荒唐,假如这事发生在现在,情况也许就不同了。……我不想报复任何人,这一点我保证做到,——虽说我受过欺侮。我打算既不带着厌恶,也不带着诅咒离开,但我想拥有自己的力量,一种独立于他们中的任何人、独立于全世界的任何人的真正力量,然而我竟差点儿顺应了世上的一切!"[①] 这段自白式的忏悔说明少年已原谅他以前心中所记恨的人和事,决意与之前的生活一刀两断,这种诚实的悔过和要求新生的独白,就是作为心灵"复活"的独特忏悔录。

此外,把《少年》称为独特的《忏悔录》的原因,也在于少年阿尔卡季在书中的年龄界限。苏联科学院版《陀思妥耶夫斯基全集》指出:"作为事件参与者的十九岁的阿尔卡季和作为小说中事件叙述者的二十岁的阿尔卡季,两者之间有质的区别。"[②]

第二节 "偶合家庭"里的角色与错位

正是在《少年》中,陀思妥耶夫斯基第一次提出了"偶合家庭"(случайное семейство)的概念。他在后来的回忆文章中认为,"偶合家庭"中的成员"都是社会的早产儿"。[③]

"偶合家庭"的男主人是维尔希洛夫,他扮演着有实无名的丈夫和父亲的双重角色。可以说,是维尔希洛夫一手制造了这个"偶合家庭",引

[①] 陈燊主编:《陀思妥耶夫斯基全集》第14卷《少年》(下),陆肇明译,石家庄:河北教育出版社,2010年,第468页。
[②] 同上,第760页。
[③] 陈燊主编:《陀思妥耶夫斯基全集》第19卷《作家日记》(上),张羽译,石家庄:河北教育出版社,2010年,第177页。

发了各个人物之间一系列的矛盾。维尔希洛夫在一次谈话中，竟然引经据典，恬不知耻地将自己比作《圣经》中的大卫王，透露出自己霸占他人之妻的事实。"万一这个乡下的乌利亚呼天抢地地吼起来，——那我这个如此矮小的大卫王会怎么样，我当时又能干什么呢？"① 在这里，维尔希洛夫反用了《圣经》中的典故：大卫王见到了乌利亚的妻子拔示巴，便引诱了她。乌利亚猜到了这件事，就不肯回到自己的家里。于是，大卫王命令约押在作战时将乌利亚派到阵势极其凶险的战场，导致乌利亚在战斗中阵亡。之后，大卫就堂而皇之地娶了乌利亚的遗孀为妻。然而，这件事的后果是："但大卫所行的这事，耶和华甚不喜悦。"（《旧约全书·撒母耳记下》11：27）从《少年》的内容来看，维尔希洛夫大多数情况下都以反面角色出现，他几乎只起着推动情节发展、加强成长障碍、延缓成长速度的作用，跟《被侮辱与被损害的》中的瓦尔科夫斯基不分伯仲，然而，小说正是要借此表明：他们恰恰是少年成长路上不可或缺的负面典型，从他们身上获得的认知无可替代，也正是完整人生的一部分。

马卡尔作为阿尔卡季的养父和法律上的父亲，则心地善良、有洞察力，他被陀思妥耶夫斯基描绘成平民百姓中的贵族，因为他是一个真正的东正教教徒。马卡尔的受苦和自我流放与浪游之路，实质上是一条自我净化、追求真理与寻求救赎的道路。马卡尔在小说中的出场，恰逢阿尔卡季病愈康复之时，也是他走向独立之路的前夜，他所述说的经历和人生教诲，仿佛是在少年人生观锻造和塑形最后阶段上的几次捶打、抛光与镶印。

当然，阿尔卡季与马卡尔的相逢并非一开始就如此和谐，他们也经过多重的思想交锋和反复的磨合。阿尔卡季向马卡尔坦白他既相信上帝又相

---

① 陈燊主编：《陀思妥耶夫斯基全集》第13卷《少年》（上），陆肇明译，石家庄：河北教育出版社，2010年，第170页。

中 编

信科学,而马卡尔认为人对科学的认知能力也是出于上帝的恩赐,虽然他充分理解和尊重年轻人搞科学的权利和能力,但他坚信太多的科学知识会妨碍人信神。几轮谈话下来,阿尔卡季被马卡尔朴素的宗教思想折服,表示要跟他走,一同去浪游。在这里,陀思妥耶夫斯基刻意详细描绘了阿尔卡季精神受洗后的晴朗与喜悦,如同得到了天启。"我面壁躺着,突然看见夕阳投进墙角里的那个灿烂的光斑,正是刚才我还诅咒着等待其出现的光斑。直到现在我还清楚地记得,当时一见这灿烂的夕照,我的整个灵魂顿时欢欣起来,仿佛有一片新的光明照透了我的心田。我至今记得这个甜蜜的时刻,并且不想忘怀。虽说这不过是短暂的一瞬,却充满了新的希望和新的力量。"[1]

《少年》中的母亲角色有很多,但主要指阿尔卡季的生母索菲娅·安德烈耶芙娜。她是农奴的女儿,被父亲许配给另一个农奴马卡尔,却成为地主维尔希洛夫未履行合法手续的妻子,并生下了阿尔卡季和丽莎。在马卡尔长时间浪游他乡的时候,索菲娅与他和子女过着正常的一家四口的家庭生活。阿尔卡季的生母的角色很独特,她性格温顺、未婚生子,过着清苦的日子,颇似圣母玛利亚。当然,小说中更像圣母玛利亚的母亲角色,似乎应该是那个自杀的姑娘奥莉娅的母亲达里娅·奥尼西莫芙娜,她们同属柔弱而坚强的母亲,达里娅在女儿死后一直在继续女儿即使活着也被注定的人生轨迹和命运之路,像背负着钉死孩子的十字架而踽踽独行的受苦圣母、悲痛圣母。

由于私生子身份,阿尔卡季从小被轮流寄养在维尔希洛夫的乡下亲戚家,他记忆中几乎没有留下生父维尔希洛夫的形象,如果说有,那也是由

---

[1] 陈燊主编:《陀思妥耶夫斯基全集》第14卷《少年》(下),陆肇明译,石家庄:河北教育出版社,2010年,第483页。

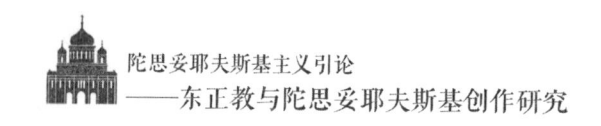

记事起陆续听到的关于他的不好的传闻而逐渐构建起来的。相比之下，阿尔卡季从襁褓时期就留下了他母亲的美好印象，母亲在他眼里俨然是一个温顺圣母兼凄苦圣母的形象。"我什么都不记得，什么都不知道，只有您脸上的某种神情却终生留在我的心里，此外还留下了一种感知：您是我母亲。现在回想起来，这乡下的一切就像朦胧的梦境，我甚至连自己的保姆也忘了。"[1] 阿尔卡季终生难忘母亲参与的一次宗教活动场景，仿佛圣母在教堂为圣子施洗一样。"妈妈，我记得清楚的只是在一瞬之间，就是有一次在当地教堂里给我行圣餐礼时，您把我举起来受圣餐、吻圣杯的那个瞬间，这是在夏天，有一只鸽子在教堂圆顶下横飞而过，从一个窗户飞进来，从另一个窗户飞出去……"[2]

阿尔卡季对母亲的记忆与眷恋，完全超过对生父的印象和认知，甚至与父亲的记忆完全对立。"您的脸，就是说，您脸上的某种神情深深地留在我的记忆里，所以五年之后，在莫斯科，我一下子就认出了您，虽然当时并没有人告诉我说您是我母亲。"[3] 在一次摔伤昏迷之际，阿尔卡季脑海里再次闪过妈妈在乡村教堂给他行圣餐礼时鸽子从圆顶下穿越飞过的场面，而且在这一次的记忆中，又增加了"绿色嫩叶"和"夕阳斜照"的特写。这些不仅增强了孩童记忆中永存的妈妈首次出场时的温柔、神圣与美好，以此象征着陀思妥耶夫斯基心中理想的、孩童成长必不可少的和谐世界和美好生活，还为她的出现浓墨重彩地铺设了跟她形象十分和谐的背景，以此给温顺而伟大的母亲形象平添了崇高而宁静的光环。但实际上，

---

[1] 陈燊主编：《陀思妥耶夫斯基全集》第13卷《少年》（上），陆肇明译，石家庄：河北教育出版社，2010年，第144页。
[2] 同上，第144—145页。
[3] 同上，第145页。

中 编

妈妈在为数不多的几次看望寄宿就读儿子的时候，大多穿着极其普通，甚至给人感觉像做苦力之人；在儿子的印象中，她不但瘦削和苍老，而且目光忧郁、神情凄苦。在寄宿学校校长夫妇的面前，她的言行举止卑微到了无以复加的地步：她不但对校长夫妇鞠躬致谢，还对自己的儿子鞠躬致歉、表达难以形容的愧疚之情，以至在母亲跟他告别之际面对教堂为他祈祷和忍不住哭泣时，他都觉得害臊难忍。

相反，作为事实上的丈夫的维尔希洛夫不但看透还狡猾地利用了阿尔卡季生母索菲娅善良和温顺的性格。他曾经不无正确地对儿子指出她性格中逆来顺受的特点："恭顺、唯唯诺诺、逆来顺受，同时却又坚定有力，有一种真正的力量——这就是你母亲的性格。请你注意，她是我在世界上认识的所有女人中最出色的一个。至于她有一种力量，这一点我能作证：我见过这种力量在如何支撑她。凡是涉及——我不是说信念，这儿不可能有真正意义上的信念，——凡是涉及她们认为是信念的、从而也就被她们认为是神圣的东西，那她们简直就甘愿忍受苦难。"[1] 他坦言自己与她具有不同的生活方式，但认为自己无力也无意去改变自我："即使处在对他们来说极不自然的环境里，他们也能继续按自己的方式生活，在他们极其陌生的环境中完全保持本色。我们却做不到。"[2] 当然，索菲娅也无力改变他，她只是以温顺的言行在默默地影响着下一代，与维尔希洛夫的说教进行无言的交锋和争辩。

阿尔卡季从小缺少父爱，因此渴望父爱。由于他在寄宿学校遭到了不公正的对待，他甚至一度打算从寄宿学校逃离去找父亲。但这种要求，对

---

[1] 陈燊主编：《陀思妥耶夫斯基全集》第13卷《少年》（上），陆肇明译，石家庄：河北教育出版社，2010年，第165—166页。

[2] 同上，第166页。

于父辈而言，属于完全过分的要求，认为这是要求溺爱。正如维尔希洛夫的女管家塔季扬娜·帕夫洛芙娜训斥少年时所说的：维尔希洛夫当初没有把阿尔卡季送去学鞋匠，而是送他上大学，结果阿尔卡季反而不珍惜以此得来的种种权利，却对父辈要求更多。这说明父辈与子辈即使共处，他们的鸿沟还是很大，无法互相理解，空间上的亲近无法弥合心理上和精神上的裂隙或差距。

正是以上因素，让这个家庭成为一个不折不扣的"偶合家庭"。陀思妥耶夫斯基着眼于这种家庭的非道德性，批判其中的每一位成员。他说："我选取的是天真无邪的，但已被玷污了的心灵危险堕落的可能性，因自己地位卑贱与自己的'偶然性'而萌生的幼稚的仇恨已经沾染了这颗心灵，这颗纯真的心灵由于自己的豁达不羁而允许邪恶念头进入自己的思想并在自己的心灵中孕育它，它还羞怯，但已在大胆和热烈的幻想中欣赏它，——这一切都只听凭自己的力量、自己的理智，当然还听凭上帝的支配。所有这些人都是社会的早产儿，都是'偶合'家庭中的'偶然'会员。"[①] 在我们看来，"偶合家庭"的特点不仅仅在于"地位卑微"，重点恰是在于其"偶然性"（случайность），一个显著的特点就是德不配位的错位性。

维尔希洛夫父子的行为体现了"偶合家庭"中家庭成员的本质特性，即错位性或欠缺性，也就是说，父不像父、子不像子。具言之，每个家庭成员几乎都不完全具备理论意义上完整的身份特征和实际表现，也都缺乏大体一致的家庭认同感和身份认同意识，几乎每个人都在竭力高扬自私的个人主义。"利己主义取代了先前的团结观念，整体分解为个人自由。而获得自由的人们一旦撇开团结观念，最后必定失去任何崇高的纽带，到头

[①] 陈燊主编：《陀思妥耶夫斯基全集》第19卷《作家日记》（上），张羽、张有福译，石家庄：河北教育出版社，2010年，第177页。

来连自己已经获得的自由也不再能捍卫了。"①在作家笔下，这种貌合神离的"偶合家庭"是资本主义进入俄国后传统的公序良俗完全失范的结果。而家庭、世风（家风）和上帝所组成的人类精神生活的基础，不但是一种文化传统，还是每个人建立自己的必要根基所必须依赖的资源，因此，"恪守传统，对作家而言，就是对人类生活合法性的最重要的证明"②。从道德和宗教角度而言，"偶合家庭"所缺乏的不是血统和亲情，而是精神纽带，从最低的要求上来说是共同的道德规范，从较高的要求上来说是对上帝的敬畏，即对世人共同的"父"的认同。

第三节　成长小说的词源学含义

毋庸置疑，《少年》是欧洲文学史上一部典型的成长小说（Bildungsroman）。巴赫金认为，成长小说的"具体而专门的主题"就是"小说中成长着的人物形象"③，并且在历史发展中出现了诸多特殊变体。从词源学上论，Bildungsroman（成长小说）来自德语，其中的"Bildung"一词在德语中原本是一个宗教术语，"它既指'外形'或'外表'（Gestalt，拉丁语 forma），也指'塑形的过程'或行为（Gestaltung，formatio）"④。据文学史家贝塔·伯杰（Berta Berger）的考证，"Bildung"一词中的"Bild"最早被那些经院哲学家、教堂里的神父和虔信派教徒用来指"上帝形象的恢

---

① 陈燊主编：《陀思妥耶夫斯基全集》第13卷《少年》（上），陆肇明译，石家庄：河北教育出版社，2010年，第291页。
② Т. В. Глазкова. *«Случайное семейство» как феномен культуры*. М.: Русский раритет, 2010, с. 71.
③ 巴赫金：《教育小说及其在现实主义历史中的意义》，白春仁译，《巴赫金全集（修订版）》第3卷《小说理论》，白春仁等译，石家庄：河北教育出版社，2009年，第223页。
④ Todd Curtis Kontje. *The German Bildungsroman: History of a National Genre*. Columbia: Camden House, 1993, p. 1.

复"：因为"人是按照上帝的形象（Vorbild, God's image）创造的，但由于人的堕落，这一形象被扭曲了；为了赎罪，人不得不通过自我检讨和反省来重塑自己的形象。这部分地说明了宗教忏悔文学和成长小说之间的渊源关系"①。从这个角度来说，作为成长小说的《少年》，既来源于宗教的自我塑形，即在失去上帝形象后不断寻找上帝的形象，又最终走向回归宗教的怀抱，它所要彰显的正是开端和终结之间东正教对少年个人、长不大的成年人个体乃至整个社会全体的救赎意义。

如果将"成长小说"如此定义的话："从最浅显也是最根本的意义上说，成长小说就是一种描摹个人认识自我、追寻自我过程的小说题材，它聚焦于主人公从青少年到成年的心理和道德成长过程。"②那么，主人公所认识和追寻的"自我"也是以上帝的形象作为参照的，在某种意义上说，成长小说其实也是寻父（神）论原型在确定自我意识的过程中的一种文学折射。

就完整性而言，两位父亲在阿尔卡季的人生成长和精神成熟的过程中起着互相观照、互为补充的重要作用，显得缺一不可。他们分别象征着上帝形象的失去和复归，阿尔卡季在他们之间不断探索的过程恰好构成了《少年》作为成长小说的原初意义。生父是少年成长的哈哈镜，在他身上阿尔卡季有时能发现两种截然相反的品质，在逐渐了解生父的过程中，阿尔卡季也有所镜鉴，复活并矫正了自己内心深处对美好品德的潜能。养父则是少年精神成长的导师，在阿尔卡季正好需要精神指导时，他以身说法地向阿尔卡季传播基督教的福音，引导他做一个具有传统东正教精神的新人。阿尔卡季理解父辈，体现在既能看透生父的所作所为，又懂得养父所

---

① Susan Ashley Gohlman. *Starting Over: The Task of the Protagonist in the Contemporary Bildungsroman*. New York: Garland, 1990, p. 17. 转引自孙胜忠：《西方成长小说史》，北京：商务印书馆，2020年，第81页。

② 孙胜忠：《西方成长小说史》，北京：商务印书馆，2020年，第4页。

说的关于宗教与人生的朴素道理。阿尔卡季尤其记得自己小时候生父在一次家庭戏剧演出中动情的表演,他深知那是后者一次对人生如戏、戏如人生的角色的本色出演。"当他在舞台上独白的时候,我明白他是受了侮辱和欺凌,他是在谴责所欲那些卑鄙小人,可我明白,他很了不起,了不起!"[①]寻找亲生父亲多半是源于本能的血缘和亲情关系,而寻找自己的精神之父则是一个颇费周折,甚至要经历重重考验的漫长过程,精神皈依的难度不亚于寻找生父。

作为子辈的阿尔卡季,尽管从小在充满西欧方式的环境中接受法语之类的教育,却毫不忘本,反而更喜欢俄国本土的东西,这显然是在暗喻俄国儿童本身就具备回归俄国根基的潜能。"在那儿,小姐们教我学法语,可我最喜欢的是克雷洛夫的寓言,我背熟了许多篇,不管安德罗尼科夫有没有空,我每天都径直走进他的小书房,朗诵一篇寓言给他听。"[②]可见,陀思妥耶夫斯基在表现走向少年的阿尔卡季性格中倔强甚至叛逆的同时,更反映了作为儿童的阿尔卡季早早就显露出他的好学和多能,预示着他今后不同于生父的人生之路:他一定会真正地成长起来,长大成人,并成为俄国社会的中坚力量。

小说在最后部分,以阿尔卡季在莫斯科早年的收养人的口吻,道出了作为历史小说之一种的成长小说的写作困境:虽然还可以描绘"艺术上完美的画面""俄国幻景的画面",甚至"把历史的画面当作现在还可能重现

---

① 陈燊主编:《陀思妥耶夫斯基全集》第13卷《少年》(上),陆肇明译,石家庄:河北教育出版社,2010年,第150页。
② 同上,第145页。

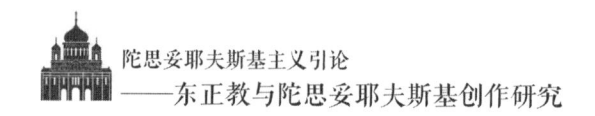

的情景",以此"把读者迷得神魂颠倒",但是,历史小说在"流行的舆论"看来,毕竟再也"不能保持原有的美"了,因为作为新人的"当代人物"已经出现,他们都是一些"不能不写"的"厌世、孤僻并且无疑是忧郁的形象"[1],甚至是一些怪人,那么,今后的历史小说将如何再次虚构和美化这些在今天看来就都已然不美的形象呢?

这位以斯拉夫派自居的收养人的观点,部分代表了陀思妥耶夫斯基本人的立场。收养人认为,俄国过去的和将来的历史小说,甚至也跟成长小说一样,都存在相当程度的美化和推测,"即使要描绘逝去的一片混乱,也能找到美的形式"[2]。这种说法跟陀思妥耶夫斯基多次构筑的"黄金时代"之梦的机制如出一辙:过去时代的美好画面几乎是人们自我美化的描摹,所有对过去的描绘几乎都带有对未来的理想主义想象的成分,犹如我们把流淌着奶与蜜的乐土和乐园想象得跟天堂一样;即使明知这一点,我们仍然在乐此不疲地继续这样做。所以说,《少年》的主旨在于强调俄国东正教精神在失去与复得之间追寻与探求的思想史价值。这也是陀思妥耶夫斯基在《少年》中书写"宗教与人生"思想的诡谲与魅力之所在。

---

[1] 陈燊主编:《陀思妥耶夫斯基全集》第14卷《少年》(下),陆肇明译,石家庄:河北教育出版社,2010年,第751—752页。
[2] 同上,第754页。

第十一章
论《少年》中"宗教与人生"书写的思想史意义

在陀思妥耶夫斯基作为思想小说的"五卷书"（即《罪与罚》《白痴》《群魔》《少年》《卡拉马佐夫兄弟》）中，《少年》最受读者忽略和研究者轻视。有研究者指出，其原因既在于作家原打算用于创作该小说的重要素材后来均被其他四部长篇小说所瓜分，也在于《少年》的"情节发展相对'平顺'"，不如其他长篇小说来得激烈和动荡[①]。但是，在我们看来，原因不限于此，主要原因还在于《少年》作为成长小说所具有的特定局限性：一是作为主人公的少年过于年轻，所经历和听闻的事情屈指可数；二是作家有意通过未成年人的视角，来揭示少年时期的思想成长对人生塑形的重要性和普遍意义。

《少年》不但是一部典型的描写少年精神成长的成长小说，更主要的，它是陀思妥耶夫斯基书写"宗教与人生"思想的一个重要文本，在刻画"宗教之于人生不可或缺性"的思想方面具有承前启后的作用。俄罗斯哲学家古雷加因此指出："俄罗斯思想构成了陀思妥耶夫斯基最后两部长篇

---

① С. С. Шаулов. «Куманинское дело» и роман «Подросток»: рецептивный аспект.//Достоевский и мировая культура. Филологический журнал. 2020 № 4（12），с. 107.

陀思妥耶夫斯基主义引论
——东正教与陀思妥耶夫斯基创作研究

小说——《少年》和《卡拉马佐夫兄弟》的基础。"[1]小说批判制造"偶合家庭"的"多余人"余孽维尔希洛夫的思想动因，认为其无神论倾向是罪魁祸首，少年阿尔卡季在认清其父本质的过程中成长为其对立面，这既体现了作家的根基主义思想，也表明了全体救赎和普遍救赎的必要性。阿尔卡季作为处于孩童和成人过渡期的少年，"圣容善心"和"蜘蛛灵魂"从正反两个方面促使他学会辨别是非和自我矫正，并能最终选择正确的人生道路。《少年》中关于"宗教与人生"的思想书写，重在彰显人们在失去俄国东正教精神与失而复得之间追寻和探求的思想史意义。

第一节 从"多余人"到少年儿童：全体救赎的必要性

陀思妥耶夫斯基在《少年》中毫不讳言，是俄国贵族阶层的解体导致了"偶合家庭"的出现和社会的混乱："难道这不是更为公正的结论：已经有许许多多这类俄国家庭，毫无疑问是世袭的贵族家庭，正在以势不可当的力量大批大批地沦落为**偶合家庭**，并且，在一片无序和混乱之中，跟正统的贵族家庭同流合污。"[2]

维尔希洛夫一手制造这类"偶合家庭"，他也是一个精神上已经矮化的"多余人"变体。他把与农奴姑娘索菲娅发生私情归咎于年轻时迷恋描写农奴的人道主义小说。这反映出理想主义盛行年代里知识分子的典型状态：知识分子的创造力无处发挥或者不知道如何发挥，竟然把满足个人私欲与实现时代的人道主义理想混为一谈。壮年时期的维尔希洛夫又迷恋于所谓的"日内瓦思想"，即卢梭提出的民主和平等的思想。由于"日

---

[1] 古雷加：《俄罗斯思想及其缔造者们》，郑振东译，南京：南京大学出版社，2018年，第91页。
[2] Ф. М. Достоевский. *Полное собрание сочинений в 30 томах. Т. 13.* Л.: Наука, Ленинградское отделение, 1975, с. 452. 字体加粗处原文为斜体着重号。

中 编

内瓦思想"的无神论倾向,他自然而然地轻视基督式的爱:"爱自己亲近的人而不轻视他,是不可能的。"[1]他接受外来思想,参与欧洲革命等事实表明,他认同这些思想和事实的无神论本质,而这些都跟俄国东正教文化格格不入。更具讽刺意味的是,尽管追逐欧洲思潮,但实际上他根本不能长久地信奉一个思想,反而常会发生信念上的动摇。从伦理上讲他也很混乱,小说讽刺又悖论地表明,他出国后才开始想念祖国,离开妻子才开始爱妻子。他甚至对此有清醒的自我认识:"只要我开始想说透我信仰的思想,几乎总会这样收场——说到最后,连自己都不相信我说的了。"[2]他能把自己年轻时的理想说得头头是道,却从不敢与朝圣者马卡尔辩论,因为他深知马卡尔的行为明显是对他言行举止的默然有力的否定。尽管马卡尔的去世卸除了他的道义负担,可他仍然出现了思想和人格的分裂。他的晚年境况,说明不管在精神还是物质上他都一事无成,还表明他作为一个永恒的西方主义者,已从"多余人"彻底沦落为貌似理想主义实则失败的空谈家。"他拥有的全部智慧和整个精神气质依旧未变,虽说往昔的理想主义更加强烈地凸现了出来。"[3]巴赫金认为,维尔希洛夫是一个觊觎成为"上流社会的圣徒"却并不成功的"荒谬"形象,其原型是俄国第一个西方派思想家恰达耶夫——"这位穿着上流社会的燕尾服的上流社会的人,

---

[1] Ф. М. Достоевский. *Полное собрание сочинений в 30 томах. Т. 13.* Л.: Наука, Ленинградское отделение, 1975, с. 175.

[2] 陈燊主编:《陀思妥耶夫斯基全集》第13卷《少年》(上),陆肇明译,石家庄:河北教育出版社,2010年,第294页。

[3] 陈燊主编:《陀思妥耶夫斯基全集》第14卷《少年》(下),陆肇明译,石家庄:河北教育出版社,2010年,第740页。

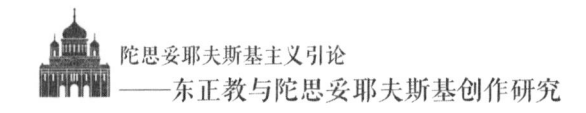

却戴着枷锁,想把枷锁和燕尾服、禁欲和客厅结合在一起"①。巴赫金在这个"多余人"形象中也看到了作为理想主义者的西方派在宗教与信仰上的乖张之处。除此之外,我们还认为:轻视最基本的人伦和爱、蔑视俄国传统和东正教,是维尔希洛夫沦为"多余人"变体的重要伦理因素。

在陀思妥耶夫斯基的小说中,具有奥涅金这样"多余人"特征的人物,基本上属于"俄国的欧洲人"。他们多为奥涅金一样的青壮年男性,具有无限的精力和创造力,却将青春浪费在思想实验上。他们曾经怀着美好的愿望渴望成就一番事业,却不幸被那些戕害俄国东正教的异己思想所诱惑,堕落并深陷于理性主义的泥潭,成为程度不等的无神论者,但也因此认识到理性主义的缺陷与不足,于是首鼠两端、莫衷一是,开始在理性和信仰、欧洲与俄国之间徘徊,成为思想上的狐疑者和流浪者,沦为脱离俄国根基却在故土漂泊的"多余人"。陀思妥耶夫斯基指出:"奥涅金的怀疑主义从一开始便带有某种悲剧成分,并且有时还具有刻薄讽刺的意味。"②他们的出现代表着社会的撕裂,他们既与人民隔膜,也和统治者疏离,有的在思想上犯了罪,有的行为实际上有损于祖国的利益,他们因为这些异己思想而付出了失去青春、自由乃至生命的代价,但是他们依然不肯主动回归俄国的根基,或者说身不由己、无法结束漂泊。对此,俄罗斯学者斯米尔诺夫指出,这类自认为欧洲人的俄国西方派的主要症结,就在于其本身无法根除的对待欧洲的俄罗斯式的态度,他们缺乏的恰恰是欧洲式的批判性态度。"欧洲的观点——首先是批判性的。这个观点不轻信任

---

① М. М. Бахтин. Лекции М. М. Бахтина по истории русской литературы. Записи Р. М. Миркиной.//М. М. Бахтин. *Собрание сочинений в 7 томах. Т. 2.* М.: Русские словари, Языки славянских культур, 2000, с. 282.
② Ф. М. Достоевский. *Полное собрание сочинений в 30 томах. Т. 19.* Л.: Наука, Ленинградское отделение, 1979, с. 11.

中 编

何东西，要求论据和对所有证据进行考量，不受任何东西诱惑，不简单相信任何的东西。怀疑在这里始终是首要的，它必须要由理性推论和证明来消除。在19世纪俄罗斯知识分子中间，我们实际上看不到对待欧洲的这种批判的和理性的态度。"[1]

《少年》中作为子辈的阿尔卡季，虽然自小在欧式环境中接受法语等欧化教育，却没有断掉俄国之根，反倒更对俄国本土的东西感兴趣，这显然喻示着俄国儿童既能理解那些欧洲本土的和已经欧化了的文学与知识，本身也具备随时能够回归俄国根基的潜能。"在那儿，小姐们教我学法语，可我最喜欢的是克雷洛夫的寓言，我背熟了许多篇，不管安德罗尼科夫有没有空，我每天都径直走进他的小书房，朗诵一篇寓言给他听。"[2]值得注意的是，克雷洛夫寓言既有以法国作家拉封丹寓言为师、进行借鉴和化用的特点，也确实反映了当时俄国社会的种种弊端。陀思妥耶夫斯基在用阿尔卡季偏好克雷洛夫寓言这一细节，表现少年的倔强与叛逆性格的同时，更反映他在儿童阶段就显露出好学和多能的优秀品格：这已经预示了他今后不同于生父的人生之路。这个可以称为"身处欧洲的俄国人"，与其作为"身处俄国的欧洲人"的生父，形成了鲜明的对照。"在那些曾经是文明的家族里，要是可能有子辈还想坚持什么信仰，那么父辈和祖辈甚至会加以嘲笑，这绝非个别现象。"[3]在少年阿尔卡季这一代即将成长起来的新人里，基本不再会有"多余人"的犹豫和狐疑特点，因为他们肯定能处理

---

[1] 斯米尔诺夫：《"人类全体的"与"人类普遍的"：全球世界文明规划的轮廓》，张百春译，香港：新思路文化有限公司，2020年，第159页。
[2] 陈燊主编：《陀思妥耶夫斯基全集》第13卷《少年》（上），陆肇明译，石家庄：河北教育出版社，2010年，第145页。
[3] 陈燊主编：《陀思妥耶夫斯基全集》第14卷《少年》（下），陆肇明译，石家庄：河北教育出版社，2010年，第751页。

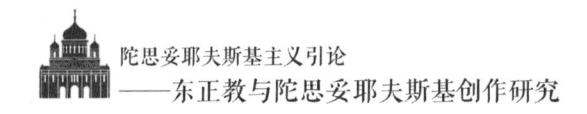

好欧化和保持俄国根基的关系。

尽管孩童在《少年》中隐含着象征俄罗斯思想的纯洁和无辜的意味，这里不完全是儿童心理学意义上的孩童，但陀思妥耶夫斯基小说所描写的少年儿童形象和孩童世界，其复杂性一点也不亚于成年人和成人世界。跟成人一样，儿童大多具有双重性，即"无辜受难"的经历和儿童容易盲目向罪的特点。这既是《少年》中阿尔卡季自身的特点，也是他有时容易受生父影响的原因。张变革指出："孩童形象是复杂的，同时具有正面和负面特点，即孩童性，其双重性带有人性的普遍特征。孩童问题不仅是社会问题，更是人性问题。"[①] 因此，作家对复杂多样的儿童和少年形象的塑造，都不同程度地体现了基督教的原罪论和普遍救赎的主题，因为他们都是成年人的镜子。"孩童构成的群体凸显了成人世界的特征，美好品质和良好动机也因原罪的掺入而造成悲剧。盲目愚顽既是儿童也是成人苦难的深层原因，走出悲剧的出路在于以宽恕和爱战胜仇恨和审判。同时，孩童的单纯美好见证了人被造的高贵。"[②] 少年是儿童的继续和未来的成人，少年阶段具有承前启后的作用。然而，《少年》中处在成长关键路口的少年，正面临着到底是走向生父还是养父的人生道路的抉择，阿尔卡季也是陀思妥耶夫斯基早期小说中儿童形象的成长版或未成熟版，他们需要成人们的精神引导，但阿尔卡季的生父恰恰无力担当此任。甚至，比起这些未成年人来，那些顽劣成性的大人更需要得到引导和纠偏。

而且，现实中的复杂人性问题在儿童身上体现得尤为醒目，孩童的现实特点又与世界的复杂性交织在一起，更说明了全体救赎和普遍救赎的

---

① 张变革：《从孩童的世界到世界的孩童：陀思妥耶夫斯基后期创作中的孩童问题》，载《外国文学研究》2009年第4期，第19页。

② 同上，第21页。

必要性：无论是在《少年》中还是在这个世界上，需要救赎的远不止是儿童和少年，所有的成人都不过是成熟版的孩童，他们同样需要得到救赎。"所有人都如同迷失的孩童，困惑而需要救赎，而人身上的神性特征是人获救的希望。"[1] 从救赎在《少年》中的有效性来看，对维尔希洛夫这样"神性特征"已经荡然无存的成年"多余人"的救赎，其本意在于警示。陀思妥耶夫斯基想以此警告少年和读者：追随欧洲的道路对俄国是行不通的，俄国必须走一条依靠成长为中流砥柱的少年阿尔卡季们的自力更生之路。因此，普遍救赎既针对个人和社会，也有利于整个国家：经过救赎和纠偏，俄国才能走上健康成长之路。不言而喻，《少年》是一部典型的成长小说。从词源学意义上说，《少年》也是跟成长（"Bildung"）这个词一样，它既来源于宗教的自我塑形，即在失去上帝形象后不断寻找上帝的形象，又最终走向回归宗教的怀抱，彰显的是东正教及其宗教精神在开端（失去）和终结（失而复得）之间对少年个人、长不大的成年人个体乃至整个社会全体的救赎意义。所以说，成长小说其实就是寻神论原型在确定自我意识的过程中的一种文学折射。

第二节　"圣容善心"与"蜘蛛灵魂"

"圣容善心"与"蜘蛛灵魂"是少年阿尔卡季对他所遇到的两种完全不同的人的心灵面貌的概括，它们从正反两个方面促使少年学会了辨别是非和选择正确的人生之路。"圣容善心"和"蜘蛛灵魂"在小说中的相逢与对立，被赋予了特定的思想史意义。

---

[1] 张变革：《从孩童的世界到世界的孩童：陀思妥耶夫斯基后期创作中的孩童问题》，载《外国文学研究》2009年第4期，第19页。

陀思妥耶夫斯基主义引论
——东正教与陀思妥耶夫斯基创作研究

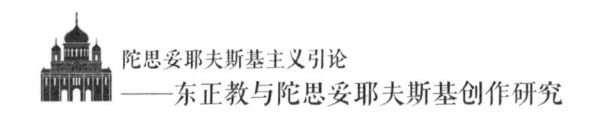

阿尔卡季在大病初愈的时候，曾经想到那些拥有"蜘蛛的灵魂"（душа паука）①的人，还说他们的灵魂里同时容纳了"最崇高的理想"和"最卑鄙的欲念"，而这种人就不配追求"благообразие"②。该词（благообразие）来自圣像画，原义是按照上帝的模样来塑造人。"目前我只想说：但愿读者能记住蜘蛛的灵魂。记住一个具有这种灵魂的人，居然还想离开他们、离开整个上流社会去追求'好人品'！这种对'好人品'的渴望极其强烈，这自不待说，可这种渴望怎么能和另一些天晓得什么样的渴望交织在一起——对我来说这是个秘密，我曾千百次地对人的这种本领（看来俄国人在这方面的本领更大）感到纳闷：居然在自己的灵魂里能同时容纳最崇高的理想和最卑鄙的欲念，而且两者都完全是真诚的。"③汉语似乎没有对等的词可以翻译出它的多层含义，因为从词根分析，它有圣容、善容、好模样、好榜样等含义，不但有慈眉善目这层外在的直接意义，更有善心、向善这层内在的引申意义。它表现一个人的外（表）圣内（心）善，我们暂且直译为"圣容善心"。陈燊主张译为"优雅的风度"④，陈思红主张译为"优雅风度"⑤。陈思红指出："这词是托尔斯泰在《战争与和平》中谈到卡拉塔耶夫时说到的，但这里陀思妥耶夫斯基又加上了

---

① Ф. М. Достоевский. *Полное собрание сочинений в 30 томах. Т. 13.* Л.: Наука, Ленинградское отделение, 1975, с. 306—307.
② 陆肇明先生取其引申意义，将其译为"好人品"。参见：《陀思妥耶夫斯基全集》第 14 卷《少年》（下），陆肇明译，石家庄：河北教育出版社，2010 年，第 502 页。
③ 陈燊主编：《陀思妥耶夫斯基全集》第 14 卷《少年》（下），陆肇明译，石家庄：河北教育出版社，2010 年，第 510 页。可以参见：Ф. М. Достоевский. *Полное собрание сочинений в 30 томах. Т. 13.* Л.: Наука, Ленинградское отделение, 1975, с. 307.
④ 陈燊：《〈陀思妥耶夫斯基全集〉总序》，《陀思妥耶夫斯基全集》第 1 卷《长篇、中短篇小说》，磊然、郭家申译，石家庄：河北教育出版社，2010 年，第 51 页，注①。
⑤ 陈思红：《陀思妥耶夫斯基》，任光宣主编：《俄罗斯文学简史》，北京：北京大学出版社，2006 年，第 140 页，注①。

中　编

新的涵义。"① 鉴于《战争与和平》通行中译本有的译为"十分完美"②，有的译为"优美"③，可是均未体现出该词来自于宗教的特点，我们对其中出现该词的两段话姑且另起炉灶："但是，他（卡拉塔耶夫。——引者注）所讲的故事的主要魅力就在于，一些最普通的事情，即皮埃尔有时见过但未加关注的事情，经他一说，就具有表里如一的庄严性质（характер торжественного благообразия）"④；"他在听这类故事时喜笑颜开，为了弄清对他所讲的故事的圣善之义（уяснить себе благообразие того, что ему рассказывали），他时而插话，时而提问"⑤。不难看出，托尔斯泰和陀思妥耶夫斯基都创造性地使用了该词，也都突出了它对提升人的道德素质和精神品格的重要性。

"圣容善心"在《少年》中多次出现，但均在否定该词对立面意义上使用的。马卡尔就曾直言：凡是不信上帝、堕落和赞美堕落的人，都没有"圣容善心"。作家在小说中借少年之口承认，这个词是自造的、是"巧合"，也是"命中注定"的"奇迹"："马卡尔·伊万诺维奇，刚才您又用了'圣容善心'这个词儿，而我恰好在昨天以及这些天里，一直为这个词

---

① 陈思红：《陀思妥耶夫斯基》，任光宣主编：《俄罗斯文学简史》，北京：北京大学出版社，2006年，第140页，注①。
② 列夫·托尔斯泰：《列夫·托尔斯泰文集》第8卷《战争与和平》（第4册），刘辽逸译，北京：人民文学出版社，1988年，第57页。
③ 列夫·托尔斯泰：《战争与和平》，娄自良译，上海：上海译文出版社，2010年，第1347页。
④ Л. Н. Толстой. *Война и мир. Роман в 4 томах. Т. 4*. М.: Художественная литература, 1937-1940, с. 50.
⑤ Л. Н. Толстой. *Война и мир. Роман в 4 томах. Т. 4*. М.: Художественная литература, 1937-1940, с. 50.

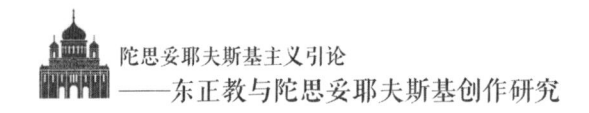

儿所苦恼。"①显然,"圣容善心"几乎构成了"蜘蛛灵魂"的对立面,而后者就是"人面兽心""用心卑劣"的同义词。在《少年》的草稿里,陀思妥耶夫斯基也将"丑陋"(безобразие)作为"圣容善心"的反义词,前者的原义就是"没有(神圣)面容""无面目",引申为丑陋、丑恶之意。"精神提纲:对圣容善心的思念。圣容善心出现在维尔希洛夫忏悔后的高潮处。丑陋(醋意)出现在**他**和她的谈话被窃听之后的高潮处。"②因此,有时丑陋也是作家所批判的"蜘蛛灵魂"的特点之一。

相比之下,少年对"圣容善心"可谓一见倾心、念念不忘,而对"蜘蛛灵魂"则有明察秋毫的洞见和本能的厌恶。作家在《少年》的创作提纲中也曾提到——"马卡尔代表圣容善心,维尔希洛夫代表混乱",少年因此想要远离混乱③。在《少年》的"最终计划稿"里,陀思妥耶夫斯基又一次提及该词:"(我)对马卡尔说:'我喜欢您的圣容善心。'"④不仅阿尔卡季认为马卡尔拥有从外到内的圣容善心,而且这一特点对阿尔卡季具有极大的吸引力,这是使他在少年最后阶段弃恶向善、精神升华的重要推动力,他甚至决定从此追随马卡尔。"我很高兴见到您。也许我早就在盼着您了。他们这些人我谁都不爱,因为他们没有圣容善心……我决不追随他

---

① Ф. М. Достоевский. *Полное собрание сочинений в 30 томах. Т. 13*. Л.: Наука, Ленинградское отделение, 1975, с. 305. 亦可参见《陀思妥耶夫斯基全集》第14卷《少年》(下),陆肇明译,石家庄:河北教育出版社,2010年,第505—506页。

② Ф. М. Достоевский. *Полное собрание сочинений в 30 томах. Т. 16*. Л.: Наука, Ленинградское отделение, 1976, с. 368. 字体加粗处原文为斜体着重号。

③ Ф. М. Достоевский. *Полное собрание сочинений в 30 томах. Т. 16*. Л.: Наука, Ленинградское отделение, 1976, с. 394.

④ Ф. М. Достоевский. *Полное собрание сочинений в 30 томах. Т. 16*. Л.: Наука, Ленинградское отделение, 1976, с. 357.

中 编

们，我不知道我该去哪儿，我要跟您走……"①。关于这一点，苏联学者谢苗诺夫认为，"'圣容善心（благообразие）'观念融伦理因素与美学因素于一体，其实质是精神和谐的乌托邦"，作家是想用这一概念来强调存在之理性目的与美，但主要是通过人物之口宣扬其世界大同的理想②。而另一位苏联学者古斯则认为，圣容善心似乎是东正教和社会主义的杂糅："马卡尔长老虽然口中念叨着值得肯定的套话，但是他的基督教的'圣容善心'，有点类似于'东正教社会主义'，却无法成为下一代人的纲领，尽管下一代人的命运是如此让陀思妥耶夫斯基感到不安。"③这两位学者都注意到了陀思妥耶夫斯基提出的"圣容善心"的精神意义。

在马卡尔身上，以上帝为榜样、仿效上帝的"好模样"或"好人品"（"圣容善心"），主要体现为大智若愚、抱朴守拙的赤子之心，因此他成了上流社会和底层人物都喜欢的人。"他的魅力首先在于他心胸极其坦荡，毫不计较别人对他的态度，人们不难猜到他有一颗几乎天真无邪的心。他心境'快乐'，所以他有'好人品'。'快乐'这个字眼他非常喜欢，而且津津乐道。诚然，时而他会表露出一种近乎病态的兴奋，一种近乎病态的感动，——我想，部分是因为他害热病的缘故，实事求是地说，他一直处于发热状态，不过这并没有影响他的好人品。"④马卡尔这种随遇而安的"快乐主义"性格，往往被视为逆来顺受的同义词，但显然，快乐又确实

---

① Ф. М. Достоевский. *Полное собрание сочинений в 30 томах*. Т. 13. Л.: Наука, Ленинградское отделение, 1975, с. 291. 亦可参见《陀思妥耶夫斯基全集》第14卷《少年》（下），陆肇明译，石家庄：河北教育出版社，2010年，第482页。

② Е. И. Семенов. *Роман Достоевского «Подросток»*（Проблематика и жанр）. Л.: Наука, Ленинградское отделение, 1979, с. 39.

③ М. С. Гус. *Идеи и образы Ф. М. Достоевского*. Изд. 2-е, доп.. М.: Художественная литература, 1971, с. 458.

④ 陈燊主编：《陀思妥耶夫斯基全集》第14卷《少年》（下），陆肇明译，石家庄：河北教育出版社，2010年，第512—513页。亦可参见 Ф. М. Достоевский. *Полное собрание сочинений в 30 томах*. Т. 13. Л.: Наука, Ленинградское отделение, 1975, с. 308—309.

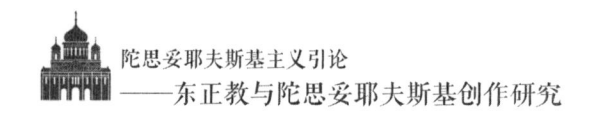

能使人面容可悦、模样可爱、平易近人。

在《卡拉马佐夫兄弟》里，陀思妥耶夫斯基则将"圣容善心"（благообразие）与"新人"形象和爱等联系在一起，认为这是一代新人应该具备的优秀品质。从那些与阿辽沙·卡拉马佐夫相反、"希望骚乱"的一类青少年形象上，可以反观作家的良苦用心，即构造这些人物和情节，作为青少年"探索真理"的必经之路。这反映出作家本人内心深藏的对"秩序和圣容善心"[①]的渴求。他将跟"圣容善心"几近同义的"诚实"、"善良"和"静思"等品质赋予阿辽沙这类"新人"。"跟《少年》中的'有趣少年'一样，阿辽沙也是一个追求'圣容善心'的积极个体（'我想要去做'），但是，唤醒他敢做敢为的刺激因素却是个性的'幻想主义'，也就是爱。"[②]作家在《卡拉马佐夫兄弟》中指出，阿辽沙的功绩将不在于早年所做出的毫无理性的牺牲，而在于成年后温顺地为人民服务，亦即爱人民。

因此可以说，在陀思妥耶夫斯基这里，拥有"圣容善心"就是走向爱人民的基础，这是他的理想在少年一代身上的反映，而"蜘蛛灵魂"又代表着他们在成长道路上必须认识清楚的一种总体道德氛围。由于少年内心潜藏着对秩序和"圣容善心"的本能渴望，所以，小说指出，即使他在追求真理的道路上出现一些波折也无须遗憾：他终究将不会因为属于"偶合家庭"而导致无法"成功地归附于我国最高的文明阶层，并与之融为一体"[③]；而就上一代少年人的经验而言，有时反而会因祸得福："如果他们，比方说，在初涉人世时就意识到全部混乱和自己的偶然性，意识到哪怕连

[①] Ф. М. Достоевский. *Полное собрание сочинений в 30 томах. Т. 15.* Л.: Наука, Ленинградское отделение, 1976, с. 414.

[②] Ф. М. Достоевский. *Полное собрание сочинений в 30 томах. Т. 15.* Л.: Наука, Ленинградское отделение, 1976, с. 414.

[③] 陈燊主编：《陀思妥耶夫斯基全集》第14卷《少年》（下），陆肇明译，石家庄：河北教育出版社，2010年，第749页。

中 编

他们的家庭环境中也缺少高尚的精神，缺少名门望族的传统和美的完备模式，那么有这样的意识甚至更好，因为往后他们就会自觉地主动去追求这种境界，并因此而学会珍惜它。"[1]

由"圣容善心"到"全人类之爱"，是陀思妥耶夫斯基赋予真正的俄国人的重要标志，也是小说中人物有无亲和性的重要指征。拥有了这些优秀品质，他们就能成为引领人民的"贵族"。在《少年》的手稿中，作家曾指出："俄罗斯贵族，如同是世界公民和全人类之爱的预言家。这是历史进程嘱托于他的。是彼得大帝打开了他们面前的视野……。"[2] 古雷加认为，陀思妥耶夫斯基所指的"贵族"，其实并非"一个阶层的属性"，而是"一种文化水准，一种精神状态"[3]。小说中，作为世袭公爵的索科利斯基堕落为罪犯，而昔日的农奴马卡尔·多尔戈鲁基却展现出贵族式举止，在贵族降格和人民升格的这一反差对比中，凸显了陀思妥耶夫斯基的根基主义思想。质言之，贵族和知识分子如果不向人民和传统学习，就会堕落成在故乡漂泊的罪犯或行尸走肉，而普通人民则反而会因为坚守东正教文化而得以获得精神成长的巨大空间，成为引领整个社会前进的精神导师。

第三节 "宗教与人生"的思想史意义

《少年》之所以大量讲述马卡尔的以及他和少年阿尔卡季交往的故事，即关于"宗教与人生"的思想书写，目的就是要以马卡尔及其观念来影响

---

[1] 陈燊主编：《陀思妥耶夫斯基全集》第14卷《少年》（下），陆肇明译，石家庄：河北教育出版社，2010年，第749页。

[2] Ф. М. Достоевский. *Полное собрание сочинений в 30 томах. Т. 16.* Л.: Наука, Ленинградское отделение, 1976, с. 430.

[3] 古雷加：《俄罗斯思想及其缔造者们》，郑振东译，南京：南京大学出版社，2018年，第100页。

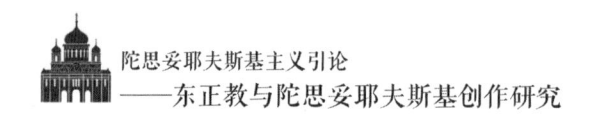

少年的成长，进而通过少年的成长来影响整个俄国社会。《少年》作为成长小说，它关于"宗教与人生"的书写非常吸引人，主要表现为以下几点具有俄罗斯特色的精神特征：

首先，俄国式的漂泊和苦修以其普世性本质让人着迷。马卡尔的漂泊与浪游经历及其所见所闻，深深吸引着少年阿尔卡季和丽莎兄妹，对他们的人生观和世界观的最后形塑起着关键性的临门一脚的作用。在王志耕看来，在俄国文学中，漂泊是一个东正教命题，它影响着俄罗斯民族的知识人格的形成：漂泊的主题与苦修传统相关，"当然，'漂泊'是今人的一种命名，而在耶稣及其追随者来看，则无所谓'漂泊'，因为普天之下都是上帝的空间，这就是耶稣的理想，即整个世界成为一个空间——教会。……漂泊式苦修在东部教会内普遍存在，并成为一种文化，影响到俄罗斯民族中知识人格的形成和文学书写形态"[①]。而《少年》中的马卡尔基本上遵循的就是漂泊式苦修，或者说在漂泊中获得跟苦行修士一样的精神体验。

其次，信仰中介在俄国有存在的必要。马卡尔俘获少年之心，引导他走上信基督、爱上帝之路的方式之一，就是想象性地讲述那些在时间上和空间上都离自己很远的苦行修士，特别是沙漠修士的故事或传说。马卡尔所提到的女圣徒埃及玛利亚这些苦行修士，在东方教父传统中，往往通过隐居沙漠等独修的方式以及他们不停地向上帝祷告。他们的活动可以称为隐修主义或静修主义，静修主义的目的是尽最大可能地接近上帝。在《少年》中，马卡尔竭力为俄国静修主义者们的隐居和静修方式进行辩护："当然啦，开头你会觉得自己可怜（我是说，你刚住进荒凉的修道院时），

[①] 王志耕：《"漂泊"与"禁忌"：屠格涅夫小说的基督教命题》，载《外国文学研究》2017年第4期，第93页。

中 编

可后来呢,你会一天比一天感到快乐,再后来你就能见到上帝了。"①"哪能跟修道院里的隐居相比呢?人在修道院里会使自己变得坚强,甚至可以做出种种壮举。"②尽管马卡尔如此赞扬静修主义,但维尔希洛夫一针见血地指出,马卡尔自己绝不会去沙漠隐居。"他自己绝不会去荒漠结庐,也绝不会进修道院,因为他是个十足的'流浪汉'。"③在维尔希洛夫看来,马卡尔是俄国土地上的庄稼汉,他最感兴趣的是发生在周围生活中的事情、俄国大地上的事情,善于用民间智慧、用朴素的宗教观念来指导自己、点拨他人,因此,他们不能算作真正的苦修士,而更像艺术家,他们具有老百姓都具有的多愁善感的冲动,"这种软心肠被我国百姓广泛地带到了自己的宗教感情里"④。从这一点看,马卡尔的身份更接近于传教士和布道者,而非实践意义上的苦修士,马卡尔们可以说是修士和百姓之间的信仰中介。

最后,小说以"信宗教的人生"来宣扬自我牺牲精神和奉献之爱。马卡尔在讲述自己漂泊和浪游中见闻的故事时,用自己看待人生和世界之看法的改变,来功利主义地证明信仰东正教的种种"好处"。马卡尔的"在石头上种沙子"的类似参悟⑤,与《卡拉马佐夫兄弟》中佐西马长老的哥哥马尔凯尔的临终之言异曲同工(因此他们的名字基本谐音)。虽然马卡尔教导别人要以基督为榜样,但临死之前他认为自己反倒像那个做出重大的个人和家庭牺牲的约伯,因为妻子的背叛而致使他被迫原谅索菲亚和维尔希洛夫。结果就是,他为了成全他们的隐秘婚姻而故意出走他乡,在俄国

---

① 陈燊主编:《陀思妥耶夫斯基全集》第14卷《少年》(下),陆肇明译,石家庄:河北教育出版社,2010年,第516页。
② 同上,第516页。
③ 同上,第518页。
④ 同上,第519页。
⑤ 同上,第516—517页。

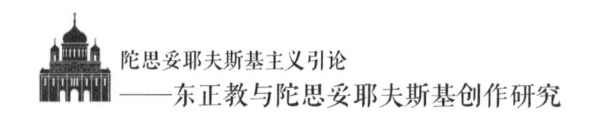

大地上流浪。

接受和认可以上这些思想和说法，就意味着少年获得了成长之路上的处世箴言。正如主人公阿尔卡季在结尾处所透露的：他的人生"札记"其实就是一部"思想"的历史，"我相当神秘地预告我的新生活已经开始，这到底是指什么？其实这新生活，这条展现在我面前的新路，就是我的'思想'，也就是先前的那个'思想'，只不过已经完全改换了面貌，以至于让人认不出而已"①。这样一来，小说关于"宗教与人生"的书写对少年乃至于整个社会所具有的思想史意义也就昭然若揭了。

小说在最后以少年的收养人尼古拉·谢苗诺维奇的口吻，指出"思想"对一个人少年阶段的重要性，后者所赞同的"思想"，其实就是少年本人所经历的"思想"故事，亦即他关于"宗教与人生"的心路历程。收养人所历数的阿尔卡季"思想"的诸多特点，基本上诠释了小说书写"宗教与人生"思想的重要性。其重要意义具体在于：首先，这个思想具有独创性，是靠亲身经历感悟出来的，极其珍贵；其次，这种思想具有保护少年的作用，让他免受别的不好的人和思想的影响；最后，这种思想可以使他与青年阶段（大学以及大学毕业后的生活）实现顺利对接，也就是说，能够一直指导他的青年和成年阶段的生活。

少年的成长价值也在于其今后将发挥的引领作用，他们身上寄托着作者、人民乃至整个社会的新希望；在整个社会都处于"偶合家庭"、父子角色完全错位的时代，少年才是重建文化和文明的希望和力量。以陀思妥耶夫斯基的构想，《少年》中的阿尔卡季必将走上《卡拉马佐夫兄弟》中的阿辽沙所选择的道路：爱人民并引导人民前进，用爱去书写不朽的人生

---

① 陈燊主编：《陀思妥耶夫斯基全集》第14卷《少年》（下），陆肇明译，石家庄：河北教育出版社，2010年，第747页。

功勋。"他（阿辽沙。——引者注）之所以走上这条路，仅仅是因为只有这条路才使他心悦诚服，向他一下子呈现出了使他的灵魂冲出黑暗走向光明的全部理想。而且他或多或少已经是属于当代的青年，也就是说，天性淳厚，追求真理，处处寻找真理和相信真理，一旦相信了就全心全意地立刻为真理而奋斗，要求尽早去建功立业，为了建功立业不惜牺牲一切，甚至生命。"①虽然阿辽沙连中学都未毕业，但他也不打算重回学校，去钻研学问，尽管这是大多数青少年选择的必经之路；阿辽沙则"反其道而行之，选择了一种与众不同的道路，但是仍旧渴望尽早建立功德"②。因为人世间本身就是一个比校园更大的学校，经过了初步的考验，他们已经合格，而且今后，一定会比马卡尔的中介角色更进一步，成长为真正的人民引领者。这就是陀思妥耶夫斯基在《少年》中书写"宗教与人生"思想的初衷。

关于创作《少年》的缘由，陀思妥耶夫斯基后来追忆道，他差一点要把它写成自己的《父与子》："《少年》——这是实现我的构思的第一次尝试。"③自不待言，陀思妥耶夫斯基的这次尝试，既受惠于屠格涅夫的《父与子》，也在宗教之于人生的意义方面超越了它，因为他从别样地描述关于父与子的关系史出发，把《少年》写成了一部关于少年精神成长的"思想"传记，因此，它也成为他书写"宗教之于人生的意义"思想一个不可或缺的重要文本。

---

① 陈燊主编：《陀思妥耶夫斯基全集》第15卷《卡拉马佐夫兄弟》（上），臧仲伦译，石家庄：河北教育出版社，2010年，第33页。
② 同上，第33页。
③ 陈燊主编：《陀思妥耶夫斯基全集》第19卷《作家日记》（上），张羽译，石家庄：河北教育出版社，2010年，第176—177页。

第十二章
"聚和性"vs"奇迹、神秘和权威"
——论《卡拉马佐夫兄弟》中的东正教思想

不言而喻,《卡拉马佐夫兄弟》是陀思妥耶夫斯基文学创作的最高峰,也是其思想的集大成者。按照陀思妥耶夫斯基的构思,《卡拉马佐夫兄弟》已经发表的只是第一部,如果不是他过早地逝世,理应还有第二部和第三部。尽管如此,作为第一部的《卡拉马佐夫兄弟》已经是鸿篇巨制,它不但塑造了众多的人物形象,设计了多条情节发展的线索,构建了现实、幻想和梦境等多个跨时空维度的场景,而且几乎含纳了陀思妥耶夫斯基此前所有小说中的主题,诸如小人物和幻想家主题、儿童问题、贵族家庭的瓦解问题、俄国经济的衰败、道德的滑坡现象、资本主义入侵俄国社会的问题、司法制度和陪审员制度、教会和东正教所处的现实困境、对俄罗斯未来出路的论争等等。因此,说它是一部史诗(epic;эпопея)应该是实至名归。但是,仅仅说它是一部史诗总有点美中不足,甚至削足适履之感,因为这并未凸显其思想小说(ideological novel;идеологический роман)的特色。如果我们打破巴赫金关于长篇史诗必须描写一个民族"绝对的过去"的界定，取其代表特定的"认识论价值"之义的话[①]，似乎可以把《卡拉马佐夫兄弟》称作思想史诗（ideological epic；идеологическая эпопея），看作陀思妥耶夫斯基献给俄罗斯和人类的一首心灵史诗。

小说围绕卡拉马佐夫兄弟对待弑父案件的不同态度，描绘了俄国转型之际知识分子在理性和信仰的不断冲突中的所言所行，展望出一幅每个人都需要让心灵与历史、现在和未来展开永恒对话的大型图景。立体地描述这个大型场面，需要从勾勒图景的一个个线条开始，我们只能选取小说中的思想对话作为顺藤摸瓜之藤，希望能由点及面地梳理陀思妥耶夫斯基的东正教思想。

《卡拉马佐夫兄弟》是陀思妥耶夫斯基的一部思想史诗，其思想性在我们看来最大限度地体现在从不同角度来批判其中"奇迹、神秘和权威"这个宗教大法官式的三位一体概念上。首先，东正教教义与"奇迹、神秘和权威"完全抵触，因为前者认为信仰不需依靠外在的权威，后者相信奇迹、不重视爱的作用；其次，"奇迹、神秘和权威"也与俄罗斯思想中的"聚和性"理念格格不入，因为后者珍视行为之"聚"和心理之"和"，即从行动到心理上的团结一致，却又不否定思想共同体中个体的自由。小说中，伊万·卡拉马佐夫式的"提坦主义"的失败，宣告了以高傲和反抗精神为口号的"奇迹、神秘和权威"概念的覆亡。小说倡导以"积极的爱"去对抗和消除"奇迹、神秘和权威"概念及其"提坦主义"表现带来的消极后果和不良影响，这也与另一位俄国思想家费奥多罗夫的"共同事业"哲学理念形成了内在的契合和积极的呼应。

[①] 巴赫金：《史诗与小说》，白春仁译，《巴赫金全集（增订版全7卷）》第3卷《小说理论》，晓河等译，石家庄：河北教育出版社，2009年，第507页。

第一节　东正教教义与"奇迹、神秘和权威"

《卡拉马佐夫兄弟》中的宗教大法官对基督说:"我们纠正了你建立的功德,我们把它建立在奇迹、神秘和权威之上。"[①]他还把"奇迹、神秘和权威"看成了象征着统治权力的恺撒的利剑:"我们也接过了恺撒的剑,当然,一旦接过他的剑,我们也就抛弃了你,跟他走了。"[②]小说中所说的"奇迹、神秘和权威"是诱惑人放弃自由的三大法宝,从功利主义角度看是跟东正教教义的本质相违背的。

关于东正教教义的范围,俄国宗教哲学家谢尔盖·布尔加科夫认为,其严格规定的信条数量很有限,除了《尼西亚—君士坦丁堡信经》和七次大公会议决议之外,还有很多其他教义,只是它们大多没有被教会认定为必须遵守的信条,比如,一些包括在神学学说中的最重要内容,如圣母和圣徒崇拜、关于圣礼和拯救的学说、末世论等。"这是东正教的一般风格,东正教只满足于对必须遵守的信条作最少限度规定,这与天主教不同,天主教力图把教会的全部信条都表述为教规。"[③]

谢尔盖·布尔加科夫把神秘主义体验看成围绕东正教的空气,是要求人走出自身,去实现精神的接触和相遇。"使我们能够和精神世界、神的世界进行交往的内在(神秘)感悟,以及对我们自然世界的内在(而不仅是外在)认知,就叫做神秘体验。神秘体验之可能性,其前提是人有一种直接的、超理性的和超感觉的特殊直觉能力,我们也把这种直觉叫做神秘直觉,并应当把这种神秘直觉同那种局限于明知故作的主观领域的和心理

[①] 陈燊主编:《陀思妥耶夫斯基全集》第15卷《卡拉马佐夫兄弟》(上),臧仲伦译,石家庄:河北教育出版社,2010年,第407—408页。
[②] 同上,第409页。
[③] 布尔加科夫:《东正教:教会学说概要》,徐凤林译,北京:商务印书馆,2001年,第126页。

主义的情绪区别开来。"① 布尔加科夫所说的神秘体验中所能看到的异象，一般来说就是一种奇迹。

显然，宗教大法官也看到了奇迹的作用，因为在他看来，人信仰上帝根本离不开奇迹。他是这样说的："人只要一旦舍弃了奇迹，也就立刻舍弃了上帝，因为与其说人在寻求上帝，不如说人在寻求奇迹。因为人离开了奇迹就活不下去，因此他就会给自己创造出许许多多新的奇迹，他自己的奇迹，他就会去膜拜巫医的奇迹、妖婆的巫术，尽管他本人是个地地道道的离经叛道者、异端和不信神的坏蛋。"② 但是，大法官也清楚地认识到，基督是不愿意用奇迹来让人信服的，他珍视人的自由的信仰。"你渴望的是自由的信仰，而不是依仗奇迹的信仰。你渴望的是自由的爱，而不是奴隶慑服于强大的威力而表现出的奴隶般的狂热。"③

当然，奇迹在基督教教义里的确有非常重要的作用和价值，俄国哲学家尼古拉·洛斯基在《陀思妥耶夫斯基和他的基督教世界观》一书中认为，只有能开启通往上帝之路的奇迹才是有意义的。他的分析很具体："基督是无所不包的，基督的教会也是无所不包的。以基督的学说和生活为依据，教会建造了很多居所，精神发展所有层次上的人们都可以在其中找到栖身之地。在教会的怀抱里可以容纳以对上帝和上帝之国的爱为生的苦修者和神秘主义者，但是软弱的人、罪人也可以栖身其中，对他们而言，'奇迹、神秘和权威'被提高到首要地位。耶稣基督自己也行了许多奇迹。这些奇迹也就是这样的事件，在其中显露出最高力量、上帝和上

---

① 布尔加科夫：《东正教：教会学说概要》，徐凤林译，北京：商务印书馆，2001年，第179页。
② 陈燊主编：《陀思妥耶夫斯基全集》第15卷《卡拉马佐夫兄弟》（上），臧仲伦译，石家庄：河北教育出版社，2010年，第405页。
③ 同上，第406页。

帝的国里的成员的干预，这些奇迹到处都在实现着，在所有时代都在实现着。能够意识到这些奇迹的主要是这样一些人，他们充满着对上帝的深刻信仰，所以在他们那里不是信仰产生于奇迹，而是借助于信仰产生对奇迹的意识。对于顽固地排斥上帝的人们而言，奇迹是不存在的，因为他们的智慧总是能够找到有利于否定奇迹的理由。虽然需要求助于上帝恩赐的人们借助了奇迹，走向了信仰或在信仰里获得了稳固，但是这样的产生于奇迹的信仰则处在低一级的层次上，然而，作为通向上帝的道路的开端，它亦是有价值的，并被教会所利用。"①

但是，别尔嘉耶夫指出，"奇迹、神秘和权威"是宗教大法官对魔鬼的三大诱惑的演绎版本，是实证主义者玩的一个自相矛盾的花招，跟信、望、爱的基督精神格格不入。他说："实证主义者们否定奇迹，否定那个源于信仰的奇迹，但却又想自己制造表面的奇迹，并以它们来诱惑人类，从而在这些能使人获得幸福的奇迹的基础上建立起自己的权威。"②别尔嘉耶夫进一步指出，基督教所说的奇迹，并非诱使人信仰的奇迹，而是对可以创造奇迹的信仰："我们所期望的不是可以用来信仰的奇迹，而是可以创造奇迹的信仰；不是权威，而是自由；不是压迫我们、加重我们的物质的神秘，而是对这一神秘的洞见、对生命的领悟。"③对此，尼古拉·洛斯基提出不同意见，他认为东正教会和天主教会在利用"奇迹、神秘和权威"上的动机是一致的："伊万把以'奇迹、神秘和权威'为基础的教会建制描绘成对基督事业的纠正。但毫无疑问，东正教会和天主教会一

---

① 尼古拉·洛斯基：《陀思妥耶夫斯基和他的基督教世界观》，张百春译，万海松编选：《陀思妥耶夫斯基研究文集》，南京：译林出版社，2019年，第153—154页。
② 别尔嘉耶夫：《大法官》，《陀思妥耶夫斯基的世界观》附录一，耿海英译，桂林：广西师范大学出版社，2008年，第157页。
③ 同上，第158页。

中 编

样，也不仅仅建立在对基督和在他身上化身的绝对之善的自由之爱的基础上；因为它是地上的社会性的整体，它也建立在'奇迹、神秘和权威'之上。"①但是，尼古拉·洛斯基也认为，伊万·卡拉马佐夫和他的宗教大法官一样，既是反抗上帝者，又在鄙视人和漠视人的自由这一点上形成了共识，即，把"奇迹、神秘和权威"当作一种实用主义原则："伊万·卡拉马佐夫认为，教会已经放弃了基督的理想，降低了理想，使之适合于人的软弱，适合于他的恶习和自私心；教会不去培养人对绝对之善的自由的爱，它却把人控制在对自己的盲目服从里，而不是对上帝的服从，把'奇迹、神秘和权威'当作自己的基础。"②

一般来说，权威被分成合法权威和事实权威。事实权威"要么主张是合法的，要么被认为是合法的，并且事实权威对人们（事实权威对他们主张权威）强加它的意志时有效的，这也许是因为它对合法性（legitimacy）的主张被他们所承认。但是，事实权威并不必然拥有合法性。合法权威或者是实践权威，或者是理论权威（或二者都是）。拥有实践权威的一个人或一个机构的命令对于它们的服从者（subjects）来说是行动自由，然而一个理论权威的建议对于上述服从者来说是一个信念理由（a reason for belief）"③。可见，代表天主教教会的宗教裁判所就拥有生杀予夺的权力（烧死异端等），其领导者宗教大法官是一种合法权威或者说法律权威，而陀思妥耶夫斯基所塑造的基督却是一个事实权威，他并不具备合法性，尤其体现他无比珍视信众的信念自由和行动自由，不会像宗教大法官那样因

---

① 尼古拉·洛斯基：《陀思妥耶夫斯基和他的基督教世界观》，张百春译，万海松编选：《陀思妥耶夫斯基研究文集》，南京：译林出版社，2019年，第153页。
② 同上，第151页。
③ 约瑟夫·拉兹：《公共领域中的伦理学》，葛四友等译，南京：江苏人民出版社，2013年，第245页。

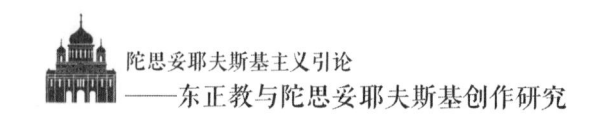

目的的高尚（以万众的幸福的名义）而寻求卑劣的垄断和专断手段。

至于"奇迹、神秘和权威"是不是合乎基督教教义，是不是引导人走向至善、走向上帝之路，关键要看其中有没有对人的自由的尊重和对爱的重视，而不是只注重功利主义，因为它的效果是短暂的，不能持久，没有普世性。不能因为人类仅仅是出于自己的利益的考虑，就希望出现石头变面包的奇迹，以此带来幸福和满足。别尔嘉耶夫指出："受地上王国诱惑的人们，维护失去意义的世界生活的人们，不需要客观的真理，不需要永恒的真理，他们需要的仅仅是好处，只需要掌握可以使石头变成面包、技术人员可以凭借它实现奇迹的规律；自由也不需要，需要的是幸福和满足；爱也不需要，因为可以用强力把人们联系在一起，可以强迫他们适应社会性。"[1]而在《卡拉马佐夫兄弟》中，奇迹一度让位于爱，有时候处于根本可有可无的地位，而只有爱才可以抵御期盼奇迹出现的狂热之情。陀思妥耶夫斯基用佐西马长老死后发臭，而没有出现肉身不腐或发出香气等奇迹这个事例，来说明在通往上帝的道路上，坚定的、积极的爱往往比盲目地相信奇迹更为重要。"其次，当然也是最主要的，乃是对于死者始终保持圣洁的一种妒忌，死者的神圣地位还在他身前就已牢固树立了，要提出异议似属不许。因为虽然已故长老吸引了众多信徒，但他之所以有吸引力与其说用奇迹，不如说用爱，因此在他周围形成了一个很大的爱戴他的圈子。"[2]

别尔嘉耶夫也认为"奇迹、神秘和权威"不如爱和自由重要和有效，

---

[1] 别尔嘉耶夫：《大法官》，《陀思妥耶夫斯基的世界观》附录一，耿海英译，桂林：广西师范大学出版社，2008年，第147页。
[2] 陈燊主编：《陀思妥耶夫斯基全集》第16卷《卡拉马佐夫兄弟》（下），臧仲伦译，石家庄：河北教育出版社，2010年，第525页。

他倡导基督形象具有精神的自由,他认为这之所以可能,"是因为基督拒绝奴役世界的一切权力。权力意志既剥夺强权者的自由,也剥夺强权者所奴役的人的自由。基督只懂得爱的权力,这是与自由相关的唯一的权力。基督的宗教是自由和爱的宗教,是上帝与人之间自由地爱的宗教。这与人们努力在世界上推行基督教的方式是多么不同!"①

第二节 从"三位一体"模式到"聚和性"概念

人身上的人性(天性)与理性在进行永恒的斗争。"魔鬼同上帝在进行斗争,而斗争的战场就是人心。"由此导致人在社会中的无限痛苦,比如,人无法避免自然的规律。列夫·舍斯托夫认为:"只要有规律,只要规律在裁决,死亡就是世界的主宰。谁敢要求与死进行决斗?"②这种矛盾性或双重性,在单独个体身上的存在,一般表现出"双重人格",但是在众多个体组成的组织,如"三位一体"结构中,也可以形成俄国式的"聚和性"特征。

何为"聚和性"?本书前面在论述《死屋手记》时已经提过,监狱里作为囚犯的绝大多数"不幸的人",都能在东正教的感召下追求社会的认同感,这也可谓一种狭义的对"聚和性"的特殊体验。根据俄国宗教思想家维亚切斯拉夫·伊凡诺夫的解释,"聚和性是一种独特的结合,即结合于其中的所有个性都可以充分敞开,取得自我唯一的、不可重复的、别具一格的本质规定,取得自我完整俱在的创作自由的定位,这种自由使每一

---

① 别尔嘉耶夫:《陀思妥耶夫斯基的世界观》,耿海英译,桂林:广西师范大学出版社,2008年,第126—127页。
② 舍斯托夫:《在约伯的天平上:灵魂中漫游》,董友等译,北京:商务印书馆,2019年,第82页。

个性都成为一种说出来的、崭新的、对于所有人均需要的话语"①。而此概念最早来自俄国斯拉夫派的元老级人物阿列克谢·霍米亚科夫。张百春先生对霍米亚科夫的"聚和性"(соборность)概念的解释是:"教会是基督的身体,是众多信徒的统一体,但它不是简单的集合体,集体主义与霍米亚科夫所理解的'聚和性'是格格不入的。教会与信徒之间不是一般的整体与部分的关系。简单的集合体不一定有统一的最终目的,而教会有自己唯一目的,即建立上帝的国。在教会里,除了有共同的目的之外,每个成员是自愿地、自由地服从教会这个有机体的,他们一方面不靠外在权威实现统一,另一方面还克服了个人主义的独立性。这样构成的有机体是神人的有机体,是基督的神秘的身体。"②这里的"不靠外在权威"的原则,是与"奇迹、神秘和权威"相对立的。

俄国哲学家谢·尼·特鲁别茨科伊认为,只有具有普遍性的意识才能够称为"聚和性"意识。他指出:"意识既不可能是无个性的,也不可能是单独的、个性化的,因为意识要比个性宽广得多,它是聚和性的。真善美可以客观地被认识,能够渐渐地被实现,就是因为人类的这种活生生的聚和性意识。"由于他特别重视意识的整体性、普世性,因此把自己关于"聚和性"意识的理论称为是"形而上学的社会主义"。③

自从《卡拉马佐夫兄弟》出版以来,很多批评家和研究者都在这部小说里发现了"三位一体"的结构,它们立体地展示了卡拉马佐夫兄弟的不同特征,丰富了读者对"三位一体"的认识。

---

① В. И. Иванов. *Родное и вселенское*. М.: Республика, 1994, с. 101.
② 张百春:《当代东正教神学思想:俄罗斯东正教神学》,上海:上海三联书店,2000年,第55页。
③ С. Н. Трубецкой. *Сочинения*. М.: Мысль, 1994, сс.. 44, 577.

中 编

首先，代表个性的"三位一体"模式的，是俄罗斯批评家康斯坦丁·莫丘利斯基。他认为，卡拉马佐夫三兄弟体现了三位一体结构的"聚和性的个性"（соборная личность），老大德米特里代表着感性原则，老二伊万代表了理性原则，老三阿辽沙则代表了积极的爱的意志原则，他们构成了"精神的统一体"。他说："展现在我们面前的长篇小说《卡拉马佐夫兄弟》是作者的精神**传记**和**他的艺术自白**。但是，变成了艺术作品的作家个性史，也成为一般人的个性史。偶然的和个体的东西消失，世界性的和全人类的东西应运而生。在卡拉马佐夫兄弟们的命运里，我们每个人都能辨认出自己的命运。作家把三兄弟描述为一个**精神的统一体**。这是具有三位一体结构的聚和性的个性：理性的原则体现在伊万身上，因为他是个逻辑学家和理性主义者、天生的怀疑主义者和否定者；感性原则是由德米特里代表的，因为在他身上有'昆虫的情欲'和爱欲的灵感；把自己作为一种理想在积极的爱里实现，这个意志原则在阿辽沙身上被勾勒出来。兄弟们相互间以血缘关系相连，从一个家族根源里一同成长：生物学上的客观现实性，即卡拉马佐夫式的本性，体现于父亲费奥多尔·卡拉马佐夫的身上。任何一个人的个性自身都带有灾难性的分裂，因为婚生的卡拉马佐夫兄弟们有一个私生的弟弟斯麦尔佳科夫：他是他们的诱惑的化身，是罪的化身。"[①] 莫丘利斯基的说法最有代表性，也最为普及。

其次，代表历史的"三位一体"模式的，是苏联时期著名的陀学家列昂尼德·格罗斯曼。他在对比《卡拉马佐夫兄弟》的创作计划和最终文本后发现，定本更像一部俄罗斯历史的"史诗"。他认为，1874年的创作计划与《卡拉马佐夫兄弟》最终创作计划的最大区别是：前者的中心是犯罪

[①] К. В. Мочульский. *Гоголь. Соловьев. Достоевский*. М.: Республика, 1995, с. 521. 字体加粗处原文为斜体着重号。

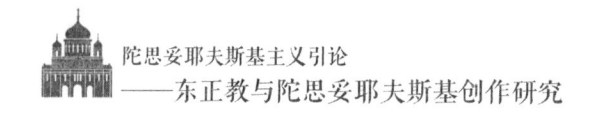

的心理过程以及两兄弟在道德伦理上的复苏，而且故事没有越出家庭的小圈子，没有大踏步走向家庭周围的社会生活，没有像《卡拉马佐夫兄弟》那样把家庭悲剧与俄苏人民和俄罗斯民族这一史诗般的主题有机地联系在一起——后者的主题则是体现了俄罗斯的过去、现在和将来的代际矛盾和斗争。①

最后，还有代表意识的"三位一体"模式的，如白银时代俄罗斯宗教文化批评理论家谢·尼·特鲁别茨科伊。他在初发于《哲学和心理学问题》杂志上的一篇长文《论人类意识的本质》中，深入阐释了"聚和性"意识和"三位一体"之关系。他认为，"聚和性"意识既不是一种单纯的个性意识，也不只是集体意识，而是个人意识、集体意识与普遍意识的"三位一体"。②特鲁别茨科伊把"聚和性"意识和"三位一体"模式提到了人类的高度。

另外，还有代表信仰不同阶段的"三位一体"模式。中国学者刘旭在一篇文章中认为："毫无疑问的是，兄弟三人都是真诚的信仰者，如果说德米特里是在动摇中信仰，那么他的两侧则是伊万和阿辽沙。伊万是在否定中信仰，阿辽沙则是在肯定中信仰，德米特里的内心则进行着天使与魔鬼的较量。可以说，兄弟三人正代表着人在不同阶段的精神信仰之路。弑父情节是整部小说的核心，三兄弟都参与了弑父情节，德米特里始终都怀有弑父的动机，伊万是在思想中隐秘地弑父，阿辽沙虽然没有参与，却也没能阻止父亲被杀，他的消极对抗未能挽救这场灾难。三兄弟在弑父案中都经历了精神上的磨难并获得精神的复活，德米特里受到良心的谴责并被

---

① 陈燊主编：《陀思妥耶夫斯基全集》第16卷《卡拉马佐夫兄弟》（下），臧仲伦译，石家庄：河北教育出版社，2010年，第1208—1209页。

② С. Н. Трубецкой. *Сочинения*. М.: Мысль, 1994, с. 577.

判有罪将被流放,伊万则经历了与魔鬼的对话和自我的毁灭,阿辽沙也经历了精神上的磨难,最终三人都在牺牲的爱中获得重生,这种牺牲的爱正是三位一体之爱最核心的内容。"①

此外,还有其他一些"三位一体"模式说法,譬如,将伊万、跟他畅谈的魔鬼、斯麦尔佳科夫确定为"三位一体"式的人物组。认为伊万是作为教唆者的自由主义思想家,他乐观其成、不负任何罪责;魔鬼则是伊万的卑劣的理性主义的化身;而第三人即斯麦尔佳科夫则是实际的杀人凶手,他心狠手辣,是他人意志的执行者。②

以上关于三兄弟构成"三位一体"结构之说,都存在一个相同点,就是要寻找他们的"聚和性"中的"和",但实际上"和"只是一种理想或者夙愿而已。值得注意的现实的情况就是,表面上的"聚"下面隐藏着"散"的事实。"散"预示着一个家庭或某一组织和集体的"偶合性"或"偶然性",象征着俄国所面临的严峻的社会分裂或撕裂问题,表达了陀思妥耶夫斯基在人们失去共同价值的困境下呼唤对一种理想的精神共同体的认同。

"三位一体"结构最需要建设的就是"聚和性"概念中的"聚"与"和"。我们不妨按照中译文名词的拆分分析习惯,具体解释一下"聚"与"和"对于阐释陀思妥耶夫斯基小说思想的重要性。我们认为:"聚"只是指众多个体在物理上的聚集,在某一段时间,他们共处于某一特定的地点(这个地点可以是实际的地理学概念的地方,也可以是某一抽象的理论

---

① 刘旭:《〈卡拉马佐夫兄弟〉中三位一体性的关联性研究》,载《中国俄语教学》2019年第2期,第50页。
② 陈燊主编:《陀思妥耶夫斯基全集》第16卷《卡拉马佐夫兄弟》(下),臧仲伦译,石家庄:河北教育出版社,2010年,第1208页。

或思想的范畴和领域），就像一个有众多个体参加的会议（这也是"聚和性"的词源собор的本义）；"和"则是更高级的"聚"，它不仅需要以前面的"聚"作为基础，更需要"聚"在一起的各个个体对共同的界限和在此界限内的价值观的认可，对每个个体在此范围内积极行动、发挥作用表示认同，就像是在某次会议中对某项决议举手赞同，而且在会后不断地、全身心地加以落实和执行。"聚和"的独特性在于，在提出、确定和实行精神共同体的宗旨的整个过程中，不会剥夺和丧失每一个个体的特色和价值。这样一来，"聚和性"概念在理论上能够有效避免基督教教会对个性及其自由的扼杀，也可以规避建设巴别塔过程中因个性滥用自由而造成的涣散和分裂。由此看来，"聚和性"概念中理想色彩过浓，但在实践中被爱的行动所稀释。正如张杰先生所总结的特鲁别茨科伊对"聚和性"的认识："每个个体都内在拥有'聚和性'意识，而这一意识的主要特征就是爱——爱是连接理想社会的个人之间的纽带。"[1]

在很多俄罗斯宗教哲学家看来，贯彻"三位一体"乃至"多位一体"中的"聚和性"理念，仅仅以爱的名义是不够的，还必须以基督的精神为指引。基督的博爱精神就是实行"聚和性"理念的核心和基础。对此，别尔嘉耶夫预见到了推行基督精神的困难。"基督的精神，不仅对于旧有的大厦——古老的国家组织与教会组织——的维护者是难以忍受的，同样，对于新大厦——社会实证的巴别塔——的建设者也是难以忍受的。隐藏在这座大厦下的大法官，有时隐蔽地，有时公开地带着敌意反对基督的自由，反对基督对永恒的召唤。人们想要建设的，是没有天空的大地、没有上帝的人类、没有意义的生活、没有永恒的短暂，因此，人们不喜欢那些

---

[1] 严志军、张杰：《苏俄文艺符号学在中国的接受与变形》，载《江海学刊》2013年第4期，第196页。

提醒人类的终极使命、提醒绝对的自由、提醒意义与永恒的人。具有这种精神的人妨碍建设人类幸福、安宁之大厦。不需要自由的、真理的话语，需要的是有用的、有助于建设地上事业的话语。"[1] 基督的精神与宗教大法官的精神是根本对立的，前者以上帝的名义接纳个体的自由，后者以自由的名义拒绝上帝进而剥夺自由。"以人们幸福的名义拒绝自由，以人类的名义拒绝上帝。大法官以此来诱惑人们，迫使他们拒绝自由，阻止他们向往永恒。而基督珍视人的自由、人的自由的爱胜于一切，基督不仅爱人，而且尊重人，确认人的尊严，承认人有能力达到永恒，他想让人得到的不仅是幸福，而且是与人相称的、与人高贵的禀赋和绝对的使命相符的幸福。这一切都是大法官精神所痛恨的——它轻视人，否定人高贵的禀赋，否认人有能力走向永恒并与神汇合，试图剥夺人的自由，把他们安排于舒适的大厦中，强加给他们可怜的有损于人的尊严的幸福。"[2]

因此，"聚和性"理念的死敌就是假借自由之名的功利主义和唯理性主义，宗教大法官的爱，是鄙视人的实证主义的宗教，在对"聚和性"的破坏性方面而论，跟无神论异曲同工、殊途同归。"大法官想卸去人自由的重负，终极的、宗教的自由选择的重负，用安宁诱惑人。他许给人以幸福，但这首先是鄙视人，因为他不相信他们有能力担负起自由的重负，不相信他们配得上永恒。大法官指责基督，说他'这样做，似乎并不爱'人，爱人的是他——大法官，因为他安排了他们的生活，他为了他们这些软弱无力的可怜的人而否弃了所有'不同寻常、捉摸不定、含糊不清的东西'。实证主义和无神论的现代宗教，人类自我神化的宗教，也否弃了一

---

[1] 别尔嘉耶夫：《大法官》，《陀思妥耶夫斯基的世界观》附录一，耿海英译，桂林：广西师范大学出版社，2008年，第146—147页。译文根据原文略有改动。

[2] 同上，第148页。

切'不同寻常、捉摸不定、含糊不清的东西',也以自己对人的爱为骄傲,并理所当然地拒绝爱那些人——他们提醒人们想起那些'不同寻常的东西'、最高的自由、超人的东西。纯粹的人的宗教,地上的、有限的人的福祉的宗教,是大法官的诱惑,是背叛行为,是拒绝自己的自由和自己的使命。人们相信,当他们承认自己是必然性的产物的时候,他们就会成为自由的。"①可见,"聚和性"跟超人、人神也是格格不入的。

第三节　伊万·卡拉马佐夫式的提坦主义的宿命

提坦主义（титанизм）②主要是指基督教中恶魔的反抗和最后失败的下场,后来被引申为一种不畏强权的高傲和反抗精神,成为英雄主义的同义词。《卡拉马佐夫兄弟》中,魔鬼和伊万的交谈中就提到:"人必将因同时具有上帝和提坦神的骄傲精神而名扬天下,出现人神。"③

俄国哲学家尼古拉·洛斯基在《陀思妥耶夫斯基和他的基督教世界观》一书中详细考察了伊万·卡拉马佐夫这个人物形象,认为他就是《卡拉马佐夫兄弟》中提坦主义的化身,伊凡的提坦主义集中表现为"提坦式的高傲的人神思想"。"斯塔夫罗金从魔鬼的提坦精神（люциферовский титанизм）开始,以阿里曼（Ариман）的没有一丝光明的黑暗结束了自己的生命;他只有通过死的途径才能达到对它的摆脱。伊万·费奥多罗维奇·卡拉马佐夫也是个高傲的、强有力的和精神上有天赋的人,但他的高

---

① 别尔嘉耶夫:《大法官》,《陀思妥耶夫斯基的世界观》附录一,耿海英译,桂林:广西师范大学出版社,2008年,第150—151页。
② 又译"提坦精神""反抗精神"。
③ 陈燊主编:《陀思妥耶夫斯基全集》第16卷《卡拉马佐夫兄弟》（下）,臧仲伦译,石家庄:河北教育出版社,2010年,第1006页。译文对照原文略有改动。

傲与斯塔夫罗金的高傲有很大区别,他的生活的整个色调是另外一个样子。"①

基督教反对超越个性的英雄主义角色,如超人和人神,认为它的同义词就是傲慢,也就是使人脱离上帝、走向人神之路的开端。别尔嘉耶夫在《俄罗斯的命运》中认为:"俄罗斯东正教意识认为,个性过于英雄主义的整条道路就是傲慢,东正教思想预备在这条道路上见到人之神化与恶魔主义。"②谢尔盖·布尔加科夫发表于《路标集》的《英雄主义与自我牺牲精神》一文中指出,英雄主义往往与自我崇拜捆绑在一起:"英雄主义——根据我们的观点,这一语汇表达出知识分子世界观和理想的基本实质,同时还表达出自我崇拜和英雄主义。他们心灵力量的所有经济学都是建立在这种自我感觉的基础之上的。"③布尔加科夫紧接着指出了英雄主义的负面作用:"英雄主义作为广泛流行的世界观,并非一种集合因素,而是一种离散因素,它造就的并非合作者,而是竞争者。"④从团结和向心力的作用来看,英雄主义是俄国东正教思想中"聚和性"概念的对立面。

但是,尼古拉·洛斯基也提出了提坦主义的积极性一面,即对个性的尊重,但也有"最可怕的形式的恶",即"仇恨上帝"。"高傲导致提坦式的反抗上帝行为,但在这种情况下它在很大程度上遵循的却是高尚的动机。陀思妥耶夫斯基在伊万·卡拉马佐夫身上展示的正是高傲的这样一个变体,在这个变体里显现出这种强烈情感的高尚的肯定根源:对个性的尊

---

① 尼古拉·洛斯基:《陀思妥耶夫斯基和他的基督教世界观》,张百春译,万海松编选:《陀思妥耶夫斯基研究文集》,南京:译林出版社,2019年,第127页。
② 别尔嘉耶夫:《俄罗斯的命运》,汪剑钊译,昆明:云南人民出版社,1999年,第65页。
③ 布尔加科夫:《英雄主义与自我牺牲》,《路标集》,彭甄、曾予平译,昆明:云南人民出版社,1999年,第34页。
④ 同上,第37页。

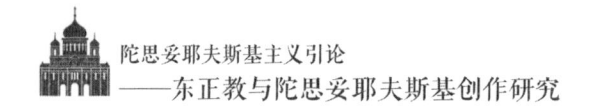

严和它的绝对价值的意识。在被造物的世界里，个性是最高的价值；充满着对这种价值进行保卫和培育，但却与其他个性的同样的价值脱离的生命，它自身可能包含着对高尚美德的显现，但也可能有最可怕的形式的恶——仇恨上帝，这个仇恨将从地上存在的领域引向魔鬼的王国。对最高原则的歪曲，制造的是最糟糕的形式的恶。对高傲的诱惑的体验是通往上帝之国的路上的心灵净化的最后一个台阶。"①

伊万·卡拉马佐夫的提坦主义就是他信仰摇摆不定的表现，看似摇摆，其实是倾向于理性主义和无神论，具体而言，其后果和负面作用主要体现在以下几个方面：

首先，伊万在无神论和承认上帝存在之间犹豫不定、始终莫衷一是。"当他承认上帝存在的时候，他高傲地批判世界的结构，仿佛是因为世界上有令人气愤的恶而谴责上帝，'恭恭敬敬地把入场券还给他'，走上了反抗上帝的'叛逆'之路。"②

其次，伊万否定教会。"伊万·卡拉马佐夫高傲的提坦精神（титанизм）还表现在他对教会的态度上。在长诗《宗教大法官》里，他把耶稣基督及其学说描绘成真正的绝对的善，而教会——则是一种贬低善和人的机构。"③

最后，伊万对一切都抱有怀疑态度，深刻的怀疑主义有时几乎等同于虚无主义，因此他也不承认爱的存在。"这种高傲的怀疑主义者没有能力爱具体的个体的人。他看不到从四面八方包围着我们的，没有它生活将是

---

① 尼古拉·洛斯基：《陀思妥耶夫斯基和他的基督教世界观》，张百春译，万海松编选：《陀思妥耶夫斯基研究文集》，南京：译林出版社，2019年，第135页。
② 同上，第129页。
③ 同上，第129页。

无法忍受的那种朴实的爱。"因此,他对弟弟阿辽沙坦言:"我永远也弄不明白怎么可以爱自己的邻舍。我看哪,正是因为他们是邻舍,才没法爱他们,如果是远远的、不相干的人倒还好说。"① 显然,这句话是对《圣经》的质疑和反讽,因为《新约全书·路加福音》第10章第27节说:"要爱邻舍如同自己。"所以,谢尔盖·布尔加科夫认为,伊凡的这种虚无主义论断也是自我崇拜的结果:"非道德主义或虚无主义(按照旧的说法),是自我崇拜的必然结果,在此潜伏着它自我瓦解的危险,以及不可避免的失败命运。"②

因为伊万的怀疑主义是他的绝对理性主义作祟,由此导致他不相信神秘经验,无法走近上帝。"伊万还遭受到怀疑的折磨,他不相信神秘的经验,正是神秘经验能够启示上帝的存在,上帝的国、永生和绝对的善的存在。"③

理性主义建立在对理性能力的确认之上,首先把理性确认为一种不同于感性、情感、意志的能力。这种能力主要表现为思想、反思、从事逻辑判断与推理的能力,集中表现为一种"自我意识"的能力。"在哲学史上,理性主义在认识论、伦理学与宗教哲学上有着不同的表现。认识论上的理性主义是其他领域的理性主义的基础,它主张在获取知识方面,理性比其他认识能力具有优越性。这一观念是与经验主义正相反对的,后者强调感觉是一切认识的来源。伦理学中的理性主义主张道德的原则是建立在理性

---

① 陈燊主编:《陀思妥耶夫斯基全集》第15卷《卡拉马佐夫兄弟》(上),臧仲伦译,石家庄:河北教育出版社,2010年,第368页。
② 布尔加科夫:《英雄主义与自我牺牲》,《路标集》,彭甄、曾予平译,昆明:云南人民出版社,1999年,第41页。
③ 尼古拉·洛斯基:《陀思妥耶夫斯基和他的基督教世界观》,张百春译,万海松编选:《陀思妥耶夫斯基研究文集》,南京:译林出版社,2019年,第132页。

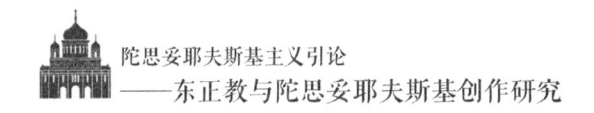

之上，而不是建立在情感、同情或其他非理性的基础之上的。"[1]伊万的理性主义的"自我意识"表现出普遍质疑的科学精神，其实质是精打细算地计算二二得四的功利的利己主义，它跟主张一种理性化宗教的宗教哲学也有本质的不同。

伊万的理性至上主义又受到良心的折磨，给他造成了无法排解的痛苦。他认为是自己故意出一趟远门的行为给斯麦尔佳科夫可乘之机，间接实现了弑父的心愿，却未料到被自己的"同貌人"识透。"是的，当时我等待的正是这个，这不假！我希望，我正是希望出现凶杀！我是不是希望出现凶杀呢？……必须杀死斯麦尔佳科夫！……如果我现在不敢杀死斯麦尔佳科夫，那就枉活在这世上了！"[2]他还不敢豁出去，为所欲为，成为彻彻底底的虚无主义者，身首如处云泥两端给他带来了分裂的痛苦。

伊万在无神论和基督教之间的怀疑和摇摆，使他跻身于俄国文学"多余人"形象的画廊之列，在陀思妥耶夫斯基眼里，他们也是脱离俄国传统根基（以东正教为代表）的"漂泊者"，像普希金笔下奥涅金之类在俄国大地上的"不幸的漂泊者"："这种漂泊者是我们这个脱离人民的社会中历史注定必然要出现的历史性的俄罗斯受难者。"[3]陀思妥耶夫斯基笔下的这些"多余人"后代或变体，具有共同的最主要的外在和精神特征：他们都受到欧洲资本主义文明和西方理性主义思潮的诱惑，脱离了本民族的文化土壤，成了在自己的祖国不仅无所事事反而有损于祖国利益的人，沦为思想上的漂泊者。

---

[1] 陈嘉明：《现代性与后现代性十五讲》，北京：北京大学出版社，2006年，第7—8页。
[2] 陈燊主编：《陀思妥耶夫斯基全集》第16卷《卡拉马佐夫兄弟》（下），臧仲伦译，石家庄：河北教育出版社，2010年，第953页。
[3] 陈燊主编：《陀思妥耶夫斯基全集》第20卷《作家日记》（下），张羽、张有福译，石家庄：河北教育出版社，2010年，第980页。

中 编

在别尔嘉耶夫看来，提坦主义特点在伊万·卡拉马佐夫身上主要展现为神人与人神的分裂与差异。例如，对普通人的怜悯和爱，如果没有基督和上帝的存在，就会使得"爱人"即爱普通人，沦为把人（普通人）当成上帝来进行崇拜。"对人——惶惶不安的、可怜的生物，无意义的、必然性的玩物——的怜悯，是所有伟大的思想都熄灭、所有的意义被剥夺之后，高尚的人类情感最后的避难所。但这不是基督的怜悯。对于基督的爱来说，每一个人都是基督的兄弟。基督的爱是在每一个人身上都可以看到上帝之子，是在每一个人身上都可以看到上帝形象。人首先应该爱上帝。这是第一诫。第二诫是爱每一个人。爱人之所以是可能的，是因为有上帝——唯一的父存在。我们应该爱每一个人中的上帝形象。如果不存在上帝，爱人就意味着把人当作上帝来崇拜，那么，吞噬人的人神就会伺机把人变成自己的工具。因此，没有对上帝的爱，爱人就是不可能的。伊万·卡拉马佐夫就说过，爱人是不可能的。反基督的爱人是虚假的。欺骗人的爱。人神的思想扼杀人，只有神人的思想肯定人的永恒。"[①] 所以，人道主义的爱和怜悯，如果没有基督和上帝的照耀，就容易走向极端。这也是后来另一位俄国宗教哲学家谢苗·弗兰克所担心的人道主义的危机。

陀思妥耶夫斯基本人的思想经历跟伊万·卡拉马佐夫比较类似，但是陀思妥耶夫斯基最终走出了困死伊万的精神危机和欧洲文学史上提坦主义诗人们所经历的那种"怀疑的考验"，他的解决途径就是把基督教当作一个真正之爱、有自由和宽容的理想宗教。这个出路，就如尼古拉·洛斯基指出的那样："他没有忘掉解决存在之谜的问题的难度，并走向了对上帝、对永生的基督教信仰，承认绝对之善的可实现性，就是根据基督的理想，

[①] 别尔嘉耶夫：《陀思妥耶夫斯基的世界观》，耿海英译，桂林：广西师范大学出版社，2008年，第81—82页。

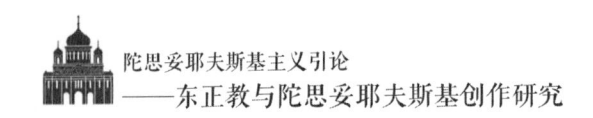

在上帝的国里实现。特别有价值的是,他清楚地指出了基督教的这样一种变体,只有它才能满足提坦精神的需求:在佐西马长老、马卡尔·伊万诺维奇和阿辽沙的形象里他描绘了作为真正的**爱**的宗教的基督教,因此这个宗教也是**自由**和**宽容**的宗教。"①

第四节 积极的爱:"复活"事业的第一步

陀思妥耶夫斯基的小说屡次涉及对爱的描写和关于爱的意义的论述,例如,有对思想的爱、讲尊严的爱、任性的爱、同情之爱和同乐之爱等,这些各各不同的爱都是对世界的不同方式的认同。正如尼古拉·洛斯基在《陀思妥耶夫斯基和他的基督教世界观》里指出的那样:"他(指阿辽沙。——引者注)的基督教,和佐西马长老的基督教一样,是光明的,接受世界的基督教。他所特有的不仅仅是同情之爱(любовь-сострадание),而且还有同乐之爱(любовь-сорадование)。"②但在《卡拉马佐夫兄弟》里,陀思妥耶夫斯基将爱提高到一种人类共同事业的高度,就是呼吁积极的、非抽象的爱,用书中的一句话表达就是:爱生活要超过爱生活的意义。

在第五卷《赞成与反对》的"兄弟俩相互了解"这一节里,阿辽沙向伊万提出建议,叫他"要全身心和发自肺腑地去爱",并且"所有的人首先应当在这世上热爱生活"。伊万反问道:"爱生活要超过爱生活的意义吗?"阿辽沙的回答就体现了陀思妥耶夫斯基的思想:"一定要这样,爱,

---

① 尼古拉·洛斯基:《陀思妥耶夫斯基和他的基督教世界观》,张百春译,万海松编选:《陀思妥耶夫斯基研究文集》,南京:译林出版社,2019 年,第 135 页。字体加粗处原文为斜体着重号。

② 同上,第 139 页。

应当先于逻辑,就像你说的那样,一定要先于逻辑,只有那时候我才会懂得人生的意义。这一点我早就迷迷糊糊地想到了。你热爱生活,伊万,这样,你的事业就做成了一半,得到了一半:现在你该努力的是你的后一半,这样你就会修炼圆满,得道开悟了。"①伊万不太明白阿辽沙的这番理论,因为在他看来,阿辽沙所说的爱无非是对堕落者的拯救,也就是他说的"做成的一半"。至于那还要靠修炼才能体悟到的"另一半",其实就是指"复活"事业,它已经在年轻的阿辽沙头脑中生根发芽。阿辽沙明确地告诉二哥:"我指的是应该让你的那些人死而复活,他们根本没死也说不定。"②

爱如果能在身边人之间传递下去,能在亲人中继承下去,将出现奇迹,也就是《卡拉马佐夫兄弟》在最后所提到的复活,这已经不仅仅是《圣经》中的拉撒路的复活,而且是全体死者的复活。陀思妥耶夫斯基在小说里所提到的这个复活事业的说法,多少来自费奥多罗夫的"共同事业"哲学的影响。费奥多罗夫认为:"事实上,不死既不应被看做主观的,也不应被视为客观的;不死是方案的。"③因此,费奥多罗夫将不死、永垂不朽、战胜死亡当做一项可以在代际中延续和继承的一项"事业"。因为"此'事业'要靠每一个人的积极创造,靠大家的共同劳动来完成;此'事业'并非千百年就可完成,而是在宇宙演化的无限长河中逐步实现;此'事业'与复活祖先的共同事业同步进行"④。

阿辽沙在石头旁的讲话,赞扬了小伙伴科里亚所说的"我要为所有的

---

① 陈燊主编:《陀思妥耶夫斯基全集》第15卷《卡拉马佐夫兄弟》(上),臧仲伦译,石家庄:河北教育出版社,2010年,第358页。译文根据原文有些许改动。
② 同上,第359页。
③ Н. Ф. Фёдоров. *Сочинения*. М.: Мысль, 1982, с. 298.
④ 徐凤林:《俄罗斯宗教哲学》,北京:北京大学出版社,2004年,第87页。

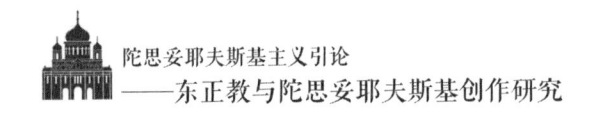

人去受苦"，即为启蒙和真理而殉难的思想，更是对"永垂不朽"和"复活"学说的高度赞同。科里亚问阿辽沙："难道宗教教义告诉我们的话是真的吗？它说：我们死后定会站起来，并且复活，我们定将再见面，我们定将见到所有的人，也能见到伊柳舍奇卡，对吗？"阿辽沙则半是喜笑颜开、半是兴高采烈地回答他说："我们一定会站起来，一定会再见面，然后欢欢喜喜地相互告诉发生过的一切"①。

彼得松是向陀思妥耶夫斯基介绍费奥多罗夫"复活"思想的引荐人。在1878年3月24日（俄历）写给彼得松的信中，陀思妥耶夫斯基在尚未得知费奥多罗夫名字和父称的时候，就声称"完全同意这些思想"，还觉得它们很像自己的想法，并向当时的青年哲学家弗拉基米尔·索洛维约夫推荐。但是，陀思妥耶夫斯基自己所理解的作为"共同事业"的"复活"，首先看到的是其中的责任感。"在您叙述的那位思想家的思想中，最本质的东西无疑是复活祖先的责任。"②费奥多罗夫的"复活"跟基督教传统所谓的重在空灵性和神秘性的"先验复活"不同，它主张"内在复活"，这是一种不依靠上帝意志的复活。徐凤林先生将费奥多罗夫的"内在复活"学说与基督教传统的"先验复活"的区别归纳为四点：第一，它不依赖于人之外的神的奇迹，是"人自己的行为，是人自己努力的结果、是人的'事业'"；第二，"内在复活"的对象是人类全体，而不是某些人；第三，"内在复活"不是"指内心的道德复苏，而是对现实世界的改造"；第四，"内在复活"不是"指自我复活，而是复活行动，是使复活，使祖先

---

① 陈燊主编：《陀思妥耶夫斯基全集》第16卷《卡拉马佐夫兄弟》（下），臧仲伦译，石家庄：河北教育出版社，2010年，第1196页。
② 陈燊主编：《陀思妥耶夫斯基全集》第22卷《书信集》（下），郑文樾、朱逸森译，石家庄：河北教育出版社，2010年，第1063页。

中　编

复活"①。陀思妥耶夫斯基相信,要实现这种"复活",首先需要每个人在"永生"来临前的时间里去付诸行动。"直接并实在地把复活想象为现实的和人身的,而那个将我们与我们祖先的灵魂隔离开来的深渊会被填平,会被战胜了的死亡所战胜,我们的祖先不仅在我们的意识中复活,不是寓意性地复活,而是确实地、本人亲身现实地在肉体上复活。"但是他立即又指出,这里的复活可能不是指同一具肉体的再生性复活,他猜测道:"大地上注定要发生的最初复活的肉体将是另一些肉体,而不是现在的肉体,即可能是如同基督复活之后五旬节升天之前的基督的肉体一样的那种肉体。"②这句话表明,陀思妥耶夫斯基没有像费奥多罗夫那样对全体复活的自信,他还是以基督的复活为榜样和参照,相信将来会有类似这样的复活,目前他只相信"现实的实在的个人的复活"。可见,他认同的是费奥多罗夫赋予"复活"事业的人的能动性,即改造世界的能力。而改造世界的第一步,在阿辽沙的石头前的讲话里,就是必须保留"最美好、最神圣的回忆":"如果能把许许多多这样的回忆带进人生,这个人就终生得救了。即使只有一个美好的回忆留在我们心中,那这也可能在将来的某一天有助于我们得救。"③

1879年12月30日,在为资助圣彼得堡大学学生而举办的文学朗诵会上,陀思妥耶夫斯基在朗诵《宗教大法官》前说了一段开场白,表示出以对人类的社会之爱为幌子、行对人类蔑视之实的行为的警惕和担忧。"如果歪曲基督的信仰,把它与尘世的目的结合在一起,那也就一下子失

---

① 徐凤林:《俄罗斯宗教哲学》,北京:北京大学出版社,2004年,第88页。
② 陈燊主编:《陀思妥耶夫斯基全集》第22卷《书信集》(下),郑文樾、朱逸森译,石家庄:河北教育出版社,2010年,第1063页。
③ 陈燊主编:《陀思妥耶夫斯基全集》第16卷《卡拉马佐夫兄弟》(下),臧仲伦译,石家庄:河北教育出版社,2010年,第1194页。

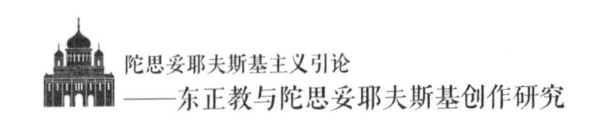

去了基督教的整个意义,人的理智也无疑会陷入不信神的状态,而代替伟大的基督理想建立起来的就只能是新的巴别塔。基督教崇高的人类观,就会降低到仿佛看待一群野兽似的禽兽观,用对人类的社会之爱做幌子,出现了对人类的毫不掩饰的蔑视。"① 显然,只有既注重个体自由,又讲究团结一致,并凝聚着基督之博爱精神的"聚和性"原则,才是对抗那些形形色色的"奇迹、神秘与权威"观点的中坚力量。

---

① 陈燊主编:《陀思妥耶夫斯基全集》第16卷《卡拉马佐夫兄弟》(下),臧仲伦译,石家庄:河北教育出版社,2010年,第1197页。译文对照原文有些许改动。

下 编

第十三章
从"双重人格"到"三／多位一体"

——论陀思妥耶夫斯基笔下的个性分裂现象与"聚和性"
　思想

陀思妥耶夫斯基的小说，大多给人以紧张和矛盾的总体印象，因为它们不但追求故事情节和人物内心的紧张，也注重刻画人物与周边人及环境的冲突和矛盾，由此导致他笔下的人物普遍同时存在蓄势待发的二重性（双重性）和訇然引爆的矛盾性现象。对此，苏联文艺学家赫拉普钦科指出："揭示人物精神面貌中彼此明显不同和相反的心理素质、感情和愿望，是陀思妥耶夫斯基一系列人物描写的突出特点。这首先表现在人物的二重性以及人物内心对立的两极的共存和斗争的描写上。"[1] 具言之，陀思妥耶夫斯基"许多主人公的意识和行为常常处在两种极端之间"[2]，"在描写充满尖锐冲突的紧张场面和消长起伏的欲望时，陀思妥耶夫斯基赋予人生活的道德因素以巨大的意义"[3]。赫拉普钦科认为，陀思妥耶夫斯基将两种不同，甚至相反的特点集于一身，是基于其关注社会流动现象的兴趣和寻找永恒

---

[1] 《赫拉普钦科文学论文集》，张捷、刘逢祺译，北京：人民文学出版社，1997年，第68—69页。
[2] 同上，第69页。
[3] 同上，第69页。

意义的倾向的结合，然而，"它们并不是互不相容的两个极端；它们之间有明显的联系"①，而且，在陀思妥耶夫斯基那里，"这种永恒现象可用来说明现代生活复杂而又充满矛盾的过程以及他的同时代人的心理"②。在我们看来，这种看似复杂而矛盾实则必然的特点，具体反映在陀思妥耶夫斯基创作所描绘的个性分裂、双重人格、三位或多位一体的现象上。

总体而言，陀思妥耶夫斯基的创作贯穿了一条从个性分裂（包括自我对话和自我辩解等）到"双重人格"，再到"三位一体"乃至"多位一体"的发展主线，反映出他希望以博爱精神和基督理想来抗拒宗教大法官对个体之人的蔑视及其自由的剥夺的夙愿，体现了他最终对理想的精神共同体的祈盼和呼唤。这与俄国其他思想家对"聚和性"思想的认知与阐释可谓殊途同归，却也由此彰显出在"聚"的基础上真正实现"和"的难能可贵，以及践行"聚和性"和类似"聚和性"思想的现实困境。

第一节　个性分裂与"双重人格"现象

在陀思妥耶夫斯基笔下，即使在同一个体身上，往往也存在不可调和的对立性和矛盾感，正如俄罗斯哲学家尼克利斯基所指出的："陀思妥耶夫斯基的主人公的内心世界是深刻矛盾的，在他们身上，'赞成'与'反对'经常发生冲突。"③陀思妥耶夫斯基的处女作《穷人》就反映了小人物在个性和尊严上的纠结，比如杰武什金就因为过分敏感而内心经常出现自我分裂，具体表现为自我对话和自我辩解。比如，他在衙门里干抄写员的

---

① 《赫拉普钦科文学论文集》，张捷、刘逢祺译，北京：人民文学出版社，1997年，第70页。
② 同上，第70页。
③ 尼克利斯基：《俄罗斯文学的哲学阐释》，张百春译，合肥：安徽文艺出版社，2017年，第167页。

下编

事儿，对别人如何看自己就十分在意、过于敏感。"他们开玩笑教训人说（我知道是开玩笑），道德就是不应该成为任何人的包袱；而我并没有成为任何人的包袱哇！我的这块面包是我自己的；虽然是一块普普通通的面包，有时甚至是又干又硬，然而它是靠劳动得来的，我吃它是合法的，是问心无愧的。可是，有什么办法呢？我自己也知道，我做的事情不多，无非是抄抄写写；可我还是因此而自豪：我是在工作，我在流汗。事实上，抄抄写写又有什么不好！怎么，难道不应该抄写吗？"[①] 由于人身上的人性（天性）与理性常常在进行斗争，陀思妥耶夫斯基总是热衷于刻画人物在这种思想斗争的边缘状态下的心理活动。正如《卡拉马佐夫兄弟》中的一句名言："魔鬼跟上帝在搏斗，这战场就是人心。"[②] 各种斗争导致人在社会中的无限痛苦。同时，人又在生活中随时遭遇其他类似的矛盾性，比如，人与无法避免的自然规律的抗衡。列夫·舍斯托夫因此认为，人是在与规律斗争："只要有规律，只要规律在裁决，死亡就是世界的主宰。谁敢要求与死进行决斗？"[③]

这种在单独个体身上存在的矛盾性或双重性，在陀思妥耶夫斯基的前期创作（1864年之前）中，一般表现为"双重人格"（如中篇小说《双重人格》）或者人的双面性和多面性。但是，在由众多个体组成的组织，如"三位一体"乃至"多位一体"的模式结构中，按照陀思妥耶夫斯基后期理想的展望，也在一定程度上凸显出俄国式的"聚和性"特征。

[①] 《穷人》，磊然译，载《陀思妥耶夫斯基全集》第1卷《长篇、中短篇小说》，石家庄：河北教育出版社，2010年，第53—54页。

[②] 陈燊主编：《陀思妥耶夫斯基全集》第15卷《卡拉马佐夫兄弟》（上），臧仲伦译，石家庄：河北教育出版社，2010年，第166页。

[③] 舍斯托夫：《在约伯的天平上：灵魂中漫游》，董友等译，北京：商务印书馆，2019年，第82页。

《罪与罚》中的拉斯柯尔尼科夫是将利他主义思想和为达目的而不择手段的拿破仑思想集于一身的典型形象,而且,他的姓氏本身就带有作家有意赋予的"分裂"和"分裂派"之意,此外,他的前身来自《地下室手记》中那个在卑劣和高尚(伪善)之间不断纠结的"地下室诗人"。据此,康斯坦丁·莫丘利斯基认为,在《罪与罚》中,"作家选择了一条非常困难的出路:保留两种思想,使它们在同一心灵中并存,表现出主人公的悲剧性的双重性意识"①。

斯维德里盖洛夫洞悉拉斯柯尔尼科夫的思想和心理活动,他在第一次看到后者的时候,就一眼认出来他:"正是这个人!"②多回合的言语过招和心理交锋表明,他的确是后者的另一半(другой)、化身或"双重人格"(двойник)。初次见面后临分手时,他似乎重申了陀思妥耶夫斯基中篇小说《双重人格》中小戈利亚德金对大戈利亚德金的这种身份和人格上的相似性:"我总觉得,您身上有某种与我相似的东西。"③与此同时,或许正是这种本能的互相了解,拉斯柯尔尼科夫不由得对他心生恐惧、十分警惕:"不知为何,我非常害怕这个人。他在自己妻子的葬礼后,立刻来到了这里。他很古怪,决心要干个什么事……他仿佛知道些什么……"④拉祖米欣认为斯维德里盖洛夫的形象和面孔非常突出,"在一千个人里我也认得出他"⑤,相比之下,拉斯柯尔尼科夫却认为他所看到的斯维德里盖洛夫却"只是幽灵",与之打交道的场景"或许是幻觉",以至于他怀疑由于自

---

① К. В. Мочульский. *Гоголь. Соловьев. Достоевский*. М.: Республика, 1995, с. 359.
② 陈燊主编:《陀思妥耶夫斯基全集》第 8 卷《罪与罚》(下),力冈、袁亚楠译,白春仁校,石家庄:河北教育出版社,2010 年,第 363 页。
③ 同上,第 371 页。
④ 同上,第 373 页。
⑤ 同上,第 374 页。

下 编

己神经错乱,而导致"这几天所发生的的一切或许全是在我想象之中"①。这跟《双重人格》中大戈利亚德金见到自己的化身小戈利亚德金时心神不宁、方寸大乱的情景如出一辙。这种"双重人格"的出现,一方面说明主人公正在逐渐丧失自己的主体性;另一方面他们已经意识到这种现象,竭力抵抗这种丧失,力图重构自己的主体性,目前还处于丧失和重构的胶着与斗争的中间状态。

《白痴》中的伊波利特,作为"比虚无主义者走得更远"的虚无主义者形象,也是一个典型的具有双重人格的人。他在《白痴》中的首次亮相,就被打上了"自觉的卑鄙行为"的烙印,也就是说,他会执着地去干某一件连他自己都认为是不好的甚至是卑鄙的事情,事后还会对自己的行为后悔并坦率地承认自己的错误,并执念地认为这就是自己独特的个性,肆意地张扬这种"个性"并以此而自豪。正如他自己所说:"最糟糕的是,我明明知道他是个坏蛋、恶棍、小偷,可我还是坐下来跟他赌钱,在赌到最后一个卢布的时候,我心里想:要是输了,我就去找卢基扬舅舅,只要我求他,他不会拒绝的,这真下流,简直太下流了!这简直是自觉的卑鄙行为!"②就这一点而言,伊波利特犯错后忏悔、忏悔后又再犯的循环模式,跟陀思妥耶夫斯基的短篇小说《诚实的小偷》(1848年)里的主人公叶梅利扬的悖论行为几无差别,后者一而再,再而三地在忏悔中犯罪,又在犯罪中忏悔,如此恶性循环地度过短暂的一生。陀思妥耶夫斯基似乎想要以这些形象来说明,来自底层的人物已经深受物质或思想的诱惑,开

---

① 陈燊主编:《陀思妥耶夫斯基全集》第8卷《罪与罚》(下),力冈、袁亚楠译,白春仁校,石家庄:河北教育出版社,2010年,第374页。
② 陈燊主编:《陀思妥耶夫斯基全集》第9卷《白痴》(上),张捷、郭奇格译,石家庄:河北教育出版社,2010年,第265页。

始偏离传统的伦理，时不时地会被恶行左右，虽然能认清自己、认识到错误，但又无力自拔，似乎需要外在的力量来帮助他们获得自新和"复活"。作为西方派"新人"的他们，不仅是蔑视东正教的无神论者，更是行为乖张的虚无主义者，连一向比较宽容待人的梅什金公爵都觉得像伊波利特这样的年轻人非常讨厌。

同样，虚无主义者拳击手凯勒，作为伊波利特共同讹诈梅什金公爵的同伙，也是跟《诚实的小偷》里的叶梅利扬一样，属于典型的个性分裂的"双重人格者"，他明知自己的勒索行为和利用公爵好脾气跟他借钱的做法是卑鄙的，但又忍不住花言巧语地寻找借口，试图为此虚构一个貌似合理的理由。梅什金公爵一眼识破了他隐藏在"双重人格"背后的动机，还严厉地指出，所有人甚至包括他自己都具有凯勒的这种"双重性"："所有的人都是这样，因此我也就开始赞同自己的做法了，因为同这种**双重的**思想进行斗争是极其困难的；我有体会。天知道**这些**思想是怎样出现和产生的。但是您直截了当地称之为卑鄙！现在我又要开始害怕这些思想了。不管怎么说，我不是您的法官。但是我认为毕竟不能直接把这称为卑鄙，您以为如何？您要滑头，想用眼泪来骗取金钱，可是您自己又发誓说，您的忏悔还有另一种高尚的目的，而不只是为了骗钱；至于说到钱，您需要它是为了饮酒作乐，对吧？这在做了这样的忏悔之后自然是意志薄弱的表现。可是又怎么能一下子把酒戒掉呢？要知道这是不可能的。怎么办呢？最好还是留给您自己的良心去解决吧，您以为如何？"[①]不言而喻，公爵也不能肯定良心能解决双重人格的问题，这显然是人类的永恒的问题。因为在目睹了凯勒以此得逞，成功地跟梅什金借到钱之后溜之大吉的列别

[①] 陈燊主编：《陀思妥耶夫斯基全集》第9卷《白痴》（上），张捷、郭奇格译，石家庄：河北教育出版社，2010年，第425页。字体加粗处原文如此。

下 编

杰夫，也自认为是这样将忏悔与卑鄙集于一身的"双重人格者"："在我身上，空话和实际行动、谎言和真话并存，而且是完全真诚的。真话和行动在于我真的进行忏悔，信不信由您，我可以发誓，而空话和谎言在于有一种很坏的（并且是一直固有的）想法，总想方设法引人上钩，总想用忏悔的眼泪来捞到好处！真的是这样！对别人我是不会说这话的，——人家会嘲笑我或唾弃我；但是，公爵，您会做出通情达理的评判。"[①] 公爵所说的这种"双重人格"，后来也得到了第三个人的确定，亦即叶潘钦将军夫人、阿格拉娅的母亲。当她出乎意料地了解到加尼亚有时会欺骗公爵而公爵知道这一点却又很信任他时，她不禁对梅什金公爵的这种双重性刮目相看："你知道而又相信他！竟有这样的怪事！不过，你一定会这样做的！而我还觉得奇怪呢。我的上帝！什么时候有过另一个这样的人呢！"[②] 根据梅什金自己对监狱的考察，他发现青年人容易受各种被歪曲的思想的影响而明知故犯地杀人："最怙恶不悛和最无悔罪之意的杀人凶手仍然知道他是罪犯，也就是说，他根据良心认为自己干了坏事，虽然并无任何悔罪的表现。他们之中的每个人都是如此……"[③]

甚至叶潘钦夫人本人也具有这种一开始让她惊讶不已的"双重人格"，因为后来连她自己都很清楚：她不停地在爱家人和折磨家人之间转换。"毫无疑问，在社交界伊丽莎白·普罗科菲耶芙娜确实被看做'怪物'；但是与此同时也无疑受到尊重；而伊丽莎白·普罗科菲耶芙娜最后开始不相信自己受到尊重，——糟就糟在这里。每当她看着自己的女儿时，她心

[①] 陈燊主编：《陀思妥耶夫斯基全集》第9卷《白痴》（上），张捷、郭奇格译，石家庄：河北教育出版社，2010年，第426页。
[②] 同上，第438页。
[③] 陈燊主编：《陀思妥耶夫斯基全集》第10卷《白痴》（下），张捷、郭奇格译，石家庄：河北教育出版社，2010年，第462页。

存疑虑，觉得自己在不断地损害她们的前程，觉得自己的性格可笑、不合自己身份和令人难以容忍，——因而自然就不断地责怪自己的女儿和伊万·费奥多罗维奇，整天同他们吵架，与此同时又忘我地爱他们，几乎达到了狂热的程度。"① 此外，巴赫金认为"梅什金公爵的形象带有狂欢体两重性"②。

甚至纳斯塔西娅·菲利波芙娜在给阿格拉娅的一封信中，也认为阿格拉娅和梅什金公爵是"两位一体"的："然而我要指出，我正在促使您和他结合，却还以此也没有问过您：您是否爱他？他只见过您一面就爱上了您。他像思念'光明'一样思念您；这是他本人说的话，我是从他嘴里听到的。但是我就是没有听见这话也知道，您是他的光明。我整整一个月生活在他身边，那时就知道您爱他；对我来说，您和他是两位一体的。"③

第二节　"聚和性"：多与一的有机统一

批评家和研究者在陀思妥耶夫斯基的最后一部长篇小说《卡拉马佐夫兄弟》里发现了诸多不同形式、由不同要素组成的"三位一体"乃至"多位一体"的模式，不但揭示出小说丰富的美学结构和深刻的思想价值，也深化了读者对形象化的多与一的有机统一的认知和感受。这些模式与俄国思想界中的"聚和性"思想都存在一个相同的前提，亦即个体之于整体的不可或缺性。

---

① 陈燊主编：《陀思妥耶夫斯基全集》第10卷《白痴》（下），张捷、郭奇格译，石家庄：河北教育出版社，2010年，第448—449页。
② 转引自"题解"，《陀思妥耶夫斯基全集》第10卷《白痴》（下），张捷、郭奇格译，石家庄：河北教育出版社，2010年，第850页。
③ 陈燊主编：《陀思妥耶夫斯基全集》第10卷《白痴》（下），张捷、郭奇格译，石家庄：河北教育出版社，2010年，第614页。

下 编

什么是"聚和性"（соборность）？根据俄国宗教思想家维亚切斯拉夫·伊凡诺夫的解释，"聚和性"就是由诸多个性汇成的"道"（Слово，又译"话语"），道成肉身后，体现为"一个自由的和谐之声"。具体而言就是："聚和性是一种独特的结合，即结合于其中的所有个性都获得充分的敞开，取得其唯一的、不可重复的、别具一格的本质的规定，得到其完整俱在的创作自由的定位，这种自由使每一个个性都成为一种说出来的、崭新的、对于所有人均需要的话语（слово）。在每一个个性里，话语（Слово，又译'道'）体现为身体的血肉（又译'道成肉身'），并且跟其他个性一起生活，到处都发出不同的声音，但是，每一个个性的话语又处处得到回声，所有个性都汇成一个自由的和谐之声（одно свободное согласие），因为所有个性就是一个话语（Слово，又译'道'）。"[1]

"聚和性是一项任务，而不是既定的现实（данность）；它在人世间不可能完整地和持久地得以实现，而且，它也不可能像上帝一样被人到处追寻。但是，只要它想，它到处都能像圣灵一样呼吸，并且，在善良人类的联盟中，一切就能时时刻刻保持活跃。我们遇见并了解聚和性，是出于偶然的、无意识的感动，是出于每一颗心都能明白的神圣悸动，当它在我们面前闪现时，哪怕只是微弱的、斜射的闪烁，却是永远鲜活的、能融化心灵的一束光。"[2]

"我仿佛觉得有某种许诺在里面，'聚和性'之名用他国的语言几乎无法传达，而且，对我们而言，它听起来就包含着某种自古以来就能立即明白的、亲切的和珍贵的东西，尽管在生活中没有一个典型现象跟它直接地、完全地相关，也没有一个统一的逻辑概念—'观念'能在内容上与它

---

[1] В. И. Иванов. *Родное и вселенское*. М.: Республика, 1994, с. 100.
[2] В. И. Иванов. *Родное и вселенское*. М.: Республика, 1994, с. 100.

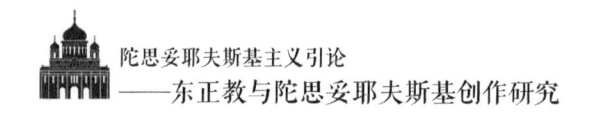

相媲美。"①

"聚和性的涵义既是理论思想的一项任务，而创造生命的形式又是践行聚和性的行为。我们斯拉夫人所标示出的人类共居的高级阶段，不是组织，而是聚和性。……尤其是在未来的、自由的、喜悦地重新统一的斯拉夫世界里，我的想法将在中断的同时，汲取话语自身之中的希望的保证之力，以便我们斯拉夫人不再'一辈子'都'处于分离状态'，不再总是为我们单个的民众的心灵的命运而颤抖，以便我们聚集在真正的聚和性之中，并以此来在世界上复活自己的普世话语（свое вселенское слово）。"②

然而，这个概念最早来自俄国斯拉夫派的元老级人物阿列克谢·霍米亚科夫。张百春先生对霍米亚科夫的"聚和性"（соборность）概念的解释为："教会是基督的身体，是众多信徒的统一体，但它不是简单的集合体，集体主义与霍米亚科夫所理解的'聚和性'是格格不入的。教会与信徒之间不是一般的整体与部分的关系。简单的集合体不一定有统一的最终目的，而教会有自己唯一目的，即建立上帝的国。在教会里，除了有共同的目的之外，每个成员是自愿地、自由地服从教会这个有机体的，他们一方面不靠外在权威实现统一，另一方面还克服了个人主义的独立性。这样构成的有机体是神人的有机体，是基督的神秘的身体。"③这里的"不靠外在权威"的原则，与宗教大法官的"奇迹、神秘和权威"相对立。

特鲁别茨科伊特别强调，懂得"聚和性"才是理解人物形象的前提："只有在承认人类意识的……根本的集体性……有机的聚和性

---

① В. И. Иванов. *Родное и вселенское*. М.: Республика, 1994, с. 101.
② В. И. Иванов. *Родное и вселенское*. М.: Республика, 1994, с. 101.
③ 张百春：《当代东正教神学思想：俄罗斯东正教神学》，上海：上海三联书店，2000年，第55页。

下 编

（органическую соборность）后，我们才能懂得，究竟以什么样的方式才能够把现实理解为一般的和不可或缺的形象；只有到那时，我们才能懂得，万事万物（все вещи）才能够在心理上和逻辑上彼此互相理解……"① 对此，俄罗斯学者、哲学家皮阿玛·帕夫洛芙娜·盖登科在《特鲁别茨柯伊著作集》的序言中认为，特鲁别茨科伊是在经历了个体意识和无意识与种族因素无法解释人类意识的本质后，才找到"聚和性"概念，并赋予它心理学和宗教本体论的色彩的。她指出："在声明无论是对单独的经验个体的意识，还是对普遍的无意识－种族亲缘因素的产物都无法得到解释后，俄罗斯哲学家（即特鲁别茨科伊。——引者注）得出结论：只有通过弄懂聚和性的、集体的意识，个性的、最终的意识才可能得到理解。"②

特鲁别茨科伊在《论人类意识的本质》中研究的虽然是认识论问题，却并非是纯正的认识论，而是"带有明显的神正论色彩的认识论"③。特鲁别茨科伊将人类在认识规律时出现的矛盾和悖论都统统纳入人类意识的聚和性概念之中，因为在他看来，意识的聚和性首先在于认识的完整性（在俄文中，意识和认识是同一个词：знание）。他解释说："我们的实在论概念和因果论概念受制于人类意识的内在的聚和性，因而它们是讲逻辑的、总体而言是可靠的。但是，正因为我们的意识的聚和性本身也是某种有待实现的东西（нечто осуществляющееся）、某种可能性，甚至是某种理应存在的东西，所以我们对实在论和因果论的认识（знание）本身就是外在的、形式的和未能完全实现的。由此可以解释我们在确定诸现象之因果联

---

① С. Н. Трубецкой. *Сочинения*. М.: Мысль, 1994, с. 496.
② П. П. Гайденко. «Конкретный идеализм» С. Н. Трубецкого.//С. Н. Трубецкой. *Сочинения*. М.: Мысль, 1994, с. 22—23.
③ 张百春：《当代东正教神学思想：俄罗斯东正教神学》，上海：上海三联书店，2000年，第63页。

系时经常出现的全部误差,可以解释我们在无条件地理解(знание)泛因果法则时却对实际的自然规律的一概无知。就此出现的数不胜数的矛盾和悖论,本身就包含在我们的概念之中。"[1]

特鲁别茨科伊此说从认识论和心理学角度进行研究,将"聚和性"精神置于意识的"三位一体"说的核心地位,具有将世纪之交时流行于俄国的心理分析学派和现代主义文学批评流派以及宗教文化批评相结合的特点。因此,特鲁别茨科伊的"聚和性"意识实际上多多少少是对教会理论的回归和一定程度的修正。正如张百春先生认为的那样:"在谢·特鲁别茨科伊那里,聚和性意识的主体实际上就是教会,是理想人类意义上的教会,或者是完善的人类集体,是神人的联盟。至此,他的认识论完全回到基督教的立场上了:真理在教会里,只有在教会里才能获得对真理的认识,意识的本质在于它的聚和性,这个聚和性就是教会的基本标志。"[2]

俄罗斯学者盖登科也指出,特鲁别茨科伊的"聚和性"思想,即个性在社会整体性之外就无法得到理解的思想,并非其独创的理论,而是属于斯拉夫派,因为斯拉夫派在批判欧洲哲学时对蔓延到认识论和对人的理解领域的个人主义思潮也进行了严厉的批判。在许多社会—政治的和历史的、宗教的问题上,特鲁别茨科伊与斯拉夫派分歧严重,但在对人以及人的意识本质的理解上,他们却存在诸多契合之处。"他把意识看成是活生生的和普遍的、所有人同心勠力一起实现的过程。"[3]

陀思妥耶夫斯基的《死屋手记》描写监狱中一大批"不幸的人",他

---

[1] С. Н. Трубецкой. *Сочинения*. М.: Мысль, 1994, с. 583.
[2] 张百春:《当代东正教神学思想:俄罗斯东正教神学》,上海:上海三联书店,2000年,第64页。
[3] П. П. Гайденко. «Конкретный идеализм» С. Н. Трубецкого.//С. Н. Трубецкой. *Сочинения*. М.: Мысль, 1994, с. 23.

下 编

们成为俄罗斯人民共罪和赎罪思想的代言人,小说中绝大多数"不幸的人"都能在东正教的感召下追求社会的认同感,这也可谓一种狭义的对"聚和性"(соборность)的特殊体验。[1] 狱中的"不幸的人"接受别人爱的施舍,同时也将爱的施舍给予别人,是认同感的传递和接力。作为囚犯,能够接受别人的施舍是一种幸福,也是一种获得社会认同的存在感,而他们将自己所得到的微不足道的施舍中的一部分再施舍给教堂时,所获得的就不仅是一种存在感,更是一种个体精神的净化和升华。这种因爱而爱的良性互动,在《死屋手记》中是一种对"聚和性"的独特实践。《死屋手记》详细描述了囚犯在斋戒祈祷时会油然而生的一种三层递进的宗教体验:首先是获得施舍的快感,其次是从得到施舍的钱中拿出一戈比买一支圣烛或丢进教堂的募捐箱里时的自豪感,最后是接受圣餐礼时的激动:每个人都觉得,神甫的祝福"即使是强盗,也来接受吧"这句话,仿佛是针对他自己讲的,触及到了灵魂的深处[2]。

借助于个体的和彼此的爱而体验到超越个体的"聚和性",进而坚定对爱的信仰,是东正教的核心思想,也是追求东正教认同感的高级阶段。正如俄国宗教哲学家谢尔盖·布尔加科夫所说:"当民族性的本能从模糊成为明晰进入认识的时候,这种本能就被体验为对自己民族的某种深刻的、神秘的倾慕和爱,此爱不是理性主义伦理学所理解的枯燥乏味的和道德主义的爱……,而是神秘主义意义上的爱,是某种能生出灵魂翅膀的情

---

[1] 万海松:《〈死屋手记〉中"不幸的人"与东正教认同感》,载《外国文学研究》2018年第2期,第35页。
[2] 陀思妥耶夫斯基:《死屋手记》,曾宪溥、王健夫译,北京:人民文学出版社,2011年,第249页。另外还有不同的译法:"把我像强盗一样接受吧。"参见《陀思妥耶夫斯基全集》第5卷《死屋手记》,臧仲伦译,石家庄:河北教育出版社,2010年,第290页。译者注认为:这是古代基督教希腊教父大巴西勒(约330-379)的一句祷告词,大巴西勒主张三位一体论,对当时正统派教徒有很大的影响。

爱，是在与他人的统一中的享受，是对聚和性的体验，是真正的超越自我，是特殊的'超越'。……对聚和性的感受，是一种激情，是一种爱，它使爱者对被爱者有一种特殊情感。爱愈强，信愈坚，两者相互依赖相互支持。我们的最基本、最深刻的感受不是生自判断推理，而是先于判断，来自我们个性的黑暗深处。"①

第三节　"三/多位一体"和"聚和性"的困境

按照"聚和性"概念的初创者霍米亚科夫的观点，"聚和性"的"多样性的统一"也是教会应有的本质之一，而只有东正教会保存了"聚和性"的传统。他在提出这一概念的语境中，其实隐含着对天主教会和新教教会的批判。霍米亚科夫"坚决否定教皇制，反对教皇的权威，指责天主教是用权威来统治，靠外在的权力来维护教会的统一，因此，这种统一里没有任何自由，这样的统一与'聚和性'的精神是相抵触的"②。同时，霍米亚科夫也批评新教教会，认为它"是建立在个人主义的基础上的，它突出了个人，把个人凌驾于教会之上，几乎有多少个个体就有多少个教会。这种对教会的随意的理解最后导致教会里的绝对自由主义。并且，新教里的自由是没有统一的自由。无论是个人主义还是自由主义都是信仰的敌人。"③

张百春指出了"聚和性"概念对于俄罗斯民族的重要性："聚和性揭

---

① 谢·尼·布尔加科夫：《文化哲学：关于民族性的思考》，徐凤林译，载《求是学刊》2013年第2期，第20页。
② 张百春：《当代东正教神学思想：俄罗斯东正教神学》，上海：上海三联书店，2000年，第56页。
③ 同上，第56页。

下　编

示了俄罗斯民族信仰的实质，它反映了俄罗斯民族对教会本质的理解。"[1]并认为，霍米亚科夫"关于宗教方面的思想对陀思妥耶夫斯基产生了深刻的影响"[2]。但是，他当时没有想到的是，随着时代的发展和演变，"聚和性"概念也会面临践行的困难，而陀思妥耶夫斯基的很多小说作品，既是对"聚和性"概念的文学演绎和哲学表达，也不可避免地表现了对在处于转型时期的俄国社会真正实现"聚和性"理想的困境。

在我们看来，"聚和性"概念中最需要着力建构和阐释的恰恰是"聚"与"和"。如果我们拆分一下这个概念，可以发现"聚"只是指众多个体的聚集和交集，在某一段时间，他们共处于某一特定的地点（这个地点可以是实际的地理学概念的地方，也可以是某一抽象的理论或思想的范畴和领域），就像共同出席某次会议（这也是该词词根 собор 的原义）；"和"则是更高级的"聚"，它不仅需要以前面的"聚"作为基础，更需要"聚"在一起的各个个体对共同的界限和在此界限内的价值观的认可，对每个个体在此范围内积极行动、发挥作用表示认同，就像在某次会议中对某项决议举手赞同，并且还要在会后不断地、全身心地加以落实和执行。"聚和"之义之所以独特，就在于这种看似互相矛盾却又紧密贴合的双重性，也就是既能发挥个体能动性和创新性，又能集体一致地有意识或无意识地贯彻执行共同体精神。虽然"聚和性"概念的理想主义色彩过浓，但在实践中却因被爱的行动所稀释而不显得过分刺目。

后来的哲学家和思想家们不断从霍米亚科夫和陀思妥耶夫斯基的创作遗产里寻找思想认同和重建话语的资源，因此，霍米亚科夫和陀思妥耶

---

[1] 张百春：《当代东正教神学思想：俄罗斯东正教神学》，上海：上海三联书店，2000年，第56页。
[2] 同上，第57页。

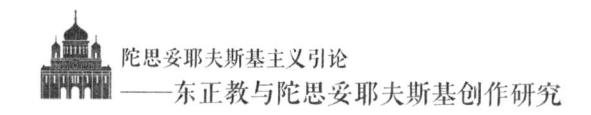

夫斯基都被尊为俄罗斯思想的渊源，甚至成为超越民族和国界的思想财富。比如，俄罗斯哲学家斯米尔诺夫就认为，虽然"聚和性"思想具有深刻的宗教根源，但它的内涵和意义后来完全超越了宗教，已经升华为一个形而上学问题，成为俄罗斯世界观的一部分。这不仅是出于逻辑和学理的需要，也是因为现实的迫切要求。"**我们要上升到聚和性思想、全主体性（всесубъектность）思想的真实意义的高度**；为了上升到这个高度，我们需要摆脱受具体宗教内容的局限。"① 所以，"如果我们提供全主体性的规划，就是俄罗斯的任何一个主体都是充分意义上的主体，任何人的声音都不应该丧失（因为这个才是聚和性的思想：任何人的声音都不应该丧失，每个声音对真理而言都是重要的），如果我们在这样一种已经净化掉了宗教本性的形式上提供这个规划，那么，它在俄罗斯不但可以被接受，而且肯定会被接受的"②。

---

① 斯米尔诺夫：《"人类全体的"与"人类普遍的"：全球世界文明规划的轮廓》，张百春译，香港：新思路文化有限公司，2020年，第203—204页。字体加粗处原文如此。
② 同上，第202页。

第十四章
陀思妥耶夫斯基反对"环境决定论"的宗教本体论分析

陀思妥耶夫斯基曾经在1873年《公民报》发表一篇专栏文章《环境》，强烈反对当时流行于俄国社会的一种"环境论"观点（又称"环境决定论"），这是他对它比较集中的一次批驳。因为他对"环境决定论"的看法，在此文发表前后的小说、书信和政论等多种文本中，皆有详略不同的阐述，并涉及犯罪学、社会学、心理学、宗教等多个层面。陀思妥耶夫斯基之所以持续不断地批判"环境决定论"，主要是跟他担心"环境决定论"会腐蚀宗教信仰的根基有关，而其他方面的问题和忧虑，都是由这个最根本的担心所引发的。俄国白银时代的宗教思想家别尔嘉耶夫曾经指出，陀思妥耶夫斯基的创作具有"俄罗斯性格的双重性"，即可能性和危险性，故而强调："应当从精神层面研究陀思妥耶夫斯基的遗产，从内部认清和净化他所呈现的经验。"[1]因此，我们从宗教本体论的角度来分析他反对"环境决定论"的动机和理由，能够比较全面地把握其批判思想的发展脉络。

---

[1] 别尔嘉耶夫：《陀思妥耶夫斯基的世界观》，耿海英译，桂林：广西师范大学出版社，2008年，第144页。

陀思妥耶夫斯基反对"环境决定论"是基于其东正教立场。环境决定论"与他主张的道德至善论相抵牾，他认为个人发挥主观能动性、追求自我完善势必导致集体和社会的改善乃至社会制度的改良。因此，如果把问题完全归罪于环境和除自身之外的其他事物、过分认同环境的决定性作用，就有容易忽视人的责任、导致道德败坏的危险。鉴于"环境决定论"与社会达尔文主义存在一定的契合，故陀思妥耶夫斯基以"人不单靠面包而活着"的观点予以驳斥。"环境决定论"也与陀思妥耶夫斯基的艺术观相左，因为他认为功利主义的艺术观有"环境决定论"的因素在里面，而艺术虽承担一定的社会责任和公民义务，但不应无视艺术自己的生命和特殊的规律。从宗教本体论角度来研究陀思妥耶夫斯基反对"环境决定论"的缘由，能看出其一贯的、作为"第三条道路"的根基主义主张。

第一节　环境与人的责任和自由

众所周知，从生物进化的角度看，优质的环境肯定会带来优秀的物种和优良品质的诞生。比如，苏联时期政治活动家和著名的文艺批评家卢那察尔斯基，在论述陀思妥耶夫斯基时就曾经指出过环境对优生学的积极意义。"就卫生学观点看来比较有利的时代条件，应该能产生数量稍多的成熟的人，因为任何一个使得疾病流行、造成普遍的生物学上的凋萎的环境，当然都会影响到这一代或那一代的生物学素质。"[1]陀思妥耶夫斯基不否认优质环境的积极作用，但他是将环境视作创造结果的有利因素，而不是必然因素。在《环境》中，他首先展示、转述的是俄国那个时代由对犯

---

[1] 卢那察尔斯基：《思想家和艺术家陀思妥耶夫斯基》，《卢那察尔斯基论文学》，蒋路译，北京：人民文学出版社，2016年，第181页。

下编

罪、对司法制度（具体是陪审员制度）的讨论而引发的"环境论"论调，即"把犯罪看作义务，看作反抗'环境'的义举"。具体而言，就是众口嚣嚣的"'由于社会是龌龊的，在这样的社会就不能不反抗、不犯罪而心安理得地生活下去'。'由于社会很坏，不动刀枪就不能生存下去'"之语。[①] 陀思妥耶夫斯基对此不以为然，而且予以坚决驳斥。

在《罪与罚》中，对于"何为犯罪、为何犯罪"，大学生拉祖米欣指出，有些人将之归咎为"环境的影响"（среда заела）："这个观点大家都知道：犯罪是对社会制度不正常的抗议——如此而已，再没有别的什么，此外什么原因也不许有——什么也没有！"[②] 在他看来，这些人的理由是："如果把社会正常地组织起来，一切犯罪行为就会立刻消失，因为再没有什么可抗议的了，大家转眼之间就都成了正人君子。天性（натура）不被考虑在内。天性是被排除的，天性就不应该存在！他们不承认，只要人类一直沿着**活生生的**历史道路发展下去，最后就自然而然会形成一个正常的社会；相反，他们认为，由一种数学头脑设计出来的社会制度，立刻会把全人类都组织起来，使他们刹那间都变成无罪的正人君子……"[③] 这种为犯罪行为的开脱之辞其实就是"环境决定论"，它是陀思妥耶夫斯基终生反对的，因为在他看来，它忽略了人的天性，亦即主观能动性，它只强调犯罪的（人以外的）外部因素，这非但无益于减少犯罪现象的发生，从而也贬低了人作为文明之子的主观能动性和向善意愿。"环境决定论"会诱发

[①] 陈燊主编：《陀思妥耶夫斯基全集》第19卷《作家日记》（上），张羽译，石家庄：河北教育出版社，2010年，第22页。

[②] Ф. М. Достоевский. *Полное собрание сочинений в 30 томах.* Т. 6. Л.: Наука, Ленинградское отделение, 1973, с. 196.

[③] Ф. М. Достоевский. *Полное собрание сочинений в 30 томах.* Т. 6. Л.: Наука, Ленинградское отделение, 1973, с. 197. 字体加粗处原文如此。

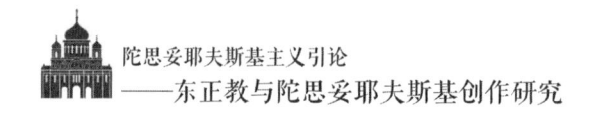

和纵容恶的存在。正如梅列日科夫斯基所认为的："恶行和罪孽不仅对我们的感性具有巨大的诱惑力，对我们的理智也具有巨大的诡辩力量。"①

有评论者认为，《罪与罚》中主人公拉斯柯尔尼科夫的杀人行为不能算作犯罪，因为其中有正义和良知的因素，比如，英国文学批评家默里曾说："拉斯柯尔尼科夫的行为不是犯罪。他的所作所为只是违反了人类制定的法律；他像一个抓着保姆的手的胆小的孩子，因为赞成有益的破坏而行善。既然他没有犯罪，难怪他不悔悟。打败他的是他从不沉睡的良知：他受法律的管辖。他屈服于对手的重压而不是屈服于正义。正义站在他这一边，而且不只是他自己的正义——这是一种他没有勇气求助的力量，任何目光敏锐的人都会承认这种正义，社会本身在不久的将来也会认可这种正义。"②在我们看来，如果拉斯柯尔尼科夫伸张的是自己的正义的话，也就在更大程度上忽视了社会整体的正义，这样的犯罪行为凸显的是片面的正义，因而对绝大多数人来说就是非正义。

此外，在陀思妥耶夫斯基看来，把问题完全归罪于环境和除自身之外的其他事物、过分认同环境的决定性作用，有容易滑向虚无主义和无神论、堕落成道德败坏者的危险，而且，"环境决定论"也完全有悖于基督教中环境问题与义务问题的界限。他指出："这就是与基督教教义相反的关于环境的学说所主张的，基督教教义充分承认环境的压力，怜悯犯罪者，但它认为，同环境作斗争是人的义务，它划定环境问题与义务问题的

---

① 德·谢·梅列日科夫斯基：《论陀思妥耶夫斯基的〈罪与罚〉》，冯增义译、曹国维校，《罪与罚（学术评论版）》，曹国维等译，桂林：广西师范大学出版社，2019年，第601页。
② 约翰·米德尔顿·默里：《罪与罚》，戴大洪译，《罪与罚（学术评论版）》，曹国维等译，桂林：广西师范大学出版社，2019年，第615页。

下编

界限。"①

关于这一点,别尔嘉耶夫与陀思妥耶夫斯基曾有同调之论,他曾在《俄罗斯的命运》一书中指出,环境对于俄罗斯人来说是一个至关重要的影响因素。"'环境折磨'俄罗斯人太容易了。他习惯于认为,提升和拯救他的不是自己,不是自己的主动性,不是对个性的内在约束,而是有组织的集体,某种外在的东西。生活环境的唯物主义理论在俄罗斯是一种独特的、被歪曲了的,将重心置放在人的内心之外的宗教超验性体会。"②俄国之所以有这种所谓的"环境哲学"的产生,在陀思妥耶夫斯基看来,跟俄罗斯人没有完全履行自己跟环境做斗争的义务有关,也就是没有充分调动人的主观能动性;而在别尔嘉耶夫看来,这跟俄罗斯人的性格有天然的密切关系。别尔嘉耶夫认为,俄罗斯人个性中的二元论特征,比较容易认同环境决定论的说法。"当俄罗斯人处在神圣状态时,他就相信,圣者和上帝本身正在为他负责,当他是一个无神论者时,他就认为,社会环境应该为他负责一切。"③所以,如果长期缺乏敬畏感,就容易导致道德退步和信仰减弱。"对神圣的敬仰,这个俄罗斯民族道德养料的主要源泉正在消退,古老的信仰正在减弱。人的野兽因素,不习惯对自己进行精神的锤炼,把低级天性引向高级创化,显得有些儿听天由命。陈旧的宗教二元论在失落了信仰,而今正在资本主义化的俄罗斯人那里仍然势头不减。"④

陀思妥耶夫斯基承认,基督教中既有"人的责任",也有"人的自由",但在他看来,"环境决定论"容易导致人放弃责任,完全摆脱自己的

---

① 陈燊主编:《陀思妥耶夫斯基全集》第19卷《作家日记》(上),张羽译,石家庄:河北教育出版社,2010年,第22页。译文参照原文有些许改动。
② 别尔嘉耶夫:《俄罗斯的命运》,汪剑钊译,昆明:云南人民出版社,1999年,第68页。
③ 同上,第68页。
④ 同上,第68页。

道德义务，成为"没有个性的人"，最后彻底沦为环境的奴隶。"基督教在认定人的责任的同时也承认人的自由。环境论断言，人为社会制度中每一个过错所左右，从而使人成为完全没有个性的人，使他完全摆脱任何个人道德义务，摆脱任何独立性，使他陷入所能设想的奴隶制中最恶劣的奴隶境地。"①

第二节 "环境决定论"与道德至善的抵牾

在《环境》一文之前，陀思妥耶夫斯基已经在《公民报》发表过一篇《老一代人》，文末提到了"不幸的人"和别林斯基的观点。陀思妥耶夫斯基认为，俄国的陪审员制度动辄宽恕那些十恶不赦的罪犯，一概将其看作"不幸的人"，以共罪思想和无限的怜悯来包容甚至纵容他们，这跟他在西伯利亚服刑时期被监狱外面的人亲切地看成"不幸的人"，在意义和结果上已经完全两样，"表现出来的是另外一种含义"。在他看来，这"另外一种含义"就是别林斯基等老一代人所谓的"环境论"，即"环境决定论"："在我周围的那些人，按照别林斯基的信念，全部都是**不可能**不犯下自己那些罪行的人们，也就是说，他们是无辜的，只是比别人更为不幸。"②《老一代人》的主要内容是回忆别林斯基，论述别林斯基作为无神论者贬斥基督教的言行，陀思妥耶夫斯基想以此表明自己和老一代人的差别。这些差异体现在交往、思想、信仰、科学和铁路等现代化问题上，而具体到对环境和"不幸的人"的看法，陀思妥耶夫斯基则明确表示他坚决不赞同别林

---

① 陈燊主编：《陀思妥耶夫斯基全集》第19卷《作家日记》（上），张羽译，石家庄：河北教育出版社，2010年，第22页。
② 陀思妥耶夫斯基：《老一代人》，《陀思妥耶夫斯基全集》第19卷《作家日记》（上），张羽译，石家庄：河北教育出版社，2010年，第17页。字体加粗处原文如此。

下 编

斯基的"环境决定论"的立场。在我们看来,陀思妥耶夫斯基之所以不同意别林斯基的"环境决定论",首先的和主要的原因是他们的信仰不同:别林斯基是无神论,而他是信仰上帝的,对此,陀思妥耶夫斯基在《老一代人》的前半部分论述里已经做了大量的论据铺垫。他认为,如果别林斯基"否认那个社会的道德基础赖以存在的宗教",也就意味着"否定了个人的道德责任,从而也就否定了个人的自由"[1]。

  陀思妥耶夫斯基根据基督教的博爱精神来倡导个人首先要进行道德的自我完善,呼吁大家都做"驯服的人",这样就能组成一个完美的社会。这里有个潜在的下意识,即用宗教的博爱精神来约束个人、规训集体和治理社会的逻辑。以他的逻辑,个人的自我完善势必导致社会集体的改善和社会制度的改良。但是,这恰恰是陀思妥耶夫斯基的一厢情愿,因为在一个已经开始现代化改革且早已政教分离的国家,宗教是无法单独完成治理社会的任务的,必须施行法律才能保障最低限度的道德。故此,在他在世的时候,他呼吁"驯服"的论调就不断受到来自论敌阵营特别是西方派思想阵营的质疑和批评。陀思妥耶夫斯基在把环境的决定性作用放在次要地位的同时,也就在一定程度上意味着他不重视甚至忽视环境对个人的重大影响。而实际上,环境与个体之间存在互相作用、相辅相成的关系,对一个社会乃至一个国家来说,两者的同时完善都是缺一不可的。

  鉴于上述立场,陀思妥耶夫斯基在晚年发表了著名的《普希金演说》,明确重申真理不受环境决定的观点,也就是他在提到俄罗斯的漂泊者(如普希金的《茨冈人》里所描述的阿乐哥)时所说的那样,他们认为真理存在于自身之外,所以渴求从外界得到拯救,但是,他们"永远也不能理

---

[1] 陈燊主编:《陀思妥耶夫斯基全集》第19卷《作家日记》(上),张羽译,石家庄:河北教育出版社,2010年,第11—12页。

解，真理首先存在于他自身之内"①，所以像阿乐哥要到茨冈人那里寻找真理和幸福，结果都是徒劳的。作为西方派阵营干将和大学法学教授的格拉多夫斯基，看到了陀思妥耶夫斯基在发表于《作家日记》的《普希金演说》后，立即发文驳斥其"在基督教意义上达到了个人完善的人们就必定能够建立起完美的社会"的想法。格拉多夫斯基认为："个人道德和社会道德并不是一回事。由此可以得出结论说，任何完善的**社会**的事业都不可能**仅仅**通过改进人们的个人品质来达到。"②在格拉多夫斯基看来，个人的自我完善和社会制度的改进必须同时进行、不可偏废。"作为**社会的**存在的人是在**相互依靠、相互支持和相互合作**的活动中发展和完善起来的。这就是为什么说人的社会完善在很大程度上取决于**社会制度**的完善，社会制度在人的身上培养的即使不是基督徒的高尚情操，那也是公民的高尚情操。"③

第三节 "环境决定论"与社会达尔文主义的内在契合

"环境决定论"的泛滥，与陀思妥耶夫斯基所生活的时代达尔文进化论和社会达尔文主义在俄国的流行有着不可分割的思想关联。

19世纪60年代，达尔文主义在俄国思想界掀起了巨大的波澜。俄国多次翻译、出版达尔文的著作，并且发表了很多关于达尔文及其进化论思

---

① 陈燊主编：《陀思妥耶夫斯基全集》第20卷《作家日记》（下），张羽、张有福译，石家庄：河北教育出版社，2010年，第982页。
② 陀思妥耶夫斯基在《作家日记》1880年8月号上的文章《吹毛求疵的挑剔：格拉多夫斯基先生给我上的一堂课引出的四篇不同题目的文章，兼答格拉多夫斯基先生》中大段援引了格拉多夫斯基的原文。参见《陀思妥耶夫斯基全集》第20卷《作家日记》（下），张羽、张有福译，石家庄：河北教育出版社，2010年，第1026页。字体加粗处原文如此。
③ 陈燊主编：《陀思妥耶夫斯基全集》第20卷《作家日记》（下），张羽、张有福译，石家庄：河北教育出版社，2010年，第1027页。字体加粗处原文如此。

下 编

想的论述，可以说，俄国思想界几乎没有人完全没参与讨论或没涉及达尔文主义。陀思妥耶夫斯基周围的人，包括杂志的同人，也都不甘落后地加入到评判达尔文及其思想的讨论中。1862年《时代》杂志第11期的《现代评论》栏目，发表了尼古拉·斯特拉霍夫的文章《愚蠢的标志：论查·达尔文的〈物种起源〉》。斯特拉霍夫在文中把达尔文的学说界定为"自然科学运动中迈出的巨大的一步"，但他明确反对将达尔文主义的学说机械地照搬进人类社会的生活之中，因为在他看来，这种生拉硬扯的做法，在当时出版的达尔文法语译本的导论或序言中已经屡见不鲜。

1872年，斯特拉霍夫还在《朝霞》杂志第1期上发表了一篇尖锐地回应争论的文章《科学中的转折：查·达尔文的〈物种起源〉》（圣彼得堡，1871年）。1873年，当陀思妥耶夫斯基还在《公民》杂志当编辑的时候，就在《公民》上发表过斯特拉霍夫对达尔文《物种起源》俄译本第三版的评论，其立场与当时俄国一系列受达尔文进化论影响的观点不同，仍然在旗帜鲜明地反对对人类社会的发展规律做机械化的理解。而陀思妥耶夫斯基本人与社会达尔文主义观点的论争，则鲜明地反映在《军官与女虚无主义者》这个戏谑文中，且在其1873年、1876年和1877年的《作家日记》以及长篇小说《罪与罚》和《卡拉马佐夫兄弟》中均对达尔文主义和社会达尔文主义有不同程度的批判与讽刺。

需要指出的是，陀思妥耶夫斯基对达尔文主义进化论的讥讽，并不意味着他简单地反对进化论，而是说明他担心人会由此丧失精神追求或主观能动性；他对医学、优生学等自然科学在俄国的发展是持欢迎态度的，可一旦这些涉及对人的道德与信仰的威胁时，他的忧虑就会立即显现，及时发出警告之声。比如，在1876年6月7日致阿列克谢耶夫的信中，陀思妥耶夫斯基指出："'石头和面包'的问题是现在的社会问题，是环境的问题。这并非先知之明,而是历来如此。"① 他认为,让石头变成面包是"魔鬼向基督提出的第一个观念",基督并不是不能将石头变成面包,而是因为在欧洲和俄国,对物质的追求过于泛滥,"到处都在摈弃基督,它首先奔忙的是**面包**,它呼吁科学并断言人类一切灾难的原因只有一个——就是**贫穷**,是生存竞争,是'环境逼人'"。② 在这封信里,陀思妥耶夫斯基第一次比较直接地将达尔文主义和"环境决定论"联系在一起,并由此再次提及"人不单靠面包而活着"(《马太福音》4:1-4)的观点。可见,陀思妥耶夫斯基出于思想家的本能,"是以批判的态度对待科学的,将其视作认识自然规律的手段,而不是将其全部都视为人类的真理"③。

陀思妥耶夫斯基对当代人所谓的"环境逼人"论的批驳,主要是出于以下几点考虑:首先,恶的形成固然有环境的影响,但事实上,人的本性之中都有向恶的一面,这正是现实之中恶不可避免的原因,也是人类原罪的根据。其次,人与动物的区别就在于人有精神追求,故而人不能没有精神生活,面包不能完全代替生活,否则,人很容易沦为物质的奴隶,优渥的生活环境会导致人的精神空虚。"如果没有精神生活,没有美的理想,那么人就会忧伤,会死去,会发疯,会自杀或者会开始沉湎于多神教的幻想之中",还会"由于烦闷而可能互为仇敌"④。再次,美和理想有催人向善的力量,能激发人的主观能动性,是人的"精神之光",是上帝吹进人体

---

① 陈燊主编:《陀思妥耶夫斯基全集》第22卷《书信集》(下),郑文樾、朱逸森译,石家庄:河北教育出版社,2010年,第965页。字体加粗处原文如此。
② 同上,第966页。字体加粗处原文如此。
③ 古雷加:《俄罗斯思想及其缔造者们》,郑振东译,南京:南京大学出版社,2018年,第101页。
④ 陈燊主编:《陀思妥耶夫斯基全集》第22卷《书信集》(下),郑文樾、朱逸森译,石家庄:河北教育出版社,2010年,第966页。

的"生命之气息"。[①]最后，一个合理乃至良好的社会也需要理想主义的精神的引领，而伟大的道德思想具有团结人民的作用，也是人们以此认同思想共同体的精神基础。

陀思妥耶夫斯基在暗讽"达尔文的和其他一些人的关于人类起源于猴子的现代理论"时，对照性地指出"基督根本不涉及任何理论"[②]，以此来提醒读者：达尔文主义过分看重人的动物性而忽视了人的道义责任，忘记了人身上除了动物本性之外还有一个精神世界。

陀思妥耶夫斯基反对"环境决定论"，也基于他对人的本性向善的潜能的信任。在他看来，人身上向善的潜力常常为趋恶的本性所遮蔽，让人误以为自己只有恶而没有善的本能，致使人往往把这恶的一面归罪于环境——"不得不犯罪"。他笔下那些顿悟式的人物，无不是在关键时刻发现了自己身上原来还隐藏着求真、向善、爱美的一面。在《罪与罚》里，斯维德里盖洛夫就曾断言：对于另一个世界，即我们常说的彼岸世界，一般的普通人感觉不到，而只有病重的人才能感受到；病得越重，感受越深、越真切。这是他告诉拉斯柯尔尼科夫的话："鬼魂——不妨说另一些世界的小块和碎片，是它们的基础。当然啰，健康的人用不着看见他们，因为健康的人是地地道道的尘世间的人，所以他们为了生活美满和井然有序，只应过这种尘世的生活。然而，人一旦生点儿病，正常机体遭到点儿破坏，那他接触另一个世界的可能性就立即产生了。而一个人病得越重，他与另一个世界的接触就越多；所以等他一死，便径直跨入另一个世界

[①] 陈燊主编：《陀思妥耶夫斯基全集》第22卷《书信集》（下），郑文樾、朱逸森译，石家庄：河北教育出版社，2010年，第966—967页。
[②] 同上，第966页。

了。"① 对此，拉斯柯尔尼科夫表示不相信，于是，斯维德里盖洛夫就提示说："如果那里只有蜘蛛或者类似的东西呢。"② 在陀思妥耶夫斯基的作品，蜘蛛大多是两面人或双重人格的同义词。比如，在《少年》中，阿尔卡季在大病初愈的时候，曾经想到那些拥有"蜘蛛的灵魂"的人，还说他们的灵魂里同时容纳了"最崇高的理想"和"最卑鄙的欲念"，而这种人就不配追求"圣容善心"（благообразие）③。阿尔卡季认为，那些拥有"蜘蛛的灵魂"的俄国人，却极其渴望追求"圣容善心"。"目前我只想说：但愿读者能记住蜘蛛的灵魂。记住一个具有这种灵魂的人，居然还想离开他们、离开整个上流社会去追求'好人品'！这种对'好人品'的渴望极其强烈，这自不待说，可这种渴望怎么能和另一些天晓得什么样的渴望交织在一起——对我来说这是个秘密，我曾千百次地对人的这种本领（看来俄国人在这方面的本领更大）感到纳闷：居然在自己的灵魂里能同时容纳最崇高的理想和最卑鄙的欲念，而且两者都完全是真诚的。"④ 在斯维德里盖洛夫这里，蜘蛛象征着人格分裂中的卑下情欲的意味又得到了进一步的加强。因为在斯维德里盖洛夫看来，所谓的永垂不朽，并非吓人的庞然大物，而是一间小房子，就"像乡下被熏得漆黑的澡堂，屋里各个角落都爬满了蜘

---

① 陈燊主编：《陀思妥耶夫斯基全集》第 8 卷《罪与罚》（下），力冈、袁亚楠译，白春仁校，石家庄：河北教育出版社，2010 年，第 366 页。
② 同上，第 366 页。
③ 又译为"优雅风度"。该词来自于圣像画，也就是按照上帝的模样来塑造人。陆肇明先生取其引申意义，将其译为"好人品"。参见《陀思妥耶夫斯基全集》第 14 卷《少年》（下），陆肇明译，石家庄：河北教育出版社，2010 年，第 502 页。
④ 陈燊主编：《陀思妥耶夫斯基全集》第 14 卷《少年》（下），陆肇明译，石家庄：河北教育出版社，2010 年，第 510 页。原文参见：Ф. М. Достоевский. *Полное собрание сочинений в 30 томах. Т. 16.* Л.: Наука, Ленинградское отделение, 1976, с. 307.

下　编

蛛，这也就是整个的永恒"[①]。

《少年》中的阿尔卡季在大病初愈后得到了马卡尔老人的指点，发现了人生痛苦的秘密："有各种各样的罪过，人们很难看清楚什么是罪过，什么不是：这是秘密。"[②]马卡尔所说的秘密不在于智慧，就在于悔罪。他还指出，万事万物都有自己的"天机"，"一切都含有天机"[③]。这就说明，人和物自身就潜藏着善恶的本性，关键是看主体怎么对待它们，如何尽早地激发善的本性。这一人生洞察就让阿尔卡季获得了新希望和新力量："直到现在我还清楚地记得，当时一见这灿烂的夕照，我的整个灵魂顿时欢欣起来，仿佛有一片新的光明照透了我的心田。我至今记得这个甜蜜的时刻，并且不想忘怀。虽说这不过是短暂的一瞬，却充满了新的希望和新的力量。"[④]

《卡拉马佐夫兄弟》中佐西马长老的哥哥马尔凯尔从小不信上帝，还讥讽身边信教的亲人，但在临死前却皈依了上帝。他说："生命就是天堂，我都生活在天堂里，可是我们却不愿意知道这道理，如果我们愿意知道的话，那明天全世界就都变成天堂啦。"[⑤]马尔凯尔将自己的这一"发现"归功于悔罪，也就是人要不断地忏悔，甚至对周边的物体——树木、小鸟、草地和蓝天都真诚地悔罪，这样才能发现：自己周边的环境已经是天堂。可见，这种完全出自自身和内心的顿悟式发现，与达尔文进化论及社会达

[①] 陈燊主编：《陀思妥耶夫斯基全集》第8卷《罪与罚》（下），力冈、袁亚楠译，白春仁校，石家庄：河北教育出版社，2010年，第367页。
[②] 陈燊主编：《陀思妥耶夫斯基全集》第14卷《少年》（下），陆肇明译，石家庄：河北教育出版社，2010年，第476页。
[③] 同上，第477页。
[④] 同上，第483页。
[⑤] 陈燊主编：《陀思妥耶夫斯基全集》第15卷《卡拉马佐夫兄弟》（上），臧仲伦译，石家庄：河北教育出版社，2010年，第456页。

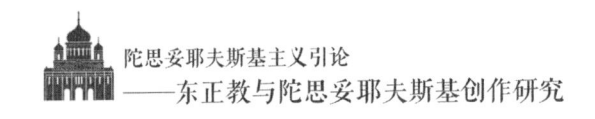

尔文主义在主体之外寻找发生变化的主导因素的做法截然不同。

第四节 "环境决定论"与陀思妥耶夫斯基的艺术观

"环境决定论"也与陀思妥耶夫斯基的艺术观相左，因为他认为功利主义的艺术观中就有"环境决定论"的因素在起作用，这一点集中反映在他批驳杜勃罗留波夫的文章《——波夫先生与艺术问题》中。"功利主义者要求艺术能直接地迅速地适应环境而带来利益，要服从于环境的需求。"① 陀思妥耶夫斯基希望这种"共同的利益"可以作为愿望而不能作为要求，如果"同心协力去达到共同的目标"而硬性要求艺术按照整个社会的看法进行艺术生产，这是不恰当的。在陀思妥耶夫斯基看来，不适宜对艺术强行要求功利主义的目的，原因有两点：第一，艺术是自由的创作。"而强求时往往就会强迫别人，可艺术的第一个规律便是要有灵感和创作自由。"而一旦轻而易举地破坏了艺术，就"说明并不看重艺术，甚至也就不理解艺术的效用何在"。② 第二，功利主义艺术导致的后果是自己反对自己，实质上就是解构了自己的存在之本。"如果事先给艺术规定了目的，明确它应该具有什么具体的效益，那就会大错特错，结果不能带来任何益处而只会有害，是直接反对自己，因为功利主义者正要求有益而无害。"③

陀思妥耶夫斯基在批驳杜勃罗留波夫的功利主义艺术观的长篇大论中有破有立，批驳的时候贯彻着其反对"环境决定论"的论调，同时树立的则是自己的观点：环境不是唯一的和主要的决定性因素。他击中杜勃罗留

---

① 陀思妥耶夫斯基：《——波夫先生与艺术问题》，白春仁译，《陀思妥耶夫斯基全集》第17卷《文论》（上），石家庄：河北教育出版社，2010年，第115页。
② 同上，第116页。
③ 同上，第117页。

下 编

波夫功利观软肋的就是后者既过于看重事实和环境,也不重视想象的真实。"您首先要的是事实,您是务实家。可艺术性正是最好的、最富说服力的、最无争议的、群众最易理解的形象表现方法,而这形象指的正是您所关注的事实。"[1] 现实和想象是艺术创作需要处理好、平衡得当的两个要素,否则,完全服从于现实和环境就容易导致功利观,彻底倾向于后者又容易产生唯美论。

当然,陀思妥耶夫斯基并不否认美或艺术的有益性,但认为无法精确计算它们的实用性,因为艺术有自己的生命和特殊的规律。"艺术有其自己完整有机的生命,因之又有基本而不可更易的生活规律。"[2] 所以,艺术根本不能像功利主义者要求的那样随叫随到、随心所欲。"您好像认为艺术没有任何自己的规范、自己的规律,对它可以随心所欲地呵斥;灵感就在每个人的衣兜里,伸手可得;灵感能服务于此也能服务于彼,随您指向何方。"[3] 这是陀思妥耶夫斯基和功利主义艺术观最本质的不同。

陀思妥耶夫斯基虽然承认艺术有自己的社会责任,即"公民义务",但他不赞同为此而对艺术性极端苛求,认为可以各抒己见、百家争鸣,但唯独不能对艺术"搞专制"。在他看来,艺术越是被功利主义驱使,就越受束缚,容易走向僵化、死气沉沉;反之,艺术越是自由发展,所获得的益处就越多。"艺术越是自由地发展,越能发展得正常,越能迅速地找到自己真正的有益之路。由于艺术的兴趣和目的,同它所服务的、与它连成一体的人是一致的,因而艺术的发展越自由,它给人类带来的利益就越

---

[1] 陀思妥耶夫斯基:《——波夫先生与艺术问题》,白春仁译,《陀思妥耶夫斯基全集》第17卷《文论》(上),石家庄:河北教育出版社,2010年,第139页。
[2] 同上,第140页。
[3] 同上,第140页。

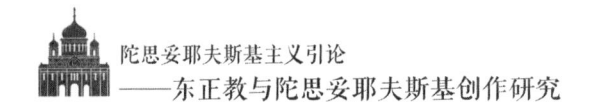

大。"① 这里凸显了陀思妥耶夫斯基对艺术总能忠于现实、不会脱离现实的信心。

格尔申宗在《路标集》中发表的《创造性的自我意识》一文,也提到过类似观点,他认为艺术的内在精神应该是独立的、自由的,不应该为这些艺术家设置功利的界限,艺术家的创造性就在于独立而自由。"一个真正的艺术家,首先他的内在精神应是独立的。你不能为他框定任何狭隘的利益,任何外在的观念:他自由地接受完整的现象和完整的体验。我们伟大的艺术家是自由的。当然,他们的才能愈加真实,我们则愈加鄙视知识分子社会功利道德的局限。"②

跟陀思妥耶夫斯基的根基主义思想是处在斯拉夫派和西方派之间一样,他的艺术观也是介于当时的功利主义观点和纯艺术论之间的"第三条道路",它们都不是左右讨好地吸纳和逢迎,而是面对现实时踏踏实实的艰难突破和努力建构。以上这些都反映出他对"环境决定论"加以否定的内在动因。

如何看待环境和人的本性的关系,是哲学上关于存在的本体论问题。对环境还是人的主观能动性孰轻孰重的问题,陀思妥耶夫斯基的选择是后者,因为他更看重人的向善潜能,珍视至善道德。以陀思妥耶夫斯基为代表的俄国宗教哲学给出了自己的答案,对东正教而言,这个答案既是防御性的,又是建设性的。尽管在这个本体论问题上,在陀思妥耶夫斯基之后

---

① 陀思妥耶夫斯基:《——波夫先生与艺术问题》,白春仁译,《陀思妥耶夫斯基全集》第17卷《文论》(上),石家庄:河北教育出版社,2010年,第151页。
② 参见《路标集》,彭甄、曾予平译,昆明:云南人民出版社,1999年,第78页。

下　编

绝大多数白银时代的俄国宗教哲学家都使用了西方形而上学的哲学语言，正如俄罗斯哲学家谢尔盖·霍鲁日所说："俄国宗教哲学利用了西方形而上学的哲学语言，因此在这个重要的本体论问题上，即经验存在与神的存在之间联系的特点问题上，站在了西方的立场上，而不是站在拜占庭的立场上。"[1] 他所说的"拜占庭的立场"是指"（拜占庭）东正教会甚至通过专门的教义决定，直接否定了人和世界与神和神的存在在本质上结合的可能性"[2]。但是，在陀思妥耶夫斯基那里，已经与古希腊形而上学和西方古典形而上学一样，"在描述人与世界和神的关系时，认为世界和神之间可以在本质上达到统一"。[3] 而在我们看来，利用西方形而上学的哲学语言来分析陀思妥耶夫斯基反对"环境决定论"的原因，所得出的结论才能更有说服力，也更贴近时代。

---

[1] 霍鲁日：《俄国哲学的主要观念》，张百春译，载《俄罗斯文艺》2010年第2期，第79—80页。
[2] 同上，第79页。
[3] 同上，第79页。

第十五章
陀思妥耶夫斯基批驳社会达尔文主义的动因研究
——从东正教角度的考察

陀思妥耶夫斯基谨慎、警惕、功利地接受达尔文进化论等西方理论，但对社会达尔文主义等思想则给予坚决驳斥和强烈批判。陀思妥耶夫斯基认为，达尔文主义等欧洲思想虽然是"高级的欧洲教师、我们的光明和希望"，但还只是一种"假说"，并不值得全俄国去竞相效仿。达尔文主义中的"生存斗争"观点与"俄罗斯精神"和俄罗斯使命相违背，而社会达尔文主义思想则既与东正教思想严重地对立，更与陀思妥耶夫斯基本人的"黄金时代"之梦存在不可调和的冲突。考察陀思妥耶夫斯基批驳达尔文主义和社会达尔文主义的动因，对研究俄国思想史具有重要的意义。

在英国生物学家查尔斯·达尔文（Charles Darwin）提出进化论之前，关于物种存在进化和人类因进化而进步的思想，就已经成为人们讨论的主题和认同的观念。而且，即使"没有达尔文主义，还会有几个其他理论来

下 编

解释进化原理"①。达尔文的进化论是启蒙时代以来对基督教上帝造世说打击最大的一种学说，达尔文因此被称为"基督之敌"。尽管达尔文的进化论在建构之初还存在许多不完善的地方，但生存斗争和适者生存的观念已经随着达尔文著作的流播，进入了各个国家的思想界，引起了持续不断、非同凡响的争议。

在发表于1873年3月26日《公民报》《作家日记》专栏中的文章《论展览》中，陀思妥耶夫斯基戏谑性地提及"达尔文主义"："怎么着，从他们的角度来看，这是开玩笑嘛？哦，不，根本不是玩笑。这样说吧，这就是达尔文主义、生存竞争。据说不许进入我国的土地上。"②陀思妥耶夫斯基用反讽的口吻，模仿的是当时一些拥护达尔文主义适用于社会生活领域的俄国知识分子，特别是民粹派阵营的理论家的语气。③此外，他还在1873年第29期的《公民报》上发表了俄国思想家、博物学家斯特拉霍夫评论《物种起源》俄译本第三版的书评。④

社会达尔文主义由达尔文的进化论演绎而来。达尔文的进化论认为，地球上的生物，随着环境的变迁，有一个由低级生命形态向高级生命形态逐渐进化的必然趋势，也就是人们总结出的"弱肉强食"和"竞争生存"等理论。后来，英国的社会学家赫伯特·斯宾塞（Herbert Spencer）在其创建的社会有机体学说的基础上，结合达尔文的进化论，提出了社会达尔

---

① 彼得·J.鲍勒：《如果没有达尔文：基于科学的推想》，薛妍译，北京：商务印书馆，2017年，第164页。
② Ф. М. Достоевский. *Полное собрание сочинений в 30 томах. Т. 21.* Л.: Наука, Ленинградское отделение, 1980, с. 90.
③ Ф. М. Достоевский. *Полное собрание сочинений в 30 томах. Т. 21.* Л.: Наука, Ленинградское отделение, 1980, с. 435.
④ Ф. М. Достоевский. *Полное собрание сочинений в 30 томах. Т. 22.* Л.: Наука, Ленинградское отделение, 1981, с. 385.

文主义，认为社会与其成员的关系就好比生物个体与其细胞的关系。在斯宾塞看来，社会进化是指社会有机体在适应外部环境的过程中其内部的功能和结构所发生的变化。可见，社会达尔文主义概念在出现之初并不是一种政治倾向，而是一种社会学意义上的基础模态，只是根据达尔文进化论的自然界"食物链"现象，提出人类社会中也存在"弱肉强食、物竞天择、适者生存"的观点，并用此来解释资本主义社会中的某些现象。虽然"社会达尔文主义"一词最早出现在美国历史学家理查德·霍夫斯塔特（Richard Hofstadter）于1944年初版的著作《社会达尔文主义与美国思维》之中，但用"社会达尔文主义"一词来泛指1944年前就已存在的相关思潮这种做法，早就已经被学术界和思想界广泛采用与认可。

值得注意的是，达尔文的进化论和斯宾塞的理论有一个相互吸收和彼此借鉴的互动过程。达尔文在1872年1月第六版的《物种起源》中，已经交代了他对斯宾塞某些说法的知悉与认同。达尔文在此书的前言或导论中，提到了斯宾塞在发表于1852年3月《领导报》上的一篇论文中所提出的环境变异说：斯宾塞"非常精辟而有力地对生物的'创造说'和'发展说'进行了对比。他根据家养生物的对比，根据许多物种的胚胎所经历的变化，根据物种和变种的难于区分，以及根据生物的一般级进变化的原理，论证了物种曾经发生过变异；并把这种变异归因于环境的变化。这位作者还根据每一智力和智能都必然是逐渐获得的原理来讨论心理学"[1]。显然，达尔文不仅了解斯宾塞对生物进化论的贡献，还熟知斯宾塞将进化论扩展到心理学领域的尝试。此外，达尔文还在第三章"生存斗争"中援引了斯宾塞的"最适者生存"的说法。"我把每一个有用的微小变异被

---

[1] 达尔文：《物种起源》，周建人等译，北京：商务印书馆，2020年，第10页。

下 编

保存下来的这一原理称为'自然选择',以表明它和人工选择的关系。但是,斯潘塞先生所常用的措辞'最适者生存',更为确切,并且有时也同样方便。"① 正是在这里,达尔文切入自己的主张,即在生物变异上,"自然选择"要优于人工选择。但是,有的研究者认为,达尔文早期提出生物进化论时并未受到社会达尔文主义的任何影响。比如,著名的遗传学家乔纳森·霍华德(Jonathan Howard)就曾断言:"优胜劣汰、适者生存的社会达尔文主义哲学是后来衍生出来的,在达尔文当初的思想中根本没有一席之地。那时,他还看不到生物进化如何能够与社会演化进行任何类比。"② 乔纳森·霍华德还认为,《物种起源》后来的版本中引入了斯宾塞的"适者生存"理念,实质上殊途同归:"这个术语经常受到指责,因为适应性只能由生存来定义,它其实是同义反复,对自然选择理论而言等于什么也没说。"③

第一节 作为"假说"的达尔文主义

在发表于1873年《公民报》的《一篇当代的谎言》一文中,陀思妥耶夫斯基由《群魔》出版后引起的社会反响谈到了教育、欧洲进步思想和俄罗斯青年的关系,将查尔斯·达尔文和约翰·穆勒、大卫·施特劳斯相提并论,称他们为"高级的欧洲教师、我们的光明和希望"。"先生们,请注意,我们所有这些高级的欧洲教师、我们的光明和希望、所有这些穆勒们、达尔文们、施特劳斯们,有时以极端惊异的目光注视着现代人的道义

---

① 达尔文:《物种起源》,周建人等译,北京:商务印书馆,2020年,第76页。"斯潘塞"现多译为斯宾塞。
② 乔纳森·霍华德:"序言",《达尔文与进化论》,赵凌霞、何竹芳译,北京:外语教学与研究出版社,2015年,第XV页。
③ 同上,第41页。

323

责任。"①陀思妥耶夫斯基认为,这些虽然都是现代欧洲进步思想的先驱,但是仅凭他们无法建立一个全新的社会,就好比是人类企图建立的巴别塔一样。"毫无疑问的是:如果给所有这些现代的高级教师们以充分的可能去把旧的社会毁灭掉,并且再把它重新建设起来——那么出现的必定是一团漆黑,混乱无序,必定是某种粗野、盲目、无人性的东西,以致这座建筑将在竣工之前就会在人类的诅咒声中整个倒塌。"在陀思妥耶夫斯基看来,这些现代欧洲思想看起来非常进步,却无法完成这一壮举,根本原因在于它们抛弃了基督教。"基督一旦被推倒,人类的智慧就能够达到惊人的结果,这是一个公理",而"欧洲,至少是欧洲思想的高层代表人物,正在推倒基督……"②这对俄国来说影响和危害甚大,不可不重视,因为当时的整个俄国都以"仿效欧洲"为时尚。在陀思妥耶夫斯基看来,信奉达尔文主义就意味着追随和模仿欧洲。这里有两层意思:其一,陀思妥耶夫斯基也认为达尔文的进化论是人类科学的一大进步,这跟当时与他过从甚密的斯特拉霍夫的观点一样;其二,他清楚地看到在俄国思想界兴起了一股追随欧洲之风:以学习欧洲著作、认同欧洲思想为荣。

在1876年《作家日记》的提纲和手稿中,陀思妥耶夫斯基在对比西方和俄国对待犯罪和罪犯的不同态度时也顺便提及达尔文的理论,以此讥讽俄国思想界将达尔文主义奉为圭臬的盲从之风。他说,西方在法庭上只敢陈述犯罪的事实,而不敢乘机夸赞犯罪,因为人们会预感到正义在起作用,而俄国就不同,它敢于迈出西方不敢迈出的一步。接下来,他就拿达

---

① 陀思妥耶夫斯基:《一篇当代的谎言》,《陀思妥耶夫斯基全集》第19卷《作家日记》(上),张羽译,石家庄:河北教育出版社,2010年,第164页。
② 陈燊主编:《陀思妥耶夫斯基全集》第19卷《作家日记》(上),张羽译,石家庄:河北教育出版社,2010年,第165页。

下 编

尔文主义做比方:"问题就在这里,在我国什么事情还都没有建立起标准来。达尔文的理论在西方只不过是天才的假说(гипотеза),但我们这里早已把它当作了公理(аксиома)。"①

对来自欧洲的理论和学说,陀思妥耶夫斯基天然地、一贯地保持着谨慎接受的态度和警惕戒备的心理。他对达尔文主义的接受,也延续和影响到对同时期德国新黑格尔派或曰青年黑格尔派的思想的态度上。这里面比较有代表性的一件事,就是陀思妥耶夫斯基在其实际主持的《公民报》上,顶住了反对派阵营的压力,连续三期发表了斯特拉霍夫评论德国历史学家大卫·施特劳斯的著作《既旧又新的信仰》(Der alte und der neue Glaube, 1872)的书评。② 大卫·施特劳斯作为当时最有争议的基督教神学家,其影响深远的著作《耶稣传》第一次将圣经的历史学性质和神学性质进行了划分,明确区分了作为历史人物的耶稣和耶稣的主题——基督教信仰。大卫·施特劳斯和另一位德国哲学家布鲁诺·鲍威尔都是黑格尔的学生,也是青年黑格尔派中最具有代表性的人物,他们两人对宗教的批判在当时的德国甚至整个欧洲都产生了巨大而深远的影响,因此,施特劳斯被当时的神学家称为"基督教信仰的撒旦",而鲍威尔被称为"神学的罗伯斯庇尔"。

陀思妥耶夫斯基在自己的作品,比如《罪与罚》《群魔》《少年》等长篇小说里,多次借人物之口对达尔文和达尔文主义加以辛辣的嘲讽。③ 例

---

① Ф. М. Достоевский. *Полное собрание сочинений в 30 томах. Т. 23.* Л.: Наука, Ленинградское отделение, 1981, с. 8.

② Ф. М. Достоевский. *Полное собрание сочинений в 30 томах. Т. 21.* Л.: Наука, Ленинградское отделение, 1980, с. 457.

③ См. Ф. М. Достоевский. *Полное собрание сочинений в 30 томах. Т. 23.* Л.: Наука, Ленинградское отделение, 1981, с. 359—360.

如，在《群魔》里的一场最终沦为狂欢节般恶作剧的文学朗诵会上，卡尔马季诺夫在其所朗诵的诗作 Merci 中塑造了一位俄罗斯的老爷，他不仅傲慢地处处讥讽自己的祖国，更乐于在"伟大的欧洲英才"们面前宣布俄国在各个方面"均已破产"，他却"高踞于"这些"伟大的欧洲哲学家、伟大的科学家、发明家、劳动者、受难者——所有这些劳苦肩负重担的人"之上，仿佛自以为能超越这一切；他还将达尔文主义和无神论与莫斯科的钟声相提并论，并且把达尔文主义放在这两者中间，这其中寓意十分明显：既要用达尔文主义来说明他所认为的"真理并不存在，正人君子也是没有的"这种虚无主义说法，更是想表明他对"莫斯科钟声"即有神论从信仰到彻底放弃的转变，达尔文主义在这里似乎是有神论通向无神论的中介和必经之路。[①] 在《卡拉马佐夫兄弟》中，老大德米特里和老父亲当着全家人的面打架，老二伊万在目睹这一幕时就说："一条毒蛇会咬死另一条毒蛇的，他俩全跑不了。"[②] 伊万用毒蛇互咬的诅咒来宣泄自己对父兄的不满，也形象地诠释了达尔文主义的生存竞争说。值得注意的是，陀思妥耶夫斯基在这里安排伊万说这样的话还有另一层用意，那就是为了进一步强调伊万受欧洲思想的影响之深，因为小说在前面已经告知读者：伊万在大学里学的就是自然科学。伊万在和弟弟阿辽沙谈论上帝存在与否时，也顺便抨击了俄国知识界从下至上对达尔文进化论的追捧："到底是人创造了上帝呢，还是上帝创造了人？不用说，我也无意逐一剖析俄国小青年在这方面提出的当代公理，而这些所谓公理无非来自于欧洲人提出的种种假

[①] 陈燊主编：《陀思妥耶夫斯基全集》第 12 卷《群魔》（下），冯昭屿译，石家庄：河北教育出版社，2010 年，第 591 页。
[②] 陈燊主编：《陀思妥耶夫斯基全集》第 15 卷《卡拉马佐夫兄弟》（上），臧仲伦译，石家庄：河北教育出版社，2010 年，第 220 页。

设；因为在人家那里还只是假设，到了俄国青年手里就成为公理了，况且，非但青年们如此，连他们的教授或许也一样，因为俄国的教授现在也跟俄国的小青年如出一辙。"①伊万们对欧洲思想的迷恋，使陀思妥耶夫斯基不满，他预感到了危险。

陀思妥耶夫斯基在1876年3月号的《作家日记》里发表过一篇政论文《"标新立异"》，抨击了那些指望科学主义能达到团结人民之目的的幻想家，在他看来，科学无法穷尽人的本性，唯科学主义不能制定指导社会的新法则。"然而人们寄予厚望的科学目前未必能够胜任这件事情。很难想象科学对于人类的本性已经了解到足以正确无误地制定社会机体的新法则的程度。"②有学者指出，尽管达尔文提出进化论以来一直存在争议和质疑，但达尔文主义的科学性和进步性是毋庸置疑的。"达尔文知道所有文明国家都曾是野蛮的。即便一度走向文明，它们也可能出现倒退。不过，他仍相信进步多于倒退。"③然而，就陀思妥耶夫斯基本人而言，即使他明白这一点，仍然也要警惕它打着进步的旗号对道德和信仰产生实质性的长远危害。

第二节 "生存斗争"与俄罗斯使命的龃龉

陀思妥耶夫斯基有时将达尔文主义的"生存斗争"说与赤裸裸的利己主义相提并论。比如，他就曾把敲骨吸髓的犹太人与之进行过不恰当的类

---

① Ф. М. Достоевский. *Полное собрание сочинений в 30 томах. Т. 14.* Л.: Наука, Ленинградское отделение, 1976, с. 214.
② 陈燊主编：《陀思妥耶夫斯基全集》第19卷《作家日记》（上），张羽、张有福译，石家庄：河北教育出版社，2010年，第240页。
③ 布鲁斯·马兹什利：《文明及其内涵》，汪辉译，刘文明校，北京：商务印书馆，2020年，第77页。

比，当然，这是由于他受到媒体消息的误导，因为据传立陶宛的斯拉夫人深受当地犹太人的盘剥。他虽然声称自己"并非要把《欧洲导报》和《新时代》上的这两则消息当作已经能够解释一切问题的基本事实来看待"，但他还是严厉批判了犹太人的唯利是图，认为他们实际上借着"为生存而斗争"的口号在掠夺比他们更加贫苦的其他民族。在他看来，这是犹太人放纵人性中自私贪婪的一面到了不加节制的地步。[1]对此，苏联科学院版《陀思妥耶夫斯基全集》的编者注认为：从陀思妥耶夫斯基的书信集和创作笔记等材料可以看出，他对达尔文主义及其"生存斗争"之说的不满，扩大到了当时已在西欧和俄国广为流传的社会主义与共产主义学说上，因为他曾断言"生存斗争"就是这类欧洲学说的基础和原则。[2]

面对欧洲思想涌入俄国、俄国知识分子又无力招架的现状，在反思俄国与欧洲有无思想交流的可能时，陀思妥耶夫斯基悲观地发现，欧洲过去没有、现在没有、将来也不屑于了解俄国的思想，即他所说的"俄罗斯精神"和俄罗斯使命。当思想的双向交流沦为一方单独输入思想而另一方全盘接受的单向度局势时，陀思妥耶夫斯基转而对丹尼列夫斯基适时发表的《俄国与欧洲》系列文章产生了深刻共鸣，豁然受到启发，认为这本书所宣扬的俄国使命在于东正教思想可能是一个能代表俄国思想界来对抗达尔文主义之类的欧洲思潮的中坚力量。[3] "今天，我们不再拒绝达尔文学说，但是应该明白的是，围绕着对达尔文主义的批判问题，丹尼列夫斯基的

---

[1] Ф. М. Достоевский. *Полное собрание сочинений в 30 томах. Т. 25.* Л.: Наука, Ленинградское отделение, 1983, с. 79.

[2] Ф. М. Достоевский. *Полное собрание сочинений в 30 томах. Т. 25.* Л.: Наука, Ленинградское отделение, 1983, с. 388—389.

[3] 需要指出的是，丹尼列夫斯基也反对达尔文的进化论，并且写过《达尔文主义》一书，但未能最终完成。

下 编

《达尔文主义》一书包含一系列有趣的想法。"[1]尽管如此,最能体现丹尼列夫斯基完整的文化概念的著作仍是《俄国与欧洲》。而这两本书一脉相承的动机就是揭露"欧洲将自己的文化强加于欧洲以外的民族的毫无根据的企图"[2]。

1869年3月,还羁留国外的陀思妥耶夫斯基忍不住在书信中向自己的外甥女伊万诺娃推荐起跟他同为彼得拉舍夫斯基小组成员的丹尼列夫斯基及其《俄国与欧洲》一书来,认为他是一个"出色的人""一个地道俄罗斯的和富于民族精神的人"[3]。在该月俄历18日(新历30日)致斯特拉霍夫的信中,陀思妥耶夫斯基再次夸奖起丹尼列夫斯基刊载在斯特拉霍夫编辑的《朝霞》杂志中的文章:"这篇文章同我自己的结论和信念十分相符,某些篇页上的结论与我的结论相似得甚至令我吃惊;我早已(已经有两年了)在记录我的许多思想,也正是准备写一篇文章,标题也几乎是同样的,而思想和结论则完全一致。我是多么惊喜地看到,几乎一模一样的、我渴望在将来实现的东西已经实现,而且写得严谨、和谐,具有非同寻常的逻辑力量,使用同样非同寻常的科学方法,更何况即便我使出全身解数,也是永远完成不了的。"[4]尽管如此夸赞,如此渴望继续阅读后面连载的文章,但他越读越开始怀疑丹尼列夫斯基的主张。"我还是不确信丹尼列夫斯基能彻底指出俄国使命的根本实质,即向世界揭示俄罗斯的基督,那个世人所不知晓的、其本质就在于我们自己的东正教的俄罗斯基

---

[1] 斯米尔诺夫:《"人类全体的"与"人类普遍的":全球世界文明规划的轮廓》,张百春译,香港:新思路文化有限公司,2020年,第182页。
[2] В. В. 津科夫斯基:《俄国思想家与欧洲》,徐文静译,徐凤林校,上海:上海三联书店,2016年,第118页。
[3] 陈燊主编:《陀思妥耶夫斯基全集》第20卷《书信集》(下),郑文樾、朱逸森译,石家庄:河北教育出版社,2010年,第633—634页。
[4] 同上,第641—642页。译文参照原文有些许改动。

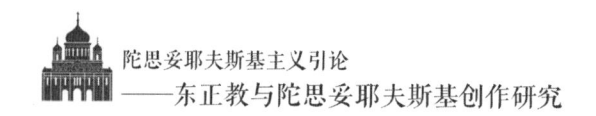

督。依我看,我们未来的文明化甚至整个欧洲的复活的全部实质就在于此,我国未来强有力的存在的全部实质也在于此。"[1] 在读完系列连载文章后,陀思妥耶夫斯基痛心地发现,他同丹尼列夫斯基的观点不尽一致。这些分歧具体反映在他的多封通信中,也体现在1876年、1877年、1880年和1881年的《作家日记》中。

在1870年10月9日致阿波隆·迈科夫的信中,陀思妥耶夫斯基认为外国人无法理解"俄罗斯精神"和俄罗斯的使命,这些是"非常坚强、完整和神圣的"团结的力量。他说:"甚至我们自己也无力洞察这一力量的深度,更何况外国人呢,——我的想法是:我们的力量的十分之九就在于外国人不懂得并且永远也不会懂得我们团结一致的全部深度和威力。"[2] 俄罗斯的使命是外来的,特别是欧洲的思想所无法了解的,它就像一种强国理论,能团结自己人,而不能使不懂它的欧洲强大。"我认为,欧洲人对天狼星的了解比他们对俄罗斯的了解更切实一些。这暂时也正是我们的力量之所在。而我们对自己的个性,对自己使命的神圣性的信仰,则会是另一种力量。俄罗斯的全部使命就在于东正教,在于东方之光,这东方之光洒向那在西方已经失明了的、已经失去基督的人类。欧洲的全部不幸、毫无例外地全部不幸都由于他们与罗马教会一起失去了基督,之后他们就认为没有基督也行。"[3] 他对《俄国与欧洲》后面连载出来的内容感到失望,因为被他本人寄予厚望的丹尼列夫斯基未能继续开拓和深化他关于俄罗斯

---

[1] 陈燊主编:《陀思妥耶夫斯基全集》第20卷《书信集》(下),郑文樾、朱逸森译,石家庄:河北教育出版社,2010年,第642页。
[2] 同上,第767页。
[3] 同上,第767—768页。

下编

思想的构想，也就是"关于俄罗斯对人类负有东正教使命的思想"[1]。丹尼列夫斯基只是在该书的第十二章论证了君士坦丁堡未来的命运。丹尼列夫斯基认为："建立所有斯拉夫人的联邦，才是对东方问题的唯一合理的，因而也是唯一可能的解决方案。"[2] 关于君士坦丁堡（旧称沙皇格勒），他认为："沙皇格勒应该不是俄罗斯的首都，而是整个全斯拉夫人的首都。"[3] 由此可见，丹尼列夫斯基强调泛斯拉夫主义与陀思妥耶夫斯基强调俄国东正教才是他们的根本分歧所在，尽管陀思妥耶夫斯基对他无力承担"俄罗斯精神"代言人而略感失望，但并未对他彻底失去兴趣，因为陀思妥耶夫斯基在生命的最后两年里，仍然在跟人谈及丹尼列夫斯基及其《俄国与欧洲》。[4]

晚年的陀思妥耶夫斯基愈益倾向于将达尔文主义等源自欧洲的思想看成虚无主义思想、看成魔鬼对基督发出的三次诱惑[5]。《群魔》中的虚无主义者希加廖夫断言：以前的所有思想家"都是空想家、编织童话者和自相矛盾的傻瓜，他们对自然科学一窍不通，也不了解被称为人类的奇怪动

---

[1] 陈燊主编：《陀思妥耶夫斯基全集》第20卷《书信集》（下），郑文樾、朱逸森译，石家庄：河北教育出版社，2010年，第768页。

[2] Н. Я. Данилевский. *Россия и Европа*. СПб.: Издание товарищества «Общественная польза», 1871, с. 387. См. Ф. М. Достоевский. *Полное собрание сочинений в 30 томах. Т. 26*. Л.: Наука, Ленинградское отделение, 1984, с. 401.

[3] Н. Я. Данилевский. *Россия и Европа*. СПб.: Издание товарищества «Общественная польза», 1871, с. 387. См. Ф. М. Достоевский. *Полное собрание сочинений в 30 томах. Т. 26*. Л.: Наука, Ленинградское отделение, 1984, с. 408.

[4] Е. А. Штакеншнейдер. *Дневник и записки（1854—1886）*. М.–Л.: Academia, 1934, с. 428. См. Ф. М. Достоевский. *Полное собрание сочинений в 30 томах. Т. 26*. Л.: Наука, Ленинградское отделение, 1984, с. 402.

[5] 参见《新约全书·马太福音》第1章第1—11节。

物"①。而且希加廖夫自己就发明了一套奇怪的生物学理论。陀思妥耶夫斯基通过希加廖夫和希加廖夫主义所映射和讽刺的，显然就是进化论和社会达尔文主义。

1876年俄历6月7日（新历19日），在致彼得堡男高音演员瓦·阿·阿列克谢耶夫的信中，陀思妥耶夫斯基提到，魔鬼向基督提出的第一个挑战就是让他把石头变成面包，因为欧洲当时饥寒肆虐，人们普遍认为"人的最主要的恶癖和不幸都来源于饥饿、寒冷，来源于为了生存而进行的各种各样斗争"，于是，人们到处都在为面包而奔忙；而欧洲和俄国的社会主义却将之归咎于"生存斗争"导致的贫穷，它们"断言人类一切灾难的原因只有一个——就是贫穷，是生存斗争，是'环境逼人'"。陀思妥耶夫斯基认为，基督并不是不能搞到面包，关键是"人不能单靠面包而活着"，如果只谈面包，那么"人的精神本质"何在呢？所以，陀思妥耶夫斯基在这封信里，再一次无情地鞭挞了"达尔文的和其他一些人的关于人类起源于猴子的现代理论"，因为他相信，基督无关乎上述任何理论，却掌握着真理，即"在人身上除了动物本性之外还有一个精神世界"。②

第三节 社会达尔文主义与东正教思想的对立

如果说在一定意义上，达尔文的进化论是科学，是一种启蒙，是一种需要转变思想才能认识的自然权利的学说，那么，主张社会达尔文主义就意味着由启蒙向蒙昧的倒退。研究中国晚清时期救国论运动与达尔文主义

---

① Ф. М. Достоевский. *Полное собрание сочинений в 30 томах. Т. 10.* Л.: Наука, Ленинградское отделение, 1974, с. 311.

② Ф. М. Достоевский. *Полное собрание сочинений в 30 томах. Т. 29*, к. 2 Л.: Наука, Ленинградское отделение, 1986, с. 85.

下 编

之关系的美国汉学家浦嘉珉认为,对于晚清时期的中国而言,达尔文主义进化论在中国思想界的泛滥,首先引起的就是知识分子防御和抵抗的态度,亦即自我保存,以防灭族甚至灭国的危险。他说,达尔文主义的可怕之处在于提醒人们"生活在一个超乎道德和血腥的世界里",而"自我保存"的"这种观念直接冒犯了基督教世界"①。具言之,社会达尔文主义对文明社会造成一系列的冒犯,它首先冲击的是道德。

陀思妥耶夫斯基对达尔文主义的谨慎接受和对社会达尔文主义的批判,既缘于一个作家对社会现象的敏锐观察和睿智的预言本能的冲动,也缘于他对东正教在俄国知识界中岌岌可危的地位的忧虑。在陀思妥耶夫斯基那里,达尔文进化论和社会达尔文主义对东正教直接或间接的冲击和消解可以具体归结为以下几个方面:

首先,社会达尔文主义高举科学的旗号,打破了启蒙时代以来的人类中心论,撕开了人道主义的人性论面纱。更为甚者,社会达尔文主义冲击社会已有的道德准则和宗教原则,再次把文明社会的丛林法则追溯到没有道德也没有宗教的原始时代,将文明社会中的人实质上看作丛林中的禽兽。"人类的祖先是动物这个说法破坏了传统基督教持有的只有人类被赋予了精神特质的观点。任何形式的进化论都是挑战,不管提出的变革机制是什么。"②而且,由于社会达尔文主义将动物界适用的"物竞天择、适者生存"的竞争法则硬性套用于现代资本主义及其之后的文明社会,认为竞争和优化原则自然也适用于一切跟人有关的领域,对原始时代动物般你死我活的竞争关系的认可,势必助长文明社会中人与人之间的弱肉强食之

---

① 浦嘉珉:《中国与达尔文》,钟永强译,南京:江苏人民出版社,2009年,第414页。
② 彼得·J.鲍勒:《如果没有达尔文:基于科学的推想》,薛妍译,北京:商务印书馆,2017年,第26页。

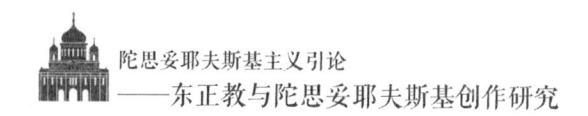

风,直接导致人类追求二二得四的唯科学主义和自私的实用主义,忽视甚至消解了文明社会本不该缺乏的人文关怀。文明社会的人道主义情操也与(社会达尔文主义意义上的)"兽道主义"势若水火。跟达尔文进化论对宗教信仰的伤害一样,社会达尔文主义也在解构着人类文明社会的人文性,尽管斯宾塞后来又提出"行为的进化"、"次人类正义"和"人类正义"[1]等伦理学概念来补救、完善社会达尔文主义,但人们还是担心它会进一步激发人的兽性和恶的本性,这与文明社会的人道主义思想中的尊严感、怜悯心和向善之心等是背道而驰的。正如鲍勒所言,不管有没有宗教信仰或者宗教信仰虔诚与否,"人们不喜欢说自己是人猿的后代",而且,"从神学角度来说,更严重的是声称人类从动物祖先进化而引起了关于人类灵魂地位的严重问题"。[2]

其次,社会达尔文主义与现代社会倡导的天赋人权、平等观念以及人的公民责任感等格格不入。达尔文的进化论认为物种存在不同的形态和等级,有低级动物和高级动物之分,因为他本人就经常谈论"最高等的种族"和"最低等的野蛮人"[3],这种等级观念一旦根植于社会领域,就是对社会秩序等级化的天然证明。由此,人也会因地域、肤色、种族等被分为三六九等,这轻易就打破了启蒙主义对人具有天生的平等权的追求。比如,达尔文对火地岛人的原始而野蛮的生活状态感到震惊,这"促使达尔文不自觉地转变为一个不完全的种族主义者(再加上他在欧洲沾染上的种族观念)",具体的做法就是达尔文给这些"同类生物"贴上了幼稚的标

---

[1] 赫伯特·斯宾塞:《论正义》,周国兴译,北京:商务印书馆,2019年,第11—26页。
[2] 彼得·J.鲍勒:《如果没有达尔文:基于科学的推想》,薛妍译,北京:商务印书馆,2017年,第218页。
[3] Charles Darwin. *The Descent of Man and Selection in Relation to Sex*. London: John Murray, 1871, p. 74.

下 编

签，把他们比作猩猩[①]。当文明和种族扯上关系时，进化论就为社会达尔文主义创造了理论基础，由此孕育了种族主义的思想萌芽。此外，社会达尔文主义也容易解构人的原罪说，卸去人类在上帝面前普遍的罪恶感，也容易激发人类的恶的行为，进而导致贬低或放弃人的社会属性的公民责任感，势必引起更大的社会不公，造成更大的社会问题。在陀思妥耶夫斯基这里，社会达尔文主义与其一直呼吁和追求的人学主义理想完全相悖，他是要挖掘和发扬的是"人身上的人"，而不是人身上的兽性或动物性。

"人身上的人"就是人的精神性，即人告别兽性的高尚人格和道德情操，它首先体现为人的公民责任感。一个民族或国家需要伟大的道德理想，因为它具有团结人民的作用，也是人们作为共同体的"联盟"的思想基础，而公民责任感就是这其中的一部分。陀思妥耶夫斯基晚年在反驳自由派阵营的批评家格拉多夫斯基时，集中提出了"公民目标""公民理想""公民社会"等多个说辞："伟大的道德思想之所以具有强大的力量，它之所以能够把人们团结成为一个极其坚实的联盟，就是由于它追求的不是急功近利，而是指引人们面向未来，面向永恒的目的和终极的愉悦。你们如果没有基本的伟大的道德思想作基础，你们以什么把人们团结到一起去实现你们的公民目标呢？"[②] 相比之下，对建立和推行民族或国家的这种精神共同体，社会达尔文主义只会弊大于利。功利主义的生存竞争势必导致个体间的互不信任，间接导致社会的分裂。

再次，陀思妥耶夫斯基对社会达尔文主义的批驳，跟他反对"环境决

---

① 布鲁斯·马兹什利：《文明及其内涵》，汪辉译，刘文明校，北京：商务印书馆，2020年，第74页。
② 陀思妥耶夫斯基：《吹毛求疵的挑剔：格拉多夫斯基先生给我上的一堂课引出的四篇不同题目的文章，兼答格拉多夫斯基先生》，《陀思妥耶夫斯基全集》第20卷《作家日记》（下），张羽、张有福译，石家庄：河北教育出版社，2010年，第1030—1031页。

定论"的理由与动机一脉相承、殊途同归：社会达尔文主义否定的人的原罪问题，把原因归咎于人的动物性和与环境的关系上，而"环境决定论"也是把人应该承担的责任和义务推给了环境，它们都有意无意地忽视和否定人自己的主观能动性。达尔文曾经援引"外在生存环境"的积极作用作为建构生物进化说的一种动因："每一种变异都是由变化了的生存环境直接或间接引起的。或者，从另一种角度来说，如果有可能把一个物种代代延续下来的所有个体都放在绝对一致的生存条件下的话，就不会有变异发生。"① 虽然达尔文推断环境和个体之间的相互作用是"建设性"的，但是事实证明这是错误的理论。遗传学家乔纳森·霍华德指出："这是达尔文大胆作出的为数不多的重要推断之一，现在证明肯定是错误的。可变性是生物的固有特性，尽管它不是无原因的。"② 显然，达尔文没有充分估计到生物个体本身的复杂性。相反，陀思妥耶夫斯基早就认识到作为个体的人的复杂性和完整性，没有将个体的"建设性"变化完全归因于环境，而是首先强调个体自身的完善，于是，在批判达尔文、社会达尔文主义和"环境决定论"的基础上，他逐步建立起自己的"不断忏悔和自我完善"论。

陀思妥耶夫斯基一贯反对"环境决定论"。他不同意把人的堕落和犯罪归因于环境，认为人的精神、修养和气质因素要远远大于物质和环境因素。在作家看来，"环境决定论"倾向于将一切对个人不利的因素归罪到社会和环境的头上，认为别人或者环境才是这些罪恶的元凶，一旦个人犯了罪却不用承担任何的法律和道义责任，这样一来，不但会使罪行得不到

---

① Charles Darwin. *The Variation of Animals and Plants under Domestication*. London: John Murray, 1868, p. 255.
② 乔纳森·霍华德：《达尔文与进化论》，赵凌霞、何竹芳译，北京：外语教学与研究出版社，2015年，第96页。

下 编

惩处，反而更容易让罪犯愈加堕落，更加肆无忌惮地胡作非为。作家担心的不仅是社会环境的恶化，他更忧虑纵容"环境决定论"泛滥将直接导致人的内心普遍变得空虚，人们不再相信最高的上帝，失去了上帝，也就失去了上帝的威慑作用，于是整个社会的道德基础就几近崩溃。他虽然认可基督教教义"充分承认环境的压力，怜悯犯罪者"，但同时又断然拒绝模糊"环境问题与义务问题之界限"的"环境哲学"[1]，从而大声疾呼要团结人民，号召大家谋求共同的精神追求。

陀思妥耶夫斯基为民代言，认为环境的好坏取决于人自己。"人民仅仅认为，他自己以及每一个犯罪的人都是有罪的。但是，他责备的同时，也以此证明他不相信'环境'学说；相反，他相信环境完全取决于他，取决于他的不断忏悔和自我完善。毅力、劳动和斗争——这就是改造环境的东西。只有靠劳动和斗争才能获得独立精神和自己的尊严感。"[2] 但是，这反映出作家主观决定论的视角。

最后，以达尔文进化论为代表的实证主义和唯科学论风气对信仰和宗教的冲击，也是陀思妥耶夫斯基等俄国思想家们忧虑之所在。因为，达尔文本人就是一个从基督教徒变为实证主义者的鲜活例子：在"宗教方面，达尔文由年轻时的一个正统基督徒转变为一个不可知论者和怀疑论者，并一直到老"[3]。创立进化论学说的确对达尔文本人影响深远，以至他与基督教渐行渐远。他在1876年所写的《自传》中证实：他早在随着"小猎犬号"做环球考察航行的时候，就因坚持认为《圣经》不可信而与一些船员

---

[1] 陈燊主编：《陀思妥耶夫斯基全集》第19卷《作家日记》（上），张羽译，石家庄：河北教育出版社，2010年，第18—33页。
[2] 同上，第25页。
[3] 乔纳森·霍华德：《达尔文与进化论》，赵凌霞、何竹芳译，北京：外语教学与研究出版社，2015年，第17页。

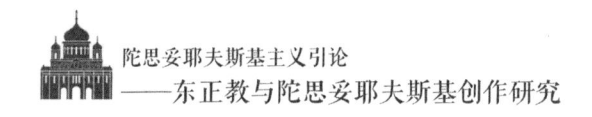

发生了争执和不快。达尔文坦言，没有科学的证据，他难以轻信。"你无法证明福音书是在所述事件的发生同时写成的；我看到福音书的很多重要的细节各不相同，这就让我不敢承认他们亲眼见证的准确性了。我对这些问题的沉思不只是给出一些新奇或有价值的观点，而是要让它们影响到我自身，从而我逐渐不那么相信基督教乃是一种神圣的揭示了。当我意识到许多错误的宗教信仰在世界上如野火般传播于大量民众中间时，我的心头还是有些沉重的。"[1] 在达尔文看来，想象力无法代替证据，并使其信服，所以，福音书中的事迹无异于白日梦。

第四节 社会达尔文主义与"黄金时代"之梦的冲突

社会达尔文主义思想不但与陀思妥耶夫斯基对"黄金时代"的认识多有抵牾，而且，在很大程度上消解了与陀思妥耶夫斯基"黄金时代"之梦类似的理想主义情结，因为"黄金时代"之梦本质上是陀思妥耶夫斯基的东正教思想的乌托邦。

社会达尔文主义承认人在社会活动中的动物性动机，功利主义的自私特点又决定了一个人或一个社会必须诉诸野蛮时代或早期社会的残酷竞争，立足于当下而将目光聚焦于原始时代和人的原始本性，为了生存和自利的原则而不惜奉行野蛮主义、恢复兽性。而陀思妥耶夫斯基对"黄金时代"的认识，承袭自法国空想社会主义，特别是傅立叶对人类未来社会的向往，坚信人类更加美好的生活是在未来而不是过去，故而不赞成把人类社会的原始时代、蒙昧时期、幼年阶段看作黄金时代。陀思妥耶夫斯基虽

---

[1] 弗朗西斯·达尔文编：《达尔文回忆录》，白马、张雷译，杭州：浙江文艺出版社，2013年，第67—68页。

下 编

然后来认识到了空想社会主义思想的局限,却不能完全接受汹涌而来的资本主义制度,这表明在他心中对"黄金时代"的憧憬一直未曾泯灭。事实上,他也目睹了与"黄金时代"相左的正义缺失、贫富差距和世风日下等现象,所以他频频通过笔下人物之口对"黄金时代"进行想象式回顾,这实质上赋予其"黄金时代"思想以一种主张重建理想社会的新意,闪耀着推动社会正义和呼吁"爱人如己"的进步光环。鉴于陀思妥耶夫斯基在自己的小说和政论里多次提过"黄金时代",我们挑选几处较为典型的论述,可以由点及面地把握他对"黄金时代"及其本质的认识进路。

在《少年》中,维尔希洛夫对阿尔卡季描述过自己的"黄金时代"之梦。维尔希洛夫一次漂泊欧洲时被德累斯顿美术馆的一幅克劳德·洛伦的画作《阿喀斯与伽兰忒亚》(维尔希洛夫称之为《黄金时代》)所吸引,中午在旅馆休息时就由此梦见了自己心目中的"黄金时代"。这里是三千年前的希腊群岛的一角,美得无法形容,是所有欧洲人的摇篮,"这儿曾经是人类的世间乐园:诸神从天而降,跟人类亲如一家……哦,这儿曾经生活过十分完美的人!"神与人一家亲的理想主义画面是"黄金时代"人们的精神家园。"黄金时代——是曾经有过的这类梦想中最不可思议的一个,然而人们却为它献出了自己的一生和全部精力,先知先觉者为它而死,为它而痛苦,民众缺了它活着无趣,甚至死不甘心!"[1]但是,尽管画面如此美丽,人们生活如此幸福,但这幅场景却是"人类的美梦,是人类崇高的迷误"。因为维尔希洛夫的梦境与他身处的现实形成了强烈的反差。"我梦中所见的欧洲文明诞生之初的落日,在我大梦醒来回到现实之际,对我而

---

[1] 陈燊主编:《陀思妥耶夫斯基全集》第14卷《少年》(下),陆肇明译,石家庄,河北教育出版社,2010年,第624页。

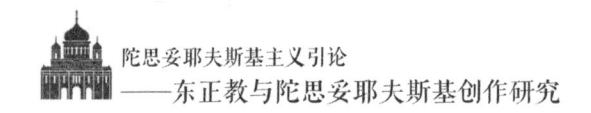

言，顿时变作了欧洲文明衰落之时的落日！"①他认为，发生在欧洲的那些暴力事件"合乎逻辑""当代思想势不可挡"，因为人类再也回不到想象中的幼年时期的"黄金时代"了，所有对"黄金时代"的描绘都不免有幻想的成分，人类也永远失去了自己的天真和幼稚，而欧洲文明衰落的标志就是"没有了上帝"、为所欲为，结果就是"只剩下孤独的自己"。于是，孤独无依的人们发现，必须要彼此相爱、互相依靠。"只要伟大的永生思想一旦消亡，就会不得不以别样的思想来代替它，于是大家就会把早先大量倾注于不朽的那种爱，转而投向了大自然，投向现世，投向人们和一草一木。他们将会情不自禁地爱上大地和生命，随着他们逐渐意识到人生的短暂和有限，爱的程度也会随之加深，而且这已经是一种特殊的爱，已经不再是早先的那种爱了。"②维尔希洛夫这里所说的"特殊的爱"，就是代替原始宗教、作为一种新的宗教的爱，或者可以称为对爱的信仰或者"爱的宗教"。如果说"黄金时代"的人们所信奉的对不朽的爱，可以比作基督的第一次降临，而在现今的后"黄金时代"，这种害怕人生短促而急急忙忙的爱，仿佛是基督第二次降临到丧失信仰的人们面前。

陀思妥耶夫斯基1877年发表的小说《一个荒唐人的梦：幻想故事》，虚构了一个打算自杀的荒唐人所做的梦。他梦到了另一个星球上天堂一般的盛景，好像在希腊群岛中的一个岛屿，这里阳光灿烂而美好，人们的生活幸福而欢乐。"在我们的地球上，我从来也没有看见过在人的身上有如此的美。除非只是在我们的孩子们的身上，而且是在他们的幼年，才

---

① 陈燊主编：《陀思妥耶夫斯基全集》第14卷《少年》（下），陆肇明译，石家庄，河北教育出版社，2010年，第624页。
② 同上，第630页。

下　编

可能找到这种微弱但却是来自远方的美的反光。"① 这个天堂般的星球,其实也是陀思妥耶夫斯基常提及的"黄金时代":"这是一块没有受罪恶玷污的土地,在这块土地上生活着没有沾染过罪恶的人,就如同有关全人类的传说中说的,我们沾染了罪恶的祖先也曾生活在与这里一样的天堂里。"② 这表明,人类因为罪恶已经永远地失去了曾经天堂般的乐园,而荒唐人梦中的这个星球仍然保持着和谐大家庭的安详与平静,最主要的一点是:生活在其上的人们有爱和美德。虽然荒唐人醒后知道这只是一个梦,但他更清楚,追忆美梦的过程就是在描绘自己的希望,因为希望在未来,而不是在过去。这个天堂般的"黄金时代"对清醒者的直接启示,就是要马上去爱。"主要的就是——像爱自己一样去爱所有的人,这就是主要的,一切的一切就在于此,别的什么全都没有必要,你立即就会找到如何安排的办法。"③ 这个"爱人如己"的感召,听起来几乎就是福音书的回声:"其次就是说要爱人如己。再没有比这两条诫命更重要的了。"④

回顾陀思妥耶夫斯基早期的论述,我们似乎也能发现,他之所以迷恋"黄金时代",是为了倡导重建新生活,以新生活来复活"黄金时代",实现"黄金时代"之梦。在1849年底写给兄长的信里,陀思妥耶夫斯基提到:"兴许有朝一日我们将互相拥抱,在一起回忆我们昔日的、青年时的黄金时代,回忆我们的青春岁月和各种希望。"⑤ 在被流放的前夜,他后悔

---

① 陈燊主编:《陀思妥耶夫斯基全集》第20卷《作家日记》(下),张羽、张有福译,石家庄,河北教育出版社,2010年,第722—723页。
② 同上,第723页。
③ 同上,第734页。
④ 《新约全书·马可福音》第12章第31节。
⑤ Ф. М. Достоевский. *Полное собрание сочинений в 30 томах. Т. 28, к. 1.* Л.: Наука, Ленинградское отделение, 1985, с. 163.

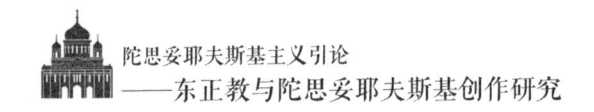

自己在青春时代因不懂事而年华虚度，发愤要就此开始心灵的"重生"。"我一定要保持我的精神和心灵的纯洁。我一定向更好的方面**重新诞生**，这就是我的全部希望和慰藉。"①

不难看出，"黄金时代"具有"复活和新生"之属性，是陀思妥耶夫斯基理想主义情结的体现之一，但实质是一种"社会改革的乌托邦"②幻想，因为陀思妥耶夫斯基认为，理想是生活的源泉，而基督才是理想的真正化身。在这个意义上，"黄金时代"之梦其实就是实现基督理想的梦，属于形而上学的创造力，这是诉诸理性主义的社会达尔文主义所无法企及的。

西方学者认为，宗教和进化论都是从外到内来理解人自身的，它们存在一定的共性。"有神论提供了一种替代性的理解，其指定了一个超然的心灵，我们自己不能完全分享这个心灵的目的和对世界的理解，但这个超然的心灵使'相信这个世界是可理解的'成为可能，即使不是对我们可理解。这种超越的理解是从我们对自己意图的自然心理学的自我理解（natural psychological self-understanding）外推而来的。而进化自然主义（evolutionary naturalism）则把我们针对世界其他某些部分发展出来的一种科学理解形式外推到包括我们自己在内的一切事物。但是这两种方法的共同志向，也就是我们纳入一种先是源于，随后又超越了我们自己视角的

---

① 陈燊主编：《陀思妥耶夫斯基全集》第19卷《书信集》（上），郑文樾、朱逸森译，石家庄，河北教育出版社，2010年，第121页。字体加粗处为引者所加。
② Ф. М. Достоевский. *Полное собрание сочинений в 30 томах. Т. 30, к. 2.* Л.: Наука, Ленинградское отделение, 1990, с. 253.

下 编

理解，这种共性与它们之间的区别一样重要。"[①] 因此，宗教和进化论具有相向而行的观照视角与互动关系。陀思妥耶夫斯基对进化论和社会达尔文主义的态度及其缘由，也是这种关系在俄国文学家身上的一种典型反映。

当然，进化论和社会达尔文主义在俄国的影响和引起的冲击，并不仅仅体现在陀思妥耶夫斯基一个人身上，但就俄国思想界对社会达尔文主义的反应来说，陀思妥耶夫斯基是比较有代表性的一位。从其作为中间派的立场出发，可以窥见当时俄国思想界左右两派对甚嚣尘上的资本主义，特别是作为以倡导竞争的资本主义思想为代表的社会达尔文主义的不同态度。

---

① 托马斯·内格尔：《心灵和宇宙：对唯物论的新达尔文主义自然观的诘问》，张卜天译，北京：商务印书馆，2017年，第26—27页。

第十六章
信、望、爱：对悲观现实满怀理想主义希冀
——论陀思妥耶夫斯基东正教人道主义的本质与悖论

陀思妥耶夫斯基的人道主义思想，既包含启蒙运动以来欧洲人道主义和人文主义传统的因素，也有俄国东正教的影响和他自己赋予人道主义思想的新内容。如前所述，他的人道主义思想实质上是一种独特的人学或人学主义，主要体现为对待人和人性的态度。

陀思妥耶夫斯基的人道主义思想经历了从推崇小人物到批判人神再到辩证看待凡人的过程，但对人和人类社会的信、望、爱始终是其民族主义情绪和普世主义情结的内在本质和原始动力。陀思妥耶夫斯基东正教人道主义思想所凸显出的若干悖论，既反映出他渴望用宗教来解决道德问题的理想，也彰显了其无法单独克服的人道主义的危机。

第一节 人道主义、人学、人学主义

人半是野兽半是天使。由自然的眼光看，人是动物，人的身体来源于进化、遗传、繁殖，受本能支配，如同别的动物身体一样是欲望之物。由诗和宗教的眼光看，人是万物之灵，人的灵魂有神圣的来源，超越于一切

下 编

自然法则，闪耀着精神的光芒。在人身上，神性和兽性彼此纠结、混合、战斗、消长，好像发生了化学反应一样，这样产生的结果，我们称之为人性。所以，人性是神性和兽性互相作用的产物。

在西方，人道主义是起源于古希腊罗马时期，兴盛于欧洲文艺复兴时期，针对基督教教会统治社会的神道主义而形成的一种思潮，早期的核心思想是重视人的生存和幸福，后来也逐渐延伸为扶助弱者的慈善精神。人道主义（或译人本主义），是重视人类价值——特别是关心最基本的人的生命、基本生存状况——的思想。关注的是人的幸福，强调人类之间的互助、关爱，与重视人类的价值。相对地，另有重视神类、重视自然类或者重视动物类等的思想主张。尽管在美学哲学家威廉·詹姆斯看来，人道主义"苦于没有完善的定义。它的最有系统的倡导者席勒和杜威仅仅发表了一些片断的纲领，而它对许多重要哲学问题的影响，只除了一些敌对者外还没有人曾加以探索"[1]，但他还是给人道主义进行了哲学意义上的界定：人道主义"基本上是一种社会哲学，一种'共'的哲学（a philosophy of "co"），在这种哲学里，连接关系起着作用"[2]；"人道主义不过是一种开合比较变通的同一性哲学（Identitasphilosophie）"[3]。虽然威廉·詹姆斯自谦说定义比较简单，但他从多个角度进行了否定性的限定，使得人道主义概念的核心思想——"认同"被提到了首要位置，不管是人对上帝的认同（一元论），还是人对他人的认同（多元论）。由此，人道主义概念本身就

---

[1] 威廉·詹姆斯：《人道主义的本质》，庞景仁译，万俊人、陈亚军编选：《詹姆斯集》，上海：上海远东出版社，1994年，第144页。
[2] 同上，第145页。
[3] 威廉·詹姆斯：《人道主义的本质》，庞景仁译，万俊人、陈亚军编选：《詹姆斯集》，上海：上海远东出版社，1994年，第147页。这里的"同一性哲学"（Identitasphilosophie）现在一般通译为"认同哲学"。

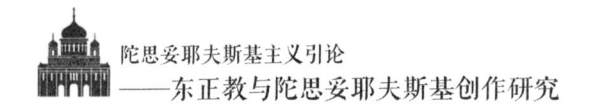

兼具一元论（宗教）和多元论（伦理学）这两个维度：前一种是作为世界观和历史观的人道主义，后一种是作为伦理原则和道德规范的人道主义。

人道主义和人本主义以及人文主义有密切关系。人道主义一词与人本主义或人文主义（humanism，原指人类，引申为人性、人的情感，转化为人的文化、修养、教育）一词有相通之处，即博爱、仁慈，也有较大的区别。人学是指以整体的人为研究对象的科学，主要研究人的本质、人的形成和进化、人的存在和发展、人的现代图景和未来等问题。人学思想在历史上源远流长。

人学与人道主义的区别是什么？人学研究虽包括人道主义研究，并在价值观意义上对人道主义加以某种肯定，但二者毕竟不同：人学研究完整的人及其本质、存在和历史发展规律，是一门学科，而人道主义是对人的本质和人的存在的关系的一种评价，是一种价值观；人学包括人道主义，但不归结为人道主义。当今的学术界所要建立的人学，就是希望通过对人的完整科学理解来克服抽象人道主义对人加以片面错误理解的局限。

俄罗斯当代哲学家谢尔盖·霍鲁日认为，当今世界的整个人文科学领域发生了一个重大现象，可以称为"人学转向"。什么是人学转向？他的看法是："简单地说，就是在我们关于全球现实的最重要层面的观念里，出现了这样一种理解，针对在人身上和社会里，在全球体系里，在全球层面上所发生的一切现象和过程而言，只有人学层面才是最重要的和具有决定意义的。人身上发生的事情决定着现实的其他层面上发生的事情，比如在社会体系里，在全球体系里，在我们的地球上，等等。人学转向意味着，我们开始认为，人学层面是决定性的。"[①] 由于以前在人文社科领域，

---

① 霍鲁日：《作为新人学基础的灵修》，张百春译，Sydney: Russo-Chinese Orthodox Mission of ROCOR in Australia, 2015 年，第 8 页。

下　编

人们习惯性地认为人学只是哲学科学的一部分，被称为哲学人学。而在当今这个时代，这个观念已经发生了改变，人学应该占有新的位置。"在人学转向之后，人学不应该成为人文知识里的某个学科的部分，而应该是所有人文学科普遍的、具有联合作用的中心，成为整个人文知识的新基础。这是新的人学，它就是人学转向的结果。这个新人学已经不再是哲学的一个普通部分，而是全部人文科学的方法论和观念的新中心。"[①] 而具体到历史学领域，"历史过程可以被看作是人学过程。历史学可以被看作人学"[②]。

俄国宗教哲学家谢苗·弗兰克在《陀思妥耶夫斯基与人道主义的危机：纪念陀思妥耶夫斯基逝世 50 周年》一文中指出："陀思妥耶夫斯基的整个思想都围绕着它运动的那个主题是**人——人的个性的真正的实质**，——这个实质不同于仿佛是外部的面孔，可以说是人的那个假面具，在程式化的，通行的习俗、礼节、权利，甚至还有占统治地位的道德领域里，人戴着它向人们显现，也常常向自己显现。但是，人的问题同时也许是 19 和 20 世纪整个欧洲人的精神发展的核心问题。"[③] 陀思妥耶夫斯基的人道主义思想既有启蒙运动以来欧洲人道主义传统的因素，也有俄国东正教的影响和他自己认识到的累积的人道主义思想的新内容。其人道主义究其实质而言是一种独特的人学或人学主义，亦即对待处于神性和兽性之中间状态的人和人性的态度。

---

① 霍鲁日：《作为新人学基础的灵修》，张百春译，Sydney: Russo-Chinese Orthodox Mission of ROCOR in Australia, 第 8 页。
② 同上，第 116 页。
③ С. Л. Франк. Достоевский и кризис гуманизма.//С. Л. Франк. *Русское мировоззрение*. СПб.: Наука-СПб., 1996, с. 360. 字体加粗处原文为斜体着重号。

第二节　陀思妥耶夫斯基人道主义思想的发展脉络

考察陀思妥耶夫斯基对人物形象的构思和塑造的过程，总的来说，也可以梳理出其人道主义思想的发展过程，即从过分夸赞甚至崇拜普通人（特别是小人物），到批判人神（英雄、伟人）却又崇尚典型，再到回归凡人。具体而言，陀思妥耶夫斯基的人道主义思想的发展大略可以分为三个不同的阶段。在这三个阶段中，伴随着陀思妥耶夫斯基对人的认识的变化，他对人的认识存在一个由单一到多元、立体的演进过程，其人道主义思想的发展脉络是从抽象到具体再到抽象。

第一阶段，从空想社会主义的人道主义到世俗的人道主义的早期阶段，从初入文坛到流放前夜，陀思妥耶夫斯基认识到人道主义的精神在于人和自由的不可分离：自由本来就是人与生俱来的天性和权利。

陀思妥耶夫斯基早年经历了以浪漫主义（狂飙突进运动）为主的唯心主义思潮和启蒙运动后的人道主义思想相结合的过程。"启蒙运动的人道主义和浪漫主义的人道主义以独特的组合与变异经历了整个19世纪。它们在30—40年代组合的成果之一是所谓的'乌托邦的'——实质上是人道主义的——社会主义，它如此强烈地影响了整个俄罗斯的思想，特别是影响了青年时期的陀思妥耶夫斯基。"[1] 这是他受此影响初入文坛并确立文名之际。

陀思妥耶夫斯基早期的人道主义思想大体是认为人就是生命，尊重人即尊重生命的存在。1849年12月22日在彼得拉舍夫斯基案件被判刑后写给哥哥的信中，陀思妥耶夫斯基指出："生命不管在哪里总是生命，生

---

[1] С. Л. Франк. Достоевский и кризис гуманизма.//С. Л. Франк. *Русское мировоззрение*. СПб.: Наука–СПб., 1996, с. 360.

命在我们自己身上，而不是在外部。在我身边将会有一些人，而身处人们之间做人，而且永远是个人，不管身处何种逆境，不灰心，不绝望，——这就是生命之所在，是它的使命之所在。"①

在此阶段，从中篇小说《双重人格》可以看出，陀思妥耶夫斯基已经能够辩证看待双重人格问题。陀思妥耶夫斯基艺术地表现了人身上固有的双重人格特征：鉴于人的本质属性有自然属性（生存竞争）和精神属性（信仰、理性），人类同时拥有向善和趋恶的两个方向，这是人性这枚硬币的两面，不可分割。

第二阶段，从早期的世俗的人道主义思想到中后期的东正教人道主义的转化时期。19世纪40年代后期对空想社会主义的人道主义开始感到失望，从尊重个性自由的初心进入了无解的死胡同，于是由探索道德问题转化为渴望通过宗教解决。

陀思妥耶夫斯基在回顾自己四五十年代的思想历程时，给自己定义为"思想的产儿"和"怀疑的产儿"，这是一对矛盾而又统一的术语，说明他在自己那个思想纷繁复杂的时代面临着选择的困惑。"我是时代的产儿，是缺乏信仰和彷徨怀疑的产儿……我为渴求信仰而付出的和正在付出的代价是多么可怕的磨难！我心中的反面结论越多，对信仰的渴求就越是强烈。"②

第三个阶段也是最后一个阶段，是陀思妥耶夫斯基对启蒙人道主义或

---

① 陀思妥耶夫斯基：《1849年12月22日致米·米·陀思妥耶夫斯基的信》，《陀思妥耶夫斯基全集》第21卷《书信集》（上），郑文樾、朱逸森译，石家庄：河北教育出版社，2010年，第117—118页。

② 陀思妥耶夫斯基：《1854年1月末—2月20日致娜·德·冯维津娜的信》，《陀思妥耶夫斯基全集》第21卷《书信集》（上），郑文樾、朱逸森译，石家庄：河北教育出版社，2010年，第144—145页。

曰理性人道主义的认识逐渐清晰,其东正教人道主义思想开始定型、完善与固化的阶段。《卡拉马佐夫兄弟》中《宗教大法官》证明了将自由从人道主义思想中抽离后,就会让人道主义走向反人道主义。虽然自由是人的天生权利,尊重自由就是人道主义的应有之义。但是,不能将个人的自由绝对化,如果这样就会脱离上帝的约束,脱离"爱人如己"的戒律,便会走向反面。同样,如果每个人都要主张自己的绝对自由、追求任性而为,那就会纷争不断、一片混乱。最后每个人就只能将自己的自由让渡给他人,换取面包,就像《宗教大法官》中那样,心甘情愿地把自己的自由交给宗教大法官。这样一来,上帝崇拜就变成了统治者崇拜,丧失了自由的人们只得服从统治者的高压和专制统治,个人的一切行动都要听从统治者的命令。结果,"每个人的自由的丧失成就了统治者个人自由的膨胀,个人绝对自由的丧失完成了统治者个人自由的绝对化,于是人道主义就走向了反人道主义"。[1]

第三节 陀思妥耶夫斯基人道主义思想的本质

陀思妥耶夫斯基人道主义思想的产生,受欧洲思潮影响和俄国两派之争的大环境和家庭的小环境的共同影响。资本主义的兴起,悲观主义绝望情绪(以叔本华为代表)在欧洲的蔓延,笃信东正教的家庭教育,都将人从张扬自我的浪漫主义的进攻性退回到反求诸己、讲求人性的防御性。别尔嘉耶夫曾经指出,人性作为俄罗斯文化的传统,是"俄罗斯固有的特征",而怜悯和同情是俄罗斯文化的道德基础:"对于丧失了社会地位

---

[1] 雷永生:《东西文化碰撞中的人:东正教与俄罗斯人道主义》,北京:华夏出版社,2007年,第109页。

下 编

的人、对被欺辱与被损害的人的怜悯、同情，是俄罗斯人的很重要的特征。……全部的俄国民粹主义都起源于怜悯和同情。……另一位俄罗斯的天才陀思妥耶夫斯基为苦难和对受苦人的怜悯折磨得精神失常。苦难和同情成为他的作品的基本主题。"[1]

从表现形式来看，陀思妥耶夫斯基人道主义思想其一就是对不幸者和受压迫者的普遍的怜悯、同情、共情（"我们的人""不幸的人"）。在其早期创作中，就体现为对普通人，特别是社会底层人物的信仰，把他们认作俄国传统的载体和传承者。正如索洛维约夫在评价《穷人》时所说的那样："这部中篇的社会意义（后来的长篇《被欺凌与被侮辱的》也一样），可以归结为一种古老而又恒新的真实，那就是在现有秩序下，道德优秀的人，对社会来说，都是劣等人，他们注定是穷人，是被欺凌与被侮辱的。"[2]

其二，陀思妥耶夫斯基人道主义思想本质上是一种人学理念，有别于生理学等纯计量科学意义上的"人学主义"，是对人的人文性或者人性进行的研究：以信望爱的态度，希望每个个体获得自由的发展，希望人类的整体幸福。正如罗扎诺夫所说的达到最终的人向上帝敞开的状态："这不是科学，不是诗歌，不是哲学，也不是宗教，至少不仅仅是宗教，而纯粹是对人本身的一种崭新的感觉，还有他那敞开的听觉，还有他那敞开的视觉，但这是心灵的视觉，也是心灵的听觉。"[3] 所以，它主张有合理限度

---

[1] 别尔嘉耶夫：《俄罗斯思想》，雷永生、邱守娟译，北京：生活·读书·新知三联书店，2004年，第88—89页。

[2] 索洛维约夫：《纪念陀思妥耶夫斯基的三次演讲》，曹国维译，阿希姆巴耶娃编选：《精神领袖：俄罗斯思想家论陀思妥耶夫斯基》，徐振亚、娄自良等译，上海：上海译文出版社，2009年，第12页。

[3] 罗扎诺夫：《为什么我们感到陀思妥耶夫斯基很亲切：纪念陀思妥耶夫斯基逝世三十周年》，徐振亚译，阿希姆巴耶娃编选：《精神领袖：俄罗斯思想家论陀思妥耶夫斯基》，徐振亚、娄自良等译，上海：上海译文出版社，2009年，第257页。

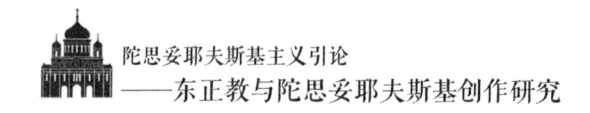

的自由，它反对工具理性和理性至上主义，主张适度的自由意志、反对人神。俄国批评家、文学史家沃尔什基指出："人神是所有伟大的人道主义者的梦想，因为认识他们的神；即使尼采也在自己的哲学梦中幻想这人神。人神的人道主义体系几乎是所有社会主义学说的或明显或隐蔽的道德前提，也是马克思科学社会主义伦理的基础。"①

其三，陀思妥耶夫斯基人道主义思想是在同时攻击"罗马思想"（主要体现为天主教）和"日内瓦思想"（主要体现为空想社会主义）②，既抨击宗教大法官那种专制的人道主义（《卡拉马佐夫兄弟》），认为这不仅是对人的个性与自由的践踏，更是一种独特地伪装起来的反基督思想和无神论③，更批判在他看来最终必然要体现为暴力和野蛮的"日内瓦思想"，可见，他的人道主义思想就势必是这两者之外的"第三种选择"。张鹤就认为，陀思妥耶夫斯基的人道主义就是"一条中间道路"："陀思妥耶夫斯基一直在人与上帝之间寻找着一条中间道路，这条路使人既能保持着人的自由与个性，又不至于因崇拜自己而骄傲自大，同时，这条路也能够使人在认清自身恶的因素之时，还能够看清，恶的状态虽然不易消解，却绝不是人的健康、正常状态，这条路就是陀思妥耶夫斯基的独特的基督教人道主义，这也是其人道和宗教'双向观'共同发展的结果。"④究其实质而言，陀思妥耶夫斯基的人道主义思想既是作为"第三种选择"的中间道路，又是一条无比曲折的未完成的道路。

---

① 沃尔什基：《陀思妥耶夫斯基的宗教道德问题》，徐振亚译，阿希姆巴耶娃编选：《精神领袖：俄罗斯思想家论陀思妥耶夫斯基》，徐振亚、娄自良等译，上海：上海译文出版社，2009年，第178页。
② 同上，第186页。
③ 同上，第184页。
④ 张鹤：《地狱仰望天国：陀思妥耶夫斯基与无辜受难者的灵魂磨砺》，金亚娜主编：《充盈的虚无：俄罗斯文学中的宗教意识》，北京：人民文学出版社，2003年，第64页。

下 编

其四，陀思妥耶夫斯基人道主义思想跟他的根基主义思想一样，都有对"全人类性"的追求，力图将俄罗斯的民族性扩而大之，竭力与普世主义结合起来，也是一种追求普世主义的"全人类性"思想。谢苗·弗兰克指出："社会主义者不是利他主义者；他当然也追求人类幸福，但他所爱的已非活生生的人，而是自己的**思想**，亦即全人类幸福的思想。他为这一思想牺牲自己，也毫不犹豫地为此牺牲他人。"[1]这其实与陀思妥耶夫斯基早年信奉的法国傅立叶的空想社会主义思想殊途同归。

其五，鉴于"所有人身上都有上帝的形象"[2]，陀思妥耶夫斯基人道主义思想最后完全体现为东正教人道主义思想，或者说，最终彻底融入了俄罗斯式的东正教人道主义思想中。正如谢苗·弗兰克所说："我们把**人道主义**（在这个词的广义上，广义与通行的历史术语赋予这个概念的那个专门意义绝对不一致）理解为**对人的信仰**这样一种形式，这个形式是从文艺复兴时代开始的近代历史的产物和特征。这个形式的实质方面是对**人自身**的信仰——这个人仿佛是自己独立行事的，与一切其余的东西脱离的，并与一切其余的东西对立的——这不同于基督教对人的理解，在这个理解中人是在其对上帝的态度中，在其与上帝的联系中被接受的。"[3]在陀思妥耶夫斯基的后期，弗兰克所说的这种关系，实质上已经被倒置了。

---

[1] 谢苗·弗兰克：《虚无主义的伦理学》，徐凤林译，《俄国知识人与精神偶像》，上海：学林出版社，1999年，第60页。字体加粗处原文如此。

[2] 索洛维约夫：《纪念陀思妥耶夫斯基的三次演讲》，曹国维译，阿希姆巴耶娃编选：《精神领袖：俄罗斯思想家论陀思妥耶夫斯基》，徐振亚、娄自良等译，上海：上海译文出版社，2009年，第20页。

[3] С. Л. Франк. Достоевский и кризис гуманизма.//С. Л. Франк. *Русское мировоззрение*. СПб.: Наука-СПб., 1996, с. 361. 字体加粗处原文为斜体着重号。

第四节　陀思妥耶夫斯基人道主义思想的悖论

　　启蒙时代的人道主义革命，是一场主体性革命，以笛卡尔的著作为代表（"我思即我在"），把人从宗教的束缚下解放出来，这是构成现代思想架构之基础的早期的人道主义思想。人的自由和自我创造是现代人道主义（人本主义）思想的立足点。正如法国学者吕克·费里所指出的："拯救的问题为什么，又如何以人，而不再以宇宙或上帝为本——傲慢地丑化那些只在其中看到狂妄、无度和疯狂的'先人们'？在现代人道主义眼中，这可能区分人和其他一切造物并且以此确定人的不可替代的价值：这就是人的自由，人挣脱诸如历史—社会传统的自然决定论的能力：他不是被他特有的'自然'所确定，甚至不是由他被拘囿其中的历史所规定，而是不断地通过科学和艺术的进步，通过不断扩展的自主性的胜利，通过对不断增长、有时是革命的历史掌控而'自我创造'，……从这个新的角度——纯粹的人道主义的角度——看，良好生活不再是寻求在宇宙次序中的地位，也不再寻求依从上帝——而是通过参与人的历史——赢得永恒。归根结底，当一个人为人类进步大厦的奠基添砖加瓦时，是观念使他得到某种程度的'拯救'。"[①]

　　从"拯救"（或曰救赎）的普遍意义来看，陀思妥耶夫斯基的人道主义不断徘徊在世俗的人道主义和宗教（东正教）人道主义之间，而且往往两者兼而有之，这尤其体现在他跟普通读者之间的通信上，他谆谆教导读者的做人原则和行事规范，并在铺筑好世俗意义上的人道主义的基础上循循善诱，常常对读者提出更高的希望，这些满怀期待的要求就是吕克·费里所说的具有现代性意味的"自我创造"，在一定程度上也就是陀思妥耶

---

① 吕克·费里：《论爱》，杜小真译，北京：北京大学出版社，2017年，第17页。

下编

夫斯基的东正教人道主义思想。

当然，他的人道主义思想并非一成不变、完全逻辑自洽，我们也能在其人道主义思想的发展脉络中发觉一些悖论，然而，就历史发展而言，也可以不去苛求陀思妥耶夫斯基，因为这些矛盾也是人道主义在发展历史中本来就无可避免的。我们试举几处：

首先，对人的本性的尊重，容易导致对人的世俗性的盲目、过分的崇拜（社会达尔文主义是其极致）。沃尔什基早就指出："陀思妥耶夫斯基在创作生涯初期对于个性的赞扬就已经包含了那些后来导致他与许多赞扬个性的人道主义者和人道主义学说分道扬镳的萌芽。"[1] 谢苗·弗兰克也有这样的疑虑，他曾担心启蒙的人道主义或世俗的人道主义会在抬高人的同时贬低上帝，因为推崇人而把人的一切都看成绝对的、神圣的，以至达到人神的地步。他说："这种形式的人道主义中包含着深刻的和完全无法克服的矛盾：人的崇拜、对人负有统治世界和在世界上树立起理性与善的统治的伟大使命的乐观主义信仰，是跟对人的理论观念，即把人看作从属于自然王国并从总体上服从自然的盲目力量的实体的观念，结合在一起的。"[2] 陀思妥耶夫斯基早期虽然认为对人的尊重不应发展到不需要甚至否定基督和上帝的地步，但中晚期特别是发表《地下室手记》之后，这种疑虑越来越重，他担心对人的个性的尊重和推崇，一不小心就容易越过藩篱，跨入作为最高道德价值的上帝和基督的禁地，成为人神。为此他着重批判了《罪与罚》中的拉斯柯尔尼科夫、《白痴》中的伊波利特、《群魔》中的基

---

[1] 沃尔什基：《陀思妥耶夫斯基的宗教道德问题》，徐振亚译，阿希姆巴耶娃编选：《精神领袖：俄罗斯思想家论陀思妥耶夫斯基》，徐振亚、娄自良等译，上海：上海译文出版社，2009年，第155页。

[2] С. Л. Франк. *Свет во тьме: Опыт христианской этики и социальной философии.* Париж: YMCA-PRESS, 1949, с. 150.

里洛夫、《卡拉马佐夫兄弟》中的伊万·卡拉马佐夫以及《作家日记》中的虚无主义者，原因就在于这些都是人神。为了解决这个问题，陀思妥耶夫斯基进行了别具一格的概念性转化，在伦理和宗教之间不停转换，有时候伦理学问题往往就成了宗教问题，比如，他常常批评天主教和无神论是某种抽象的哲学典型。可以这样说，在中后期的创作中，陀思妥耶夫斯基对人的信仰不由自主地会转化到对上帝的信仰上。沃尔什基就断言："陀思妥耶夫斯基看到所有这些学说的基础都是人的地上王国的这个理想，而这个人否定上帝，不需要上帝，在最好的情况下把人的个性作为最高价值放到了上帝的位置上，而在最坏的情况下又把人的幸福、'劣等人'的普遍幸福作为最高价值放到了上帝的位置上。"[1]

然而，一旦人道主义思想脱离宗教的基础，就会将人本身逐渐地神化，进而又将自然逐渐地神化，认为人是自然的产物，人应该洞悉自然并与自然融为一体。这里就可能出现推崇人与贬低人的矛盾。正如别尔嘉耶夫所言："在这里，我们已经看到了人道主义自身解体的开端。"[2]

其次，对亲近之人的爱，容易在不知不觉中变成了对疏远之人的爱，转化成"精致的极端个人主义或者抽象的人道主义"[3]。在《卡拉马佐夫兄弟》中，佐西马长老在给霍赫拉科娃女士所讲的一位医生的故事中说道："他说：'我爱人类，但是我自己也感到奇怪：我越是爱整个的人类，就越

---

[1] 沃尔什基：《陀思妥耶夫斯基的宗教道德问题》，徐振亚译，阿希姆巴耶娃编选：《精神领袖：俄罗斯思想家论陀思妥耶夫斯基》，徐振亚、娄自良等译，上海：上海译文出版社，2009年，第179页。
[2] 别尔嘉耶夫：《历史的意义》，张雅平译，上海：学林出版社，2002年，第114—115页。
[3] 沃尔什基：《陀思妥耶夫斯基的宗教道德问题》，徐振亚译，阿希姆巴耶娃编选：《精神领袖：俄罗斯思想家论陀思妥耶夫斯基》，徐振亚、娄自良等译，上海：上海译文出版社，2009年，第176页。

不爱个别的人，即彼此分开的、单独的人。'"①《少年》中的维尔希洛夫也提到过，所谓的"爱人类"不过是爱人自己的想象和映射而已："爱自己亲近的人而又不蔑视他，这是不可能的。……在我看来，人生来就从生理上不可能爱自己亲近的人。这里从一开始就在语言上发生了某种错误。'爱人类'仅仅应该理解为爱你自己在内心创造的人类（换言之，是你自己制造了自己，也制造了对自己的爱），因此，这样的人类事实上是永远没有的。"②

再次，陀思妥耶夫斯基的东正教人道主义思想在直面人作为高级动物的本性发展差异的现实时，用文学来表现差异（本体论意义上），用哲学来分析差异（认识论意义上），最后用宗教来解决差异（方法论意义上），对文学、哲学和宗教的功效存在认识不对称的矛盾。

比如，从中篇小说《双重人格》开始，陀思妥耶夫斯基就认为，人的"双重人格"是人的天性，也是"一种巨大的痛苦"，必须找到精神的出路。双重人格"这是一般的人的天性所具有的特征……这是一种巨大的痛苦，但同时也是一种巨大的享受。这是一种强烈的意识，一种进行内省的要求，是存在于您天性中的对本人和人类道德责任的要求，这就是这种双重性的表现"③。这种双重性是人格发展到一定阶段的产物，也是哲学意义上的悖论的表现形式，也就是说，文明社会的人应该都有一定程度的双重人格特性。"如果您的智慧不十分发达，如果您比较狭隘一些，那么您

---

① 陈燊主编：《陀思妥耶夫斯基全集》第15卷《卡拉马佐夫兄弟》（上），臧仲伦译，石家庄：河北教育出版社，2010年，第82页。
② Ф. М. Достоевский. *Полное собрание сочинений в 30 томах. Т. 13.* Л.: Наука, Ленинградское отделение, 1975, с. 175.
③ 陀思妥耶夫斯基：《1880年4月11日致叶·费·云格的信》，《陀思妥耶夫斯基全集》第22卷《书信集》（下），郑文樾、朱逸森译，石家庄：河北教育出版社，2010年，第1152页。

就不会如此诚实和有良心,也就不会有这种双重性。相反,您会非常非常自命不凡。"①但是,陀思妥耶夫斯基随即就指出,信奉宗教就能缓解这种双重人格带来的痛苦。"但这种双重性毕竟是一种巨大的痛苦,亲爱的尊敬的叶卡捷琳娜·费奥多罗芙娜,您是否相信基督和他的誓愿?如果您相信(或者是您非常想要相信),那么您就完全信赖他吧,这样做的话双重性带来的痛苦会大大减轻。您也就有了摆脱精神困境的出路,而这是主要的。"②而事实上,解决双重人格的分裂性痛苦,方法有很多种,宗教只是其中之一而已。

最后,陀思妥耶夫斯基的东正教人道主义与俄国现代性问题之间的矛盾。在俄国现代性问题的展开过程中,人道主义与作为俄国现代性表征的资本主义之间一直存在不可调和的矛盾,俄国现代性问题的出路也有赖于此矛盾的解决。这正如陀思妥耶夫斯基在《鳄鱼》的手稿中原计划的故事结局:伊万·马特耶维奇最后从鳄鱼的肚子里爬了出来,而德国人却企图要把他重新送进去。③"和在《地下室手记》里一样,在《鳄鱼》里,主人公也被作者放置在神的世界之外。我们记得,落入到鳄鱼腹内之后,官员伊万·马特维耶维奇开始从这个'地下室'与周围的现实交往,就像车尔尼雪夫斯基的主人公与世界交往一样:借助于理论、规划和梦。"④但是,

---

① 陀思妥耶夫斯基:《1880年4月11日致叶·费·云格的信》,《陀思妥耶夫斯基全集》第22卷《书信集》(下),郑文樾、朱逸森译,石家庄:河北教育出版社,2010年,第1152页。
② 陀思妥耶夫斯基:《1880年4月11日致叶·费·云格的信》,《陀思妥耶夫斯基全集》第22卷《书信集》(下),郑文樾、朱逸森译,石家庄:河北教育出版社,2000年,第1152—1153页。
③ Ф. М. Достоевский. Полное собрание сочинений в 30 томах. Т. 5. Л.: Наука, Ленинградское отделение, 1973. c. 393.
④ 谢·阿·尼克利斯基:《陀思妥耶夫斯基作品中的"地下室人"现象》,《俄罗斯文学的哲学阐释》,张百春译,合肥:安徽大学出版社,2017年,第170页。

下 编

梦境中的"黄金时代"只是对过去的理想主义想象和对未来的美好希冀,梦醒后必然失望和颓丧。在陀思妥耶夫斯基构建的语境中,当地上和地下都没有出路的时候,主人公就要忍不住望一望天——上帝与天堂的所在。

陀思妥耶夫斯基的人道主义的悖论,也是人道主义本身发展至今无可避免的矛盾,貌似讨论热烈,实则已经无解。陀思妥耶夫斯基人道主义把解决的希望投向"上帝之国"的建立,然而,从希望到建成,这中间似乎还有一条长长的重建人学的道路要走。历史上空想社会主义的激情就是希望在人世间建立一个"上帝缺席"的"上帝之国",实现"没有基督,即'爱的源泉'的基督"的人与人之间的爱,这个实验已经失败。这国最终是无法建成的巴别塔,这爱是不可能持久的"反基督之爱的现象",陀思妥耶夫斯基的希望势必落空。正如《卡拉马佐夫兄弟》中的佐西马长老所说:"如果撇开基督,结果必将使全世界淹没于血泊之中,因为血债要用血来偿还,动刀的人必将死于刀下。如果不是基督有约言在先,他们一定会互相残杀,直到世界上只剩下最后两个人。"[1]梅列日科夫斯基也对此持悲观态度,认为这个无法建成的巴别塔是"人道主义的宗教谎言的最高表现"[2]。

第五节 陀思妥耶夫斯基东正教人道主义的思想史意义

陀思妥耶夫斯基的人道主义是俄罗斯众多思想家中持有神论的人道主义思想中的一种(东正教人道主义),跟来自西欧的无神论的人道主义思

---

[1] 陈燊主编:《陀思妥耶夫斯基全集》第15卷《卡拉马佐夫兄弟》(上),臧仲伦译,石家庄:河北教育出版社,2010年,第504页。
[2] 《别尔嘉耶夫论果戈理(附录3)》,梅列日科夫斯基:《果戈理与鬼》,耿海英译,北京:华夏出版社,2013年,第215页。

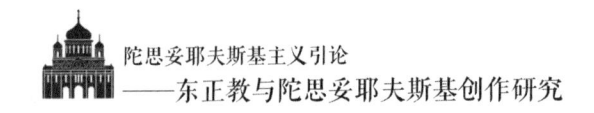

想有所不同,后者由对神的否定而达到对人的崇拜,容易导致尼采的"超人"的产生(《罪与罚》中拉斯柯尔尼科夫的"超人"思想),其实是促使了反人道主义的出现,而俄罗斯式的人道主义并不把宗教与人道主义思想对立起来,而是从宗教上思考人道主义的意义,将人的本质和神的属性结合起来,不绝对追求"人的神化"(因为容易导致人神的产生),时时以"神的人化"进行观照,由"富有人性的上帝来保证人类社会的人道化,这就是俄罗斯人道主义的基本特点"①。在我们看来,雷永生先生所说的俄罗斯人道主义的特点也基本适用于早期的陀思妥耶夫斯基,他早期的创作继承并发展了俄罗斯的人道主义思想。

综观陀思妥耶夫斯基人道主义思想的整个发展路径,它带给我们的思想史启示主要有以下两点:

第一,要明确陀思妥耶夫斯基的东正教人道主义思想中道德与宗教的关系问题,宗教是道德自律的高级形态。道德是让人成为人的精神基础,宗教是人的精神性的最高体现。"生命之源已经枯竭,为了重新激活它,为了用活水灌满它,首先需要的是牢固的道德基础,首先需要的是道德。这些问题对于理解陀思妥耶夫斯基至关重要,具有决定意义。"②

在陀思妥耶夫斯基那里,道德问题要凭依宗教的力量,道德上的痛苦要靠宗教才能获得最终的解决;道德任何时候需要服从宗教,不然人就会堕入虚无主义的陷阱,自己制造出人神来,无神时就需要寻神和造神。在寻神论意义上而言,陀思妥耶夫斯基那里所谓的"俄罗斯信仰"其实就是

---

① 雷永生:《东西文化碰撞中的人:东正教与俄罗斯人道主义》,北京:华夏出版社,2007年,第306页。
② 沃尔什基:《陀思妥耶夫斯基的宗教道德问题》,徐振亚译,阿希姆巴耶娃编选:《精神领袖:俄罗斯思想家论陀思妥耶夫斯基》,徐振亚、娄自良等译,上海:上海译文出版社,2009年,第187页。

下编

"宗教信仰",就如俄国宗教哲学家瓦西里·罗扎诺夫所说的那样:在陀思妥耶夫斯基那里,"凡是仔细观察过'俄罗斯信仰的实质'的人,定能发现或者将会发现,它与'信教的俄罗斯人的本质'是密不可分的"。[1]

第二,陀思妥耶夫斯基的东正教人道主义思想预见到"日内瓦思想"的暴力因素,但是没有预测到其强度和规模范围,所以,在他身后它本身也无法在恶的势力下生存,更不用说能起到它理想的作用了。"无论如何,有一点是清楚的:陀思妥耶夫斯基离人道主义的乐观主义,离对人的一切理想化无限地遥远。陀思妥耶夫斯基所描绘的人的本质既是与'理性的人'的直接对立,也是与浪漫主义的'美丽的心灵'的直接对立。"[2]谢苗·弗兰克以19世纪40年代的马克思主义为例,认为"这时自然主义的人道主义变成了撒旦的人道主义",本质上这就意味着,"人道主义自己消灭自己",因为"经济唯物主义和关于阶级斗争的学说的本质就在于,只有恶的力量——贪财,仇恨,嫉妒——才是人类进步的唯一的真正的推动力。人身上一切崇高的,精神的,高尚的东西原则上都被否定;只有投靠撒旦的力量,人才能实现自己在地上的目的。人的形象在这里彻底地暗淡了,正是在这个方面对人的个性的信仰被对'集体','无产阶级'的无个性的怪物的信仰给代替"。[3]陀思妥耶夫斯基对人道主义所抱的谨慎的隐忧,竟然在几十年后的俄罗斯就变成了现实。所以说,陀思妥耶夫斯基的东正教人道主义思想也跟他的"黄金时代"之梦一样,悖论性地走向它的

---

[1] 罗扎诺夫:《陀思妥耶夫斯基与索洛维约夫之间的龃龉》,徐振亚译,阿希姆巴耶娃编选:《精神领袖:俄罗斯思想家论陀思妥耶夫斯基》,徐振亚、娄自良等译,上海:上海译文出版社,2009年,第233页。

[2] С. Л. Франк. Достоевский и кризис гуманизма.//С. Л. Франк. *Русское мировоззрение*. СПб.: Наука–СПб., 1996, с. 363.

[3] С. Л. Франк. Достоевский и кризис гуманизма.//С. Л. Франк. *Русское мировоззрение*. СПб.: Наука–СПб., 1996, с. 364.

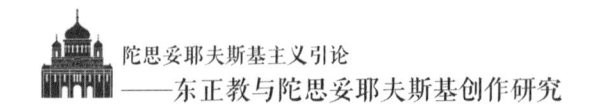

反面,"以无限的自由开始,以无限的专制结束",因此,也是一种披着传统美丽外衣的道德情怀和理想主义口号。

随着社会的发展,人道主义思想在现当代也展现出各种各样的形态,人道主义还吸纳了一些其他的要素,譬如说道德平等权原则,它贯穿于反对一切基于种族的、性别的、宗教的、年龄的、国别的歧视,这个原则的相应结果就是呼吁对一切人的智力和美德提供平等机会。这也要求人道主义思想摈弃民族主义的偏见,跨越不同宗教信仰的约束,彻底走向不计功利的普世主义。在战争频仍、冲突不断、贫富分化日益严重的当今世界,既要尊重人性、个体和族群的差别,又要高举不分差别的、非歧视的人道主义的旗帜,这不就跟陀思妥耶夫斯基当年面对悲观现实却满怀理想主义的信、望、爱的人道主义思想一样,面临相同的境遇吗?试问一句:在人道主义的核心——"共同(co-)"精神里面,还有多少"同"要求、"异"要存呢?

参考文献

（以著述者姓氏字母顺序为主）

一、俄文专著

1. Аллен, Луи. *Ф. М. Достоевский. Поэтика. Мироощущение. Богоискательство.* СПб.: Издательство «Logos», 1996.

2. Бачинин В. А. *Теология, социология и антропология литературы: Вокруг Достоевского.* Донецк: Издательство «ДУХ І ЛІТЕРА», Донецкого христианского университета, 2012.

3. Волынский А. Л. *Достоевский: Философско-религиозные очерки.* СПб.: ООО «Издательский дом «Леонардо», 2011.

4. Гвардини, Романо. Эон. Альманах старой и новой культуры/ РАН. ИНИОН. Вып. 9: Человек и вера: Исследование религиозной экзистенции в больших романах Достоевского; Конец Нового времени. Попытка найти свое место. М., 2009.

5. Белкин А. А. *Читая Достоевского и Чехова: Статьи и разборы.* М.: Художественная литература, 1973.

6. Бем А. Л. *Вокруг Достоевского. В 2 т. Т. 1: О Достоевском: Сборники статей под ред. А. Л. Бема.* Сост., вступ. ст. и коммент. М. Магидовой. М.: Русский путь, 2007.

7. Бердяев Н. А. *Новое религиозное сознание и общественность*. М.: Канон+, 1999.

8. Бердяев Н. А. *Смысл творчества: Опыт оправдания человека*. Харьков: Фолио; М.: Аст, 2002.

9. Бердяев Н. А. *Философия творчества, культуры и искусства*. М.: Искусство, Лига, 1994.

10. Владимирцев В. П. *Достоевский народный: Ф. М. Достоевский и русская этнологическая культура: Статьи. Очерки. Этюды. Комплекс историко-литературных исследований*. Иркутск: Издательство ИГУ, 2007.

11. Волынский А. Л. *Достоевский: философско-религиозные очерки*. СПб.: ООО «Издательский дом «Леонардо», 2011.

12. Гачева А. Г. *Ф. М. Достоевский и Н. Ф. Федоров. Встречи в русской культуре*. М.: ИМЛИ РАН, 2008.

13. Гогина Л. П. *Альтернатива нигилизму в романе «Бесы» Ф. М. Достоевского*. М.: ИИУ МГОУ, 2015.

14. Гроссман Л. П. *Достоевский*. М.: Молодая гвардия, 1962.

15. Гулыга А. В. *Русская идея и ее творцы*. М.: Соратник, 1995.

16. Гулыга А. В. *Философы России XIX - XX столетий. Биографии, идеи, труды*. 2-изд., перераб. и доп. М.: Кн. и бизнес, 1995.

17. Гус М. С. *Идеи и образы Ф. М. Достоевского*. Изд. 2-е. М.: Художественная литература, 1971.

18. Данилевский Н. Я. *Россия и Европа*. СПб.: Издание товарищества «Общественная польза», 1871.

19. Данилевский Н. Я. *Россия и Европа. Взгляд на культурные и политические отношения славянского мира к германо-романскому*. Изд. 2-е. М.: Институт русской цивилизации, Благословение, 2011.

20. *Достоевский. Эстетика и поэтика. Словарь-справочник.* Составители: Г. К. Щенников, А. А. Алексеев, и другие. Челябинск: Металл, 1997.

21. Дудкин В. В. *Достоевский-Ницше (Проблема человека)*. Петрозаводск: Издательство КГПИ, 1994.

22. Дунаев М. М. *Вера в горниле сомнений: православие и русская литература В XVIII - XX вв*. М.: Издательский Совет Русской Православной Церкви, 2003.

23. Дунаев М. М. *Православие и русская литература. В 6-ти частях*. Изд. 2-е, испр., доп. М.: Христианская литература, 2001–2004.

24. Жирар, Рене. *Достоевский: от двойственности к единству*. Пер. с фр.. М.: Издательство ББИ, 2013.

25. Евлампиев И. И. *Философия человека в творчестве Ф. Достоевского: от ранних произведений к «Братьям Карамазовым»*. СПб.: Издательство Русской христианской гуманитарной академии, 2012.

26. Ефремов В. С. *Самоубийство в художественном мире Достоевского*. СПб.: Диалект, 2008.

27. Жигач Л. В. *Теория политической народности А. Д. Градовского в художественном восприятии Ф. М. Достоевского*. Тверь: Тверской государственный университет, 1992.

28. Зайцев П. Л. *Философские проблемы этической и религиозной антропологии: учебное пособие*. Омск: Изд-во Ом. гос. унта, 2016.

29. Зандер Л. А. *Тайна добра: Проблема добра в творчестве Достоевского*. Frankfurt am Main: Possev-Verlag, 1960.

30. Ильин И. А. *Собрание сочинений в 10 т. Т. 6, кн. 3: О России и русской душе; Гении России*. М.: Русская книга, 1997.

31. Исупов К. Г. *Метафизика Достоевского*. М.; СПб.: Центр гуманитарных инициатив, 2016.

32. Кантор В. К. *«Братья Карамазовы» Ф. Достоевского*. М.: Художественная литература, 1983.

33. Кантор В. К. *Судить Божью тварь. Пророческий пафос Достоевского*. М.: Росспэн, 2010.

34. Капилупи С. М. *«Трагический оптимизм» христианства и проблема спасения: Ф. М. Достоевский*. СПб.: Алетейя, 2013.

35. Касаткина Т. А. *О творящей природе слова: Онтологичность слова в творчестве Ф. М. Достоевского как основа реализма в высшем смысле*. М.: ИМЛИ РАН, 2004.

36. Касаткина Т. А.（ред.）. *Роман Ф. М. Достоевского «Идиот»: Современное состояние изучения*. М.: Наследие, 2001.

37. Касаткина Т. А. *Священное в повседневном: Двухсоставный образ в произведениях Ф. М. Достоевского*. М.: ИМЛИ РАН, 2015.

38. Касаткина Т. А.（ред.）. *Достоевский и XX век: в 2 томах*. М.: ИМЛИ РАН, 2007.

39. Киносита Тоёфуса. *Антропология и поэтика творчества Достоевского*. СПб.: Серебряный век, 2005.

40. Кольцова В. А., Холондович Е. Н. *Воплощение духовности в личности и творчестве Ф. М. Достоевского*. М.: Ин-т психологии РАН, 2013.

41. Кудрявцев Ю. Г. *Три круга Достоевского*. М.: Издательство Московского университета, 1979.

42. Кунильский А. Е. *«Лик земной и вечная истина»: О восприятии мира и изображении героя в произведениях Ф. М. Достоевского*. Петрозаводск: Изд-во ПетрГУ, 2006.

43. Ланцов, Алексей. *«Будут все как дети Божии…»: Традиции житийной литературы в романе Ф. М. Достоевского «Братья Карамазовы»*. СПб.: Алетейя, 2011.

44. *Литературоведческий журнал. № 16. Ф. М. Достоевский в современном мире. Материалы международного симпозиума (Москва, 2001)*. М.: ИНИОН РАН, 2002.

45. Лифшиц М. А. *Проблема Достоевского (разговор с чёртом)*. М.: Академический проект, 2013.

46. Лосский Н. О. *Достоевский и его христианское миропонимание*. Нью-Йорк: Изд-во имени Чехова, 1953.

47. Митрополит Антоний. *Ф. М. Достоевский, как проповедник возрождения*. N. Y.: Издание Северо-Американской и Канадской епархии, 1965.

48. Мочульский К. В. *Гоголь. Соловьев. Достоевский*. М.: Республика, 1995.

49. Нейчев, Николай. *Таинственная поэтика Ф. М. Достоевского*. Пер. с болг. Т. Нейчевой. Екатеринбург: Изд-во Урал. ун-та, 2010.

50. Никольский С. А., Филимонов В. П. *Русское мировоззрение. Том 1. Смыслы и ценности российской жизни в отечественной литературе и философии XVIII – середины XIX столетия*. М.: Прогресс-Традиция, 2008. *Том 2. Как возможно в России позитивное дело: поиски ответа в отечественной философии и классической литературе 40–60-х годов XIX столетия*. М.: Прогресс-Традиция, 2009. *Том 3. «Новые люди» как идея и явление: опыт осмысления в отечественной философии и классической литературе 40–60-х годов XIX столетия*. М.: Прогресс-Традиция, 2012.

51. Ницше, Фридрих. *Сочинения в 2 томах. Т. 1*. М.: Мысль, 1990.

52. *О Достоевском: Творчество Ф. М. Достоевского в русской мысли 1881–1931 годов*. Сборник статей. М.: Книга, 1990.

53. *Проблемы исторической поэтики. Вып. 3: Евангельский текст в русской литературе XVIII – XX веков: цитата, реминисценция, мотив, сюжет, жанр*. Петрозаводск: ПетрГУ, 1994.

54. Розанов В. В. *Собрание сочинений. Т. 7. Легенда о Великом инквизиторе Ф. М. Достоевского*. М.: Республика, 1996.

55. *Русские эмигранты о Достоевском*. СПб.: Андреев и сыновья, 1994.

56. Сапронов П. А. *Русская философия. Проблема своеобразия и основные линии развития*. СПб.: Издательский центр 《Гуманитарная Академия》, 2008.

57. Сараскина Л. И. *Достоевский*. М.: Молодая гвардия, 2011.

58. Сараскина Л. И. *Испытание будущим. Ф. М. Достоевский как участник современной культуры*. М.: Прогресс-Традиция, 2010.

59. Сараскина Л. И. *Фёдор Достоевский. Одоление демонов*. М.: Согласие, 1996.

60. Соина О. С., Сабиров В. Ш. *Русский мир в воззрениях Ф. М. Достоевского*. М.: ФЛИНТА, 2016.

61. Спиваковский Е. И. *Достоевский: Судьбы России. Идеи-загадки-дискуссии*. М.: ИНИОН РАН, 2003.

62. Степанян К. А. *Путеводитель по роману Ф. М. Достоевского «Преступление и наказание»*. М.: МГУ, 2014.

63. Степанян К. А. *«Сознавать и сказать»: «Реализм в высшем смысле» как творческий метод Ф. М. Достоевского*. М.: Раритет, 2005.

64. Страда, Витторио. *Этика террора. От Достоевского до

Томаса Манна. М.: Росспэн, 2014.

65. Сыромятников В. И. *Поэтика русской идеи в великом пятикнижии Ф. М. Достоевского*. СПб.: Маматов, 2014.

66. Тарасов Ф. Б. *Евангельское слово в творчестве Пушкина и Достоевского*. М.: Языки славянской культур, 2011.

67. Твардовская В. А. *Достоевский в общественной жизни России (1861-1881)*. М.: Наука, 1990.

68. Тихомиров Б. Н. *«Лазарь! гряди вон.»: Роман Ф. М. Достоевского «Преступление и наказание» в современном прочтении*. СПб.: Серебряный век, 2005.

69. Трубецкой С. Н. *Сочинения*. М.: Мысль, 1994.

70. Туниманов В. А. *Творчество Достоевского (1854-1862)*. Л.: Наука, Ленинградское отделение, 1980.

71. Цой Л. Н. *Проблемы раскола и народных ересей в творчестве Ф. М. Достоевского*. Якутск: ЯГУ, 1995.

72. Хомяков А. С. *Сочинения в 2 томах. Т. 2*. М.: Московский философский фонд «Медиум», 1994.

73. Фёдоров Н. Ф. *Сочинения*. М.: Мысль, 1982.

74. Франк С. Л. *Русское мировоззрение*. СПб.: Наука–СПб., 1996.

75. Франк С. Л. *Свет во тьме: Опыт христианской этики и социальной философии*. Париж: YMCA-PRESS, 1949.

76. Штейнберг А. З. *Система свободы Достоевского*. Берлин: Скифы, 1923.

77. Щенников Г. К. *Целостность Достоевского*. Екатеринбург: Изд-во Уральского университета, 2001.

78. Ф. М. Достоевский. *Собрание сочинений. В 10 т.* М.: ГИХЛ, 1956-1958.

79. Ф. М. Достоевский. *Полное собрание сочинений. В 30 т.* Институт русской литературы（Пушкинский дом）РАН. Л.: Наука, Ленинградское отделение, 1972–1990.

80. Ф. М. Достоевский. *Полное собрание сочинений: Канонические тексты. В 15 т.* Петрозаводск: ПетрГУ, 1995–2015.

81. Ф. М. Достоевский. *Полное собрание сочинений и писем. В 35 томах.* 2-е издание, исправленное и дополненное.（Издание продолжается. Т. 1–8, 2013–2019）. М.: Наука, 2013–2019.

二、俄文论文

1. Лурье В. М. *Догматика "религии любви". Догматические представления позднего Достоевского.*//Христианство и русская литература. Сборник 2. СПб., 1996, стр. 295–315.

2. Суровцев С. С. *Развитие и становление философских взглядов Ф. М. Достоевского.*//Вестник МГТУ, том 11, № 1, 2008 г., стр. 49–54.

3. Шаулов С. С. *«Куманинское дело» и роман «Подросток»: рецептивный аспект.*//Достоевский и мировая культура. Филологический журнал. 2020. № 4（12）, стр. 105–116.

4. Якубович И. Д. *Литературный генезис образов кротких и чистых в Записках из Мертвого дома Ф. М. Достоевского.*//Вопросы литературы, № 1, 2015 г., стр. 95–101.

三、英文专著

1. Avramenko, Richard. & Trepanier, Lee. ed. Dostoevsky's Political Thought. Lanham: Lexington Books, 2013.

2. Cardaci Jr., Paul Francis. *Demon, Daimon and Devil: A Study of*

the Demonic Element in Goethe, Dostoevsky, Gide and Mann. Ann Arbor, Michigan: University of Michigan Press, 1972.

3. Carroll, John. *Break-out from the Crystal Palace: The Anarcho-psychological Critique: Stirner, Nietzsche, Dostoevsky*. London; Boston: Routledge & Kegan Paul, 1974.

4. Carter Stephen K. *The Political and Social Thought of F. M. Dostoevsky*. New York; London: Garland Publishers, 1991.

5. Cassedy, Steven. *Dostoevsky's Religion*. Stanford: Stanford University Press, 2005.

6. Cox, Roger L. *Between Earth and Heaven: Shakespeare, Dostoevsky and the Meaning of Christian Tragedy*. New York: Holt McDougal, 1973.

7. Darwin, Charles. *The Descent of Man and Selection in Relation to Sex*. London: John Murray, 1871.

8. Dirscherl, Denis. *Dostoevsky and the Catholic Church: A Study in Religious Conflict*. Chicago: Loyola University Press, 1986.

9. Dowler, Wayne. *Dostoevsky, Grigor'ev, and Native Soil Conservatism*. Toronto: University of Toronto Press, 1982.

10. Frank, Joseph Nathaniel. *Dostoevsky in 5 volumes*. Princeton, New Jersey: Princeton University Press, 1977–2002.

11. Gabel, John B. & Wheeler, Charles B. *The Bible as Literature: An Introduction*. New York, Oxford: Oxford University Press, 1986.

12. Gibson, Alexander Boyce. *The Religion of Dostoevsky*. London: S. C. M. Press, 1973.

13. Goodwin, James. *Confronting Dostoevsky's Demons: Anarchism and the Specter of Bakunin in Twentieth-Century Russia*. New York: Peter Lang, 2010.

14. Grigorieff, Dmitry Felix. *Dostoevsky and the Russian Orthodox*

Church. Ann Arbor: UMI, 1980.

15. Kjetsaa, Geir. *Dostoevsky and His New Testament*. Oslo: Solum Forlag, 1984.

16. Miller, Robin Feuer. *The Brothers Karamazov: Worlds of the Novel*. New Haven & London: Yale University Press, 2008.

17. Pattison, George. & Thompson, Diane Oenning. eds. *Dostoevsky and the Christian Tradition*. Cambridge: Cambridge University Press, 2001.

18. Pomper, Philp. *Sergei Nechaev*. New Brunswick, New Jersey: Rutgers University Press, 1979.

19. Sarat, Austin. ed. *Crime and Punishment: Perspectives from the Humanities*. New York: Elsevier, 2005.

20. Smith, Jeremy. *Religious Feeling and Religious Commitment in Faulkner, Dostoyevsky, Werfel, and Bernanos*. New York: Garland, 1988.

21. Stann, Paul. *The Christian Background of Fyodor Dostoevsky and Religious Motifs in His Novel, Brothers Karamazov*. Charlestown: Acme Bookbinding, 2004.

22. Steiner, George. *Tolstoy or Dostoevsky: An Essay in Contrast*. New York: Penguin, 1967.

23. Sutherland, Stewart R. *Atheism and the Rejection of God: Contemporary Philosophy and The Brothers Karamazov*. Oxford: Blackwell, 1977.

24. Terras, Victor. *Reading Dostoevsky*. Madison, Wisconsin: University of Wisconsin Press, 1998.

25. Tucker, Janet G. *Profane Challenge and Orthodox Response in Dostoevsky's Crime and Punishment*. Amsterdam, New York: Rodopi, 2008.

26. Ward, Bruce K. *Dostoevsky's Critique of the West: The Quest for*

Earthly Paradise. Waterloo, Ontario, Canada: Wilfrid Laurier University Press, 1986.

27. Wasiolek, Edward. *The Brothers Karamazov and the Critics*. Belmont: Wadsworth, 1967.

28. Wellek, René, ed. *Dostoevsky: A Collection of Critical Essays*. Englewood Cliffs, New Jersey: Prentice-Hall, 1962.

29. Windlesham, Lord. *Politics, Punishment, and Populism*. Oxford: Oxford University Press, 1998.

四、英文论文

1. Chances, Ellen. Literary Criticism and the Ideology of Pochvennichestvo in Dostoevsky's Thick Journals *Vremia* and *Epokha*. In *Russian Review*, Vol. 34, № 2（Apr., 1975）, pp. 151-164.

2. Chances, Ellen. "'Pochvennichestvo': Ideology in Dostoevsky's Periodicals". In *Mosaic*, 7: 2（1974: Winter）, pp. 71-88.

五、中文专著

1. ［俄］阿希姆巴耶娃编选:《精神领袖：俄罗斯思想家论陀思妥耶夫斯基》，徐振亚、娄自良等译，上海：上海译文出版社，2009年。

2. ［美］艾恺:《世界范围内的反现代化思潮：论文化守成主义》，贵阳：贵州人民出版社，1991年。

3. ［德］本雅明:《写作与救赎：本雅明文选（增订本）》，李茂增、苏仲乐译，上海：东方出版中心，2017年。

4. ［俄］别尔嘉耶夫:《俄罗斯的命运》，汪剑钊译，昆明：云南人民出版社，1999年。

5. ［俄］别尔嘉耶夫:《俄罗斯思想》,雷永生、邱守娟译,北京:生活·读书·新知三联书店,2004年。

6. ［俄］别尔嘉耶夫:《历史的意义》,张雅平译,上海:学林出版社,2002年。

7. ［俄］别尔嘉耶夫:《陀思妥耶夫斯基的世界观》,耿海英译,桂林:广西师范大学出版社,2008年。

8. ［俄］别尔嘉耶夫:《文化的哲学》,于培才译,上海:上海人民出版社,2007年。

9. ［俄］别尔嘉耶夫:《自我认识:思想自传》,雷永生译,上海:上海三联书店,1997年。

10. ［俄］别尔嘉耶夫:《自由精神哲学:基督教难题及其辩护》,石衡潭译,上海:上海三联书店,2016年。

11. ［美］罗伯特·伯德:《文学的深度:陀思妥耶夫斯基传》,王爱松译,哈尔滨:黑龙江教育出版社,2018年。

12. ［俄］Г.Б.波诺马廖娃:《陀思妥耶夫斯基:我探索人生奥秘》,张变革、征钧、冯华英译,北京:商务印书馆,2011年。

13. ［美］伯尔曼:《法律与宗教》,梁治平译,北京:商务印书馆,2012年。

14. ［俄］С.Н.布尔加科夫:《东正教:教会学说概要》,徐凤林译,北京:商务印书馆,2001年。

15. ［俄］布尔加科夫:《亘古不灭之光:观察与思辨》,王志耕、李春青译,昆明:云南人民出版社,1999年。

16. ［俄］杜勃罗留波夫:《杜勃罗留波夫文学论文选》,辛未艾译,上海:上海译文出版社,1984年。

17．［俄］多利宁：《同时代人回忆陀思妥耶夫斯基》，翁文达等译，桂林：广西师范大学出版社，2014年。

18．［法］吕克·费里：《论爱》，杜小真译，北京：北京大学出版社，2017年。

19．冯春编选：《普希金评论集》，上海：上海译文出版社，1993年。

20．［俄］谢苗·弗兰克：《俄国知识人与精神偶像》，徐凤林译，上海：学林出版社，1999年。

21．［美］约瑟夫·弗兰克：《陀思妥耶夫斯基：反叛的种子（1821—1849）》，戴大洪译，桂林：广西师范大学出版社，2014年。

22．［美］约瑟夫·弗兰克：《陀思妥耶夫斯基：非凡的年代（1865—1871）》，戴大洪译，桂林：广西师范大学出版社，2020年。

23．［美］约瑟夫·弗兰克：《陀思妥耶夫斯基：受难的年代（1850—1859）》，刘佳林译，桂林：广西师范大学出版社，2016年。

24．［美］约瑟夫·弗兰克：《陀思妥耶夫斯基：自由的苏醒（1860—1865）》，戴大洪译，桂林：广西师范大学出版社，2019年。

25．［苏］弗里德连杰尔：《陀思妥耶夫斯基的现实主义》，陆人豪译，合肥：安徽文艺出版社，1994年。

26．［苏］弗里德连杰尔：《陀思妥耶夫斯基与世界文学》，施元译，上海：上海译文出版社，1997年。

27．［俄］弗洛罗夫斯基：《俄罗斯宗教哲学之路》，吴安迪、徐凤林、隋淑芬译，上海：上海人民出版社，2006年。

28．高旭东：《跨学科研究》，北京：北京大学出版社，2017年。

29．［英］威廉·葛德文：《政治正义论》，何慕李译，关在汉校，北京：商务印书馆，2015年。

30.［苏］格罗斯曼:《陀思妥耶夫斯基传》,王健夫译,北京:外国文学出版社,1987年。

31.［俄］T. C. 格奥尔吉耶娃:《文化与信仰:俄罗斯文化与东正教》,焦东建、董茉莉译,北京:华夏出版社,2012年。

32.［俄］古雷加:《俄罗斯思想及其缔造者们》,郑振东译,南京:南京大学出版社,2018年。

33.［俄］赫克:《俄国革命前后的宗教》,高骅等译,上海:学林出版社,1999年。

34.［苏］赫拉普钦科:《赫拉普钦科文学论文集》,张捷、刘逢祺译,北京:人民文学出版社,1997年。

35.［德］赫尔曼·黑塞等:《陀思妥耶夫斯基的上帝》,斯人等译,北京:社会科学文献出版社,1999年。

36.［俄］霍鲁日:《静修主义与协同人学》,张百春译,香港:新思路文化有限公司,2020年。

37.［俄］霍鲁日:《作为新人学基础的灵修》,张百春译,Sydney: Russo-Chinese Orthodox Mission of ROCOR in Australia,2015年。

38.［法］纪德:《陀思妥耶夫斯基》,桂裕芳译,北京:北京出版社,2017年。

39.［俄］基斯嘉柯夫斯基等:《路标集》,彭甄、曾予平译,昆明:云南人民出版社,1999年。

40.［英］海伦·加德纳:《宗教与文学》,沈弘、江先春译,成都:四川人民出版社,1998年。

41.［俄］B. B. 津科夫斯基:《俄国思想家与欧洲》,徐文静译,徐凤林校,上海:上海三联书店,2016年。

42.［俄］瓦·瓦·津科夫斯基：《俄国哲学史》(上、下卷)，张冰译，北京：人民出版社，2013年。

43. 金亚娜主编：《充盈的虚无：俄罗斯文学中的宗教意识》，北京：人民文学出版社，2003年。

44.［德］康德：《康德著作全集》第3卷，李秋零译，北京：中国人民大学出版社，2004年。

45.［德］库萨的尼古拉：《论隐秘的上帝》，李秋零译，北京：商务印书馆，2017年。

46.［俄］莱蒙托夫：《当代英雄》，力冈译，顾蕴璞主编：《莱蒙托夫全集（全5卷）》第5卷，石家庄：河北教育出版社，1996年。

47.［英］约瑟夫·拉兹：《公共领域中的伦理学》，葛四友等译，南京：江苏人民出版社，2013年。

48.［德］赖因哈德·劳特：《陀思妥耶夫斯基哲学：系统论述》，沈真等译，北京：东方出版社，1996年。

49. 雷永生：《东西文化碰撞中的人：东正教与俄罗斯人道主义》，北京：华夏出版社，2007年。

50. 李兆林、徐玉琴：《简明俄国文学史》，北京：北京师范大学出版社，1993年。

51. 梁工主编：《圣经文学研究》，第1—13辑，北京：人民文学出版社，2007—2016年；第14—20辑，北京：宗教文化出版社，2017—2020年。

52. 刘建军：《基督教文化与西方文学传统》，北京：北京大学出版社，2005年。

53. 刘宁主编：《俄罗斯文学批评史》，上海：上海译文出版社，1999年。

54. 刘锟：《东正教精神与俄罗斯文学》，北京：人民文学出版社，

2009年。

55. 刘文飞主编:《苏联文学反思》,北京:中国社会科学出版社,2005年。

56. 刘文飞:《伊阿诺斯或双头鹰:俄国文学和文化中斯拉夫派和西方派的思想对峙》,北京:中国社会科学出版社,2006年。

57. 刘意青:《〈圣经〉的文学阐释:理论与实践》,北京:北京大学出版社,2004年。

58. 刘祖熙:《改革和革命:俄国现代化研究(1861—1917)》,北京:北京大学出版社,2001年。

59. [苏]卢那察尔斯基:《卢那察尔斯基论文学》,蒋路译,北京:人民文学出版社,2016年。

60.《鲁迅全集》第1卷,北京:人民文学出版社,2005年。

61.《马克思恩格斯选集》第1卷,北京:人民出版社,1972年。

62. [法]雅克·马里旦:《人权与自然法》,吴彦译,北京:商务印书馆,2020年。

63. [苏]马里宁:《俄国空想社会主义简史》,丁履桂等译,北京:商务印书馆,1990年。

64. [美]布鲁斯·马兹什利:《文明及其内涵》,汪辉译,刘文明校,北京:商务印书馆,2020年。

65. [英]麦奎利:《探索人性:一种神学与哲学的途径》,何光沪、高师宁译,北京:东方出版社,2019年。

66. [美]W.J.T.米歇尔:《图像何求?:形象的生命与爱》,陈永国、高焓译,北京:北京大学出版社,2018年。

67. [美]W.J.T.米歇尔:《图像学:形象、文本、意识形态》,陈永国译，北京：北京大学出版社，2020年。

68. ［俄］梅列日科夫斯基:《果戈理与鬼》，耿海英译，北京：华夏出版社，2013年。

69. ［俄］梅列日科夫斯基:《托尔斯泰与陀思妥耶夫斯基》，杨德友译，北京：华夏出版社，2016年。

70. ［俄］尼科利斯基:《俄国教会史》，丁士超译，北京：商务印书馆，2000年。

71. ［俄］尼克利斯基:《俄罗斯文学的哲学阐释》，张百春译，合肥：安徽大学出版社，2017年。

72. ［苏］奥夫相尼科夫:《俄罗斯美学思想史》，张凡琪等译，北京：中国人民大学出版社，1990年。

73. 《培根随笔集》，曹明伦译，北京：人民文学出版社，2006年。

74. 彭克巽:《陀思妥耶夫斯基小说艺术研究》，北京：北京大学出版社，2006年。

75. ［美］浦嘉珉:《中国与达尔文》，钟永强译，南京：江苏人民出版社，2009年。

76. 钱中文主编:《巴赫金全集（增订版）》（全7卷），晓河、白春仁等译，石家庄：河北教育出版社，2009年。

77. 任光宣:《俄国文学与宗教：基辅罗斯—十九世纪俄国文学》，北京：世界图书出版公司，1995年。

78. ［俄］赫拉普钦科舍斯托夫:《在约伯的天平上：灵魂中漫游》，董友等译，北京：商务印书馆，2019年。

79. ［俄］舍斯托夫:《陀思妥耶夫斯基与尼采——悲剧哲学》，张杰译，北京：商务印书馆，2019年。

80. [德] 弗里德里希·施莱尔马赫:《基督教伦理学导论》,刘平译,上海:上海三联书店,2017年。

81. [英] 赫伯特·斯宾塞:《论正义》,周国兴译,北京:商务印书馆,2019年。

82. [美] 迈克尔·斯洛特:《源自动机的道德》,韩辰锴译,南京:译林出版社,2020年。

83. [俄] 斯米尔诺夫:《"人类全体的"与"人类普遍的":全球世界文明规划的轮廓》,张百春译,香港:新思路文化有限公司,2020年。

84. [英] 乔治·斯坦纳:《悲剧之死》,陈军、昀侠译,杭州:浙江工商大学出版社,2018年。

85. [英] 乔治·斯坦纳:《托尔斯泰或陀思妥耶夫斯基》,严忠志译,杭州:浙江大学出版社,2011年。

86. [俄] 弗拉基米尔·索洛维约夫:《神人类讲座》,张百春译,北京:华夏出版社,2000年。

87. [美] 埃娃·汤普逊:《帝国意识:俄国文学与殖民主义》,杨德友译,北京:北京大学出版社,2009年。

88. [美] 伊娃·汤普逊:《理解俄国:俄国文化中的圣愚》,杨德友译,北京:生活·读书·新知三联书店、牛津大学出版社,1998年。

89. [俄] 陀思妥耶夫斯基:《罪与罚(学术评论版)》,曹国维等译,桂林:广西师范大学出版社,2019年。

90. 万海松编选:《陀思妥耶夫斯基研究文集》,南京:译林出版社,2019年。

91. 万俊人、陈亚军编选:《詹姆斯集》,上海:上海远东出版社,1994年。

92. 王志耕：《圣愚之维：俄罗斯文学经典的一种文化阐释》，北京：北京大学出版社，2013 年。

93. 王志耕：《宗教文化语境下的陀思妥耶夫斯基诗学》，北京：北京师范大学出版社，2003 年。

94. ［英］雷蒙．威廉斯：《现代悲剧》，丁尔苏译，南京：译林出版社，2007 年。

95. 闻骏：《不断追问中的人神关系：施莱尔马赫思想研究》，北京：人民出版社，2017 年。

96. ［日］西田几多郎：《善的研究》，何倩译，北京：商务印书馆，2016 年。

97. ［俄］谢列兹尼奥夫：《陀思妥耶夫斯基传》，刘涛等译，郑州：海燕出版社，2005 年。

98. 徐凤林：《东正教圣像史》，北京：北京大学出版社，2012 年。

99. 徐凤林：《俄罗斯宗教哲学》，北京：北京大学出版社，2006 年。

100. 许章润主编：《犯罪学》，北京：法律出版社，2016 年。

101. ［德］卡尔·雅斯贝尔斯：《论悲剧》，梁靓译，上海：华东师范大学出版社，2021 年。

102. ［俄］叶夫多基莫夫：《俄罗斯思想中的基督》，杨德友译，上海：学林出版社，1999 年。

103. 乐峰主编：《俄国宗教史》（上、下册），北京：社会科学文献出版社，2008 年。

104. 张百春：《当代东正教神学思想：俄罗斯东正教神学》，上海：上海三联书店，2000 年。

105. 张变革主编：《当代国际学者论陀思妥耶夫斯基》，北京：北京大学出版社，2014年。

106. 张变革主编：《当代中国学者论陀思妥耶夫斯基》，北京：北京大学出版社，2012年。

107. 张杰：《走向真理的探索：白银时代俄罗斯宗教文化批评理论研究》，北京：北京大学出版社，2012年。

108. 张杰、汪介之：《20世纪俄罗斯文学批评史》，南京：译林出版社，2000年。

109. 赵桂莲：《漂泊的灵魂：陀思妥耶夫斯基与俄罗斯传统文化》，北京：北京大学出版社，2002年。

110. 陈燊主编：《陀思妥耶夫斯基全集》（全22卷），石家庄：河北教育出版社，2010年。

111. 陈燊主编：《陀思妥耶夫斯基全集》（全18卷），北京：人民文学出版社，2018年。

112.《陀思妥耶夫斯基选集》（全6种10册），北京：人民文学出版社，2011年。

113.《陀思妥耶夫斯基文集》（全8种9册），上海：上海译文出版社，2016年。

六、中文论文

1. ［俄］谢·尼·布尔加科夫：《文化哲学：关于民族性的思考》，徐凤林译，载《求是学刊》2013年第2期。

2. ［俄］霍鲁日：《拜占庭与俄国的静修主义》，张百春译，载《世界哲学》，2010年第2期。

3. ［俄］C. 霍鲁日:《俄国哲学的主要观念》,张百春译,载《俄罗斯文艺》,2010 年第 2 期。

4. ［俄］谢·霍鲁日:《什么是东正教思想》,张百春译,载《俄罗斯文艺》2011 年第 4 期。

5. 刘旭:《〈卡拉马佐夫兄弟〉中三位一体性的关联性研究》,载《中国俄语教学》2019 年第 2 期。

6. ［苏］卢那察尔斯基:《论陀思妥耶夫斯基的"多声部性"——从巴赫金的〈陀思妥耶夫斯基创作诸问题〉一书说起》,干永昌译,载《外国文学评论》1987 年第 1 期。

7. ［苏］M. A. 马斯林:《"对俄罗斯的巨大无知……"》,贾泽林译,载《哲学译丛》1997 年第 2 期。

8. 万海松:《〈死屋手记〉中"不幸的人"与东正教认同感》,载《外国文学研究》2018 年第 2 期。

9. 王志耕:《"漂泊"与"禁忌":屠格涅夫小说的基督教命题》,载《外国文学研究》2017 年第 4 期。

10. 王志耕:《陀思妥耶夫斯基的圣愚》,载《河南师范大学学报》(哲社版) 2010 年第 5 期。

11. 魏小兰:《论价值理性与工具理性》,载《江西行政学院学报》2004 年第 2 期。

12. 严志军、张杰:《苏俄文艺符号学在中国的接受与变形》,载《江海学刊》2013 年第 4 期。

13. ［俄］B. H. 扎哈罗夫:《陀思妥耶夫斯基与福音书》,张变革译,载《比较文学与世界文学》2016 年辑。

14. 张百春:《当代俄罗斯宗教哲学》,载《社会科学战线》2016 年第

1期。

15. 张百春:《俄罗斯哲学与东正教》,载《哲学动态》2006年第11期。

16. 张百春:《论俄国宗教哲学传统》,载《社会科学辑刊》2006年第4期。

17. 张变革:《从孩童的世界到世界的孩童:陀思妥耶夫斯基后期创作中的孩童问题》,载《外国文学研究》2009年第4期。

18. 张杰:《陀思妥耶夫斯基小说创作艺术的"聚和性"》,载《外国文学研究》2010年第5期。

19. 张杰:《"万物统一"的美学探索:白银时代东正教神学思想与俄罗斯文论》,载《外国文学研究》2018年第2期。

20. 赵广明:《从康德宗教哲学到自由儒学》,载《世界宗教研究》2019年第1期。

后　记

  本书是我参与张杰老师主持的国家社会科学基金重大项目"东正教与俄罗斯文学"（15ZDB092）、由我负责的子课题"东正教与陀思妥耶夫斯基创作"的主要成果，它见证了我近几年来集中阅读和研究陀思妥耶夫斯基作品及相关论著的一个持续较长的过程。研究陀思妥耶夫斯基的创作与东正教的关系，常常既让我兴奋、快乐，又让我痛苦、沮丧。高兴的是能在阅读文学和思想大师的作品时获得个人学识的增长，不爽的是常常被淹没在文本和材料的海洋里不能自拔，为无力与那些睿智的高见切磋过招而自卑！而且，只要一坐下来专心研习，时间就不知不觉地飞快溜走了，这样的日子就好像被偷走了一样！

  这本《陀思妥耶夫斯基主义引论——东正教与陀思妥耶夫斯基创作研究》，体现了我的一点点学术野心，也就是借用别尔嘉耶夫的名词"陀思妥耶夫斯基主义"，想要矫正卢那察尔斯基当时所谓的"陀思妥耶夫斯基习气"，分析和论证陀思妥耶夫斯基创作和思想中的宗教性和思想史意义。

  全书大体分为上、中、下三编。上编共三章，主要是从整体上论述"陀思妥耶夫斯基主义"的救赎意义，将陀思妥耶夫斯基的"最高意义上的现实主义（或曰实在论）"引申为一种宗教哲学话语的表达机制，并追溯其反工具理性主义的思想渊源。中编基本上是作品和文本的具体分析，除了将早期的中短篇小说合而论之之外,重点研讨其最为著名的"五大思想小说",并对个人最为看重的两部长篇小说《白痴》和《少年》以不同的视角进行多方位的考察,以期突出其之前较为学界所忽视或不甚重视的思想史价值。中编是作者研究最为用力、论证也最吃紧的部分,不但提出了跟陀学界以往不同的"凡人"等译法和"纳斯塔西娅·菲利波芙娜难题"等说法,并力图以"文学考古学"的方式进行意义挖掘和观点论证。下编分为四章,分别从"三/多位一体"模式和"聚和性"概念的关系、陀思妥耶夫斯基反对"环境决定论"的宗教本体论、陀思妥耶夫斯基批驳社会达尔文主义的动因、陀思妥耶夫斯基东正教人道主义的本质与悖论等进行论述,力图在具体的文本细读后再次攀登到一定的高度,带着强烈的问题意识,以一些关键词或核心概念为抓手,去研究陀思妥耶夫斯基创作中较具共性的观念和现象,这也是对开篇所提出的"陀思妥耶夫斯基主义"之引论的再度呼应。

陀学研究成果浩如烟海,笔者深知,本书的设想和尝试只不过是沧海一粟、不足挂齿。鉴于本人学殖浅陋、慵懒驽劣,错误和偏狭肯定在所难免。书中的观点和论证是否可行,还有待方家指正!知我罪我,都敬请读者诸君不吝赐教!

回想2015年张杰老师召唤我们这些已经毕业的硕士和博士齐聚在重大项目的旗帜下,再度上船、再次共同航行的时候,参加课题组的各位老师那股对学术探索的热情和对重大项目申报的好奇感深深地征服了我。张老师不计较我是学术小辈,让我大胆地给申报书提出各种建议和意见。因为我自硕士毕业以来一直致力于陀思妥耶夫斯基研究,并完成了博士学位论文《陀思妥耶夫斯基根基主义思想研究》,张老师特意安排我负责五项子课题中唯一体现单个作家创作与东正教关系的一项。我也从张老师的整

后 记

个申报过程，乃至项目执行、完成和结项等各个环节中学到了很多。在他的鼓励下，我在2019年也成功申请到了国家社科基金的一个一般项目。感谢张老师对我的信任和持续的教诲！也要感谢我的博导刘文飞老师对我的帮助和教导！

当然，也要感谢一起参与张老师主持的这个重大项目中的其他专家和老师，团队的合作精神和战友们的互相鼓励，对整个项目取得最后的胜利至关重要！感谢整个项目完成后参加结项会的评审专家们，他们的肯定以及所提出的专业意见和中肯建议，对我们修改和完善文稿十分有益！完成了此项目，另一项目又在前方！学术之树常青！

吃水不忘挖井人！最后我还要感谢南京师范大学外国语学院和我的老师们对我的培养，是他们为我走上学术之路指明了方向！感谢我硕士毕业后一直工作的单位中国社会科学院外国文学研究所在学术研究条件方面给予的保障！感谢我的家人对我皓首穷经却又患得患失的日常表现的理解与宽容！

万海松
2021年初秋于北京